Wohlgemuth und Dr. Schneider

Taschenbuch für Baugenossenschaften, Bau- und Sparvereine.

Handbibliothek

für das

Deutsche Genossenschaftswesen.

Unter Mitwirkung

von

Dr. Alberti-Wiesbaden, Häntschke-Charlottenburg, Klinkert-Breslau, Morgenstern-Breslau, Oppermann-Magdeburg, Parisius-Charlottenburg, Proebst-München, Siebert-Berlin, Stoeckel-Insterburg, Thorwart-Frankfurt a./M., Wohlgemuth-Berlin,

herausgegeben

von

Dr. Hans Crüger,

Anwalt des Allgemeinen Verbandes der auf Selbsthilfe beruhenden deutschen Erwerbs- und Wirthschaftsgenossenschaften.

Vierter Band:

Taschenbuch für Baugenossenschaften, Bau- und Sparvereine.

Berlin.
J. Guttentag, Verlagsbuchhandlung,
G. m. b. H.
1899.

Taschenbuch

für

Baugenossenschaften, Bau- und Sparvereine.

Eine Anweisung für deren

Gründung und Einrichtung

von

Wohlgemuth,

weiland Direktor des Verbandes der Baugenossenschaften Deutschlands.

Nach dessen Tode vollendet und bearbeitet

von

Dr. Fritz Schneider,

z. Z. Revisor des Verbandes der Baugenossenschaften Deutschlands u. e. V.

nebst einer

Anleitung zur Buchführung

von

E. Syring.

Berlin.

J. Guttentag, Verlagsbuchhandlung,

G. m. b. H.

1899.

Vorwort.

Als Mitbegründer und verdienstvoller Leiter der Berliner Baugenossenschaft, sowie als Direktor des Verbandes der Baugenossenschaften Deutschlands war Baumeister Wohlgemuth gewiß besonders befähigt, dem an ihn ergangenen Rufe, eine praktische Anleitung für die Gründung und Organisation von Baugenossenschaften, Bau- und Sparvereinen u. s. w. für die „Handbibliothek für das Deutsche Genossenschaftswesen“ zu schreiben, sachgemäß zu entsprechen. Er hat sich seiner Aufgabe mit Eifer und Sachkunde unterzogen, wurde aber mitten in der Arbeit durch einen plötzlichen Tod abgerufen.

Auf Wunsch des Herausgebers der „Handbibliothek“, des Anwalts des Allgemeinen Verbandes der Deutschen Erwerbs- und Wirthschaftsgenossenschaften, Dr. Crüger, habe ich es übernommen, die begonnene Arbeit zu vollenden, obgleich ich mir der Schwierigkeit bewußt war, die vielfach vortrefflichen Vorarbeiten Wohlgemuths unter Schonung seiner Eigenart zu benutzen und dabei doch ein Werk aus einem Guß herzustellen.

Eine andere Schwierigkeit für das vorliegende Werk entspringt aus der Zeit seines Erscheinens. Wir befinden uns in einem Uebergangszustande auf großen Gebieten des Rechts, indem mit dem Beginn des Jahres 1900 das Bürgerliche Gesetzbuch und eine Reihe anderer für Baugenossenschaften wichtiger Gesetze in Kraft tritt, die schon jetzt nicht unberücksichtigt bleiben durften. Auch das Deutsche Genossenschaftsgesetz erfährt dann einige Abänderungen materieller Art und erhält in formeller Beziehung eine andere Nummerirung der Paragraphen.

Wenn ich trotz dieser Schwierigkeiten dem Wunsch des Herausgebers nachgekommen bin, so mußte mich dazu namentlich die bei meinen Revisionen von Baugenossenschaften gemachte Beobachtung veranlassen, daß selbst gut geleiteten und vortrefflich gedeihenden Vereinen der Mangel an einem brauchbaren Wegweiser für ihre Organisation recht nachtheilig werden kann.

Die Baugenossenschaften sind der jüngste Zweig des Deutschen Genossenschaftswesens. Findet man in ihnen viel selbstlose Hingabe und uneigennützige Arbeit für die Erreichung eines großen sozialen Ziels auf der Grundlage wirthschaftlicher Selbsthilfe, so ist das Bedürfniß um so dringender, die Hindernisse wegzuräumen, die der Mangel an Erfahrung der genossenschaftlichen Thätigkeit hier vielfach in den Weg legt, und einer Diskreditirung der ganzen Bewegung vorzubeugen, die leicht eintreten könnte, wenn die rühmlichsten Bestrebungen Mißerfolge zeitigen, die doch lediglich der Unerfahrenheit der Leiter und Mitglieder zuzuschreiben sind. Eben deshalb habe ich mich auch bemüht, die Fertigstellung des Werks nach Kräften zu beschleunigen.

Um namentlich den neuen Vereinen das ganze für ihre Geschäftsführung erforderliche Material in diesem Buche zusammen an die Hand zu geben, hat Herr Syring, Kassirer der Berliner Baugenossenschaft, eine Anleitung zur Buchführung hinzugefügt, die vielen erwünscht sein dürfte.

Möchte das vorliegende Werk den bestehenden Baugenossenschaften ein zuverlässiger Rathgeber in zweifelhaften Fragen und für neue Vereine ein sicherer Leitfaden zu erfolgreicher Thätigkeit sein, damit die Deutschen Baugenossenschaften sich mehr und mehr kräftigen und ausbreiten und innerhalb ihres Wirkungskreises die Grundsätze wirthschaftlicher Selbstverwaltung und Selbstverantwortlichkeit in den weniger bemittelten Volksklassen in immer größerem Umfange bethätigen.

Potsdam, den 22. Februar 1899.

Dr. Fritz Schneider.

Inhaltsverzeichniß.

Erstes Kapitel.

Zweites Kapitel.

Drittes Kapitel.

Viertes Kapitel.

Fünftes Kapitel.

Sechstes Kapitel.

Siebentes Kapitel.

Achtes Kapitel.

Neuntes Kapitel.

Zehntes Kapitel.

Elftes Kapitel.

Zwölftes Kapitel.

Dreizehntes Kapitel.

Vierzehntes Kapitel.

Fünfzehntes Kapitel.

Sechszehntes Kapitel.

Siebzehntes Kapitel.

Achtzehntes Kapitel.

Beilagen.

Vorbemerkung.

Das Reichsgesetz betr. die Erwerbs- und Wirthschaftsgenossenschaften vom 1. Mai 1889 ist nach den zur Zeit geltenden Nummern der Paragraphen zitirt und, soweit nach der am 1. Januar 1900 in Kraft tretenden Fassung die Paragraphen eine andere Nummer haben, letztere in [ ] beigefügt.

Die Konkursordnung ist nach den zur Zeit geltenden Nummern der Paragraphen zitirt und die nach der am 1. Januar 1900 in Kraft tretenden Fassung geltende Nummer in [ ] beigefügt.

Das Handels-Gesetz-Buch ist lediglich nach der Redaktion zitirt, welche am 1. Januar 1900 in Kraft tritt.

Erstes Kapitel.

Ueber Baugenossenschaften im allgemeinen und deren soziale Bedeutung.

Die Entwickelung des gewerblichen Lebens nach 1871, die außerordentliche Steigerung des Handels und das Aufblühen der Industrie führten ein Anwachsen der Bevölkerung in den Städten herbei, wie es in früheren Jahrzehnten kaum jemals vorhanden gewesen war. Waren es im besonderen in den großen Städten die schon vorhandenen und sich erweiternden sowie neu entstehenden Industriezweige, die vom Lande aus neue Hülfskräfte heranzogen, so war doch auch in mittleren und kleinen Städten der Aufschwung fast überall bemerkbar, und selbst auf dem Lande wurden Fabrikanlagen begründet, die eine größere Menge von Menschen, Arbeiter, Handwerker, kleinere Beamte, erforderten. Nur natürlich war es, daß in den Städten und namentlich in den größeren, in denen bisher nicht über Bedürfniß gebaut worden war und in der Regel immerhin eine gewisse Anzahl Wohnungen leer stand, diese bald von den anziehenden Familien und einzelnen Personen besetzt wurden. Während in den mittleren und kleinen Städten und auf dem Lande, wo meistens nur in den Grenzen des offenbaren Bedürfnisses gebaut wird, sich recht schnell das Bedürfniß nach Neubauten herausstellte, war in den großen Städten in den ersten Jahren allerdings noch die Nachfrage gedeckt, wenn auch auf Kosten der Gesundheit und Bequemlichkeit der alten wie der neuen Bewohner. Bald aber machte sich der Wohnungsmangel auch in den großen Städten in außerordentlicher Weise bemerkbar, und man wird sich erinnern, wie sogar in Berlin von Seiten der Gemeindeverwaltung besondere Vorkehrungen getroffen werden mußten, wie der Bau von Barackenwohnungen, Einrichtung eines Asyls für obdachlose Familien u. s. w., um dem Andrang der Arbeitsuchenden entgegenzukommen.

Die Folgen dieses sich stark entwickelnden Wohnungsbedürfnisses waren, wie schon angedeutet ist, nach verschiedenen Richtungen hin höchst unerquickliche. Räume, in denen bisher kaum Menschen gewohnt hatten, ja die manchmal für gut gehaltenes Vieh kaum nutzbar erschienen, wurden als Wohngelasse benutzt. Auf den einzelnen Grundstücken entstand eine Anhäufung von Menschen, die das Familienleben und die Sittlichkeit sehr ungünstig beeinflussen mußte. Größere Wohnungen wurden getheilt, und es traten an ihre Stelle die Wohnungen mehrer Familien mit gemeinschaftlichem Korridor, gemeinschaftlichem Closet, die naturgemäß bei ausbrechenden Krankheiten auf die Gesundheit der benachbarten Familien gefährlich einwirken mußten und die ganz besonders auch den Verkehr der verheiratheten und unverheiratheten Personen in moralischer Beziehung benachtheiligten. Bedenkt man, daß naturgemäß auch sehr viele Unverheirathete Unterkommen suchten und dieses nur in den soeben geschilderten unzureichenden Wohnungen erhalten konnten; bedenkt man ferner, daß diese Wohnungen häufig nur aus einem Gelaß bestanden, so kann man sich denken, wie das Familienleben unter dem Einfluß dieser Schlaf- und Kostgänger leiden mußte und wie im weiteren Verlauf der Familienvater aus der Wohnung in das Wirthshaus getrieben wurde. Wer kennt nicht alle wirthschaftlichen und sittlichen Gefahren des Schlafstellenwesens, auf dessen Ausbildung nicht zum wenigsten die unverhältnißmäßig hohen Miethspreise selbst für die schlechtesten Wohnungen einen unheilvollen Einfluß ausübten. Es kam ein anderer Umstand hinzu. Der kleine Mann, Arbeiter, Handwerker, der kleine Beamte, hatte bis dahin die Wohlthaten einer guten, luftigen, gesunden Wohnung und hygienischer Einrichtungen derselben noch kaum gekannt. Sie hatten kein Verlangen danach, und wie sollten sie es auch haben, da sie selbst in den besseren Familien immer von neuem sehen konnten, daß die besten Zimmer der Wohnungen nicht zum täglichen Aufenthalt, oder zu Schlafzimmern verwandt wurden, sondern daß vielmehr gewöhnlich die nach der Straße liegenden Zimmer als sogenannte „Putzstuben“ oder „gute Stuben“ angesehen wurden, in welche tagelang kaum ein Mensch eintrat, während die nach den engen Höfen belegenen Zimmer meistens zu Schlafzwecken dienten. Diese durchaus ungesunden Verhältnisse in den besseren Kreisen mußten vorbildlich auch auf die kleinen Leute wirken, und es war nur zu natürlich, daß der von der kleinen Stadt oder vom Lande nach der großen Stadt Ziehende, der in seinem früheren Wohnsitz zwar von Straßen und Plätzen ausreichende Luftzuführung hatte, gewöhnlich aber doch nur mit niederen und kleinen Zimmern bekannt war, auch in der größeren Stadt, die ihm nun Heimath werden sollte, kaum das Bedürfniß für eine gesunde Wohnung mit allen Bequemlichkeiten empfand.

So konnte es kommen, daß die Bauunternehmer, die nunmehr die Wohnungsnoth durch Aufführung einer großen Anzahl von Bauten an der Peripherie der Städte bekämpften, nicht so sehr auf Güte der Wohnungen in hygienischer Beziehung sahen, sondern daß sie, durch die besonderen Verhältnisse im Baugewerbe dazu gebracht, ganz besonders darauf achteten, daß die einzelnen Räume in ihrer Ausstattung recht werthvoll aussahen; geschah dies auch nur durch unechten Zierrath, der irgend einen Zweck nicht hatte. Stuck, Parquet, unechte Vergoldung spielten selbst in den kleinsten Wohnungen eine große Rolle und mußten sie spielen, weil der Bauunternehmer seinen Hypothekarkredit auf Grundlage der Abtaxirung des Bauwerthes erhielt, weil er, der in vielen Fällen fast unvermögend war, den Hypothekarkredit in stärkstem Maße ausnutzen mußte, und weil er, von der Hand in den Mund lebend, nicht sowohl auf eine gesicherte, dauernde Bewohnerschaft des Hauses rechnete, als vielmehr aus diesem Hypothekarkredit schon während des Baues möglichst viel Geld zu seiner Verfügung erhalten wollte. Nicht wie in früheren Zeiten ließ sich ein Bürger durch seinen Baumeister ein Haus bauen, um es dann für sich und seine Familie dauernd zu erhalten, sondern die Häuser wurden mobilisirt, sie wurden zu einem regelrechten Handelsartikel, der, vielfach von unvermögenden Leuten produzirt, auch schnell seinen Besitzer wechselte. Dieser Besitzwechsel aber konnte für den Produzenten nur dann günstig verlaufen, wenn er dem Käufer nachweisen konnte, daß er für die Mühe der Verwaltung und für die mancherlei Unbequemlichkeiten, die ein Hausbesitz mit sich bringt, durch einen Ueberschuß der Miethen über die Zinsen der im Besitz steckenden Kapitalien entschädigt würde. Dieser Ueberschuß wurde vom Käufer um so höher verlangt, je mehr Mühe von der Hausverwaltung und je mehr Miethsausfälle er voraussichtlich zu erwarten hatte. Beides trat erfahrungsmäßig ein bei Häusern mit kleinen Wohnungen und am meisten natürlich bei Häusern, in denen hauptsächlich die Arbeiterbevölkerung mit kleinsten Wohnungen Platz fand.

Für die im Verhältniß zu dem vorher geschilderten großen Zuzug geringe Anzahl von besser Situirten waren, weil hier von den Bauspekulanten leichter Abnehmer gefunden wurden, bald Häuser genug errichtet. Dann aber warf sich die Bauspekulation auf die Häuser mit kleinen Wohnungen, und mußte hier einmal, wie schon vorher ausgeführt, auch in Rücksicht auf die Hypotheken viel unnützen Prunk auf Kosten der zweckmäßigen Einrichtung der Wohnungen anwenden, um dadurch die Baukosten zu steigern, sowie ferner, um trotzdem dem Käufer den wünschenswerthen Ueberschuß gewähren zu können, auf die vollste Ausnutzung der im Werth sich fortwährend steigernden Bauparzellen Bedacht nehmen.

Die Baupolizeiordnungen, die auf ältere gewissermaßen patriarchalische Verhältnisse zugeschnitten waren und bei deren Publizirung in früheren Jahrzehnten die Behörde kaum daran gedacht hatte, daß der Boden zu Bauten jemals in so ausgedehnter Weise benutzt werden würde, begünstigten dieses Treiben insofern, als sie meist nur ganz kleine Höfe vorgesehen hatten, die für Zuführung von Luft und Licht unzureichend waren.

So entstanden denn in den Außenbezirken der Städte die großen Miethskasernen mit fünf und sechs Stockwerken, in denen die Höfe fast wie große Schornsteine wirkten, und thatsächlich nur den Vorderzimmern von der Straße genügend Luft und Licht zugeführt wurde. Jedes Winkelchen in diesen Kolossen wurde den Miethslustigen als Schlafraum bezeichnet, und es war nur zu natürlich, daß auf Beschaffung von Nebenräumen, wie Corridoren, Closets, Speisekammern, keine Rücksicht genommen wurde. Die Folgen in Bezug auf die Hygiene und die Sittlichkeit sind vorher schon angedeutet worden, und es bedurfte für den Einsichtigen kaum der vielen Berichte, die über das Wohnungselend und dessen Folgen in die Zeitungen kamen, um zu erkennen, daß hier Abhülfe geschaffen werden müßte.

Aber nicht nur der einsichtige Menschenfreund, nicht nur der Sozialpolitiker suchte nach Mitteln, um diesem unser Volksleben zerfressenden Uebel entgegenzutreten, sondern auch aus den breiten Massen heraus entstand unter dem Druck der Verhältnisse eine gesunde Reaktion. Die sich steigernden Löhne gaben dem Arbeiter Anspruch auf eine bessere Lebenshaltung. Hatte er eine Zeit lang diese bessere Lebenshaltung in einem Mehraufwand für Speisen und Getränke und für Vergnügungen gefunden, so war er doch bald durch Vorträge, durch Aussprache mit seinen Kollegen, durch Zeitungsartikel und vor allen Dingen auch durch die für Leib und Seele unheilvollen Wirkungen des Wohnungselends auf sich und seine Familienmitglieder zu der Erkenntniß gekommen, daß in seinem eigensten Interesse, im Interesse seiner dauernden Arbeitsfähigkeit und Arbeitsfreudigkeit diese bessere Lebenshaltung sich besonders auch auf seine Wohnungsverhältnisse erstrecken müsse.

Aber der Einzelne aus den Arbeiterkreisen und aus den ihnen sozial nahestehenden Kreisen, der Handwerker und kleine Beamte war nicht in der Lage, allein aus sich heraus und mit seinen geringen Mitteln bessernde Hand hier anzulegen. Der Hauseigenthümer wurde ihm zum Haustyrann, dessen Herrschaft er in seiner ökonomischen Lage nicht brechen konnte; und es bedurfte der Anstrengung der verschiedensten Kreise, um, vorläufig allerdings nur in akademischer Weise, Mittel und Wege zu finden, die geschilderten Uebelstände zu beseitigen.

Es war natürlich, daß man sich in erster Linie umsah, wie in andern Ländern mit stark industrieller Bevölkerung versucht worden ist, die Wohnungsfrage zu lösen. Und es war ebenso natürlich, daß ganz besonders die englischen und namentlich die Londoner Verhältnisse als Beispiel dienen mußten. Auch dort war das Wohnungselend bis zur Unerträglichkeit gesteigert; dort waren von Politikern, Volkswirthen und Philanthropen Einrichtungen geschaffen, die unzweifelhaft außerordentlich segensreich gewirkt hatten, ferner waren auch anderwärts, so in einzelnen deutschen Industriezentren, wie in Mülhausen i. E., nachahmenswerthe Schöpfungen ins Leben gerufen worden, eine Gesellschaft in Kopenhagen, eine Genossenschaft in Flensburg hatten tüchtiges geleistet, immerhin war das Experiment im großen Stil doch thatsächlich nur in England gemacht. Dort hatten in erster Linie gemeinnützige Gesellschaften sich aufgethan; die Peabody-Stiftung, eine der größten philanthropischen Schöpfungen, hatte große Bauquartiere mit werthvollen Bequemlichkeiten, wie Badestuben, Gesellschaftsräumen u. s. w. für die Minderbemittelten errichtet; große Aktiengesellschaften hatten Häuser, sei es als Miethskasernen, sei es als kleine Häuser in der Umgegend der Industriezentren mit für die Hygiene ausreichenden Räumen erbaut und gaben sowohl die Wohnungen zur Vermiethung, als auch die kleinen Häuser zum Verkauf unter Hinzurechnung einer billigen Verzinsung des hineingesteckten Kapitals den Wohnungsbedürftigen ab; Oktavia Hill hatte in der Benutzung des Umstandes, daß der

Grund und Boden dort nur auf 99 Jahre verpachtet wird, minder werthvolle, vielfach ruinirte Baulichkeiten mit Hülfe von Kapitalisten angekauft und sie der armen Bevölkerung zu mäßigen, den geringen Kaufpreisen entsprechenden Miethen überlassen können.

Betrachtete man aber alle diese Verhältnisse, so erkannte man bald, daß auf dem Gebiete der Menschenliebe allerdings außerordentlich viel geleistet worden war, und es läßt sich nicht bestreiten, daß auch in Deutschland die aus einem sozialen Pflichtgefühl gegen die minderbegüterten Klassen gegründeten gemeinnützigen Institute, wie beispielsweise die Alexandra-Stiftung und die Berliner Gemeinnützige Baugesellschaft in kleinerem Umfange sehr segensreich wirkten, aber man konnte auch nicht verkennen, daß für eine Lösung der Wohnungsfrage, wenn sie überhaupt möglich war, diese Veranstaltungen völlig unzureichend waren, da sie nur einem ganz kleinen Prozentsatz der Nothleidenden zu Hülfe kamen. Große Aktiengesellschaften von Kapitalisten, welche sich etwa zu dem Zwecke gebildet hätten, hätten nur bei einer statutarischen Beschränkung der Dividende auf höchstens 4 oder 5% hier eine für die Gesundheit ins Gewicht fallende Besserung der Wohnungsverhältnisse erzielen können, aber solche Gesellschaften traten nur wenige ins Leben, und andere Aktiengesellschaften, die als Erwerbsgesellschaften eine möglich hohe Dividende für ihre Aktionäre herauswirthschaften wollten, waren natürlich nicht geeignet, bessere oder billigere Wohnungen für die Miether aus den arbeitenden Klassen herzustellen.

Nein, nach dem alten bewährten Grundsatz, auf dem Schulze-Delitzsch seine Genossenschaften aufgebaut hat, mußten vor allen Dingen die im Bedürfniß stehenden sich vereinigen, um mit vereinten Kräften das zu erreichen, was der Einzelne für sich allein zu schwach war von den Bauunternehmern zu erlangen. Sie mußten sich organisiren auf streng geschäftlicher Grundlage, ohne die Wohlthätigkeit der besitzenden Klassen oder einzelner Personen in Anspruch zu nehmen; denn noch nie ist einem eine ganze Klasse der Bevölkerung erfassenden sozialen Mißstande durch die öffentliche oder private Mildthätigkeit abgeholfen worden, vielmehr mußte dazu der Anstoß immer aus dieser Klasse selbst hervorgehen; in dem Maße aber, wie sie sich aus eigener Kraft zu helfen und die sie bedrückende Noth zu überwinden versucht, in dem Maße wenden sich ihr auch die allgemeinen Sympathien zu, und finden es die Kapitalisten und sonstigen Geldinstitute vortheilhaft, ihr ihre Kapitalien anzuvertrauen. Die Wohnungsbedürftigen in ihrer Vereinigung waren auch diejenigen, die der privaten Bauthätigkeit einen wirksamen Anstoß zur Reformirung der Baupläne geben konnten, so daß sie über ihren eigenen geschäftlichen Bereich hinaus mittelbar auch die Wohnungsverhältnisse der Gesammtheit verbessern halfen.

So bildeten sich an verschiedenen Orten Deutschlands Baugenossenschaften, theils zum Bau größerer Häuser, deren Wohnungen nur vermiethet wurden, theils zum Bau kleiner Häuser, die den Bewerbern zum allmäligen Selbsterwerb überlassen wurden. Unter Rath und Beistand von Schulze-Delitzsch, der auch diesen Zweig des Genossenschaftswesens nach Kräften pflegte, wurden in den sechziger Jahren und in der ersten Hälfte der siebenziger eine Anzahl Baugenossenschaften ins Leben gerufen, die aber meist nicht die Sympathien weiterer Kreise sich zu erwerben wußten. So kam es, daß viele von ihnen bald wieder eingingen oder nur zu einer beschränkten Thätigkeit gelangten oder sich in Aktiengesellschaften umwandelten. Noch heute giebt es einige dieser alten Genossenschaften, von denen besonders ersprießliches zumeist nicht zu berichten ist.*)

Die mancherlei Ursachen, welche einer günstigeren Entwickelung dieser Baugenossenschaften hinderlich waren, hier zu untersuchen, dürfte sich erübrigen. Eine der Hauptursachen glaubte man darin zu erkennen, daß auch diese Genossenschaften nach dem Genossenschafts-Gesetz vom 4. Juli 1868 sämmtlich auf der unbeschränkten Haftpflicht beruhten und daß die Wahl einer anderen Haftpflicht ausgeschlossen war. Im dritten Kapitel wird untersucht werden, ob diese Art der Haftpflicht für die Baugenossenschaften geeignet ist.

Gegenüber den nicht gerade ermuthigenden geringen Erfolgen jener ersten Versuche war es vielleicht ein etwas kühnes Unternehmen, in der Wohnungsentwickelung, die vorher geschildert worden ist, wieder mit dem Gedanken der Gründung von Baugenossenschaften vorzugehen. Aber da alle anderen Mittel, die Wohnungsfrage der Lösung näher zu bringen, als nicht geeignet betrachtet werden konnten, entschlossen sich an verschiedenen Orten Deutschlands im öffentlichen Leben stehende Männer im Verein mit solchen, die an sich und ihres gleichen den Mangel guter Wohnungen erkannt und schwer empfunden hatten, zu versuchen, ob nicht doch

---

*) Dr. Schneider: Mittheilungen über deutsche Baugenossenschaften. Leipzig, 1875.

gerade auf diesem Gebiete das Genossenschaftswesen Abhülfe schaffen könnte.

So entstand im Jahre 1885 der Spar- und Bauverein in Hannover, der ohne Inanspruchnahme fremder Hülfe zunächst bis Ende 1897 47 Häuser mit 382 Wohnungen, 7 Läden, 6 Werkstätten und 1 Vereinslokal baute, jedes Haus also mit einer größeren Anzahl Wohnungen. Er behielt die Häuser in seinem Besitz und vermiethete die Wohnungen an die Genossen. Dadurch, daß er, wie sein Name schon sagt, nicht nur Häuser baute, sondern auch seine Mitglieder ganz besonders zum Sparen anleitete durch Anlegung eines Sparkontos, erhielt er außer den Geschäftsantheilen auch noch weitere Gelder in größerem Umfange — Ende 1897: 589 792 Mk. nur von Mitgliedern — und konnte so sehr ersprießlich wirken. Zur selben Zeit etwa, 1886, entstand die Berliner Baugenossenschaft, die im Gegensatz zu den hannoverschen Bestrebungen an der Peripherie Berlins in verschiedenen Orten Häuser mit 2 Wohnungen baute und sie je einem Genossen zum Selbsterwerb überließ.

Da gerade diese beiden Genossenschaften hervorragende Erfolge hatten, so können sie nach den beiden Richtungen hin als diejenigen betrachtet werden, nach deren Beispiel nunmehr eine große Anzahl neuer Baugenossenschaften entstand. An vielen Orten, wo die Industrie ihren Platz gefunden hatte, namentlich in großen Städten, bildeten sich solche Genossenschaften, sodaß mit den alten Baugenossenschaften zusammen die Gesammtzahl derselben schon fast 200 beträgt, Dank besonders der Bewegung, die neuerdings auf diesem Gebiete Platz gegriffen hat.

Es darf andererseits nicht unerwähnt bleiben, daß gegenüber den für die Anbahnung gesunder Wohnungsverhältnisse durch die Genossenschaft hervortretenden Bestrebungen die Grund- und Hausbesitzervereine sich auch auf ihren Verbandstagen den Baugenossenschaften feindselig gegenüberstellten, obgleich letztere keinerlei Vorrechte vom Staate beanspruchen, und man doch nur von dem einseitigen Interessentenstandpunkte des Vermiethers aus zu der Behauptung kommen könnte, daß die Konkurrenz der Privatbauunternehmer überall zu befriedigenden Zuständen in dieser Hinsicht geführt hätte.

Die folgende Uebersicht ergiebt die Resultate derjenigen Baugenossenschaften, die in den Jahren 1895 bis 1897 ihren Abschluß im „Jahresbericht" oder „Jahrbuch" des Allgemeinen

Genossenschaftsverbandes veröffentlicht haben, wobei nur für 1897 noch die entsprechenden Zahlen aus dem Spar- und Bauverein in Hannover hinzugefügt worden sind:

		1895:	1896:	1897:
1.	Zahl der bekannten Baugenossenschaften . .	132	165	192
2.	Zahl der berichtenden Baugenossenschaften .	19	22	32
3.	Mitgliederzahl Ende des Jahres der Genossenschaften unter Ziffer 2	4 008	5 374	11 731
4.	Herstellungskosten der im Jahre fertig gestellten Wohnhäuser der Genossenschaften unter Ziffer 2 . . . . ℳ	636 181	1 014 794	1 933 337
5.	Verkaufspreise der im Jahre verkauften Immobilien . . . . ℳ	212 000	389 898	424 716
6.	Unbebauter Grund und Boden Ende des Jahres . . . . ℳ	412 687	623 074	607 734
7.	Werth der fertigen und im Bau begriffenen Wohnhäuser Ende des Jahres . . ℳ	3 697 775	5 384 908	8 873 875
8.	Hypotheken- und Kaufgelderforderungen Ende des Jahres . . . . ℳ	760 764	813 330	934 851
9.	Geschäftsguthaben der Mitglieder Ende des Jahres . . . . ℳ	719 173	979 378	2 005 451
10.	Reserven Ende des Jahres . . . . ℳ	141 862	180 360	257 319
11.	Fremde Gelder verschiedener Art Ende des Jahres . . . . ℳ	4 249 091	5 902 793	8 642 419
12.	Gesammtsumme d. Passiva Ende d. Jahres ℳ	5 153 556	7 162 668	11 055 372

Hatte sich die Bildung von Verbänden zum Austausch der gemachten Erfahrungen und zur gemeinsamen Wahrnehmung der Interessen der verbundenen Vereine bei allen anderen Genossenschaftsarten höchst förderlich erwiesen, so konnte es nicht fehlen, daß auch den Baugenossenschaften sich das Bedürfniß nach einer solchen gemeinschaftlichen Organisation aufdrängte. Schon zu Lebzeiten von Schulze-Delitzsch (1874) war unter seiner Mitwirkung ein Verband der deutschen Baugenossenschaften gegründet worden, der sich aber damals bei der geringen Zahl der bestehenden Baugenossenschaften nicht lebensfähig erwies. Jetzt, wo die Zahl dieser Vereine schnell wuchs, brach sich die Erkenntniß von der Nothwendigkeit einer solchen Verbandsbildung von neuem Bahn, zumal nun auch nach dem IV. Abschnitt des Genossenschaftsgesetzes vom 1. Mai 1889 die Revision der verbundenen Vereine zu den Zwecken eines solchen Verbandes hinzukam. So traten denn 1895 eine Anzahl Baugenossenschaften von neuem als Verband zusammen, zur Anleitung und gegenseitigen Unterstützung in allen denjenigen Fragen, welche die Baugenossenschaften in gesetzlicher, wirthschaftlicher und sozialer Beziehung berühren, zum Austausch der ausgeführten Projekte und zum Ideenaustausch über die Beschaffung von Geldmitteln, und es bildete sich der Verband der Baugenossenschaften Deutschlands als Unterverband des Allgemeinen Verbandes deutscher Erwerbs- und Wirthschaftsgenossenschaften. Bei weiterer günstiger Entwickelung der Baugenossenschaften wird die territoriale Theilung dieses Verbandes nach Provinzen und Landestheilen, wie sie sich bei den anderen Genossenschaftsarten gestaltet hat, voraussichtlich nur eine Frage der Zeit sein.

Erwähnt muß noch werden, daß, wenn von Baugenossenschaften in ihrer wohlthätigen Wirkung hier gesprochen worden ist, nur solche Baugenossenschaften verstanden sind, die für ihre Genossen, sei es zum Vermiethen der Wohnungen, sei es zum Selbsterwerb der Häuser gegründet und thätig sind, nicht aber Vereinigungen, wie sie auch entstanden sind, die nur die Form der Genossenschaft, nicht aber das Wesen annahmen, die nämlich wie Aktiengesellschaften ihre Geschäftsantheile so hoch bemessen haben, daß Minderbegüterte nicht in der Lage sind, Genossen zu werden, und die nunmehr ausschließlich für Nichtgenossen bauen. Gesellschaften dieser letzteren Art sollen uns hier nicht beschäftigen. Sie konnten keine ergiebige Wirksamkeit ausüben, weil sie, selbst wenn sie die Dividendenhöhe beschränkten, doch immer ähnlich wie Aktiengesellschaften ihren Hausabnehmern als Kunden gegenüberstanden, an denen sie verdienen wollten. Es ist nun einmal dieser ganzen Bewegung charakteristisch, daß der kleine Mann bei dem außerordentlichen Mißtrauen, das er gegen von ihm nicht zu kontrolirende Gesellschaften empfand, sehr ungern mit diesen zu thun haben wollte.

Zweites Kapitel.

Vorbedingungen für Gründung einer Baugenossenschaft.

A. Wohnungsverhältnisse und Thätigkeit der Bevölkerung.

Nicht überall ist es zu empfehlen, eine Baugenossenschaft zu begründen. Aus dem im vorigen Kapitel ausgeführten ist schon ersichtlich, daß nur da eine Baugenossenschaft Erfolg haben wird, wo die private Bauthätigkeit nicht in der Lage war, gesunde und preiswerthe Wohnungen zu schaffen, oder wo überhaupt die Privatspekulation schlummerte. Es wäre thöricht, in Städten, in welchen so viele Wohnungen zur Verfügung stehen, daß der wenig Bemittelte zu einem Preise, der in annehmbarem Verhältniß zu seinem Einkommen steht, geeignete Wohnung erhalten kann, eine Baugenossenschaft gewissermaßen aus Prinzip zu bilden, und es kann nicht genug davor gewarnt werden, an solchen Orten in Konkurrenz mit den unter diesen Verhältnissen sich schwer mühenden Hausbesitzern zu treten.

Auch die gewerbliche Thätigkeit der Bevölkerung darf nicht außer Acht gelassen werden. Es giebt viele Bezirke in Deutschland, in denen ein Theil der Bevölkerung fortwährend fluktuirt. Es darf nur an die Sachsengänger und an die Ziegelbrenner aus Lippe erinnert werden, um zu erkennen, daß für solche Kreise Baugenossenschaften zu bilden, vergebliche Mühe wäre. Aber auch in andern Bezirken, besonders in reich entwickelten Industriebezirken, finden sich große Theile der Bevölkerung, denen eine Baugenossenschaft kaum helfen kann, weil sie auf Meilen hin ihre Arbeitsstätten häufig wechseln. Es darf hingewiesen werden auf die Kohlenreviere in Westfalen und Oberschlesien, in denen die Bergarbeiter häufig genug nicht nur von Ort zu Ort, von Zeche zu Zeche, sondern auch von Provinz zu Provinz in kurzer Zeit ihren Wohnsitz mehrfach ändern. Für diese Art der Bevölkerung wird zumeist der Arbeitgeber selbst zu sorgen haben; in seinem Interesse wird es liegen, die Leute, die auch immer höhere Ansprüche an ihre Wohnungen stellen, zu befriedigen, damit er den für ihn nothwendigen Stamm fester Arbeiter erhält. Anders liegt es bei den Fabrikarbeitern in großen Städten, deren Beschäftigung eine manuelle Fertigkeit verlangt, deren Thätigkeit also innerhalb des Fabrikbetriebes eine mehr handwerksmäßige ist. Diese Leute bleiben lange auf der Scholle, und selbst wenn sie innerhalb großer Städte auch vielfach ihren Arbeitsplatz ändern, so werden sie eher die Ueberwindung weiter Entfernungen in den Kauf nehmen, als daß sie ihre ihnen lieb gewordenen Wohnungen verändern. Anders liegt es auch bei den Handwerkern, seien es kleine Meister oder Gesellen, anders bei den kleinen Beamten, seien es staatliche oder Privatbeamte. Alle diese Kreise bilden ein ausgezeichnetes Material für eine Baugenossenschaft, da gerade sie die Vortheile einer guten, gesunden und ihnen gesicherten Wohnung empfinden, und es dürfte nicht schwer sein, mit diesen Wohnungsbedürftigen eine erfolgreiche Genossenschaft zu begründen.

B. Geeignete Personen für die Leitung.

Aber wenn auch die vorher bezeichneten Kreise eine genügende Zahl von Wohnungsbedürftigen abgeben und insoweit das Bestehen einer Baugenossenschaft und deren gedeihliche Wirksamkeit sichern, wenn sie also als Genossen wohl im Stande sind, ihre Schuldigkeit zu thun, so sind sie deshalb noch immer nicht die geeigneten Personen, um eine Baugenossenschaft zu leiten. Verlangt schon eine Kreditgenossenschaft die selbstlose Thätigkeit von Männern, die bei ihren Mitbürgern als zuverlässig und ehrlich bekannt sind, so ist dies noch in viel größerem Umfange bei den Baugenossenschaften der Fall. Schon vorher wurde ausgeführt, daß das wohnungssuchende Publikum vielfach ein Mißtrauen gegen nicht von ihm zu kontrolirende Gesellschaften hegt; demselben Mißtrauen begegnet man auch, wenn es sich um Gründung einer Baugenossenschaft handelt, weil viele, die dem öffentlichen Leben fern geblieben sind, sich garnicht denken können, daß einzelne ohne irgend welchen Gewinn im Interesse ihrer Mitmenschen eine so mühevolle Thätigkeit übernehmen könnten. Und ist dieses Mißtrauen überwunden, so wird selbst derjenige, der nun, vom Vertrauen der Genossen getragen, seine Zeit der Genossenschaft widmet, immer noch nicht in der Lage sein, gedeihlich für ihre Ziele zu wirken, wenn er nicht gewisse Eigenschaften besitzt, die gerade zur Leitung einer Baugenossenschaft erforderlich sind.

Es erscheint ja auf den ersten Blick am wünschenswerthesten, daß an die Spitze einer Baugenossenschaft ein Baumeister tritt.

Aber nicht immer wird dies der geeignete Mann sein, weil gerade bei ihm am allerehesten das Mißtrauen rege wird, daß er die Bestrebungen der Baugenossenschaft nur in seinem eigenen Interesse fördert. Er wird auch dann nicht geeignet sein, wenn er nur Architekt ist, ohne jemals die geschäftliche Seite des Baugewerbes kennen gelernt zu haben, ohne also, wie man volksthümlich sagt, einen kaufmännischen Verstand zu haben. Wenn hiernach Architekten nur mit Einschränkungen für die Leitung einer Baugenossenschaft geeignet erscheinen, so stehen einem kaufmännisch erfahrenen Rechtskundigen oder einem mit den Hypothekenverhältnissen vertrauten Kaufmann manche der Bedenken nicht entgegen, die dagegen sprechen können, einen Architekten oder Baumeister an die Spitze zu stellen. Auch Beamte werden ihrer ganzen Vorbildung nach ein sehr gutes Material für die Leitung von Baugenossenschaften darstellen, vorausgesetzt daß sie sich das erforderliche kaufmännische Verständniß aneignen.

Aber gleichviel, welchem Beruf die Vorstands- und Aufsichtsrathsmitglieder sonst angehören, eine gewisse Selbstverleugnung müssen sie alle besitzen, um der Genossenschaft über die Schwierigkeiten des Anfangs und ihre erste Entwickelungsstufe hinwegzuhelfen. Denn obgleich anerkannt werden muß, daß alle, welche ihre ganze Kraft der Baugenossenschaft widmen, auch ihren Lebensunterhalt darin finden müssen, weil auch hier der genossenschaftliche Grundsatz „Leistung für Leistung" gelten soll, so ist doch bei Gründung der Genossenschaft ihre Entwickelung nicht vorherzusehen und vorerst müssen sich daher ihre Leiter auf eine unentgeltliche oder nahezu unentgeltliche Dienstleistung für dieselbe gefaßt machen. Und es müssen alle, welche leitende Stellungen in der Baugenossenschaft einnehmen, auch das Vertrauen der Mitglieder genießen, daß ihnen die Interessen der Baugenossenschaft höher stehen als ihre eigenen, und im Verkehr mit den einzelnen Genossen Wohlwollen und Entgegenkommen zeigen.

C. Geldbeschaffung.

Das Geld für den Ankauf der Bauterrains und die Errichtung von Häusern wird nur zum kleinen Theil durch die Geschäftsguthaben der Genossen aufgebracht werden können. Auch Spareinlagen, die dieselben neben ihren Geschäftsguthaben einzahlen, werden das Geldbedürfniß bei weitem nicht befriedigen, zum größeren Theil sind andere fremde Kapitalien erforderlich, die zuerst als Baugelder, dann als Hypotheken durch die Grundstücke der Genossenschaft den Darlehnsgebern gesichert werden. Diese Dahrlehnsgeber zu finden, ist die Hauptschwierigkeit für eine Baugenossenschaft, und es wird daher vor der Gründung Aufgabe der Gründer sein, in erster Linie festzustellen, ob es möglich ist, Hypothekenkapitalien zu erhalten. In einem der nächsten Kapitel soll auf diese Frage besonders eingegangen werden; hier sei nur darauf hingewiesen, daß eine Baugenossenschaft zur Unthätigkeit verdammt ist, wenn sie fremde Kapitalien in größerem Umfange nicht erhalten kann, und daß daher die Gründung widerrathen werden muß, wenn nicht die Wahrscheinlichkeit vorhanden ist, Hypothekengelder zu erhalten. Als Darlehnsgeber für die Baugenossenschaften wären hier nur kurz zu nennen die Alters- und Invaliditäts-Versicherungs-Anstalten, denen schon im Gesetz vom 22. Juni 1889 (§ 129 das.) die Befugniß ertheilt ist, einen Theil ihrer Kapitalien in Grundstücken anzulegen, wobei nach den Motiven, namentlich auch an Arbeiterwohnungen gedacht war, ferner Pensionskassen von Beamten, öffentliche Sparkassen, Lebens-Versicherungs-Gesellschaften, die ihre Reserven gern in Hypotheken anlegen, Hypothekenbanken, zum Theil Provinzial-Anstalten und endlich die Arbeitgeber und Privatpersonen, die den Bestrebungen der Baugenossenschaften wohlwollend gegenüberstehen. Alle diese geben das Geld um so leichter hin, je mehr Mitglieder die Baugenossenschaft besitzt und in je weiteren Kreisen, auch über diejenigen der Wohnungsuchenden hinaus, ihre Bestrebungen Anklang finden.

Es wird daher bei Gründung einer Baugenossenschaft vorweg auch zu untersuchen sein, ob man nicht über den Kreis der Wohnungsuchenden hinaus Mitglieder gewinnen kann. Man erhält dadurch einen doppelten Vortheil, nämlich einmal, wie eben ausgeführt ist, eine größere Kreditfähigkeit der Genossenschaft selbst und ferner durch die Einzahlungen dieser Mitglieder, die selbst nicht Wohnungen von der Baugenossenschaft beziehen wollen, ein größeres eigenes Kapital. Je mehr solche wohlhabende Genossen vorhanden sind, um so eher kann man erwarten, sofern eine geschäftliche Verbindung mit den vorher angegebenen Instituten nicht durchführbar ist, Hypothekengeld oder unkündbare Kapitalien in Formen, die später noch behandelt werden sollen, z. B. gegen Hypotheken-Antheilscheine oder Obligationen von solchen Mitgliedern zu beschaffen.

Drittes Kapitel.

Formen der Genossenschaft.

Es giebt eingetragene und nicht eingetragene Genossenschaften; erstere sind entweder Genossenschaften mit unbeschränkter Haftpflicht oder mit unbeschränkter Nachschußpflicht oder Genossenschaften mit beschränkter Haftpflicht. Da hier nur eingetragene Genossenschaften behandelt werden sollen, so erübrigt es sich, auf die nicht eingetragenen besonders einzugehen. Es mag nur darauf hingewiesen werden, daß diese Form gerade für Baugenossenschaften außerordentlich ungeeignet ist, weil Baugenossenschaften viel mit Grundbesitzverhältnissen zu thun haben und, solange sie nicht eingetragen sind, der Grundbesitz, die auf sie eingetragenen Hypotheken, kurz alle grundbuchlichen Geschäfte auf die Namen einzelner Genossen gehen müssen. Welche Gefahren sowohl für die Genossenschaft wie unter Umständen auch für die Genossen selbst, auf deren Namen diese Eintragungen erfolgen, dies in sich birgt, braucht für einen Geschäftskundigen nicht besonders ausgeführt zu werden. Es wird sich daher immer empfehlen, bei Gründung einer Baugenossenschaft sofort die Eintragung derselben in das Genossenschaftsregister in das Auge zu fassen.

Genossenschaften mit unbeschränkter Haftpflicht verpflichten die Genossen, über ihren Antheil hinaus mit ihrem ganzen Vermögen solidarisch für alle Verbindlichkeiten der Genossenschaft dieser sowie unmittelbar den Gläubigern derselben zu haften. Wenn auch nicht verkannt werden kann, daß diese Form diejenige ist, die erfahrungsmäßig eine Genossenschaft am kreditfähigsten macht, so ist doch nicht zu übersehen, daß Baugenossenschaften viel weniger als Kreditgenossenschaften Anlaß haben, ihre Gläubiger auf das Vermögen der Mitglieder zu ihrer Sicherstellung zu verweisen, sondern unter geordneten Verhältnissen nur Kredit zu nehmen haben bei den Handwerkern, die den Bau ausführen, oder bei dem Verkäufer des zu bebauenden Grundstücks. Bei letzterem wird aber gewohnheitsmäßig der nicht bezahlte Kaufpreis des Grundstücks durch eine einzutragende Hypothek gedeckt. Bei den Handwerkern kann der Kredit auch außerordentlich eingeschränkt werden, wenn unter Stellung einer Kautionshypothek vor Aufnahme einer Spezialhypothek Baugelder beschafft werden. Die Gläubiger der Baugenossenschaft erhalten also meist für den von ihnen gewährten Kredit reale Sicherstellung von ausreichender Höhe, so daß eine weitere Haftbarkeit der Mitglieder mit ihrem ganzen Vermögen entbehrlich ist und sich als eine Verschwendung wirthschaftlicher Kraft darstellen würde.

Das Mißtrauen, welches die Zusammenbrüche einzelner Genossenschaften gegen die unbeschränkte Haftpflicht in weitere Kreise getragen haben, läßt diese Haftpflicht nur dort anwendbar oder rathsam erscheinen, wo ohne dieselbe wesentliche Vortheile für Erwerb und Wirthschaft der einzelnen Genossen nicht erzielt werden könnten. Es wäre also wohl möglich, eine Baugenossenschaft mit unbeschränkter Haftpflicht zu bilden, wenn alle Genossen sicher sein könnten, für diese unbeschränkte Haftpflicht auch in kurzer Zeit eine ihnen genehme Wohnung zu erhalten. Da aber, wie vorher schon ausgeführt ist, gerade die Baugenossenschaften mit aller Kraft darauf hinzuwirken haben, daß ihnen auch Mitglieder beitreten, die nicht sowohl eine eigene Wohnung durch ihre Mitgliedschaft erreichen wollen, als vielmehr nur die Bestrebungen ihrer Mitgenossen zu unterstützen wünschen, wird es sehr schwer sein, diese Mitglieder zum Eintritt zu bewegen, wenn sie mit ihrem ganzen Vermögen für die Genossenschaft haften sollen. Es wird viele Personen, namentlich da, wo die Wohnungsnoth oder das Wohnungselend deutlich zu Tage tritt, geben, die zur Abhülfe gern bereit sind, mit einem im voraus zu übersehenden Bruchtheil ihres Vermögens an den Bestrebungen der Baugenossenschaft sich zu betheiligen; es wird auch viele geben, die, sofern sie erkannt haben, daß die Baugenossenschaft ihnen eine mäßige, aber gesicherte Rente für ihre Geschäftsguthaben herauswirthschaftet, auch über den ersten Geschäftsantheil hinaus noch weitere Antheile erwerben. Meistens werden aber diese Personen nicht dazu geneigt sein, um dieser Erfolge willen mit ihrem ganzen Vermögen in das Risiko des Unternehmens einzutreten.

Daß in den sechsziger Jahren und später bis zum Erlaß des neuen Genossenschaftsgesetzes keine Genossenschaften mit beschränkter Haftpflicht sich bilden konnten, war danach das Haupthinderniß für die weitere Entwickelung der Baugenossenschaften jener Zeit, das auch durch die Zulassung „stiller Gesellschafter“, auf die wir im 9. Kapitel zurückkommen, nicht beseitigt werden konnte. Dies läßt sich um so weniger bestreiten, als eine Anzahl neuerer Baugenossenschaften, die zuerst mit unbeschränkter Haftpflicht gegründet wurden, dann aber, als das Gesetz vom 1. Mai 1889 die beschränkte Haftpflicht gestattete, sich in Genossenschaften mit beschränkter Haftpflicht umwandelten, nach dieser Umwandlung an Mitgliederzahl außerordentlich gewannen und ihre Thätigkeit wesentlich erweitern konnten.

Da die Genossenschaft mit unbeschränkter Nachschußpflicht auch auf der unbeschränkten Solidarhaft der Mitglieder mit ihrem ganzen Vermögen beruht und sich von der Genossenschaft mit unbeschränkter Haftpflicht nur dadurch unterscheidet, daß die Mitglieder nicht unmittelbar den Gläubigern haften, sondern nur der Genossenschaft für die Leistung der erforderlichen Nachschüsse aufzukommen haben, so sprechen im wesentlichen dieselben Gründe gegen die Form der Genossenschaft mit unbeschränkter Nachschußpflicht, die auch für Baugenossenschaften gegen die unbeschränkte Haftpflicht geltend zu machen sind. Die gesetzlichen Vorschriften über die Anwendung der unbeschränkten Nachschußpflicht aber haben aus andern Gründen die Einbürgerung dieser Genossenschaftsform verhindert, aus Gründen, die auch für Baugenossenschaften, ebenso wie für andere Genossenschaften in's Gewicht fallen.

Aus allen diesen Erwägungen heraus kann nur empfohlen werden, da, wo auf Mitglieder, die keine Wohnung erwerben wollen, nicht gerechnet werden kann, und wo ein Hypothekarkredit schwer zu erhalten ist — Fälle, die schon an sich sehr ungünstige Aussichten für das Gedeihen einer Baugenossenschaft eröffnen — die „Genossenschaft mit unbeschränkter Haftpflicht“ einzuführen, während es sonst für Baugenossenschaften überall vortheilhafter ist, die beschränkte Haftpflicht zu wählen. Nicht aber darf diese Beschränkung so weit gehen, daß nur ein Minimum an Haftpflicht festgesetzt wird, da alsdann die Genossenschaft seitens der Darlehnsgeber kein Vertrauen zu erwarten hat.

Auf dem Genossenschaftstage des Allgemeinen Verbandes der auf Selbsthülfe beruhenden Erwerbs- und Wirthschaftsgenossenschaften in Augsburg (1895) wurde folgende Resolution angenommen:

„Den Baugenossenschaften wird empfohlen, den Geschäftsantheil dem Zwecke und dem Geschäftsumfange der Genossenschaft entsprechend hoch und in der Regel nicht unter 200 Mk. zu bestimmen, die Erwerbung der Mitgliedschaft nicht abhängig zu machen von der Zugehörigkeit zu einem bestimmten Berufe und besonders bemüht zu sein, Personen aus den vermögenden Kreisen der Bevölkerung zur Erwerbung der Mitgliedschaft zu veranlassen."

Diese Resolution, auf deren zweiten Theil wir im 8. Kapitel zurückkommen, entspricht vollkommen den praktischen Erfahrungen, und es würde danach zu empfehlen sein, den Geschäftsantheil auf mindestens 200 Mk. festzusetzen. Daraus würde nach den gesetzlichen Vorschriften folgen, daß für die Haftsumme, die neben dem Geschäftsantheil besteht, ebenfalls die Summe von 200 Mk. ausreichen würde.

Viertes Kapitel.

Bau von Häusern zu Eigenthumserwerb durch die Mitglieder und Bau von Miethshäusern.

Eine Anzahl Baugenossenschaften erbauen Häuser, die sie in ihrem eigenen Besitz behalten und deren Wohnungen sie nur ihren Genossen abgeben zu einem Preise, der ihnen die Verzinsung des in den Bau und den Grundbesitz hineingesteckten Kapitals und eine mäßige Rente für die Geschäftsantheile sichert. Andere Genossenschaften wieder bauen Ein- und Zweifamilienhäuser, die sie den Genossen zum Erwerb überlassen und zwar gegen eine angemessene Abzahlung, die gleichzeitig mit der Verzinsung des investirten Kapitals bezahlt wird.

Ein ziemlich heftiger Kampf hat sich darüber entwickelt, welche Form wohl die geeignetere sei, um der Wohnungsnoth abzuhelfen. Es sei hier auf einige Gründe hingewiesen, die für und gegen beide Arten sprechen. Die Genossenschaften, welche ihre Häuser im eigenen Besitz behalten, haben unzweifelhaft den Vorzug, daß ihre Genossen, welches Einkommen sie immer haben, sofern es nur hinreicht, um überhaupt eine menschenwürdige Wohnung zu bezahlen, befriedigt werden können. Während Genossenschaften, welche zum Erwerb durch die Genossen bauen, darauf Rücksicht nehmen müssen, daß das Einkommen derjenigen Genossen, welche Häuser erwerben wollen, hinreichen muß, um wenigstens einen geringen Theil davon als dauernde Abzahlung, also als feste Spareinlage verwenden zu können. Ein Nachtheil des Baues von Miethshäusern dagegen besteht darin, daß bei jedem Neubau eines Hauses der Zutritt einer größeren Zahl Genossen vorausgesetzt werden muß, weil das in ein erbautes Haus gesteckte Kapital niemals herausgezogen werden kann und auch nicht nach und nach an die Genossenschaft zurück gelangt.

Nimmt man beispielsweise an, daß zum Bau eines Hauses mit einer größeren Anzahl Wohnungen neben den Hypotheken ein eigenes Kapital von 20 000 Mark nothwendig ist, so bedarf es bei einem Geschäftsantheil von 200 Mark mindestens einer Anzahl von 100 Genossen, um ein solches Haus errichten zu können. Will die Genossenschaft nun weiter bauen und will sie nicht nur Verwalter der Hypothekengläubiger sein, sondern auch namentlich in kritischen Zeiten als Hausbesitzer gesichert dastehen, so bedarf sie für dieses zweite Haus wiederum 20 000 Mark, d. h. sie kann erst weiter bauen, wenn neue 100 Genossen der Genossenschaft beigetreten sind. Und doch wird sie niemals in der Lage sein, allen diesen Genossen, die nothwendig sind, um ein Haus zu bauen, in diesem Hause auch Wohnungen zu verschaffen, weil in einem Hause, das nur etwa 20 000 Mark an eigenem Gelde erfordert, selbst unter der Voraussetzung niedrigster Grundstückspreise und geringster Baukosten niemals 100 Wohnungen hergestellt werden können.

Es tritt noch ein Umstand hinzu, der für diese Bauthätigkeit nicht vortheilhaft ist, nämlich der, daß eine Genossenschaft niemals in der Lage ist, kleinen, manchmal nicht angenehmen und sicheren Miethern im Interesse der Hausordnung und pünktlicher Miethszahlung, die doch wiederum wegen der soliden Bewohner des Hauses durchaus erforderlich ist, so streng entgegenzutreten, wie dies etwa ein Privathausbesitzer oder eine Aktiengesellschaft durch ihren Verwalter thun kann. Auch lehrt die Erfahrung, daß, selbst die beste Verwaltung vorausgesetzt, in einem Hause, in welchem eine große Anzahl Miether wohnen, die sich, da sie Genossen sind, immerhin vielfach selbst als Mitbesitzer des Hauses fühlen, viele Streitigkeiten vorkommen, und daß es namentlich schwer ist, die Frauen und Kinder auseinander zu halten. Man hat diesem Uebelstand dadurch zu begegnen gesucht, daß man jedenfalls für jede Familie einen besonderen Korridor eingerichtet hat und gewiß ist das ein Haupterforderniß für solche Häuser. Immerhin giebt es so viele gemeinschaftlich benutzte Haustheile, wie Treppen, Flure, Waschküche u. s. w., daß hier in der That, um Unbequemlichkeiten aller Art zu vermeiden, eine wohlwollende, aber strenge Verwaltung erforderlich erscheint.

In großen Städten, in denen die Arbeitsstätte häufig weit von den Häusern der Genossenschaft entfernt ist, tritt vielfach der Uebelstand ein, daß nicht so viele Bewerber unter den Genossen vorhanden sind, wie Wohnungen in den betreffenden Häusern zur Verfügung stehen und daß daher die Genossenschaft, da sie größere Miethsausfälle in ihrem Etat nicht ertragen kann, gezwungen ist, auch an Nichtgenossen zu vermiethen, daß aber dann in einem solchen Hause Miether erster und zweiter Klasse entstehen, was häufig genug zu Unfrieden Veranlassung giebt.

Der Nachtheil, der aus dem Bau von Häusern zum eigenen Erwerb durch die Genossen besonders ins Auge springt, ist, wie gesagt, der, daß nicht allen geholfen werden kann, daß bei dieser Genossenschaftsart nur diejenigen Genossen einen wesentlichen Vortheil haben werden, deren Lohnverhältnisse es ihnen ermöglichen, neben der Miethe auch noch kleine Spareinlagen in der Form der Abträge zu machen. Ein fernerer Nachtheil solcher Genossenschaften, die nicht Einfamilienhäuser, sondern Zwei- oder gar Dreifamilienhäuser zum Erwerb bauen, ist der, daß der ein solches Haus erwerbende Genosse vorweg darauf angewiesen ist, einen Miether in sein Haus aufzunehmen und auch das Risiko zu tragen, bei schlechten Zeitverhältnissen unter Umständen die Wohnung leer stehen zu haben und dadurch für seine eigene Wohnung einen höheren Preis zu zahlen, als gerechtfertigt ist.

Solche Baugenossenschaften, die Häuser mit zwei und mehr Wohnungen zum Erwerb seitens der Genossen bauen, müssen daher doppelt vorsichtig in der Wahl der Bauplätze sein und besonders darauf achten, daß für absehbare Zeit der Miethsertrag des Erwerbers gesichert ist, d. h. sie müssen an solchen Stellen bauen, nach denen ein Zuzug von Miethern mit Sicherheit zu erwarten ist.

Ein weiterer Nachtheil dieser Bauart ist, daß in Rücksicht auf das Risiko, das der Erwerber durch die zu vermiethende Wohnung trägt, die Baugenossenschaft nicht berechtigt ist, ihm vorzuschreiben, daß er als Miether nur Genossen aufnimmt, weil, sofern sich miethende Genossen nicht finden, sie selbst für das Leerstehen der Wohnung verantwortlich gemacht werden würde.

Ein fernerer Nachtheil dieses Systems ist darin zu erblicken, daß es innerhalb großer Städte bei der bedeutenden Höhe der Terrainpreise fast ausgeschlossen ist, und daß daher die Häuser nur an der Peripherie der Städte erbaut werden können. Der Genosse, der ein solches Haus erwirbt, wird daher in jedem einzelnen Fall genau zu prüfen haben, ob, wenn er in der Stadt seine Arbeitsstelle hat, die Beförderung von seiner Wohnung nach dieser ihm nicht soviel Zeit und Kosten erfordert, daß die Vortheile eines eigenen Hauses dagegen zurückstehen.

Ein Vorwurf, der diesem Bausystem gemacht worden ist, daß nämlich Hauseigenthümer oder „Haustyrannen", wie sie vielfach heißen, gezüchtet werden, kann nicht berechtigt erscheinen, weil es gerade umgekehrt ein Vorzug der Baugenossenschaften ist — ganz gleich, in welcher Weise sie wirken — daß sie ihre Mitglieder zum Sparen antreiben, ein Vorzug, der besonders hervortritt, wenn man berücksichtigt, daß es die bequemste Art des Sparens ist, mit der Miethe zugleich kleine Summen zu zahlen, die zusammen mit dem Miethsbetrag nicht mehr ausmachen, als gewöhnlich der früher einem Privathauseigenthümer für dieselbe Wohnung gezahlte Preis betragen hat. Haustyrann wird aber der durch die Genossenschaft in das Eigenthum des Hauses gelangte Genosse schon um deswillen nicht werden, weil er, der wirthschaftlich nicht sehr stark ist, jedesmal froh sein wird, einen Miether zu haben, der ihm gefällt und der durch jahrelanges Zusammenwohnen mit ihm in engere Beziehungen getreten ist.

Der weitere Vorwurf, der dieser Bauart gemacht wird, daß der Zweck der Genossenschaft, billige und gesunde Wohnungen zu schaffen, vereitelt werden kann durch die Spekulation, indem der in den Besitz gelangte Genosse das Grundstück weiter verkaufen kann und eine stärkere Ausnutzung des Grund und Bodens, also eine dichtere Bebauung eintreten lassen wird, sobald der Grund- und Bodenpreis steigt — und er wird immer da steigen, wo die Genossenschaft in größerem Umfange baut — erscheint ebenso wenig berechtigt, weil die Baugenossenschaft sich gegen diese Möglichkeit durch grundbuchliche Eintragungen schützen kann.

Ein Vortheil dieser Bauart und zwar ein wesentlicher ist dagegen, daß es durch die seitens der Erwerber gezahlten Abträge, selbst wenn die Anzahl der Genossen sich nicht wesentlich vermehrt, der Genossenschaft ermöglicht wird, ihre Thätigkeit weiter fortzusetzen, immer neue Häuser zu bauen und den alten Genossen zur Verfügung zu stellen. Es wird daher bei ihr selbst unter der Voraussetzung, daß sie neue Mitglieder nicht erhält, eine unter den obwaltenden Verhältnissen allerdings ziemlich fern liegende Zeit kommen können, in welcher sie das Wohnungs- bezw. Hausbedürfniß jedes einzelnen Genossen befriedigt hat. Ein weiterer Vortheil ist schließlich darin zu erblicken, daß dem Wunsche so vieler, ein eigenes Heim zu besitzen, mit Frau und Kindern fern vom Getriebe der Großstadt in freier Luft leben zu können und in ländlicher Arbeit im Garten und in guter Luft sich in gesundheitlicher Beziehung besser entwickeln zu können, entgegengekommen wird.

Welche Bauart nun neu zu gründende Genossenschaften bevorzugen sollen, hängt ausschließlich von den Verhältnissen des Platzes ab, sowie von den Wünschen, welche die Genossen selber hegen. In großen Städten, in denen namentlich nach der Peripherie hin gute Verbindungen fehlen, und in denen auch die Genossen mit ihrem Lohn gerade ihr Leben fristen können, wird der Bau von Miethshäusern vorzuziehen sein. In kleineren Städten oder auf dem Lande, wo sich eine Industrie entwickelt hat, wird der Genosse Häuser zum eigenen Erwerb wünschen.

Auch die Gewohnheiten der Bewohner der einzelnen Landestheile sind vielfach maßgebend. So findet man, daß in vielen Gegenden des nordwestlichen Deutschlands die Leute einen außerordentlichen Werth darauf legen, nur in kleineren Häusern zu wohnen und daß sie nur nothgedrungen in große Miethshäuser ziehen. In andern Gegenden wieder fühlt sich der Bewohner nur dann wohl, wenn er möglichst nahe dem Zentrum der Stadt in einem städtischen Wohngebäude wohnen kann.

Es ist vielfach beliebt worden, zwischen den beiden Arten des Hausbaues Vergleiche zu ziehen, die für die eine oder die andere Art ungünstig ausfielen. Es wurde von vielen Sozialpolitikern alsdann sofort der Schluß gezogen, daß die eine oder die andere Art vollkommen zu verwerfen sei, sich zur Abhülfe der Wohnungsnoth nicht eigene und daher keine Berechtigung habe. Wie falsch diese Ansicht ist, geht schon aus dem vorher Gesagten hervor. Es darf aber noch darauf hingewiesen werden, daß es auch noch eine größere Anzahl Genossenschaften giebt, die beide Bauarten pflegen, und daß es daher falsch wäre, wenn man die Baugenossenschaften, die auf einen engen Zusammenschluß angewiesen sind, durch solche unrichtige Unterscheidungen künstlich trennen wollte. Beiden gemeinsam ist unzweifelhaft das ideale Streben, ihren Genossen gute und billige Wohnungen zu schaffen; und durch ihre Blüthe da, wo die Vorbedingungen für ihre Existenz überhaupt gegeben sind, beweisen beide Baugenossenschaftsarten am besten, daß sie auch ihre Aufgabe je nach den Verhältnissen erfüllen.

Schließlich darf noch erwähnt werden, daß die erste Baugenossenschaft, welche mit dem eigenen Besitz ihrer Häuser erhebliche Resultate erzielt hat, der Spar- und Bauverein in Hannover, viele Nachahmer gefunden hat, die auch den Namen „Spar- und Bauverein“ angenommen haben, woraus dann vielfach die

Schlußfolgerung gezogen worden ist, daß alle Baugenossenschaften, die diesen Namen führen, zum eigenen Besitz bauen, während alle diejenigen, die in ihrer Firma den Ausdruck „Baugenossenschaft" haben, Häuser zum Erwerb durch die Genossen errichten. Auch hier liegt ein Irrthum vor. Der Spar- und Bauverein in Blumenthal a. d. Unterweser z. B. baut ausschließlich Häuser zum eigenen Erwerb durch die Genossen, und die Münchener Baugenossenschaft hat wiederum Häuser im Eigenbesitz, die sie nicht veräußert.

Zum Schluß dieses Kapitels kann nur besonders empfohlen werden, bei Gründung einer Baugenossenschaft in den Statuten sich nicht selbst die Beschränkung aufzuerlegen, nur eine bestimmte Bauart zu pflegen, weil vielfach Verhältnisse eintreten können, welche die Baugenossenschaft nöthigen, beide Arten durchzuführen.*)

*) Auf dem Genossenschaftstag des Allgemeinen Verbandes der deutschen Erwerbs- und Wirthschaftsgenossenschaften zu Neustadt (1898) wurde folgende Resolution angenommen:

Der Allgemeine Genossenschaftstag spricht den Wunsch und die Hoffnung aus, daß es gelingen werde, eine Absonderung der Baugenossenschaften zur Beschaffung von unkündbaren Miethwohnungen von den Baugenossenschaften zur Erleichterung des Eigenthumserwerbs der Mitglieder zu verhüten, da

1) jede der beiden Genossenschaftsarten, wenn richtig den örtlichen Verhältnissen angepaßt und nach genossenschaftlichen Grundsätzen geleitet und verwaltet, wirthschaftlich und sozial der anderen gleichwerthig ist, auch sehr wohl beide Aufgaben durch eine Genossenschaft verfolgt werden können, und da deshalb
2) diese Genossenschaftsarten, in einem Verbande vereinigt, auch am besten die Bestrebungen der Baugenossenschaften fördern und an der Verbesserung der Organisation wirken können.

Fünftes Kapitel.

Gesetzliche Erfordernisse zur Errichtung von Baugenossenschaften.*)

Für die gesetzlichen Erfordernisse zur Errichtung einer eingetragenen Baugenossenschaft ist ebenso wie für die andern Arten der Genossenschaften das Reichsgesetz, betreffend die Erwerbs- und Wirthschaftsgenossenschaften vom 1. Mai 1889, abgeändert durch Gesetz vom 12. August 1896, maßgebend. Die Vortheile, welche auf Grund dieser Gesetze den eingetragenen Genossenschaften eingeräumt sind, sind folgende:

1) Die eingetragene Genossenschaft hat als solche selbständig ihre Rechte und Pflichten; sie kann Eigenthum und andere dingliche Rechte an Grundstücken erwerben, vor Gericht klagen und verklagt werden; sie gilt als Kaufmann im Sinne des Handelsgesetzbuchs mit allen Rechten und Pflichten eines solchen (z. B. formlose Abschließung von Handelsgeschäften, Buchführung).

2) Da die eingetragene Genossenschaft rechtliche Selbständigkeit besitzt, haftet deren Gläubigern auch zunächst nur das Vermögen der Genossenschaft und die Geltendmachung der persönlichen Haftpflicht der Mitglieder ist gesetzlich unter möglichster Schonung der Mitglieder geregelt.

3) Die eingetragene Genossenschaft kann die persönliche Haftpflicht der Mitglieder beschränken.

4) Die Verhältnisse der eingetragenen Genossenschaft, wie die von Vorstand, Aufsichtsrath und Mitgliedern untereinander sind gesetzlich geordnet.

Die Erfordernisse, denen die Genossenschaften genügen müssen, um die Eintragung in die öffentlichen Register und damit die angegebenen Vortheile zu erlangen, bestehen der Hauptsache nach

1) in der schriftlichen Abfassung des Statuts (Gesellschafts-Vertrages);

---

*) Sinngemäß entnommen aus dem 1. Bande der Handbibliothek für das deutsche Genossenschaftswesen.

2) in der Aufnahme gewisser Normativbestimmungen als unerläßlicher Punkte in das Statut, sowie in der Innehaltung gewisser Regeln und Uebernahme gewisser Verpflichtungen dem Registergericht gegenüber;

3) in der Anmeldung des Gesellschafts-Vertrages und späterer Abänderungen desselben, sowie der Vorstandswahlen beim Registergericht behufs der Eintragung in das Genossenschaftsregister.

Die Unterstellung unter das Gesetz wahrt den Baugenossenschaften ihren streng privatrechtlichen Charakter, da nur das Genossenschaftsgesetz für sie maßgebend ist.

Der Verkehr mit dem Gericht gestaltet sich an der Hand der gebotenen Hülfsmittel so einfach, daß ein jeder sich mit Leichtigkeit in denselben hineinfinden kann.*) Die durch die Unterstellung unter das Gesetz entstehenden Kosten beschränken sich — insoweit nicht gewisse Bekanntmachungen**) erforderlich werden — auf die geringen Schreibgebühren und Portoauslagen, da alle Eintragungen und Verhandlungen über dieselben für die Genossenschaften gebührenfrei sind.

*) Den Genossenschaften ist für den Verkehr mit dem Gericht das Formularbuch zum Reichsgesetz, betreffend die Erwerbs- und Wirthschaftsgenossenschaften vom 1. Mai 1889, von Parisius und Crüger, Verlag von J. Guttentag in Berlin, zu empfehlen.

**) Die Genossenschaften sind nicht verpflichtet, die Kosten solcher Veröffentlichungen des Gerichts diesem zu erstatten, wenn dieselben nach dem Gesetz nicht erforderlich waren. (Vgl. Formularbuch von Parisius und Crüger, S. 12, 38, 49.) Bei Anwendung einiger Sorgfalt können viele Kosten erspart werden.

Sechstes Kapitel.

Die Gründung der Genossenschaft und ihre Eintragung in das Genossenschaftsregister.*)

A) Die Gründung.

Von den örtlichen Verhältnissen wird es abhängen, in welcher Weise die Gründung einer Baugenossenschaft einzuleiten ist. In der Regel wird man erst die öffentliche Meinung durch Vorträge und, wenn möglich, Feststellung der Statistik bezüglich der Anzahl der leerstehenden Wohnungen und der Beschaffenheit derselben, sowie durch die Presse zu sondiren haben, in wie weit der Gedanke einer Baugenossenschaft bei dem wohnungsuchenden Publikum Anklang findet und in wie weit es möglich ist, auch solche Personen heranzuziehen, die durch ihre Intelligenz und ihr Vermögen im Stande sind, die Baugenossenschaft zu leiten, oder durch Uebernahme von Geschäftsantheilen und Schaffung eines größeren Mitgliederbestandes und dem entsprechend eines größeren Vermögens zu unterstützen. Nach dem, was in früheren Kapiteln — vergl. namentlich Kapitel 2 — ausgeführt ist, wird es für diejenigen, die eine Baugenossenschaft ins Leben rufen wollen, erforderlich sein, schon vor der Gründung derselben sich danach umzusehen, in wie weit Hypotheken für zu bebauende Grundstücke zu erlangen sind. Sind alle diese Vorerhebungen in genügender Weise erfolgt und hat die Erörterung in den Versammlungen und in der Presse ergeben, daß eine solche Genossenschaft wohl mit Erfolg wird arbeiten können, so wird man in einer Versammlung von Freunden des Unternehmens eine Kommission zur Ausarbeitung des Statuts einsetzen lassen. Diese entwirft das Statut, ladet diejenigen, welche bereit sind, der zu gründenden Genossenschaft beizutreten, zu einer konstituirenden Versammlung ein, läßt die Statuten durchberathen und, wenn irgend möglich,

*) Drittes Kapitel I. Bds. der Handbibliothek für das deutsche Genossenschaftswesen. Herausgegeben von Dr. Hans Crüger. Breslau 1897. Verlag E. Morgenstern, jetzt bei J. Guttentag, Berlin.

sofort von den Anwesenden, die sich betheiligen wollen, unterzeichnen. Es wird zweckmäßig sein, das in der Kommission festgestellte Statut sogleich zu drucken*) und so unterzeichnen zu lassen.

Eine Beglaubigung der Unterschriften ist nicht erforderlich, und mit der Unterzeichnung ist die Genossenschaft begründet.

Ueber das Statut, welches sowohl den Bau von Häusern zum Eigenbesitz, als auch von solchen zum Erwerb durch die Genossen ins Auge faßt, siehe im Anhang Form. 1. Es sei nur darauf hingewiesen, daß die §§ 6, 7, 34 [36] und 125 [131] des Gesetzes diejenigen Bestimmungen angeben, welche in dem Statut geregelt sein müssen, §§ 8 und 128 [134] diejenigen, die nur durch das Statut getroffen werden können.

Im unmittelbaren Anschluß an die Unterzeichnung des Statuts haben die Wahlen der Vorstands- und Aufsichtsraths-Mitglieder zu erfolgen, und zwar ist dabei schon den Vorschriften des eben angenommenen Statuts zu entsprechen. Die Leitung der Versammlung bleibt zunächst noch in den Händen desjenigen, der bis dahin den Vorsitz geführt hat. Nach den im Anhange abgedruckten Statuten soll der Vorstand von der General-Versammlung auf Vorschlag des Aufsichtsraths gewählt werden, und daher muß zunächst dieser, und zwar nach § 17 des Form. Nr. 1 gewählt werden. Nach vollzogener Wahl konstituirt sich der Aufsichtsrath nach Maßgabe des § 19 des Statuts (Form. 1) und macht sich über die Vorschläge zu den einzelnen Vorstandsstellen schlüssig. Darauf übernimmt der Vorsitzende des Aufsichtsraths den Vorsitz in der Generalversammlung und schlägt Namens des Aufsichtsraths die Kandidaten für den Vorstand vor. Das Wahlverfahren wird durch § 3 des Statuts geregelt. Ist auch die Wahl der Vorstandsmitglieder erfolgt, so hat sich die Genossenschaft mit ihren Organen konstituirt, die Versammlung kann geschlossen werden und der Vorstand hat die Anmeldungen zum Genossenschaftsregister nach § 11 des Gesetzes zu bewirken.

Es sei noch besonders darauf hingewiesen, daß auf die Fassung des Statuts die größte Sorgfalt zu verwenden ist, denn wenn

---

*) Im Interesse der Kostenersparniß thut man gut, den Satz in der Druckerei stehen zu lassen, um etwaige Aenderungen, die in der konstituirenden Versammlung beschlossen werden, ohne größere Kosten vornehmen zu können. Der Satz muß dann bis nach der Eintragung des Statuts in das Genossenschaftsregister stehen bleiben, da erst dann die endgültige Herstellung des Statuts durch Druck mit Sicherheit erfolgen kann.

die Eintragung beanstandet wird, so müssen Aenderungen vorgenommen werden, die wiederum von denjenigen beschlossen werden müssen, die das Statut unterzeichnet haben. Die sich vielfach in den Statuten vorfindende Schlußbestimmung, nach welcher Vorstand und Aufsichtsrath ermächtigt werden, diejenigen Aenderungen selbst vorzunehmen, von welchen das Gericht die Eintragung abhängig macht, ist ungültig, da nach § 16 des Gesetzes nur die Generalversammlung solche Aenderungen beschließen kann.

Ueber die Gründung und Konstituirung der Genossenschaft, sowie über die Wahlen von Vorstand und Aufsichtsrath ist ein Protokoll aufzunehmen, das nach dem § 39 des Statuts (Form. 1) zu unterzeichnen ist. Vgl. Form. Nr. 3.

B. Die Anmeldung zur Eintragung und die Eintragung.

Der Vorstand ist nach Maßgabe des § 11 des Gesetzes verpflichtet, das Statut, sowie die Mitglieder des Vorstandes zur Eintragung in das Genossenschaftsregister anzumelden. Die Anmeldung hat durch sämmtliche Mitglieder des Vorstandes persönlich stattzufinden. Ist dies aus irgend einem Grunde für alle oder einzelne Mitglieder nicht möglich, dann kann die Anmeldung schriftlich erfolgen, es müssen jedoch die Unterschriften derjenigen, die nicht persönlich vor Gericht erscheinen, beglaubigt werden. Diese Beglaubigung ist nicht etwa notariell erforderlich, sie kann vielmehr durch jede Person, die ein Amtssiegel führt, wie z. B. Gemeindevorsteher, Bezirksvorsteher, Polizeibehörde, besorgt werden.

Der Anmeldung sind beizufügen:

1) das unterschriebene Originalstatut und eine einfache unbeglaubigte Abschrift desselben; beide können gedruckt sein, die Abschrift braucht nicht unterschrieben zu werden (Form. 27);
2) eine Liste der Genossen, welche das Statut unterzeichnet haben, die aber nicht alphabetisch geordnet zu sein braucht; zweckmäßig ist es, die Liste nach dem (amtlichen) Form. 15 aufzustellen und jedes Mitglied dort in Spalte 3 mit Vor- und Zunamen und Wohnort aufzuführen;
3) eine unbeglaubigte Abschrift des Protokolls über die Wahlen der Vorstands- und Aufsichtsrathsmitglieder.

Erfolgt die Anmeldung persönlich, so haben die Mitglieder des Vorstands sogleich vor dem Gericht ihre Unterschriften zu zeichnen; bei schriftlicher Anmeldung muß die Zeichnung ebenso wie die Anmeldung beglaubigt werden.

Hierauf erfolgt die Eintragung. Dem Vorstand geht vom Gericht eine beglaubigte Abschrift des Statuts mit der Benachrichtigung über die erfolgte Eintragung zu, und mit letzterer hat nun die Genossenschaft die Rechte einer eingetragenen Genossenschaft erhalten (§ 13 des Ges.). Für die Richtigkeit der Anmeldung und Einreichung sind die Vorstandsmitglieder dem Gericht bei Strafe verantwortlich (§ 141 [147] des Ges.). Ueber Anmeldungen, Anzeigen und Erklärungen zu Gericht vergl. §§ 6 und 7 der Bekanntmachung vom 11. Juli 1889.*)

Nach § 30 des Gesetzes hat der Vorstand ein Verzeichniß der Genossen zu führen, das mit der vom Registerrichter geführten Liste der Genossen in Uebereinstimmung zu halten ist. Dieses Verzeichniß wird daher am besten nach dem amtlichen Formular (vergl. Form. 15) angelegt werden. In dieses Verzeichniß sind die Mitglieder unter den Nummern einzutragen, unter denen sie vom Gericht eingetragen sind, und welche von diesem der Genossenschaft mitgetheilt werden. Außer diesem Verzeichniß ist es im Interesse einer guten Geschäftsführung erforderlich, ein Mitgliederverzeichniß in alphabetischer Reihenfolge anzulegen, damit die Auffindung der Mitglieder erleichtert wird.

Nothwendig ist auch die Anlegung eines besonderen Aktenstückes zur Aufnahme der gerichtlichen Benachrichtigungen über die Eintragungen in die Genossenliste, die Todesanzeigen u. s. w., kurz aller Schriftstücke, welche sich auf den Mitgliederbestand beziehen.

---

*) Formulare zur Anmeldung u. s. w. sind in dem Formularbuch von Parisius und Crüger enthalten, die wichtigsten auch am Schlusse dieses Buches gegeben.

Siebentes Kapitel.

Die Haftpflicht.

A. Umfang der Haftpflicht.

Es ist zu unterscheiden die Haftbarkeit der Mitglieder mit ihren Einzahlungen auf den Geschäftsantheil und die persönliche Haftpflicht für den Fall, daß das Vermögen der Genossenschaft nicht zur Befriedigung der Gläubiger ausreicht. Die Einzahlungen auf den Geschäftsantheil stehen in ihrem Mindestbetrage statutarisch fest und bilden einen Theil des Vereinsvermögens, das den Gläubigern für die Verbindlichkeiten der Genossenschaft haftet. Insoweit die Einzahlungen zur Deckung von Verlusten nicht in Anspruch genommen werden, sind sie den Mitgliedern nach ihrem Ausscheiden auszuzahlen (§ 71 [73] des Ges.).

Die persönliche Haftpflicht der Mitglieder ist nach zwei Richtungen hin zu erörtern, nämlich nach dem Umfange und der Art, in welcher sie durch die Gläubiger oder durch die Genossenschaft geltend gemacht wird. Das Genossenschaftsgesetz vom 1. Mai 1889 enthält, wie schon im 3. Kapitel erwähnt wurde, drei Haftarten: die unbeschränkte Haftpflicht, die beschränkte Haftpflicht und die unbeschränkte Nachschußpflicht. Da letztere, nach den im 3. Kapitel gegebenen Andeutungen, auch den Baugenossenschaften nicht zu empfehlen ist, soll hier von einer Erörterung derselben abgesehen werden.

1) Die unbeschränkte Haftpflicht.

Die unbeschränkte Haftpflicht bedeutet, daß ein jedes Mitglied sowohl der Genossenschaft wie ihren Gläubigern für die Verbindlichkeiten der Genossenschaft persönlich unbeschränkt und solidarisch, d. h. also mit seinem ganzen Vermögen, haftbar ist (§ 2 Abs. 1, 113 [120], 116 [122], 119 [125] des Ges.). Da nun aber die Genossenschaft juristische Persönlichkeit hat, so muß der Gläubiger sich zunächst stets an die Genossenschaft selbst halten. Die persönliche Haftpflicht tritt in der Gestalt der Zahlungspflicht nur in zwei Fällen in Wirksamkeit, nämlich wenn ein

Genosse ausscheidet und sich eine Unterbilanz herausstellt — in diesem Falle muß der Ausscheidende nach § 71 [73] des Gesetzes den betreffenden Antheil an dem Verlust der Genossenschaft zahlen — oder wenn die Genossenschaft in Konkurs geräth. (Darüber siehe unter Haftvollzug.)

2) Die beschränkte Haftpflicht.

Auch hier haben wir eine persönliche solidarische Haftpflicht der Mitglieder der Genossenschaft und den Gläubigern gegenüber. (Vergl. unter Haftvollzug über die Geltendmachung der persönlichen beschränkten Haftpflicht.) Die Mitglieder sind außer mit ihren statutenmäßig geleisteten Einzahlungen bezw. mit ihren Geschäftsantheilen ebenso wie bei der unbeschränkten Haftpflicht auch persönlich sowohl der Genossenschaft wie den Gläubigern gegenüber verhaftet, jedoch nicht über eine im Statut festgesetzte Grenze hinaus. Die Grenze ist die Haftsumme, welche also diejenige Summe angiebt, mit der ein Genosse über sein Geschäftsguthaben hinaus noch für die Verbindlichkeiten der Genossenschaft in Anspruch genommen werden kann.

Die für beide Haftarten geltenden besonderen Bestimmungen ergeben sich ausschließlich aus diesem verschiedenen Umfang der Haftpflicht. Nicht zu verwechseln sind daher Geschäftsantheil und Haftsumme. Der Geschäftsantheil begrenzt die Einzahlungen, die ein Mitglied zur Bildung eines Theils des Vereinsvermögens zu leisten verpflichtet ist; die Haftsumme dagegen begrenzt die persönliche Haftpflicht des Mitgliedes für die Verbindlichkeiten der Genossenschaft, insoweit deren Vereinsvermögen, zu welchem auch die Einzahlungen auf die Geschäftsantheile gehören, nicht ausreicht. Ein Zusammenhang zwischen Geschäftsantheil und Haftsumme besteht nur in so weit, als die Haftsumme, welche bei der Errichtung der Genossenschaft durch das Statut bestimmt sein muß, nicht niedriger als der Geschäftsantheil sein darf. Bestimmt also, um an einem Beispiel die Sachlage ganz klarzustellen, das Statut den Geschäftsantheil auf 200 Mark, so muß auch die Haftsumme mindestens 200 Mark betragen. Nimmt man nun diesen Minimalsatz der Haftsumme an, so ergiebt sich für die Mitglieder,

a. daß sie nach Maßgabe des Statuts auf den Geschäftsantheil von 200 Mark, bis dieser erreicht ist, regelmäßige Einzahlungen zu leisten haben, die alsdann einen Theil des Vereinsvermögens bilden, also für die Verbindlichkeiten der Genossenschaft haften;

b. daß sie außerdem, wenn sich bei ihrem Ausscheiden eine Unterbilanz ergiebt oder wenn die Genossenschaft in Konkurs geräth, zur Deckung des Ausfalles bis zur Höhe von 200 Mark aus ihrer persönlichen Haftpflicht in Anspruch genommen werden. Hat also ein Mitglied auf seinen Geschäftsantheil die regelmäßigen Einzahlungen geleistet und hat es so z. B. 124 Mark gezahlt und es tritt einer der oben angeführten Fälle ein, so muß das Mitglied sich darauf gefaßt machen, nicht nur seine bis dahin geleisteten oder auf Grund des Statuts fälligen Einzahlungen auf den Geschäftsantheil zu verlieren, sondern es muß außerdem zur Deckung des Ausfalls bis zu einem Betrage von 200 Mark, der Haftsumme nämlich, weiter Zahlung leisten. Die Differenz zwischen dem Geschäftsantheil und der gezahlten und nach dem Statut fällig gewordenen Einzahlungssumme wird nicht eingefordert.

Außer diesem Unterschiede zwischen der Genossenschaft mit unbeschränkter Haftpflicht und derjenigen mit beschränkter Haftpflicht sind dann noch zwei weitere hier als besonders wichtig zu erwähnen, nämlich 1) daß bei einer Genossenschaft mit beschränkter Haftpflicht das Statut den Erwerb mehrer Geschäftsantheile zulassen kann (§ 128 [134] des Ges.), während bei der Genossenschaft mit unbeschränkter Haftpflicht dem ganzen Wesen derselben nach, da der Genosse ja mit seinem ganzen Vermögen verhaftet ist, er immer nur mit einem Geschäftsantheil betheiligt sein darf (§ 112 [119] des Ges. und Uebergangsbestimmungen § 163), und 2) daß bei der Genossenschaft mit beschränkter Haftpflicht das Konkursverfahren nicht nur im Falle der Zahlungsunfähigkeit stattfindet, sondern auch dann, wenn die Ueberschuldung ein Viertel des Betrages der Haftsummen aller Genossen übersteigt (§ 134 [140] des Ges.), während die Genossenschaft mit unbeschränkter Haftpflicht, solange sie nicht aufgelöst ist, wegen Ueberschuldung nicht gezwungen ist, in Konkurs zu gehen.

Ist bei einer Genossenschaft mit beschränkter Haftpflicht durch das Statut der Erwerb mehrer Geschäftsantheile zugelassen und hat ein Mitglied mehre erworben, so erhöht sich auch seine persönliche Haftpflicht auf das der Zahl seiner Geschäftsantheile entsprechende Vielfache der Haftsumme (§ 129 [135] des Ges.). Beträgt daher beispielsweise der Geschäftsantheil 200 Mark und die Haftsumme 300 Mark, so beträgt bei dem Erwerb von 5 Geschäftsantheilen die Haftsumme 1500 Mark.

B. Der Haftvollzug.

Der Haftvollzug, d. h. die Geltendmachung der persönlichen Haftpflicht, stellt sich darnach wie folgt:

1) Bei bestehender Genossenschaft kann auf die persönliche Haftpflicht nur in einem Falle zurückgegriffen werden. Scheidet nämlich ein Mitglied aus der Genossenschaft aus und reicht nach der Bilanz das Vereinsvermögen einschließlich des Reservefonds und aller Geschäftsguthaben der Mitglieder zur Deckung der Schulden nicht aus, so hat der Ausscheidende von dem Fehlbetrage den ihn treffenden Antheil an die Genossenschaft zu zahlen, bei beschränkter Haftpflicht selbstverständlich nicht über die Haftsumme hinaus. Der Antheil wird in Ermangelung einer anderen Bestimmung des Statuts nach der Kopfzahl der Mitglieder berechnet (§ 71 [73] des Ges.).

2) Im übrigen kann die persönliche Haftpflicht der Mitglieder nur in Anspruch genommen werden, wenn es zum Konkurse über die Genossenschaft gekommen ist. Dann tritt, wie aus dem vorhergehenden bezüglich der Unterscheidung der verschiedenen Haftpflichten erhellt, folgendes ein: Der Konkursverwalter hat, nachdem die Konkursbilanz auf der Gerichtsschreiberei niedergelegt ist, sofort zu berechnen, wieviel die Genossen zur Deckung des in der Bilanz bezeichneten Fehlbetrages vorschußweise beizutragen haben. In der Berechnung sind die sämmtlichen Genossen zu bezeichnen und auf sie die Beiträge zu vertheilen. Die Berechnung ist dem Konkursgericht mit dem Antrage einzureichen, dieselbe für vollstreckbar zu erklären (§ 99 [106] des Ges.). Das Gericht bestimmt zur Verhandlung über die Berechnung einen Termin, welcher nicht über zwei Wochen hinaus anberaumt werden darf (§ 100 [107] des Ges.). Das Gericht entscheidet über die erhobenen Einwendungen, berichtigt die Berechnung oder ordnet deren Berichtigung an und erklärt dieselbe für vollstreckbar (§ 101 [108] des Ges.). Nunmehr zieht der Konkursverwalter ohne Verzug die umgelegten Beiträge von den Genossen ein (§ 102 [109] des Ges.) und hinterlegt dieselben (§ 103 [110] des Ges.). Ausfälle u. s. w. sind von dem Konkursverwalter auf die gleiche Weise im Wege einer Zusatzberechnung umzulegen (§ 106 [113] des Ges.). Sobald mit dem Vollzuge der Schlußvertheilung im Konkurse der Genossenschaft begonnen wird, hat der Konkursverwalter endgültig festzustellen, wie viel die Genossen zur vollständigen Befriedigung der Konkursgläubiger aufzubringen haben (§ 107 [114] des Ges.). Das Gesetz

nennt diese Berechnung im Gegensatz zu der ersten Vorschußberechnung die Nachschußberechnung, und es ist mit derselben in gleicher Weise wie mit der Vorschußberechnung zu verfahren, sie ist dem Gericht zur Vollstreckbarkeits-Erklärung einzureichen u. s. w. Sobald diese Nachschußberechnung vom Gericht für vollstreckbar erklärt ist, hat der Konkursverwalter den hinterlegten Bestand zur Vertheilung an die Konkursgläubiger zu bringen und später einkommende Beträge im Wege der Nachtragsvertheilung unter die Gläubiger zu vertheilen (§ 108 [115] des Ges.). Die Gläubiger, welche nach Ablauf von drei Monaten nach dem Termin, an welchem die Nachschußberechnung für vollstreckbar erklärt ist, noch nicht befriedigt sind, haben das Recht, wegen ihres Ausfalls die einzelnen Genossen solidarisch in Anspruch zu nehmen (§§ 116 und 118 [122 und 124] des Ges.). Gegen Genossen, welche in den letzten zwei Jahren vor der Eröffnung des Konkurses aus der Genossenschaft ausgeschieden sind, können die Gläubiger gleichfalls wegen ihres im Konkurse der Genossenschaft erlittenen Ausfalls direkt vorgehen; jedoch dürfen sie ihren Anspruch erst nach Ablauf von sechs Monaten seit dem Termin, an welchem die Nachschußberechnung für vollstreckbar erklärt ist, erheben, und ferner erstreckt sich der Anspruch nur auf die Verbindlichkeiten, welche vor dem Zeitpunkt des Ausscheidens der Genossen aus der Genossenschaft eingegangen sind (§§ 118 und 119 [124 und 125] des Ges.). Bei der Genossenschaft mit beschränkter Haftpflicht kann der einzelne Genosse selbstverständlich über seine Haftsumme hinaus weder auf Leistung von Nachschüssen noch von den Konkursgläubigern in Anspruch genommen werden.

C. Wahl der Haftart.

Welche Haftart den Baugenossenschaften empfohlen werden kann, ist schon im dritten Kapitel ausgeführt worden. Auch hier muß wieder besonders betont werden, daß nach dieser Richtung hin ein wesentlicher Unterschied zwischen Kreditgenossenschaften und Baugenossenschaften besteht, insofern als jene in erster Linie auf ihr Vermögen und das Vermögen ihrer Mitglieder hin, d. h. ohne reale Unterlagen im einzelnen, Kredit verlangen, während die Baugenossenschaften ihren wesentlichsten Kredit als Hypothekarkredit in Anspruch nehmen werden. Wenn daher Kreditgenossenschaften am besten mit unbeschränkter Haftpflicht begründet werden, so ist aus diesem und den schon früher ausgeführten Gründen für die Baugenossenschaften die beschränkte Haftpflicht vorzuziehen, und es erübrigt hier nur noch für den Fall des Ueberganges von einer Haftart zur anderen die erforderlichen Anweisungen zu geben.

D. Uebergang von einer Haftart zur andern.

Soll die bisherige Haftpflicht durch eine weitergehende, die beschränkte Haftpflicht also durch die unbeschränkte ersetzt werden, so bedarf es nur einer Statutenveränderung, welche nach § 138 [144] des Gesetzes mit einer Mehrheit von $^3/_4$ der in der Generalversammlung erschienenen Genossen zu beschließen ist, falls nicht nach dem Statut noch weitere Erschwernisse vorgeschrieben sind, wie z. B., daß die Generalversammlung über eine Statutenänderung zweimal beschließen muß, oder daß sie nur beschlußfähig sein soll, wenn eine bestimmte Anzahl von Mitgliedern anwesend ist. Außer der Umwandlung der Haftart müssen dann noch die dadurch nothwendig gewordenen Statutenänderungen beschlossen werden, z. B. Aenderung der Firma und Aenderung der Bestimmungen des Statuts über die Haftpflicht der Mitglieder.

Die sämmtlichen Statutenänderungen sind nach Maßgabe des § 16 des Gesetzes unter Beifügung einer einfachen unbeglaubigten Abschrift zur Eintragung in das Genossenschaftsregister anzumelden. Mit der Eintragung haben die Umwandlung und die beschlossenen Statutenänderungen rechtliche Wirkung erlangt.

Größere Schwierigkeiten macht der Uebergang zur geringeren Haftpflicht, weil hier auf die Interessen der Gläubiger Rücksicht zu nehmen ist. Es könnte die Auflösung der bestehenden und Neugründung einer Genossenschaft mit der für die Zukunft beabsichtigten Haftpflicht beschlossen werden, doch wird man dies wegen der damit verbundenen Kosten und Weitläufigkeiten vermeiden und es vorziehen, die Umwandlung nach § 137 [143] des Gesetzes im Wege der Statutenänderung durchzuführen. Zu diesem Zweck ist zunächst die Umwandlung als eine Statutenänderung zu beschließen. Der Beschluß ist vom Vorstand dreimal mit der Aufforderung an die Gläubiger, sich zu melden, in den für die Bekanntmachungen der Genossenschaft statutarisch bestimmten Blättern zu veröffentlichen. Die sich hierauf meldenden Gläubiger sind, insoweit sie der Annahme der geringeren Haftpflicht widersprechen, zu befriedigen oder sicher zu stellen. In der Zwischenzeit sind die durch die Umwandlung weiter erforderlichen Statutenänderungen zu beschließen. Nach Ablauf eines Jahres von dem Tage der dritten Bekanntmachung über die beschlossene Umwandlung ab ist diese nebst den andern Statutenänderungen unter Einreichung einer einfachen Abschrift der betreffenden Generalversammlungs-Beschlüsse und Abgabe der schriftlichen Versicherung, daß die Gläubiger, welche sich bei der Genossenschaft gemeldet und der Herabsetzung der Haftpflicht nicht zugestimmt haben, befriedigt oder sicher gestellt sind, vom Vorstand zur Eintragung in das Genossenschaftsregister anzumelden (§ 148 [157] des Ges. Vergl. Formularbuch S. 107 ff.). Mit der Eintragung erlangen die Umwandlung und die vorgenommenen Statutenänderungen rechtliche Wirkung.

Es ist wohl zu beachten, daß es sich hier nur um eine Statutenänderung handelt; der Beschluß auf Umwandlung bedarf daher auch nicht der Unterschrift aller Mitglieder. Der Beschluß ist in das Protokollbuch aufzunehmen und das Protokoll ist in gewohnter Weise zu unterschreiben. Für die Beschlußfassung über eine Aenderung des Statuts ist § 16 des Gesetzes maßgebend. Der Beschluß bedarf danach einer Mehrheit von $^3/_4$ der erschienenen Genossen, falls nicht das Statut noch weitere Erschwernisse aufstellt (vergl. § 37 des Form. 1). Der Beschluß ist zu protokolliren (vergl. Protokoll über eine Generalversammlung, Form. 4 unter II). Das Protokoll ist zu unterschreiben (Form. 1, § 38).

Achtes Kapitel.

Erwerb und Verlust der Mitgliedschaft.

A. Aufnahme und Beitritt.

Die Baugenossenschaft wird mit allen möglichen Mitteln versuchen müssen, die Zahl ihrer Mitglieder auszudehnen, da von dieser Zahl und den von den Mitgliedern übernommenen Geschäftsantheilen ihre Wirksamkeit wesentlich abhängt. Wenn bei manchen andern Genossenschaften darauf wird gesehen werden müssen, daß die Mitglieder schon etwas erspart haben, so wird bei der Baugenossenschaft ausschließlich darauf zu achten sein, daß nicht wirthschaftlich Ruinirte ihr beitreten, d. h. solche, die nicht berechtigt sind, in ihrem eigenen Namen Vermögensrechte in Anspruch zu nehmen, weil ja gerade die Baugenossenschaft für wirthschaftlich Schwache und zur Stärkung der ökonomischen Verhältnisse derselben gegründet wird. Jeder, der auf ehrliche Weise seinen und der Seinigen Unterhalt, und wenn auch nur auf's kümmerlichste durch Arbeit zu erschwingen vermag, sei der Baugenossenschaft willkommen. Vorher ist schon ausgeführt, daß andererseits zur Baugenossenschaft möglichst auch solche Mitglieder herangezogen werden müssen, die nicht sowohl für sich selber ein eigenes Heim suchen, als vielmehr aus sozialen und moralischen Gründen die Bestrebungen der Baugenossenschaft sowohl durch Uebernahme von Geschäftsantheilen, als auch, was nicht zu unterschätzen ist, durch ihre Arbeitskraft unterstützen wollen. Gerade in Hinsicht auf den Zweck dieser Genossenschaftsart wird der Höchstgestellte mit dem kleinsten Arbeiter zusammen am gemeinsamen Werk freudig theilnehmen können.

Eben deshalb ist auch entschieden zu widerrathen, für einzelne Berufsklassen, wie Beamte oder Arbeiter, oder gar nur für eine Klasse von Arbeitern, wie Eisenbahnarbeiter, besondere Baugenossenschaften zu gründen. Beraubt man sich doch dadurch nicht nur der schon erwähnten geschäftlichen Vortheile, die die Mitwirkung der verschiedensten Elemente mit sich bringt, sondern man trägt auch dazu bei, die sozialen Klassenunterschiede, die ohnedies schon so zersetzend unser gesellschaftliches Leben beeinflussen, noch weiter zu verschärfen, anstatt daß die Vereinigung verschiedener Klassen in der Baugenossenschaft ausgleichend und vermittelnd einzuwirken vermag.

Jedermann, der rechtliche Selbständigkeit besitzt, sollte also Mitglied der Genossenschaft werden können. Er muß natürlich gesetzlich befähigt sein, Verträge zu schließen, sodaß beispielsweise Geisteskranke oder Entmündigte die Mitgliedschaft nicht erwerben können. Unter Vormundschaft und unter väterlicher Gewalt stehende Personen können ohne die durch die Gesetze erforderte Genehmigung ihres Vormunds oder Vaters nicht Mitglieder werden. Ehefrauen können dies nur mit ausdrücklicher Genehmigung ihrer Männer, welche diese Genehmigung bei der Unterzeichnung des Statuts oder der Beitrittserklärung beisetzen müssen. In Fällen, wo das Gewerbe auf den Namen der Frau betrieben wird, also bei Handelsfrauen, könnte es zweifelhaft sein, ob die Genehmigung des Ehemannes zum Beitritt erforderlich ist. Gleichwohl wird nach den Vorschriften des Bürgerl. Ges.-Buchs auch für diese verheiratheten Handelsfrauen die Genehmigung des Ehemannes einzuholen sein, um keinen Zweifel an der Gültigkeit des Beitritts aufkommen zu lassen. Das Geschlecht macht bei der Aufnahme keinen Unterschied, es liegt kein Grund vor, Frauen von der Aufnahme auszuschließen. Gerade bei diesen ist der Sinn für ein eigenes Heim, sei es ein durch einen dauernden Miethsvertrag gesichertes, sei es ein durch den Erwerb eines Hauses erlangtes, besonders stark ausgebildet, und gerade die Frauen sind es, die, einmal für die Sache gewonnen, mit regem Eifer für die Ausbreitung der Genossenschaft Sorge tragen, die Idee pflegen und den Mann anhalten, die fälligen Beiträge zu zahlen und darüber hinaus Spareinlagen zu machen. Zulässig ist es nach dem Gesetz, daß Mann und Frau gleichzeitig Mitglieder sind, und wenn die Eheleute in Gütertrennung leben, kann es sogar rathsam sein, beide aufzunehmen. Heirathet ein weibliches Mitglied der Genossenschaft, so ändert dies an seiner Mitgliedschaft nichts; es ist nur durch den Vorstand die Namensänderung zur Eintragung in die Liste der Genossen anzuzeigen.

Mitglieder können nicht nur physische Personen werden, sondern auch Korporationen, Genossenschaften, Handelsgesellschaften, alle Personenvereine, die sich Dritten gegenüber zu verpflichten im Stande sind (§§ 9 und 41 [43] des Ges.); die Beitrittserklärung vollzieht dann dasjenige Organ, welches die Gesellschaft Dritten gegenüber vertritt, und zwar in der für solche Rechtshandlungen nach deren Statut oder nach dem Gesetz vorgeschriebenen Form.

Der Beitritt zur Genossenschaft erfordert die Ausstellung einer Beitrittserklärung,*) nachdem vorher durch das nach dem Statut hierfür zuständige Organ — wir haben dem Vorstand die Entscheidung übertragen (Form. 1 § 40 Abs. 2) — die Aufnahme beschlossen worden ist. Die Beitrittserklärung ist dann dem Gericht einzureichen, welches auf Grund derselben die Eintragung in die gerichtliche Liste vornimmt und die Genossenschaft davon benachrichtigt. Zulässig ist es auch, wenn man darin eine Vereinfachung des Verfahrens findet, erst die Beitrittserklärung unterschreiben und dann seitens des dafür zuständigen Organs der Genossenschaft über die Aufnahme beschließen zu lassen. Jedenfalls muß widerrathen werden, ohne einen vorgängigen förmlichen Aufnahmebeschluß die Beitrittserklärung dem Gericht einzureichen, und ist daher auch dieser Aufnahmebeschluß dem Sitzungsprotokoll einzuverleiben (Form. 5 unter 1).

B. Verlust der Mitgliedschaft.

1) Der Ausschluß.

Daß der Ausschluß von Mitgliedern überhaupt statthaft sein muß, bedarf keiner Ausführung. Die in der Regel große Anzahl der Genossen und die Leichtigkeit, mit der man Genosse werden kann, erfordern die Möglichkeit des Ausschlusses. Der Ausschluß wird erfolgen müssen bei Nichterfüllung übernommener Verbindlichkeiten und bei einzelnen Handlungen oder einer gesammten Lebenshaltung, welche den Interessen des Vereins zuwiderlaufen und diejenigen sittlichen und wirthschaftlichen Grundsätze vermissen lassen, welche die Genossenschaft zu ihrer gesunden Entwickelung nicht entbehren kann.

§ 66 [68] des Gesetzes führt als gesetzliche Gründe zum Ausschluß an den Verlust der bürgerlichen Ehrenrechte und die Mitgliedschaft in einer anderen am Orte bestehenden Baugenossenschaft.

*) Es empfiehlt sich, Formulare für die Beitrittserklärung drucken zu lassen, und zwar immer je zwei verbunden, und dann beide Erklärungen unterschreiben zu lassen, von denen eine dem Gericht einzureichen ist (§ 15 des Ges.), die andere zu den Genossenschaftsakten zu nehmen ist. (Form. 12.)

Von diesem letzteren Ausschließungsgrunde Gebrauch zu machen, wird in der Regel nicht rathsam sein, da eine solche Doppelmitgliedschaft für keine betheiligte Genossenschaft eine Verletzung ihrer Interessen befürchten läßt.

Im übrigen müssen die Ausschließungsgründe im Statut spezialisirt werden, um eintretenden Falls Streitigkeiten soweit möglich zu vermeiden.

Den Ausschluß läßt man im Statut am besten durch die Generalversammlung beschließen, um dadurch einen Druck auf die Mitglieder auszuüben, daß sie ihren Verpflichtungen gegen die Genossenschaft pünktlich nachkommen, schon um einer etwaigen Verhandlung über den Ausschluß in der Generalversammlung vorzubeugen. Die Ausschließung ist mit genauer Angabe des Grundes zu protokolliren (Form. 4 unter VII). Der Beschluß ist dem Ausgeschlossenen durch den Vorstand in einem eingeschriebenen Brief mitzutheilen. Von dem Zeitpunkt der Absendung des Briefes an kann der Genosse nicht mehr an der Generalversammlung theilnehmen und auch nicht Mitglied des Vorstandes oder Aufsichtsraths sein (§ 66 [68] des Ges.). Darüber, daß der Ausschluß nur zum Schluß des Geschäftsjahres erfolgen kann, siehe S. 42, 46 (§ 68 [70] des Ges.).

2) Der freiwillige Austritt.

Der freiwillige Austritt kann nicht wie bei irgend einem beliebigen Verein jederzeit erfolgen, da die Genossenschaft Verbindlichkeiten Dritten gegenüber eingeht, die unter Umständen mit Zuhülfenahme der Haftpflicht der einzelnen Genossen gelöst werden müssen. Es versteht sich daher von selbst, daß dem freiwilligen Austritt eine Kündigung und zwar eine schriftliche vorhergehen muß. Die Kündigungsfrist muß nach § 63 [65] des Gesetzes mindestens drei Monate betragen; durch das Statut kann eine längere, jedoch höchstens zweijährige Kündigungsfrist bestimmt werden. Aber nicht zu jeder Zeit kann der Austritt erfolgen, denn naturgemäß kann die Genossenschaft erst dann die Verbindlichkeiten des Ausscheidenden gegen sich erkennen, wenn das Ende der Mitgliedschaft auf einen Zeitpunkt fällt, in welchem der Stand der Kassenangelegenheiten, Gewinn und Verlust der Genossenschaft sich genau übersehen läßt. Dieser Termin ist das Ende des von der Genossenschaft angenommenen Rechnungsjahres, weil man dann die nöthigen Abschlüsse macht und die Bilanz zieht. Das gilt allgemein für das Ausscheiden, sowohl durch Kündigung wie durch Ausschluß, und das Gesetz läßt daher auch den Austritt nur zum Schluß des Geschäftsjahres zu (§ 68 [70]), ausgenommen den einen Fall, daß der Austritt durch Uebertragung des Geschäftsguthabens erfolgt (§ 74 [76]), worauf unten noch näher eingegangen werden wird.

Die Kündigung kann auch durch einen Gläubiger des Mitgliedes erfolgen, wenn derselbe sich das Geschäftsguthaben gerichtlich hat überweisen lassen und dann nach § 64 [66] des Gesetzes verfahren ist.

Da die Baugenossenschaften einen großen Theil ihrer Gelder in Grund und Boden und in Häusern festlegen, werden sie sich auch gegen eine schnelle Herausziehung der Geschäftsguthaben durch Austritt schützen müssen, eine kürzere als halbjährige Kündigungsfrist für die Mitgliedschaft sollte deshalb überall vermieden werden. Es wird aber auch eine 1—2jährige Kündigungsfrist vorgeschrieben werden können, wenn andererseits die Uebertragung der Mitgliedschaft (vergl. S. 44 ff.) durch geeignete Vorkehrungen erleichtert wird.

3) Ausscheiden der physischen Personen durch Tod, der Gesellschaften durch Auflösung.

Stirbt ein Mitglied, so gilt es nach § 75 [77] des Ges. am Schluß desjenigen Geschäftsjahres als ausgeschieden, in welchem der Tod erfolgte, auch wenn dieser erst später zur Kenntniß des Vorstandes kommt. Die Mitgliedschaft ist nicht vererblich; die Genossenschaft kann nur im Statut bestimmen, daß für gewisse Erben, z. B. für die Wittwe oder den Sohn, die Aufnahme in der Art erleichtert wird, daß das Eintrittsgeld erlassen wird. Ueber eine weitere Vergünstigung bei der Gewinnvertheilung vgl. das 15. Kapitel.

Welche Wirkung die Auflösung einer Gesellschaft, die Mitglied einer Genossenschaft ist, auf die Mitgliedschaft hat, bestimmt das Gesetz nicht. Nun ist aber rechtlich und wirthschaftlich die Auflösung für die Gesellschaft gleichbedeutend mit dem Tode der physischen Person, sie hat mit der Auflösung aufgehört, rechtlich und wirthschaftlich zu existiren; sie besteht nur noch zum Zweck der Liquidation fort. Die Folge davon müßte sein, daß die Mitgliedschaft mit dem Schluß desjenigen Geschäftsjahres ihr Ende erreicht, in welchem die Auflösung erfolgt.*)

4) Auseinandersetzung.

Die vorstehend behandelten drei Fälle des Ausscheidens, nämlich Ausschluß, Kündigung, Tod, sind die regelmäßigen; sie führen zu einer vollständigen Auseinandersetzung zwischen der Genossenschaft und dem Ausgeschiedenen, welche auf Grund der Bilanz erfolgen muß. Das Geschäftsguthaben des Mitgliedes ist festzustellen, wie es sich nach der Vermögenslage der Genossenschaft aus den Einzahlungen des Mitgliedes auf den Geschäftsantheil, den zugeschriebenen Dividenden und den abgeschriebenen Verlusten ergiebt. Dieses Geschäftsguthaben ist dem Ausgeschiedenen binnen sechs Monaten nach seinem Ausscheiden auszuzahlen (§ 71 [73] des Ges.)**) Nun kann die Bilanz aber auch eine Ueberschuldung ergeben, indem Reservefonds und Geschäftsguthaben zur Deckung der Schulden nicht ausreichen; dann hat das ausgeschiedene Mitglied seine Einzahlungen auf Geschäftsantheil und die zugeschriebenen Dividenden verloren und es muß ferner von dem Fehlbetrag den es treffenden Antheil an die Genossenschaft zahlen, der in Ermangelung einer andern Bestimmung des Statuts nach der Kopfzahl der Mitglieder berechnet wird (§ 71 [73] des Ges.). Bei der Genossenschaft mit beschränkter Haftpflicht erreicht dieser Antheil am Verlust seine Grenze in der Haftsumme. Doch müßte dann der Konkurs eröffnet werden, zu dem es nach § 134 [140] des Ges. bei Genossenschaften mit beschränkter Haftpflicht bereits kommt, wenn die Ueberschuldung ein Viertel des Betrages aller Haftsummen übersteigt. Zur Beseitigung der Mißstände, welche die Verpflichtung der Genossenschaft, nicht abgehobene Geschäftsguthaben ausgeschiedener, namentlich verstorbener Genossen bis zum Ablauf der ordentlichen Verjährung zur Verfügung zu halten, mit sich führt, bestimmt § 72 [74] des Ges., daß die Klage des ausgeschiedenen Genossen auf Auszahlung des Geschäftsguthabens in zwei Jahren verjährt.

---

*) Das preußische Kammergericht will dies nicht gelten lassen. Parisius u. Crüger, Kommentar zum Genossenschaftsgesetz, 2. Auflage, S. 300. Vielleicht kann man sich damit helfen, daß man die Auflösung unter die Gründe der Ausschließung aufnimmt.

**) Wenn jedoch binnen sechs Monaten nach dem Ausscheiden die Genossenschaft aufgelöst wird, so gilt das Ausscheiden als nicht erfolgt; bereits ausgezahlte Geschäftsguthaben sind zurückzuerstatten. Kündigungen u. s. w. sind dadurch mit rückwirkender Kraft aufgehoben.

5) Ausscheiden durch Uebertragung des Geschäftsguthabens.

Die Uebertragung des Geschäftsguthabens kann nach § 74 [76] des Ges. zu jeder Zeit erfolgen, sofern der Erwerber an Stelle des Austretenden Genosse wird oder sofern er schon Genosse ist und sein bisheriges eigenes Guthaben mit dem ihm zuzuschreibenden Betrag den Geschäftsantheil nicht übersteigt. Bei Genossenschaften mit beschränkter Haftpflicht, bei welchen nach dem Statut der einzelne Genosse mehre Geschäftsantheile erwerben kann, würde die Uebertragung immer noch erfolgen dürfen, solange das bisherige Guthaben des erwerbenden Genossen mit dem ihm zuzuschreibenden Betrage die der statutarisch höchsten Zahl der Geschäftsantheile entsprechende Gesammtsumme noch nicht übersteigt (§ 132 [138] des Ges.). Vergl. Form. 14 für die Uebertragung des Geschäftsguthabens. Diese Uebertragung des Geschäftsguthabens zum Zwecke des Ausscheidens kann das Statut ausschließen oder an weitere Voraussetzungen knüpfen. Es wird angemessen sein, die Uebertragung an die Voraussetzung zu knüpfen, die für die Aufnahme neuer Mitglieder im Statut vorgeschrieben ist. Noch in anderer Weise die Uebertragung der Mitgliedschaft und des Geschäftsguthabens zu erschweren, würde aber durchaus nicht empfehlenswerth sein. Denn gerade für Baugenossenschaften ist diese Einrichtung außerordentlich werthvoll, weil dadurch der Erwerb von Mitgliedern erleichtert wird. Die Baugenossenschaften haben in ihrer Mitte viele wirthschaftlich schwache Genossen, die schon dann gern ausscheiden, wenn sie ihre Arbeitsstelle in großen Städten verändern und für die die Mitgliedschaft ihren Zweck völlig verloren hat, wenn sie in eine andere Stadt ziehen. Es kommt noch der andere Umstand hinzu, daß solche Genossen oft noch zu andern bestimmten Zwecken bald Geld brauchen, und daß sie daher viel eher geneigt sind, einer Baugenossenschaft beizutreten, wenn sie in der Lage sind, im Falle des Bedarfs in kurzer Zeit ihr Geschäftsguthaben, wenn auch vielleicht mit einigen Schwierigkeiten, wiederzuerlangen. Es wird nur darauf ankommen, die Mitglieder, denen diese Einrichtung oft unbekannt ist, immer wieder in geeigneter Weise darauf aufmerksam zu machen, eventuell auch die Genossenschaft bei der Uebertragung eine Vermittelung übernehmen zu lassen.

6) Ausscheiden in Folge Verlegung des Wohnsitzes.

Bei Genossenschaften, welche nach § 8 Abs. 1 Ziffer 2 Erwerb und Fortdauer der Mitgliedschaft im Statut an den Wohnsitz innerhalb eines bestimmten Bezirks knüpfen, endet die Mitgliedschaft bei Verlegung des Wohnsitzes außerhalb dieses Bezirks, wenn der Genosse seinen Austritt schriftlich erklärt, oder wenn die Genossenschaft dem Genossen schriftlich erklärt, daß er auszuscheiden habe. (§§ 65 [67], 68 [70] des Ges.). In diesen Fällen endet die Mitgliedschaft mit Jahresschluß, aber es fällt, was für eine Baugenossenschaft große Verlegenheiten hervorrufen kann, die Kündigungsfrist fort. Wir würden diese Form des Austritts hier nicht erwähnen, wenn nicht in der That einige Baugenossenschaften dieselbe mit der Beschränkung der Mitgliedschaft auf einen engern Bezirk bei sich eingeführt hätten. Wir müssen eine solche Beschränkung an sich und auch, weil sie diese Erleichterung des Austritts mit sich bringt, entschieden widerrathen; denn es läßt sich kein annehmbarer Grund dafür geltend machen. Mag eine Baugenossenschaft die Uebertragung des Geschäftsguthabens so viel als möglich erleichtern, sie muß immer im Auge behalten, daß sie ihre Gelder festlegt, und daß sie sich deshalb für die Rückzahlung der Geschäftsguthaben, die aus der Endigung der Mitgliedschaft folgt, geraume Fristen sichern muß.

C. Gesetzliche Regelung von Erwerb und Verlust der Mitgliedschaft.

Das Gesetz will eine Sicherheit dafür schaffen, daß alle in der Mitgliederliste aufgeführten Personen — daß eine solche geführt wird, ist selbstverständlich — wirklich als Genossen haften und andererseits alle haftpflichtigen Genossen wirklich in der Liste aufgeführt sind. Zu diesem Zweck legt das Gesetz die Führung der maßgebenden Liste in die Hände des Gerichts und knüpft Entstehung und Verlust der Mitgliedschaft an die Eintragung in die gerichtliche Liste. Die Urkunden über den Erwerb der Mitgliedschaft (Beitrittserklärung), über das Ausscheiden (Kündigung, sowie die Abschrift des Ausschließungsbeschlusses u. s. w.) sind dem Gericht einzureichen*), welches danach

*) Vergl. § 28 der Bekanntmachung, in welcher die Urkunden aufgeführt sind, welche in den verschiedenen Fällen des Ausscheidens dem Gericht einzureichen sind. Die Einreichung erfolgt durch den Vorstand in der für die Abgabe von Erklärungen des Vorstandes vorgeschriebenen Form.

den Erwerb oder Verlust der Mitgliedschaft in die Liste der Genossen einträgt (§§ 15, 67 [69], 74 [76] Abs. 3 des Ges.). Die Mitgliedschaft entsteht mit dem Tage der Eintragung des Erwerbs und endigt bei Kündigung und Ausschluß nach Maßgabe des § 68 [70] mit dem in der Liste vermerkten Jahresschluß; wenn jedoch die Eintragung erst im Laufe eines späteren Geschäftsjahres erfolgt, mit dem Schluß des letzteren (§ 68 [70], Abs. 2 des Ges.); beim Ausscheiden durch Uebertragung des Geschäftsguthabens mit dem Tage der Eintragung (§ 74 [76], Abs. 3 des Ges.). Nur im Falle des Todes endigt die Mitgliedschaft ohne Rücksicht auf die Eintragung stets mit dem Schlusse des Geschäftsjahres, in welchem der Tod erfolgt ist, und dieser Zeitpunkt ist auch bei einer erst in späteren Jahren erfolgten Anzeige an das Gericht in die Liste der Genossen als Tag des Ausscheidens einzutragen (§ 75 [77] des Ges.; § 30 Abs. 4 der Bekanntmachung), jedoch erhält für die Haftpflicht der Erben des verstorbenen Mitgliedes die Eintragung noch eine gewisse Bedeutung (§ 119 [125], Abs. 2 des Ges.). Ebenso wie die Entstehung der Mitgliedschaft von der Eintragung in die Liste der Genossen abhängig gemacht ist, ist bei Genossenschaften mit beschränkter Haftpflicht der Erwerb eines weiteren statutarisch zugelassenen Geschäftsantheils an die Eintragung in die Liste der Genossen gebunden (§ 131 [137], Abs. 3 des Ges.).

Ueber den Mitgliederbestand hat der Vorstand ein Verzeichniß der Genossen zu führen.

Es empfiehlt sich für den Verkehr mit dem Gericht, bei der Führung des Mitgliederverzeichnisses, für welches man am besten das Form. 15 anwendet (vgl. oben S. 30), folgende Grundsätze zu beobachten:

1) Die ordnungsmäßig vollzogenen Beitrittserklärungen sind mindestens einmal in jedem Monat dem Gericht an einem mit diesem vereinbarten Tage einzureichen.

2) Die zum Austritt am Schluß des Geschäftsjahres rechtzeitig eingelaufenen Kündigungen sind erst gegen Ende des Geschäftsjahres und mindestens sechs Wochen vor diesem Ende einzureichen, um denjenigen entgegen zu kommen, welche ihre Kündigung etwa wieder zurücknehmen wollen (§ 67 [69] des Ges.; § 29 der Bekanntmachung).

3) Die Anzeige von dem Tode eines Genossen ist unverzüglich, sobald der Vorstand davon Kenntniß erhalten hat, einzureichen (§ 75 [77] des Ges.).

4) Auf Grund der Benachrichtigungen des Gerichts über die in der Liste der Genossen vorgenommenen Eintragungen sind, um die Uebereinstimmung mit der gerichtlichen Liste zu erhalten, die erforderlichen Eintragungen in das von dem Vorstande geführte Mitgliederverzeichniß vorzunehmen.*)

5) Die Benachrichtigungen des Gerichts sind sorgsam aufzubewahren.

D. Veröffentlichung des Mitgliederbestandes.

Der Vorstand hat die Zahl der im Laufe des Jahres eingetretenen oder ausgeschiedenen, sowie die Zahl der am Jahresschluß der Genossenschaft angehörenden Genossen gleichzeitig mit der Bilanz zu veröffentlichen (§ 31 [33] des Ges.), und die Vorstandsmitglieder sind von dem Gericht durch Ordnungsstrafen dazu anzuhalten (§ 152 [160] des Ges.). Dabei ist zu beachten, daß die mit dem Jahresschluß ausscheidenden Mitglieder an dem letzten Tage des Geschäftsjahres noch Mitglieder sind, also auch als solche mitgezählt werden müssen.

Muster einer Veröffentlichung.

Mitgliederbestand bei Beginn des Geschäftsjahres 1898		630
Hiervon sind in Abgang zu stellen:		
1) in früheren Jahren verstorbene, jedoch erst im Berichtsjahre zur gerichtlichen Liste als verstorben angezeigte Genossen	3	
2) durch Uebertragung nach § 74 [76] des Genossenschaftsgesetzes ausgeschiedene Genossen	4	7
		623
Dagegen kommen in Zugang die im Berichtsjahre neu eingetragenen Genossen		133
sodaß am Schluß des Geschäftsjahres 1898 . . . . . . Genossen vorhanden sind.		756
Mit Beendigung des Geschäftsjahres schieden aus:		
1) infolge Aufkündigung	12	
2) durch Tod	5	
3) durch Ausschluß	7	24
Es werden sonach in das neue Geschäftsjahr 1899 . . . . . . Genossen übernommen.		732

---

*) Zur Erklärung sei bemerkt, daß das Gericht von den Eintragungen in die Liste der Genossen sowohl den Vorstand, wie die betreffenden Mitglieder zu benachrichtigen hat. Da nun das von dem Vorstande zu führende Mitgliederverzeichniß mit der Liste der Genossen sich in Uebereinstimmung befinden muß, so kann der Vorstand die Eintragungen erst vornehmen, wenn er die Benachrichtigung von dem Gericht erhalten hat.

Bei Genossenschaften mit beschränkter Haftpflicht hat sich diese Veröffentlichung nach § 133 [139] des Ges. auch auf den Gesammtbetrag, um welchen sich im abgelaufenen Jahre die Geschäftsguthaben sowie die Haftsummen der Genossen vermehrt oder vermindert haben, und auf den Gesammtbetrag der Haftsummen, für welche am Jahresschluß alle Genossen zusammen aufzukommen haben, zu erstrecken.

Die Aufstellung nach § 133 [139] des Ges. würde für Ende 1898 z. B. folgende sein:

Betrag der Geschäftsguthaben Ende des Geschäftsjahres	1897	99 120,25	Mk.
" " " " " "	1898	120 400,50	"
Vermehrung (Verminderung) in	1898	21 280,25	Mk.
Betrag der Haftsummen Ende des Geschäftsjahres	1897	136 000,—	Mk.
" " " " " "	1898	161 200,—	"
Vermehrung (Verminderung) in	1898	25 200,—	Mk.

Die Veröffentlichung hätte dann zu lauten:

Die Geschäftsguthaben haben sich von 1897 auf 1898 um 21 280,25 Mk. vermehrt (vermindert), die Haftsummen in der gleichen Zeit um 25 200,— Mk. vermehrt (vermindert). Am Jahresschluß haben die Genossen für 161 200,— Mk. Haftsummen aufzukommen.

Neuntes Kapitel.

Beschaffung der Geldmittel für die Baugenossenschaften.

A. Die Geschäftsantheile der Mitglieder.

Wie jedes solide geschäftliche Unternehmen seine Grundlage in dem Kapital hat, das der Unternehmer hineinsteckt als den Einsatz, den er bei ungünstiger Entwickelung der Geschäfte verlieren kann, ebenso muß auch eine Genossenschaft dafür Sorge tragen, möglichst bald ein eigenes Kapital anzusammeln, welches den Gläubigern eine Gewähr bietet, daß die Mitglieder schon, um dieses Kapital nicht zu verlieren, auf eine geordnete Wirthschaft in der Genossenschaft bedacht sein werden. Wenn es im gewöhnlichen Leben als Schwindel bezeichnet wird, wenn ein Habenichts als großer Bauunternehmer auftritt, so würde auch eine Baugenossenschaft nicht anders zu charakterisiren sein, die lediglich mit geborgtem Gelde für ihre Mitglieder Häuser und Wohnungen baute. Dadurch, daß sich viele auf einer so ungesunden geschäftlichen Grundlage vereinigen, würde das Unternehmen wirthschaftlich und sittlich nicht weniger verwerflich, als wenn ein einzelner lediglich auf seine eigene Verantwortung so handelt. Wollen die Angehörigen der weniger bemittelten Klassen, mit denen wir hauptsächlich zu thun haben, um ihrem Wohnungsbedürfnisse Abhilfe zu verschaffen, ein selbständiges Geschäft gründen, dessen Inhaber sie sind, so müssen die Einzelnen dazu angehalten werden, mindestens soviel an Mitteln einzuschießen, daß dadurch einerseits die Anfänge der eigenen Kapitalbildung, andererseits gewisse Sicherheiten für das weitere planmäßige Fortschreiten gegeben sind. Lasse man bei den zu diesem Zwecke einzuwerfenden regelmäßigen Beisteuern einen Betrag zu, den auch der gewöhnliche Arbeiter zu erschwingen vermag — erlassen kann man sie nicht, wie schwer auch manchem die Leistung fallen mag. Und wenn man den großen Werth einer gesicherten angenehmen Häuslichkeit gerade für diese Volksklassen in Betracht zieht, darf man an ihre Einsicht und Energie auch nicht zu geringe Anforderungen stellen, um dieses wichtige Ziel zu erreichen. Mag der Einzelne, um seiner Beitragspflicht zu genügen, gezwungen werden, sich einen erlaubten Genuß für den Augenblick zu versagen, dadurch beweist er erst seine Befähigung für die Genossenschaft. Wer diese regelmäßigen Beiträge nicht leisten will, dem gebricht es an den sittlichen, dem, der sie nicht leisten kann, an den wirthschaftlichen Voraussetzungen, ohne welche die Selbsthülfe auch in der Baugenossenschaft nicht zu verwirklichen ist.

Von diesen Gesichtspunkten ausgehend, wird man Monatsbeiträge von 1 Mk. zur Ansammlung eines Geschäftsantheils nicht für zu hoch halten dürfen. Manche Baugenossenschaften in größeren Städten, wo die Löhne höher sind, gehen weiter und verlangen wöchentlich 50 Pf. Auch das ist unter diesen Voraussetzungen nicht zu viel, namentlich wenn geeignete Maßnahmen getroffen sind, die Zahlung den Arbeitern u. s. w. so bequem als möglich zu machen. Einzelne Vereine haben mit gutem Erfolge zu dem Behuf Vertrauensmänner in den verschiedenen Bezirken mit der Einziehung der Beiträge beauftragt und lassen dieselben durch Einkleben von Quittungsmarken im Quittungsbuch der Mitglieder bescheinigen. Andererseits dürfen auch nicht zu hohe Beiträge zum Geschäftsantheil verlangt werden, wenn von denen, welche vom Verein Befriedigung ihres Wohnungsbedürfnisses verlangen, außerdem noch unkündbare Spareinlagen beansprucht werden. Vgl. Form. 1.

Wenn die Beiträge so normirt werden, so muß auch auf ihre regelmäßige Zahlung mit Strenge gehalten werden, weil nach § 22 Abs. 2 des Ges. „eine geschuldete Einzahlung nicht erlassen werden darf“ und zu befürchten wäre, daß manche Mitglieder, die einmal unpünktlich gewesen sind, aus den Resten nicht herauskämen, da sie die für zwei oder mehr Termine aufgelaufenen Rückstände aus ihrem Lohn nicht würden auf einmal bezahlen können.

Die weitere wichtige Frage ist nun die, bis zu welcher Grenze soll die Zahlung von Beiträgen fortgesetzt werden? Denn nach § 7 Ziff. 2 des Ges. muß das Statut bestimmen „den Betrag, bis zu welchem sich die einzelnen Genossen mit Einlagen betheiligen können (Geschäftsantheil), sowie die Einzahlungen auf den Geschäftsantheil, zu welchen jeder Genosse verpflichtet ist“. Letztere müssen bis zu einem Gesammtbetrage von mindestens $^1/_{10}$ des Geschäftsantheils nach Betrag und Zeit bestimmt sein. Von dieser Beschränkung Gebrauch zu machen und die regelmäßigen Beiträge nur so lange fortsetzen zu lassen, bis 10 % des Geschäftsantheils erreicht ist, liegt bei Baugenossenschaften kein Grund vor, im Gegentheil ist bei ihnen das Kapitalbedürfniß so groß, soll in absehbarer Zeit allen Mitgliedern, die es verlangen, eine Wohnung oder ein Haus beschafft werden, daß der Zwang zum Sparen bis zur Erreichung des vollen Geschäftsantheils wird fortzusetzen sein.

Vorweg weisen wir noch auf den Unterschied hin, den das Gesetz zwischen „Geschäftsantheil" und „Geschäftsguthaben" macht. Geschäftsantheil bedeutet, wie die soeben mitgetheilte Stelle aus § 7 des Gesetzes ergiebt, den zulässigen Höchstbetrag der Einlagen eines Mitgliedes, während unter Geschäftsguthaben der jeweilige sich aus Einzahlungen, zugeschriebenen Dividenden oder abgeschriebenen Verlusten ergebende Betrag zu verstehen ist, den das Kapital-Konto des Mitgliedes erreicht hat.

Bei Bemessung des Geschäftsantheils im Statut nun wird man zu unterscheiden haben, ob die Genossenschaft auf der unbeschränkten Haftpflicht oder auf der beschränkten Haftpflicht beruht. Da in ersterer jeder Genosse nur einen Geschäftsantheil erwerben darf, wird man denselben, um zu einem einigermaßen ausreichenden eigenen Kapital zu kommen, wohl nicht unter 500 Mark bestimmen dürfen, indem man bei den Genossen, die dazu im Stande sind, auf die baldige Vollzahlung desselben hinzuwirken sucht. Anders in der Genossenschaft mit beschränkter Haftpflicht, wo das Gesetz dem Genossen den Erwerb mehrer Geschäftsantheile gestattet und es lediglich dem Statut überläßt die höchste Zahl derselben festzusetzen (§ 128 [134] des Ges.). Hier kann man bei Anwendung der gesetzlichen Vorschriften besser der Aufgabe gerecht werden, auf mögliche Verbreitung der Bestrebungen der Baugenossenschaften und auf die starke Heranziehung von Genossen aus den verschiedensten Berufskreisen hinzuarbeiten, indem davon die Wirksamkeit dieser Genossenschaften wesentlich mit abhängt. Lehrt ferner die Erfahrung, daß, je mehr eine Genossenschaft baut, ein desto lebhafteres Interesse für sie in weiteren Kreisen sich entwickelt, so daß eine Wechselwirkung zwischen der Zahl ihrer Genossen und der Zahl ihrer Bauten oder der in denselben zu vergebenden Wohnungen besteht, so wird man den Geschäftsantheil so zu bemessen haben, daß er auch von weniger bemittelten Genossen in nicht zu langer Zeit zusammengespart werden kann, und man wird die Zahl der zulässigen

Geschäftsantheile hoch genug greifen, um auch reichen Leuten Gelegenheit zu geben, durch Beitritt als Genossen mit einer größeren Zahl Geschäftsantheile ihr Interesse für die Sache wirksam zu bethätigen.

Ein Geschäftsantheil von 200 Mark, wie er von dem Allg. Genossenschaftstage in Augsburg 1895 empfohlen worden ist (vergl. oben S. 18), dürfte hiernach bei beschränkter Haftpflicht angemessen sein, unter der Voraussetzung, daß man die Haftsumme auf den gleichen Betrag bestimmt. Wie viele Geschäftsantheile man im Statut zulassen will, wird zum Theil von den örtlichen Verhältnissen abhängen. Es wird aber nicht rathsam sein, die Grenze so weit zu ziehen, daß durch den Austritt eines Mitglieds und die daraus entstehende Verpflichtung zur Rückzahlung seiner Geschäftsantheile bei der Auseinandersetzung der Genossenschaft schon Zahlungsschwierigkeiten erwachsen könnten. Außerdem wird sich die Genossenschaft das Recht vorzubehalten haben, auch innerhalb der statutarisch zulässigen Zahl die Betheiligung mit weiteren Geschäftsantheilen abzulehnen, wenn sie für das Geld keine Verwendung hat, oder wenn ihr aus anderen Gründen eine ausgedehntere Betheiligung der betreffenden Genossen bedenklich erscheint. Der eine wie der andere Fall mag selbst den höchst entwickelten Baugenossenschaften fern zu liegen scheinen, gleichwohl bleibt es grundsätzlich richtig, auch gegen ein zu starkes Angebot eigenen Kapitals den Schutz nicht außer Acht zu lassen.

Je leichter sich erfahrungsmäßig die Uebertragung des Geschäftsguthabens erweist, um so eher werden sich auch eine größere Zahl Mitglieder mit 2 oder mehr Geschäftsantheilen betheiligen. Auch aus diesem Grunde empfiehlt es sich, wie schon oben (vergl. S. 44 f.) erwähnt wurde, die „Uebertragung" seitens der Genossenschaft soweit thunlich zu erleichtern. Allerdings kann — darauf sei hier gegenüber einzelnen Vereinsstatuten hingewiesen — die Uebertragung nicht in der Weise erleichtert werden, daß jemand nur einen Theil seiner Geschäftsantheile (wie die Aktien einer Aktiengesellschaft) auf einen andern überträgt und mit dem Rest selbst weiter Mitglied bleibt, weil nach dem Gesetz (§ 74 [76]) die Uebertragung des Geschäftsguthabens immer mit dem Austritt aus der Genossenschaft verbunden ist.

Welches Verhältniß des eigenen Kapitals (an Geschäftsguthaben und Reserven) zu den fremden Geldern im allgemeinen oder zu den Hypothekenbelastungen im besondern als normal anzusehen ist, darüber fehlen noch ausreichende Erfahrungen. Erheblich ins Gewicht fällt hier auch, unter welchen Bedingungen die fremden Gelder aufgenommen sind. Darüber vergl. weiter unten C. und D. dieses Kapitels.

B. Die Reserven.

Das Gesetz vom 1. Mai 1889 bestimmt in § 7 Ziffer 4, daß das Statut jeder eingetragenen Genossenschaft die Bildung eines Reservefonds vorsehen muß, der zur Deckung eines aus der Bilanz sich ergebenden Verlustes zu dienen hat, sowie die Art dieser Bildung, insbesondere den Theil des jährlichen Reingewinns, welcher in den Reservefond einzustellen ist, und den Mindestbetrag des letzteren, bis zu dessen Erreichung die Einstellung zu erfolgen hat. Das Gesetz bestimmt dann weiter (§ 156)*), daß solange das Statut diesen Anforderungen nicht genügt, die Genossenschaft jährlich mindestens 10% des Reingewinns zur Bildung oder Verstärkung des Reservefonds zu verwenden hat.

Verluste können bei Baugenossenschaften aus verschiedenen Ursachen entstehen, einmal in ihrer Bauthätigkeit selbst und dann besonders durch das Leerstehen von Wohnungen in ihren Miethshäusern und durch die Zurücknahme von an Genossen zum Selbsterwerb abgegebenen Häusern, die unter ungünstigen Umständen an Werth verloren haben. Man wird alle solche Verluste zunächst aus den Geschäftserträgnissen des laufenden Jahres decken, wenn diese aber dazu nicht ausreichen, genöthigt sein, den Reservefond in Anspruch zu nehmen, ehe man auf die Geschäftsguthaben der Mitglieder zurückgreift. Das letztere muß man möglichst zu vermeiden suchen, weil dadurch außerordentliche Mißstimmung bei den Mitgliedern hervorgerufen, und das Vertrauen zur Genossenschaft erschüttert werden würde. Es erscheint daher dringend geboten, so schnell wie möglich Reserven und zu bestimmten Zwecken Spezialreserven aus den Gewinnen guter Jahre bereit zu stellen.

Sind diese Grundsätze schon an sich allen Genossenschaften zu empfehlen, so tritt bei den Baugenossenschaften noch ein anderer Umstand hinzu, der das Bedürfniß nach größeren Reserven noch dringender erscheinen läßt. Wie schon mehrfach ausgeführt ist,

*) In der neuen Redaktion des Gesetzes hat zwar das Reichs-Justizamt den alten § 156 weggelassen, da derselbe aber nicht aufgehoben, und das Reichs-Justizamt nicht der Gesetzgeber ist, so gilt § 156 noch, wenn er auch nach der neuen Paragraphenfolge des Gesetzes nicht zitirt werden kann.

werden die Kosten der der Genossenschaft gehörenden Grundstücke zwar zum großen Theil durch die Hypothekengelder gedeckt; da aber in den seltensten Fällen die Hypothekengelder den sämmtlichen Ausgaben für ein Grundstück gleichkommen, dies auch im Interesse der Genossenschaft durchaus nicht wünschenswerth wäre, weil sonst viel eher der Hypothekengläubiger als die Genossenschaft selbst Eigenthümer wäre, wird ein Theil des Grundstückswerthes oft aus dem eigenen Kapital der Genossenschaft (den Geschäftsguthaben und Reserven) bezahlt sein müssen. Tritt nun durch besondere Umstände eine größere Anzahl von Genossen aus, denen ihre Geschäftsguthaben herausbezahlt werden müssen, so kann, da die Aufnahme zweiter Hypotheken hinter den ersten sehr schwer, in wirthschaftlichen Krisen überhaupt unmöglich ist, die Genossenschaft zum Konkurs getrieben werden, wenn sie nicht in ihren Reserven noch einen ausreichenden unkündbaren Fond hat, der die ihr entzogenen Guthaben der Genossen zu ersetzen vermag.

Wenn der allgemeine Genossenschaftstag zu Gotha 1894 den Kreditgenossenschaften empfohlen hat, den Jahresgewinn mehr zu angemessenen Zuwendungen an den Reservefond und zur Bildung von Spezialreserven für bestimmte Zwecke als zur Gewährung hoher Dividenden für die Genossen zu verwenden, wird hiernach diese Empfehlung für die Baugenossenschaften noch mehr Berechtigung haben, zumal sie, wie später ausgeführt werden soll, in Rücksicht auf ihre Zwecke und auf ihre soziale Bedeutung immer nur eine mäßige Dividende vertheilen sollen und bei solider Wirthschaft auch meist nur werden vertheilen können.

Spezialreserven, die sich bei den Baugenossenschaften unter den verschiedensten Namen und auch zu verschiedenen Zwecken vorfinden, werden namentlich auch dazu benutzt werden können, um in günstigen Jahren die Dividende etwas aufzubessern und so die mäßige Dividende, auf die überall nur hingearbeitet wird, nun auch wenigstens in jedem Jahre geben zu können.

Dem gesetzlichen Reservefond werden in erster Linie die Eintrittsgelder überwiesen. Denn sobald überhaupt erst ein Reservefond angelegt ist, ist es naturgemäß, daß die neuen Mitglieder, die doch nicht nur an diesem Fond selbst einen ideellen Antheil, sondern an seinen Erträgnissen auch einen rechnungsmäßig festzustellenden reellen Antheil haben, auch durch ihr Eintrittsgeld diesen Vortheil gewissermaßen erkaufen. Bei der Festsetzung des Eintrittsgeldes wird jedoch stets im eigenen Interesse der Genossenschaft eine enge Grenze einzuhalten sein, weil darüber hinaus ein größeres Eintrittsgeld die weniger Bemittelten vom Eintritt abschrecken würde. Es würde deshalb auch unrichtig sein, dasselbe von der Höhe des Reservefonds abhängig zu machen, und mit diesem verhältnißmäßig steigen zu lassen; vielmehr sollte es niemals höher als auf 5 Mk. bemessen werden, bei Genossenschaften, die noch nicht lange in Thätigkeit sind, natürlich erheblich niedriger.

Welcher Antheil am Reingewinn dem Reservefond zuzuschreiben ist, wird zum Theil vom Geschäftsergebniß abhängen. Als das mindeste dürfte es sich aber empfehlen, 10 % des Reingewinns hierfür zu bestimmen, obgleich das Gesetz den Genossenschaften freie Hand läßt, im Statut nach Befinden einen geringeren Prozentsatz festzusetzen. Wenn durch günstige Terrainverkäufe oder dergl. außergewöhnliche Gewinne erzielt werden, wird eine besondere Zuschreibung zum Reservefond oder zur Spezialreserve oder zu beiden rathsam sein. Da der gesetzliche Reservefond, wie schon erwähnt, nur zur Deckung von Unterbilanzen dient, wird gerade eine Spezialreserve geeignet sein, um aus den Ueberschüssen vortheilhafter Grundstücksverkäufe die Fehlbeträge aus ungünstigen Verkäufen dieser Art zu decken. Denn unzweifelhaft können ohne irgend ein Verschulden der Vereinsleitung solche Fehlbeträge sich herausstellen, die dann, wenn kein besonderer Fond für ihre Deckung vorhanden ist, die Dividende wesentlich schmälern können.

Da der Reservefond die Geschäftsguthaben vor Abschreibungen schützen soll, die in Folge von Verlusten nöthig werden könnten, und diese Verluste in Baugenossenschaften hauptsächlich an den Immobilien entstehen, so erscheint es am natürlichsten, den Reservefond in Beziehung zu setzen zu den Immobilien und den Mindestbetrag, auf den er gebracht werden soll, auf denjenigen Prozentsatz der Immobilien zu bestimmen, den man etwa für Verluste annehmen kann. Dieser Prozentsatz ist nicht überall gleich; in großen Städten können wegen des stärkeren Wechsels in den Werthverhältnissen von Grund und Boden diese Verluste größer sein, als in kleinern Städten. Mit 3 % der Immobilien wird man aber den Reservefond meist wohl auf eine angemessene Höhe gebracht haben. Thatsächlich haben bisher die Baugenossenschaften in ihren Statuten vielfach den Reservefond zu den Geschäftsguthaben in Beziehung gesetzt, indem sie ihn auf 50 %, andere auf 10 % oder auf 5 % derselben bringen wollen. Der erstere Satz (von 50 %) erscheint sehr hoch, würde aber, wo die eigene Kapitalbildung noch zurückgeblieben ist, den Betrag von 3 % der Immobilien oft noch nicht erreichen. Die Berliner Baugenossenschaft hat für den Reservefond 6 % der Hypothekenschulden als Ziel gesetzt. Die Anlage des Reservefonds geschieht bei andern Arten der Genossenschaften, namentlich wenn dieselben sonst mit Betriebskapital reichlich versorgt sind, oft in guten Werthpapieren, die auch in Zeiten von Verkehrskrisen leicht flüssig gemacht werden können. Da aber die Reserven der einzige Bestandtheil des eigenen Vermögens der Genossenschaft sind, der jeder Kündigung entzogen ist, und solche unkündbare Gelder gerade für Baugenossenschaften in ihrem Betrieb von großem Werth sind, so dürfte es sich für Baugenossenschaften erst bei einer sehr vorgeschrittenen Entwickelung empfehlen, die Reserven außerhalb des Geschäftsbetriebs in Werthpapieren anzulegen. Um Verluste von denselben abschreiben zu können, bedarf es ja auch nicht einer getrennten Verwaltung für sie, sondern genügt eine entsprechende Buchung auf dem betreffenden Reserve-Konto.

C. Baugelder und Hypotheken.

Die Einzahlungen auf die Geschäftsantheile, d. h. die Geschäftsguthaben und die Reserven können selbstverständlich bei weitem nicht dasjenige decken, was zum Terrainerwerb und zum Bau an Geld erforderlich ist. Wollte die Baugenossenschaft abwarten, bis diese Kosten aus dem eigenen Kapital der Genossenschaft bestritten werden können, dann würde sie Jahre hindurch gerade denjenigen Zweck, den sie im Auge hat, nicht erfüllen können; sie würde der Außenwelt gegenüber nichts leisten, die Genossen würden mürrisch werden, weil sie keine Erfolge sehen, und es würde sehr bald eine Auflösung des Unternehmens erfolgen. Das höchste Bestreben einer Baugenossenschaft muß dahin gehen, so schnell wie möglich an den Bau von Häusern heranzutreten, und sie muß nach allen Richtungen hin versuchen, sich, allerdings immer nach gesunden wirthschaftlichen Grundsätzen, das hierzu nöthige Geld zu verschaffen. In den meisten Fällen wird diese Geldbeschaffung schon vor der Gründung der Baugenossenschaft genau geprüft und nur nach einem befriedigenden Ergebniß dieser Prüfung die Gründung überall erfolgt sein. Die Gelder, die eine Baugenossenschaft speziell zum Bau gebraucht, ohne daß sie nachher über die Fertigstellung des Baues hinaus der Baugenossenschaft von dem

Darlehnsgeber belassen werden, nennt man Baugelder. Man könnte sie insofern als das Betriebskapital der Genossenschaft gegenüber denjenigen Geldern betrachten, welche die Baugenossenschaft nach der Fertigstellung ihrer Häuser gegen Eintragung von Hypotheken für eine längere Zeitdauer zu einem mäßigen Zinsfuß erhält, also gegenüber den Hypothekengeldern, dem Anlagekapital der Genossenschaft. Indeß ist die Unterscheidung von Betriebskapital und Anlagekapital deshalb hier nicht aufrecht zu erhalten, weil auch die Baugelder nach Fertigstellung des Baues nicht etwa in kurzer Zeit aus dem Ertrage der Häuser ersetzt werden können, wie dies sonst das Merkmal des Betriebskapitals im Gewerbebetrieb ist, sondern in Hypotheken umgewandelt werden, so daß nur die Person des Gläubigers wechselt. Auch die Baugelder können nur langsam aus dem Ertrage der Häuser amortisirt werden und gehören deshalb mit zum Anlagekapital.

Die Baugelder werden um so leichter zu erlangen sein, je sicherer der Darlehnsgeber darauf rechnen kann, zu einem bestimmten nicht fernen Zeitpunkt diese Gelder zurückzuerhalten, und man kann ziemlich sicher sein, daß, sofern die Baugenossenschaft dem Darlehnsgeber nachweisen kann, daß sie zu dem vorher vereinbarten Zeitpunkt die Baugelder wird zurückzahlen können, sie nicht nur Private, welche ihre Bestrebungen fördern wollen, sondern auch Geldinstitute finden wird, welche die Baugelder zu geschäftsüblichem Zinsfuß hergeben. Es darf auch darauf hingewiesen werden, daß der Allgemeine Genossenschaftstag in Freiburg 1890 mit der Resolution, welche den Kreditgenossenschaften anheimgab, im Rahmen ihres Geschäftes den Baugenossenschaften Bankkredit zu gewähren, die Kreditgenossenschaften aufgefordert hatte, mit Baugeldern den Baugenossenschaften zur Seite zu stehen; und es darf ferner erwähnt werden, daß nach einem Referat auf dem allgemeinen Genossenschaftstag in Rostock 1897 über diesen Gegenstand, erstattet vom Verfasser*) dieser Schrift, allgemeine Uebereinstimmung bei den Vertretern der Kreditgenossenschaften darüber herrschte, daß, sofern die Baugenossenschaften zu einem bestimmten, nicht über die Bauzeit hinaus liegenden Termin die Baugelder zurückerstatten, ein solches Darlehnsgeschäft zwischen Kreditgenossenschaften und Baugenossen-

*) Baumeister Wohlgemuth.

schaften ein durchaus geschäftsmäßiges ist, gegen das keine grundsätzlichen Bedenken bestehen. Wenn schon an sich angenommen werden kann, daß bei der Gründung der Baugenossenschaften gerade die genossenschaftlich gesinnten Kreise der Bevölkerung sich hervorragend betheiligen werden, daß daher zwischen Baugenossenschaft und der an dem bezüglichen Orte vorhandenen Kreditgenossenschaft vielfach nähere persönliche Beziehungen bestehen werden, so kann mit um so größerer Sicherheit darauf gerechnet werden, daß die Kreditgenossenschaft auch an sich nicht abgeneigt sein wird, der Baugenossenschaft mit Betriebskapital zu Hilfe zu kommen. Allerdings würde, wenn ein regelmäßiger Geschäftsverkehr dieser Art zwischen der Baugenossenschaft und der Kreditgenossenschaft hergestellt werden soll, die Baugenossenschaft vielleicht Mitglied der Kreditgenossenschaft werden müssen, und das könnte nur dann unbedenklich erscheinen, wenn die Kreditgenossenschaft auch auf der beschränkten Haftpflicht beruht.

Kann man zum entsprechenden Zinsfuß oder kann man überhaupt Geld von der am Ort befindlichen Kreditgenossenschaft nicht erhalten, so ist man allerdings, wenn man nicht innerhalb der Baugenossenschaft selbst weitere Geldquellen findet (vergl. Abschn. D. d. Kap.), darauf angewiesen, mit Banken in Verbindung zu treten, und man sollte selbst ein kleines Opfer in Bezug auf die Zinsen nicht scheuen, wenn man sich nur diejenigen Gelder sichern kann, die zur Auszahlung für den Terrainerwerb und zu Theilzahlungen an die beim Bau betheiligten Handwerker durchaus erforderlich sind. Es giebt einzelne Baugenossenschaften, die Mangels der Baugelder wohl auch Kredit genommen haben bei den Bauhandwerkern, insofern als sie mit diesen vertragsmäßig ausmachten, daß Zahlung erst nach der Fertigstellung des Baues und Aufnahme der Hypotheken erfolgt. Der Vorstand einer so vorgehenden Baugenossenschaft wird sich aber dann klar sein müssen, daß er schon in den Preisen, welche er den Bauhandwerkern zu zahlen hat, einen weit höheren Zinsbetrag zu seinem Schaden entrichtet, als er jemals irgend einer Bank für Baugelder zu zahlen haben wird.

Beabsichtigt eine Baugenossenschaft Hypotheken von einer Hypothekenbank nach Fertigstellung des Baues aufzunehmen, so vereinfacht sich bei den meisten Hypothekenbanken die Frage außerordentlich, da der größte Theil dieser Banken auch Baugelder giebt, d. h. die Hypothekenvaluta je nach Fortschreiten des Baues und nach der Taxe ihrer Sachverständigen schon während der Bauzeit auszahlt. Kann daher eine Baugenossenschaft von einer solchen Hypothekenbank Gelder zu demjenigen Zinsfuß auf feste Hypothek erhalten, den sie bei der Rentabilitätsberechnung ihres Grundstücks zu Grunde gelegt hat, oder kann sie von irgendwelcher andern Seite Hypothekengelder nicht erwarten, so wird sie am besten thun, mit einer Hypothekenbank dahin abzuschließen, daß sie während des Baues auf die vorher eingetragene Hypothek Abschlagszahlungen für die Baugelder erhält. In jedem Falle wird die Baugenossenschaft gut thun, ehe sie das Baugeld sich beschafft, vorher bindende Abmachungen bezüglich der Hergabe der Hypothekengelder mit den betreffenden Geldstellen zu treffen, weil ihr die Beschaffung des Baugeldes, sofern sie schriftlich nachweisen kann, daß sie bei Fertigstellung des Baues eine bestimmte Summe Geldes auf feste Hypothek erhält, leichter, ja absolut sicher wird.

Das Baugeld wird entweder auf Wechsel oder auf Kautionshypothek gegeben. Es kann den Baugenossenschaften nicht empfohlen werden, überhaupt Wechsel auszustellen, und nur im Nothfall sollten sie sich dazu herbeilassen. Eventuell wird die Genossenschaft sich dann wenigstens in so weit sichern müssen, als sie die Fälligkeit des Wechsels auf einen Tag legt, wo sie überzeugt sein kann, das Geld für die festen Hypotheken schon in Händen zu haben. Diese Ueberzeugung muß allerdings bei einer gut geleiteten Genossenschaft noch besonders durch schriftliches Anerkenntniß des Hypothekengebers befestigt sein. Keinesfalls sollte sie sich darauf einlassen, einen Vierteljahrswechsel etwa auszustellen auf das mündliche Versprechen des Darlehnsgebers hin, daß ja der Wechsel später prolongirt werden wird. Selbst vorausgesetzt, daß der Darlehnsgeber es mit diesem Versprechen ernst meint, wird er bei kritischen Zeiten, die ja plötzlich eintreten können, häufig genug nicht in der Lage sein, sein Versprechen zu erfüllen, und es kann alsdann der Zusammenbruch der Baugenossenschaft erfolgen, wenn der Wechsel, am Verfalltage präsentirt, von ihr nicht eingelöst werden kann. Viel besser ist es, die Baugelder auf Sicherungshypothek (Kautionshypothek) zu entnehmen. Da es leicht und mit geringen Kosten verbunden ist, die Sicherungshypothek später für den Hypotheken-Darleiher in eine feste Hypothek umzuwandeln, so empfiehlt es sich, die Sicherungshypothek gleich in der Höhe zur Eintragung zu bringen, in welcher später eine feste Hypothek aufgenommen werden soll. Die Sicherungshypothek giebt dem

Gläubiger das dingliche Recht an das Grundstück mit allem, was sich darauf an baulichen Anlagen befindet, und das persönliche Recht an die Baugenossenschaft. Der Gläubiger ist daher durch diese Sicherungshypothek noch mehr gedeckt als durch einen Wechsel allein, und die Baugenossenschaft hat den Vortheil, daß sie nun mit Sicherheit der Vollendung ihres Baues bis zur Zahlung der Valuta für die feste Hypothek entgegensehen und je nach Fortschreiten des Baues, d. h. je nachdem sie die Handwerker zu bezahlen hat, auch von dem Darlehnsgeber auf Grund der Sicherungshypothek Zahlung erwarten kann. In einem in weiteren Kreisen bekannt gewordenen Falle hat ein sonst wohlangesehener Darlehnsgeber einer Baugenossenschaft nur auf Grund einer Sicherungshypothek und eines von der Baugenossenschaft ausgestellten Wechsels Baugeld gegeben. Vor diesem Verfahren muß auf das ernsteste gewarnt werden; denn wenn nun, selbst bei nicht kritischen Zeiten, der Darlehnsgeber auf Grund des Wechsels sein Geld zurückverlangt und der Vorstand der Baugenossenschaft an anderer Stelle Geld sucht, so wird er dies um so schwerer bekommen können, weil nun die Geschäftsbücher die Vermögenslage der Genossenschaft sehr ungünstig erscheinen lassen; denn nimmt die Bank Einsicht in die Geschäftsbücher, wie das in der Regel vor der Hergabe von Darlehen beansprucht wird, so findet sie auf der Debetseite dann auch die ausgestellten Wechsel und wird dadurch bei dem oft vorhandenen Mißverhältniß zwischen dem Vermögen der Baugenossenschaft und dem aus einem Bau resultirenden hohen Wechselbetrag leicht von einer Geldverbindung mit der Genossenschaft abgeschreckt werden.

Wir haben hiernach festgestellt, daß eine billige und schnelle Baugelderbeschaffung von der vorherigen Beschaffung der auf längere Zeit unkündbaren Hypothek abhängt. Wir haben nunmehr zu prüfen, unter welchen Bedingungen und von welchen Seiten die Baugenossenschaften die Gewährung von Hypotheken erwarten können.

Die Bedingungen für die Hypotheken, d. h. in erster Linie die Höhe derselben, die Höhe des Zinsfußes und die Zeit der Unkündbarkeit spielen selbstverständlich bei der Aufnahme von Hypotheken eine außerordentliche Rolle. Ganz besonders wird die Höhe der Hypothek für viele Baugenossenschaften, namentlich in den ersten Jahren ihres Bestehens, die Hauptfrage sein. Die öffentlichen Institute pflegen Gelder auf Hypotheken nur bis zur Hälfte der gerichtlichen Taxe zu geben, d. h. nicht etwa der Taxe irgend eines gerichtlichen Sachverständigen, sondern einer Taxe, die nach fest bestimmten Regeln seitens des Gerichts von einer Gerichtsperson und mehren Sachverständigen aufgenommen wird. Diese gerichtliche Taxe wird meist die Darlehnsgewährung scheitern lassen schon deswegen, weil die Aufnahme derselben einer außerordentlich langen Zeit bedarf, bei Beschaffung von Hypothekengeldern aber eine gewisse Schnelligkeit der Geschäftsabschlüsse durchaus erforderlich ist. Wenn vorher besonders betont worden ist, daß die Aufnahme der Baugelder durch die Zusicherung einer festen Hypothek wesentlich erleichtert wird, so wird schon daraus ersichtlich, daß dort, wo die Gewährung einer Hypothek von der Aufnahme einer gerichtlichen Taxe abhängt, die Baugelder außerordentlich schwer zu bekommen sein werden, denn es dürfte kaum möglich sein, mit einiger Sicherheit die Höhe der gerichtlichen Taxe vorher zu bestimmen. Aber mag immerhin, wenn man seine Dispositionen darauf hin treffen kann, eine solche Taxe feststellen, welchen Werth nach Fertigstellung des Gebäudes dasselbe hat, und was darauf an Hypothek gegeben werden kann, so ist dieselbe doch absolut unbrauchbar, wenn man schon während der Bauausführung einen Theil der Hypothekenvaluta auf den theilweise fertiggestellten Bau aufnehmen will. Es ist unmöglich, sich in jedem einzelnen Fall eine gerichtliche Taxe zu verschaffen. Noch ein Umstand tritt hinzu, der die gerichtliche Taxe für Baugenossenschaften, die mit ganz besonderer Sorgfalt über die möglichste Ausnutzung ihres Geldes zu wachen haben, ungeeignet macht, das sind ihre sehr hohen Kosten. Es wird daher theils des schnelleren Verfahrens, theils der Kostenersparniß wegen den Baugenossenschaften aufs dringendste zu rathen sein, bei ihren Abmachungen bezüglich der Hypothekengewährung darauf zu drängen, daß von einer solchen gerichtlichen Taxe abgesehen wird, und man sich mit der Taxe eines gerichtlichen Sachverständigen, der am besten schon vorher bestimmt wird, als für die Beleihung maßgebend begnügt.

Ganz unabhängig davon, wer die Taxe aufstellt, erscheinen aber auch für Baugenossenschaften diejenigen Institute, die ihre Hypotheken nur bis zur Hälfte der Taxe geben, für eine Geschäftsverbindung ausgeschlossen, denn nach alledem, was vorher ausgeführt ist, ist es für eine Baugenossenschaft, die bald nach ihrer Gründung bauen will und dabei nur auf die Geschäftsguthaben ihrer Mitglieder angewiesen wäre, unmöglich, die Hälfte des Werthes des Grund und Bodens und der Baulichkeit aus der eigenen Kasse zu decken. Denn die Zahl der Bewerber um Wohnungen oder Häuser pflegt schon von Anfang an so groß zu sein, daß bei so hohen Ansprüchen an die Kasse der Genossenschaft das Wohnungsbedürfniß der Genossen auf lange hinaus unbefriedigt bleiben müßte, und es tritt dann wieder die Gefahr ein, deren wir schon früher gedacht, daß bei der Aussichtslosigkeit des Unternehmens für die einzelnen Genossen diese bald wieder austreten. Es kann zugegeben werden, daß, da durch die Bauthätigkeit der Genossenschaft der Grund und Boden im Preise steigt und wenn die Genossenschaft den Bau nicht in Generalentreprise vergiebt, sondern mit einzelnen Handwerkern arbeitet, die Taxe immer höher kommen wird, als der Besitz der Genossenschaft zu Buch steht. Aber, selbst solche Steigerung vorausgesetzt, wird die Hälfte der Taxe als Beleihungsgrenze für eine Baugenossenschaft unmöglich sein. Eine solche Genossenschaft soll eben wie ein geschäftsmäßig gewandter Bauunternehmer arbeiten und muß dies thun, weil sie dem Bauunternehmer Konkurrenz machen soll. Ein solcher Bauunternehmer wird aber lieber für eine größere Hypothek etwas mehr Zinsen dem Darleiher gewähren, als die erste Hypothek nur auf die Hälfte der Taxe beschränken, wenn ihm dafür auch ein geringerer Zinsfuß zugebilligt wird. Und das ist natürlich, denn wenn auch die erste Hypothek zu einem mäßigen Zinsfuß, ja innerhalb der Hälfte der Taxe sogar zu einem niedrigen Zinsfuß zu erhalten ist, so kann doch nicht verkannt werden, daß die zweite Hypothek, wenn nicht etwa Wohlthäter oder besondere Gönner der Genossenschaft zu Hilfe kommen, oft überhaupt nicht, eventuell nur zu einem höheren Zinsfuß erhältlich ist. Zweite Hypotheken zu billigen Bedingungen zu beschaffen, ist sehr viel schwieriger, als erste. Nicht nur, daß man für zweite Hypotheken immer darauf angewiesen sein wird, sich Privatpersonen als Gläubiger zu suchen, öffentliche Institute, Banken u. s. w. grundsätzlich die Beleihung auf zweite Hypotheken ausschließen, sondern es kommt auch in Betracht, daß in einer zweiten Hypothek für den Darlehnsgeber immerhin eine gewisse Gefahr liegt, die er sich durch höhere Zinsen und durch Auferlegung von ihn besonders sichernden, aber den Schuldner häufig drückenden Bestimmungen bezahlen läßt.

Es hat ja wohl hin und wieder eine Baugenossenschaft geglaubt, einen Ausweg darin finden zu können, daß sie die hinter einer niedrigen ersten Hypothek einzutragende zweite Hypothek an den für sie den Bau ausführenden Unternehmer abgiebt. Vor diesem Verfahren muß dringend gewarnt werden, denn selbstverständlich überliefert sich eine Baugenossenschaft, die den Bau nicht gegen baar vergiebt, sondern die Kosten desselben durch eine für den Bauunternehmer hinter der ersten einzutragende zweite Hypothek deckt, vollkommen in die Hand dieses Bauunternehmers. Selbst vorausgesetzt, daß der Bauunternehmer reich genug ist, diese zweite Hypothek für sich als Kapitalanlage benutzen zu können, wird er sich doch immer das Risiko durch höhere Baupreise bezahlen lassen. In den meisten Fällen aber pflegt ein solcher Bauunternehmer, der gegen Hypotheken Bauten ausführt, schon vorweg bei seiner Offerte für die Bauten in Betracht zu ziehen, daß er diese zweite Hypothek später mit einem Verlust (Damno) an der Hypothekensumme weiter begiebt, und es ist selbstverständlich, daß er diesen Verlust vorweg in Anrechnung bringt, d. h. daß er für die Baugenossenschaft um so viel theurer baut, als der Verlust voraussichtlich beträgt.

Vortheilhafter ist es in Bezug auf die Höhe der Hypothek für den Darlehnsnehmer, wenn er mit Lebensversicherungsgesellschaften oder Hypothekenbanken abschließt. Diese Gesellschaften haben das Recht — wenigstens in Preußen — auf Grund des dort geltenden Normalstatuts, mit sechs Zehntel des Werthes, und zwar desjenigen Werthes, welchen der von ihnen bestimmte Sachverständige feststellt, Grundstücke zu beleihen. Zieht man in Betracht, was schon erwähnt worden ist, daß die Taxe eines objektiven Sachverständigen den effektiven Werth eines Grundstücks meist übersteigen wird — die Gründe dafür sind vorher schon angegeben, — so kann man wohl annehmen, daß bei einer derartigen Beleihung die Baugenossenschaft 75 %, ja in großen Städten und in der Nähe derselben bis zu 80 % desjenigen Betrages, mit welchem das Besitzthum ihr zu Buch steht, als erste Hypothek erhalten kann. Wenn auch diese Gesellschaften rein geschäftsmäßig ihre Hypotheken nur zu demjenigen Zinsfuß abgeben, der auf dem allgemeinen Hypothekenmarkt zur Zeit der Hypothekenaufnahme maßgebend ist, und wenn dieser Zinsfuß vielleicht auch um ein halbes Prozent denjenigen übersteigt, den öffentliche Institute bei Beleihung in Höhe der Hälfte der gerichtlichen Taxe fordern, so ist es nach allem, was wir vorher ausgeführt haben, doch rathsamer für eine Baugenossenschaft, in solchem Falle mit Lebensversicherungsgesellschaften oder Hypothekenbanken abzuschließen. Können die öffentlichen Institute ihrem Statut gemäß nicht über die Hälfte der gerichtlichen Taxe hinausgehen, so sind sie damit für eine Geschäftsverbindung mit Baugenossenschaften ungeeignet.

Die Beleihung durch Private wird an sich großen Schwierigkeiten nicht begegnen, weil die Privaten rein nach thatsächlichen Verhältnissen ihre Gelder darleihen und nicht an irgend welche Statutenvorschriften gebunden sind. In seltenen Fällen wird man aber für erste Hypotheken in der vorher angedeuteten Höhe private Darleiher finden. Der Privatmann geht an sich schon, selbst angenommen, daß er so hohe Summen ausleiht, nur dann eine Geschäftsverbindung mit einer Baugenossenschaft mit beschränkter Haftpflicht ein, wenn er für die Ziele der Baugenossenschaft ein warmes Herz besitzt. Hat er das nicht, so wird er schon deswegen viel lieber andern Grundstücksbesitzern das Geld geben, weil er mit diesen Abmachungen treffen kann, die für seine Finanzen vortheilhafter sind, die aber einer größeren Anzahl von Personen zu offenbaren — und das müßte ja bei der Baugenossenschaft geschehen — ihm häufig unbequem ist.

Die Höhe des Zinsfußes bestimmt sich nach den wirthschaftlichen Verhältnissen jedes einzelnen Volkes. Ist die Höhe des Hypothekenzinsfußes in England nach unsern Begriffen eine sehr niedrige, so ist sie in Rußland mit 5—6 % eine sehr hohe. Neuerdings haben wir uns in Deutschland zeitweise in für den Grundstücksbesitzer günstigen Verhältnissen befunden, als dreiprozentige Staatspapiere fast pari standen, und dementsprechend auch die dreieinhalbprozentigen Pfandbriefe der Hypothekenbanken, welche diese gewissermaßen als Theile der von ihnen gegebenen Hypotheken dem Publikum verkaufen, schon etwas über pari standen, so daß die Hypothekenbanken schon mit Nutzen arbeiten konnten, wenn sie $3^3/_4$, $3^7/_8$ oder 4 % Zinsen erhielten. Inzwischen haben sich die Verhältnisse in Folge des andauernd hohen Disconts allerdings wieder etwas geändert. Die Höhe des Zinsfußes hängt von der größeren oder geringeren Anzahl von Hypotheken ab, welche für diese Hypothekenbanken auf dem Markt sind, d. h. welche diese Hypothekenbanken erwerben können, und sie hängt, wie aus dem Vorhergehenden erhellt, theilweise auch von der Höhe der darzuleihenden Summe ab. Man wird jedoch annehmen können, daß, wenn eine Baugenossenschaft wie ihr Konkurrent, der Privatbauunternehmer, rein geschäftsmäßig arbeitet, sie die ersten Hypotheken zu $3^7/_8$—4 % wird erlangen können. Allerdings halten viele Baugenossenschaften einen solchen Zinsfuß schon für zu hoch, indem sie von ihrer Begründung an davon ausgehen, daß sie als gemeinnützig wirkende Gesellschaften Hypothekengelder mit $3^1/_4$—$3^1/_2$ % zu erlangen hoffen dürfen. Vor dieser Annahme muß gewarnt werden. Ist schon vorweg als Prinzip aufgestellt worden, daß eine Baugenossenschaft nur dann berechtigt ist, wenn sie ihren Genossen bei gleichen Bedingungen wie denjenigen des Privatbauunternehmers bessere Wohnungen liefert, so wird man anerkennen müssen, daß eine Baugenossenschaft, die nur dann ihre Aufgabe erfüllen kann, wenn sie das Geld unter dem marktgängigen Zinsfuß erhält, eher eine Wohlthätigkeitsanstalt, als ein auf wirthschaftlicher Selbstverwaltung gegründetes Unternehmen ist. Es ist ja durchaus erfreulich, wenn von wohlwollenden Personen oder von Instituten, deren Hauptinteresse darin liegt, den Arbeitern gute Wohnungen zu verschaffen, einer Baugenossenschaft die Gelder unter dem marktgängigen Zinsfuß auf Hypothek gegeben werden, aber die Baugenossenschaft darf nicht darauf rechnen und auch nicht ihre ganzen Kalkulationen darauf aufbauen. Sie wird vielmehr, wenn sie ausnahmsweise — und das wird in der ersten Zeit nach ihrer Begründung nicht selten der Fall sein — die Gelder unter so günstigen Bedingungen erhält, schon im Interesse der Zukunft die Differenz zwischen dem normalen und dem ihr aus Wohlwollen gewährten Zinsfuß nicht bei der Berechnung der Kosten der Wohnungen oder des Hauses in Rechnung stellen dürfen. Wenn also eine Baugenossenschaft bei der Berechnung der Kosten einer Wohnung oder eines Hauses die Zinsen, die das geliehene Kapital kostet, in Anschlag bringt, so empfiehlt es sich, den normalen, geschäftsmäßigen Zinsfuß zu Grunde zu legen und dasjenige, was sie an Zinsen für das von wohlwollender Seite dargeliehene billigere Geld erspart, lieber dem Reservefond oder einer Spezialreserve zuzuweisen. Eine alte Erfahrung ist es, daß immer nur ein bestimmter Kreis von Personen und meist auch nur in den ersten Jahren nach der Begründung selbst unter Geldopfern der Baugenossenschaft mit Darlehen beispringt, und gerade dort wird das der Fall sein, wo die Wohnungsnoth sich sehr fühlbar macht. Aber dieser Kreis von Gönnern ist doch nur eng begrenzt und auch die Mittel aus diesem Kreise pflegen bald zu versiegen, so daß, wenn die Baugenossenschaft in späteren Jahren, nachdem das dringendste Bedürfniß befriedigt ist, noch weiter baut, sie immer darauf angewiesen sein wird, Hypotheken zu dem geschäftsmäßigen Zinsfuß aufzunehmen. Hat sie nun bei ihren Kalkulationen für die ersten Jahre den ausnahmsweise bewilligten geringen Zinsfuß zu Grunde gelegt, so wird sie die in späteren Jahren mit Wohnungen versorgten Genossen benachtheiligen, indem sie sie dann die höheren Zinsen in ihrer Wohnungsmiethe muß bezahlen lassen. Ein solcher Verstoß gegen die Gleichberechtigung der Genossen ist um so bedenklicher, als diejenigen, welche zuerst von der Genossenschaft Wohnungen erhalten haben, schon dadurch gegenüber den andern Genossen als vom Glück begünstigt erscheinen.

Für zweite Hypotheken pflegt der Privatunternehmer $4^{1}/_{2}$—5 % bezahlen zu müssen. Gerade zweite Hypotheken wird vielleicht eine Baugenossenschaft billiger als ein Privatmann bekommen, weil der Darlehnsgeber, der überhaupt zweite Hypotheken giebt, in jedem Jahre durch die Veröffentlichung der Bilanz über den Stand seines Schuldners unterrichtet ist, was bei Privatpersonen nicht der Fall ist. Auch weil die zweiten Hypotheken kleinere Posten darstellen, ist der Kreis der Darlehnsgeber ein größerer, so daß die Genossenschaft, wenn ihre Leiter soziales Ansehen in weiteren Kreisen der Bevölkerung genießen, wohl in der Lage sein wird, häufig allerdings nur in kleinerem Umfange, eine zweite Hypothek zu erhalten.

Die Zeitdauer, für welche Hypotheken unkündbar gemacht werden, pflegt bei ersten Hypotheken 10 Jahre, bei zweiten meistens nur 5 Jahre zu sein. Es empfiehlt sich, auch bei letzteren darauf zu dringen, daß sie zugleich mit den ersten fällig werden, weil je nach den Zeitverhältnissen und namentlich in Berücksichtigung des Umstandes, daß in der That der Hypothekenzinsfuß nach und nach heruntergegangen ist, wahrscheinlich zehn Jahre nach Fertigstellung der Bauten, zumal in größeren Städten der Grund- und Bodenwerth dauernd, wenn auch vielleicht in einzelnen Fällen langsam, gestiegen und dann eine erste Hypothek in Höhe der jetzigen ersten und zweiten zusammen, vielleicht auch noch zu billigerem Zinsfuß zu erhalten sein wird. Die Hypotheken sind unter der Bedingung unkündbar, daß die Zinsen pünktlich quartaliter in den ersten acht oder vierzehn Tagen des Quartals bezahlt werden. Geschieht dies nicht, so hat der Darlehnsgeber das Recht, die Hypothek zu kündigen. Viele Institute setzen sogar die Zwangsvollstreckungsklausel in die Bedingungen, d. h. der Darlehnsnehmer räumt dem Darlehnsgeber das Recht ein, bei Versäumniß der Zinszahlung sofort eine Sequestration oder Subhastation des Grundstücks zu veranlassen. Daß gerade eine Baugenossenschaft in der pünktlichen Zinszahlung äußerst gewissenhaft sein muß, ist selbstverständlich, und es kann nur dringendst empfohlen werden, nicht erst die acht Tage abzuwarten, sondern sogleich am Ersten des Quartals die Zinsen zu decken. Es macht dies auf den Darlehnsgeber einen so guten Eindruck, daß andererseits die Zinsen der Zinsen auf die acht Tage gar nicht in Betracht kommen.

Außer den Bedingungen über Höhe, Zinsfuß und Unkündbarkeit sollten andere Bedingungen in einen Hypothekendarlehnsvertrag nicht aufgenommen werden. Ein Privatunternehmer wird sich andere Bedingungen auch nur in der Noth gefallen lassen. Den Baugenossenschaften wird aber vielfach zugemuthet, sich einer Kontrole ihrer Geschäftsführung seitens der Darlehnsgeber zu unterwerfen. Solange diese Kontrole nur etwa darin besteht, daß die Einsendung der Bilanz jährlich an den Gläubiger erfolgen soll, mag eine Genossenschaft sich auf diese erschwerende Bedingung einlassen, da ohnehin schon nach dem Gesetz die Veröffentlichung der Bilanz zu geschehen hat, keinesfalls aber darf sie, selbst wenn ihr dafür pekuniäre Vortheile geboten werden, sich eine weitergehende Kontrole ihrer Geschäftsthätigkeit selbst gefallen lassen.

Eine Genossenschaft, die Häuser zum Selbsterwerb baut, hat immer kleine Häuser zu beleihen. Das ist insofern ein Nachtheil, als gerade die großen Geldinstitute nicht gern kleine Summen auf Hypotheken abgeben. Um diesen Widerstand zu überwinden, dürfte es sich empfehlen, daß die Baugenossenschaft, welche die Hypotheken selbst konstituirt, sich dem Darlehnsgeber gegenüber verpflichtet, die Zinsen für die Hypotheken, die auf den einzelnen Grundstücken eingetragen sind, von den Besitzern einzuziehen und den gesammten Zinsenbetrag in einem Posten für alle auf die einzelnen Häuser eingetragenen Hypotheken dem Institut zu übermitteln. Das Institut hat dann nicht die Unbequemlichkeit der Buchung kleinerer Beträge, es hat eben nur die Unbequemlichkeit, statt eines Hypothekendokumentes mehrere zu besitzen, und dies kommt nicht sehr in Betracht.

Nicht zu verwechseln ist diese Art der Geschäftsführung mit der Art der Hypothek. Es giebt Hypotheken, die auf eine größere Anzahl von Grundstücken eingetragen werden derart, daß jedes einzelne Grundstück dem Darlehnsgeber haftet, und daß dieser berechtigt ist, den Ausfall von einem Grundstück sich durch ein anderes Grundstück decken zu lassen. Solche Hypotheken, Korrealhypotheken genannt, darf eine Baugenossenschaft, die Häuser zum Selbsterwerb baut, schon deswegen niemals aufnehmen, weil sie nach der statutenmäßigen Abzahlung jedem Genossen sein Anwesen zum Eigenthum überweisen muß, und weil sie keinem Genossen zumuthen kann, mit seinem Hause noch für die Realschulden auf andern Häusern zu haften. Es muß daher auf jedes Grundstück eine besondere Hypothek aufgenommen werden; Verpflichtungen irgend welcher Art für andere Grundstücke dürfen in dem Dokument nicht enthalten sein, da auch die von der Genossenschaft zu übernehmende Verpflichtung, die Hypothekenzinsen in einem Posten als Summe der Hypothekenzinsen aller einzelnen Grundstücke an den Gläubiger zu bezahlen, unabhängig von den Hypothekendokumenten lediglich durch Briefwechsel festgestellt wird.

Schließlich mag noch darauf hingewiesen werden, daß Hypothekeninstitute — seien es nun Lebensversicherungsgesellschaften, die ihr disponibles Geld gut unterbringen wollen, seien es Hypothekenbanken, deren Erwerb in der Ausgabe von Pfandbriefen auf von ihnen gegebene Hypotheken beruht — gewöhnlich bei Abschluß des Hypothekengeschäftes sogenannte Abschlußprovisionen verlangen. Diese Abschlußprovisionen pflegen bei niedergehendem Zinsfuß verhältnißmäßig gering, bei steigendem Zinsfuß zugleich als Prämie für eventuell entgangene Zinsen höher zu sein. Man kann im allgemeinen sagen, daß diese Institute, sofern sie überhaupt Provision nehmen, durchschnittlich mit $^1/_2$ % der Hypothekensumme als einmalige Abfindung für ihre Unkosten, wie sie es bezeichnen, zufrieden sind. Es werden allerdings auch größere Provisionen beansprucht, wenn die Baugenossenschaft durchaus an einem bestimmten Zinsfuß selbst dem steigenden Werth des Hypothekengeldes gegenüber festhalten will. Wenn beispielsweise der marktgängige Zinsfuß für ähnliche Grundstücke, wie sie die Baugenossenschaft besitzt, auf dem Hypothekenmarkt $4^1/_8$ % beträgt, die Baugenossenschaft aber namentlich da, wo sie die Häuser zum Selbsterwerb abgiebt, diese nur mit vierprozentiger Hypothekenschuld den Genossen übergeben will, so wird das Hypothekeninstitut bei der auf 10 Jahre unkündbaren Hypothek allerdings 1—$1^1/_8$ % Provision verlangen. Genaue Anweisungen nach dieser Richtung hin zu geben, ist unmöglich, weil die

Verhandlungen bezüglich der Aufnahme einer Hypothek ein Geschäft bedeuten, das in jedem einzelnen Fall von der Geschicklichkeit des Darlehnsnehmers und den zeitigen Verhältnissen des Geldmarkts abhängen wird.

Von einzelnen Baugenossenschaften ist auch versucht worden, Hypothekenobligationen auszugeben, d. h. es ist irgend einer bestimmten Person — sei es nun eine Privatperson oder eine juristische Person, sei es ein einzelner oder eine Bank — als Pfandhalter eine Hypothek auf das Grundstück der Baugenossenschaft eingetragen. Diese Person oder Bank giebt nun Hypothekenantheilscheine in bestimmten Beträgen von 100, 300, 1000 Mk. aus, die sie an die einzelnen Kauflustigen abgiebt. In dem Text dieser Antheilscheine ist ausgeführt: 1) Daß die betreffende Baugenossenschaft das bezeichnete Grundstück für die Hypothekenschuld verpfändet hat; 2) wo sich das Hypothekendokument befindet, ferner 3) die Verpflichtung des Pfandhalters festgestellt, die Hypothek nicht eher löschen zu lassen, als bis sämmtliche Hypothekenantheile seitens der Schuldner gezahlt sind; und 4) ist der Amortisationsplan, d. h. der Plan, in welcher Weise die einzelnen Hypothekenantheilscheine eingelöst werden sollen, sowie der Zinsfuß und die Zahlstellen für die Zinsen angegeben.

Der große Vortheil dieser Maßregel besteht darin, daß kleinere Leute, sei es daß sie den Bestrebungen der Baugenossenschaft geneigt sind, sei es daß sie ihr Geld bequem und sicher anlegen wollen — und gerade die Anlage von Geldern auf Hypotheken wird von vielen als die beste angesehen — ebenfalls in der Lage sind, solche Antheilscheine zu erwerben. Ist erst ein größeres Publikum für solche Hypothekenantheilscheine gewonnen, so wird die Baugenossenschaft im weiteren Verlauf ihrer Bauthätigkeit allerdings durch eine derartige Operation außerordentlich günstige Resultate erzielen können.

Ein großer Nachtheil ist dagegen insofern vorhanden, als der Pfandhalter für seine Mühewaltung gewöhnlich eine kleine Entschädigung verlangt, die sich in jedem Jahre wiederholt, weil der Pfandhalter auch zugleich die Zahlstelle für die Zinsen zu bilden pflegt, und es sind ferner bei der Auslosung derjenigen Antheile, die in jedem Jahre amortisirt werden, Notariatskosten zu zahlen, weil die Auslosung nur vor einem Notar geschehen kann. Diese Notariatskosten besonders sind beträchtlich, bleiben sich allerdings gleich bei kleineren und größeren Summen. Ist demnach eine bedeutende Summe in dieser Weise auf Hypothekenantheilscheine zu beschaffen, dann mag diese Art der Hypothekenbeschaffung von großem Werth sein. Bei kleineren Summen sind die Unkosten im Verhältniß so bedeutend, daß von dieser Art der Geldbeschaffung abgerathen werden muß.

Betrachten wir nun die besonderen Eigenthümlichkeiten derjenigen Gläubiger, namentlich der Institute, von denen Baugenossenschaften Geld zu erwarten haben, so kommen in Betracht:

1) Die Invaliditäts- und Altersversicherungs-Anstalten.

Diese Anstalten, welche ausschließlich zum Wohle der arbeitenden Klassen errichtet worden sind, erscheinen am ehesten berufen, den Baugenossenschaften hilfreich zur Seite zu stehen. Wenn etwa der Einwand erhoben werden sollte, daß die Baugenossenschaften, wenn sie von diesen Anstalten zu mäßigem Preise oder in höheren Summen als der Hälfte der gerichtlichen Taxe Hypothekengelder verlangen, den Boden der Selbsthilfe verlassen haben, so ist dies offenbar ein Irrthum. Die Baugenossenschaften verlangen von diesen Anstalten keine Unterstützung, sie sind aber berechtigt darauf hinzuweisen, daß, wenn es im Interesse dieser Anstalten liegt, die bei ihnen versicherten Personen solange wie möglich arbeitsfähig zu erhalten, dieses Interesse am besten auch dadurch gewahrt wird, daß den versicherten Personen gute Wohnungen beschafft werden. Solche Wohnungen halten Leib und Seele gesund, und ist der Bewohner in der Lage, sich gar ein eigenes kleines Besitzthum als sicheres Heim anzuschaffen, so wird er erst in späten Jahren, wenn nicht außergewöhnliche Fälle eintreten, der Invaliditäts- und Altersversicherungs-Anstalt zur Last fallen. Das eigenste Interesse dieser Anstalten verlangt es daher, daß sie die Schaffung solcher Wohnungen oder Häuser nach allen Kräften begünstigen, und zu dem Zwecke auch den Baugenossenschaften mit Geldmitteln zu Hilfe komme, soweit dies auf durchaus geschäftlicher Grundlage thunlich ist. In den Motiven wie auch in den Debatten bei der Berathung des Invaliditäts- und Altersversicherungs-Gesetzes im Reichstage wurde besonders darauf hingewiesen, daß ein Theil des bei dieser Versicherung in enormen Summen aufgespeicherten Kapitals zu Wohlfahrtseinrichtungen und zur Unterstützung aller Bestrebungen, die den Versicherten zu Gute kommen könnten, auch zu Arbeiterwohnungen verwendet werden sollte.

Hier, wo die Anstalten nicht einmal irgend etwas verschenken sollen, sondern wo sie auf eine Verzinsung zu rechnen haben, die immer derjenigen gleichkommen wird, die sie aus Staatspapieren erzielen können, hier werden die Anstalten am ehesten in der Lage sein, ihr Geld zu Wohlfahrtszwecken für die Versicherten ohne Nachtheil und ohne großes Risiko zu verwenden. Leider hat die Erkenntniß dieser Aufgabe sich bei den leitenden Personen dieser Anstalten nur wenig Bahn gebrochen. Fast alle Anstalten, namentlich diejenigen, welche speziell für ackerbautreibende Provinzen errichtet sind, geben überhaupt nicht gern Hypotheken auf Grundstücke der Baugenossenschaften, wenngleich sie andere Grundstücke beleihen. Sie scheinen von der Voraussetzung auszugehen, daß die Baugenossenschaften die arbeitende Bevölkerung vom platten Lande den Städten zuführen. Sie verkennen, daß umgekehrt erst, nachdem dieser Zuzug stattgefunden hat, die Baugenossenschaften in Wirksamkeit treten. Haben sich diese Anstalten aber schon entschlossen, die Baugenossenschaften wie jeden andern Grundstücksbesitzer zu behandeln und ihnen Hypotheken darzuleihen, so verlangen sie meist, daß die Darlehnssumme die Hälfte der gerichtlichen Taxe nicht überschreitet. Wir haben schon früher ausgeführt, daß eine derartige Hypothekengewährung den Baugenossenschaften wenig hilft und daß, selbst wenn sie das Geld mit $3^1/_2$ % erhalten und die Aufnahme einer zweiten Hypothek nicht schwierig wäre, sie durch den höheren Zinsfuß der zweiten Hypothek den Vortheil des niedrigen Zinsfußes der ersten Hypothek vollständig verlieren. Einige Anstalten sind allerdings entgegenkommender gewesen und die Leiter derselben haben mit weitem Blick den Vortheil der Thätigkeit der Baugenossenschaften für ihre Anstalten wohl erkannt.*) Im besonderen ist hier die Invaliditäts- und Altersversicherungs-Anstalt in Hannover zu nennen, deren Leitung mit Rath und That den Baugenossenschaften in der Provinz und in den Grenzbezirken zur Seite steht und mit Genugthuung auf die großen Erfolge hinweisen kann, die theilweise ihrem Entgegenkommen zu danken sind. Diese Anstalt giebt Hypotheken zur Hälfte der gerichtlichen Taxe, also sogenannte pupillarisch sichere Hypotheken, sie giebt aber auch namentlich den

---

*) Vergl. Blätt. f. Genossenschaftsw. S. 88 von 1898 über die Leistungen der Invaliditäts-Versicherungs-Anstalten an Baugenossenschaften.

Bl. f. G. von 1898 S. 18 ff., S. 68 ff. über die bei den verschiedenen Anstalten geltenden Beleihungsgrundsätze.

Baugenossenschaften, welche aus dem Bedürfniß heraus entstanden sind und die in der ersten Zeit ihres Bestehens mit Schwierigkeiten bei der Hypothekenbeschaffung zu kämpfen haben, Gelder weit über diese pupillarische Sicherheit hinaus fast bis zum vollen Werthe. Nach dem Bericht dieser Anstalt für das Jahr 1897 hat sie 1 253 900 Mk. mündelsichere Hypotheken bei Gesellschaften u. s. w., von denen ein großer Theil auf die Baugenossenschaften entfällt, ausstehen und 3 114 335 Mk. — und das ist das entscheidende — nicht mündelsichere hypothekarische Darlehne, darunter 702 250 Mk. aus 1897, von denen nur 170 100 Mk. nicht an Baugenossenschaften dargeliehen worden sind. Der Zinsfuß für die neuen Darlehen dieser Art an Baugenossenschaften ist meist 3 %, nur bei einzelnen kleinen Darlehen $3^1/_4$ % und $3^1/_2$ %. Die bedeutenden Erfolge, welche der Spar- und Bauverein in Blumenthal*) a. d. Unterweser z. B. erzielt hat, sind wesentlich mit darauf zurückzuführen, daß die hannoversche Anstalt in so trefflicher Weise ihre Aufgabe erkannt hat. Es dürfte den Baugenossenschaften in andern Provinzen zu empfehlen sein, bei den Verhandlungen mit derartigen Anstalten sich immer auf das Beispiel von Hannover zu berufen. Wie sehr diese Anstalt den Vortheil für sich selber erkennt, ersieht man auch daraus, daß sie diese ziemlich hohen Hypotheken mit sehr niedrigem Zinsfuß gewährt. Sie kalkulirt ganz richtig, daß der kleine Ausfall an Zinsen gegenüber denjenigen Zinsen, die sie von Privaten bekommen würde, gedeckt wird durch die längere Arbeitskraft der die Institutionen der Baugenossenschaft Benutzenden. Ein Zinsfuß von $3^1/_4$—$3^1/_2$, höchstens $3^3/_4$ % dürfte bei Hypothekenabschlüssen mit diesen Anstalten zu zahlen sein.

2) Die Pensionsanstalt für die Eisenbahnarbeiter der Preußischen Staatseisenbahn-Verwaltung.

Diese Pensionsanstalt hat Gelder in großem Umfang und geht im allgemeinen von dem richtigen Grundsatz aus, daß diese Gelder den bei ihr Versicherten möglichst ausgiebig dienstbar gemacht werden müssen. Auf Grund dieses Umstandes haben sich in vielen Orten Baugenossenschaften speziell zur Beschaffung von Wohnungen für Eisenbahnbedienstete gebildet. Wenn es auch ein Fehler ist, daß diese Genossenschaften ausschließlich für Eisenbahnarbeiter,

*) Vergl hierzu die sehr lesenswerthe und anregende Schrift des Landraths P. Berthold „Der Spar- und Bauverein zu Blumenthal b. Bremen." Hannover bei J. C. König & Ebhardt.

Eisenbahnbeamte u. dergl. Wohnungen beschaffen wollen, wie auch der Allgemeine Genossenschaftstag in Augsburg 1895 (vgl. S. 18) davor gewarnt hat, Baugenossenschaften für einzelne Berufsklassen zu gründen, und die Nothwendigkeit betont hat, hier alle Stände zu gemeinsamer Arbeit zu vereinigen, so muß doch mit der Thatsache gerechnet werden, daß es zu den Eigenthümlichkeiten des preußischen Staatseisenbahnsystems zu gehören scheint, solche Baugenossenschaften nur für Eisenbahnbedienstete ins Leben zu rufen. Diese Baugenossenschaften sind meistens dem System des Bau- und Sparvereins in Hannover nachgebildet, d. h. sie bauen größere Häuser und vermiethen die Wohnungen in denselben den Genossen. Einzelne dieser Genossenschaften haben kleine Häuser zum Erwerb durch die Genossen gebaut, müssen sie aber nun vermiethen, weil die Pensionsanstalt nicht darauf eingeht, die Hypothekengelder auf die einzelnen Häuser eintragen zu lassen. Die Pensionsanstalt pflegt in der Höhe der Beleihung sich je nach den besonderen Verhältnissen zu richten und befolgt bestimmte Prinzipien nicht; wenigstens sind Fälle bekannt, in denen sie da, wo es der Eisenbahnverwaltung wünschenswerth erschien, eine Baugenossenschaft zu haben, um den Wohnungsbedürftigen in kleinen Ortschaften überhaupt erst Wohnungen zu verschaffen, die bei Privatunternehmern nicht zu haben waren, fast bis zum vollen Betrage der Grunderwerbs- und Baukosten Hypotheken gab, während sie andererseits in der Gewährung von Hypotheken Schwierigkeiten machte, wenn sie ein besonderes Bedürfniß zur Schaffung von Wohnungen nicht anerkennen wollte.

Unvortheilhaft für die Genossenschaften ist, daß die Pensionsanstalt meist die Gelder nur auf Grund von Taxen der bausachverständigen E i s e n b a h n b e a m t e n giebt. Diese Eisenbahnbeamten haben zum größten Theil in ihrer Praxis nicht die Gelegenheit, die Werthe von Hochbauten, welche ausschließlich Wohnungszwecken dienen, kennen zu lernen; zu dem haben sie ein außerordentliches Verantwortlichkeitsgefühl, das namentlich hier stark in Anspruch genommen wird, wo es sich um die Auszahlung von Geldern handelt, die als theilweise Hypothekenvaluta auf noch nicht ganz fertige Häuser, also als Baugelder gegeben werden. Während der im Hochbau speziell bewanderte Sachverständige mit großer Leichtigkeit je nach dem Quadratmeter bebauter Fläche oder dem Kubikmeter bebauten Raumes in jedem Stadium der Bauausführung ausrechnen kann, welchen Bauwerth ein Gebäude hat, ist der weniger darin bewanderte Techniker darauf angewiesen, mit Hilfe einer speziellen Veranschlagung der aufgewendeten Kosten den Bauwerth eines nicht fertigen Gebäudes zu bestimmen. Hat er nun kein besonderes Interesse, diese unbequeme Arbeit anzufertigen, sondern thut er es nur auf Anweisung seiner Vorgesetzten, so wird er gern alle diejenigen Mittel benutzen, die ihm geeignet erscheinen, schnell und bequem zum Ziel zu kommen. Er wird daher im einzelnen Fall Vorlegung der Rechnungen bezw. aller einzelnen Bauverträge verlangen und wird auf Grund dieser Unterlagen die Taxe machen. Abgesehen davon, daß die Baugelder nur dann einen Werth für die Baugenossenschaft haben wenn sie so schnell als möglich gezahlt werden, und abgesehen davon, daß, wenn die Anfertigung der Taxe längere Zeit in Anspruch nimmt, immer die Baugenossenschaft geschädigt ist, weil während der Zeit der Anfertigung der Taxe die Bauten fortschreiten und vieles geleistet wird, was in der Taxe dann nicht zum Ausdruck kommen kann, liegt in dieser Thätigkeit der Sachverständigen auch ein Eingriff in die innere Verwaltung der Baugenossenschaft, der nur hindernd wirken kann. Es kann daher diesen Baugenossenschaften nur gerathen werden, bei Abschluß der Hypotheken besonders darauf zu dringen, daß Theilzahlungen der Hypothekenvaluta auf Grund der Taxe eines in der betreffenden Stadt bekannten und allgemein geachteten speziellen Sachverständigen für Hochbau geleistet werden. In den ersten Jahren, in welchen diese Pensionsanstalt Hypothekengelder bewilligte, hatte sie Instruktionen erlassen, nach denen Eisenbahnbediensteten, die in irgend einer beliebigen Baugenossenschaft Mitglied waren und auf Grund der Prinzipien dieser Genossenschaft ein Haus zum eigenen Erwerb übernahmen, Hypotheken zu sehr mäßigem Zinsfuß bewilligt wurden. Dies war für die betreffenden Eisenbahnbediensteten außerordentlich günstig, weil sie so, namentlich wenn sie etwas eigenes Geld besaßen, leicht in kurzer Zeit ein kleines Häuschen erwerben konnten, und weil sie sicher waren, nun auf längere Zeit bei mäßigen Zinsen die Hypothekengelder zu behalten und allmählich Eigenthümer ohne Beschränkung zu werden. Leider ist in den letzten Jahren in der preußischen Eisenbahnverwaltung ein anderer Grundsatz angenommen und durch Runderlaß ist darauf hingewiesen worden, daß nur denjenigen Baugenossenschaften Hypothekengelder bewilligt werden können, die nur Häuser zum vermiethen bauen. Vielleicht erachtete es die Verwaltung nicht für wünschenswerth, den einzelnen Beamten durch seinen Grundbesitz gewissermaßen an die Scholle zu fesseln, sondern wollte im Interesse des Dienstes ihn nur Miether werden lassen, um ihn leichter von einem Ort zum andern versetzen zu können. Der Zinsfuß der Pensionsanstalt pflegt gewöhnlich 3½ % zu betragen. Die sonstigen Modalitäten für die Beleihung sind im ganzen bequem und es muß auch anerkannt werden, daß die Pensionsanstalt sich nicht in die Verwaltung der Baugenossenschaften mischt. Es kann daher allen solchen Baugenossenschaften, welche sich für diese bestimmte Klasse gebildet haben, nur empfohlen werden, möglich Anschluß an diese Pensionsanstalt zu gewinnen.

3) Die Lebensversicherungsgesellschaften.

Die Lebensversicherungsgesellschaften haben nach ihren Statuten ihre Gelder in Staatspapieren oder in Hypotheken anzulegen. Da die ersteren immerhin Kursdifferenzen unterworfen sind, so pflegen die Versicherungsgesellschaften, soweit angängig, Hypotheken zu erwerben. Sie können dies nach dem von der preußischen Staatsregierung aufgestellten Normalstatut bis zu $^{6}/_{10}$ des von ihrem Sachverständigen — das braucht kein gerichtlicher Sachverständiger zu sein — angenommenen Taxwerthes thun. Genau wie sie Privatpersonen Geld geben, werden sie auch Baugenossenschaften auf Hypotheken Geld geben, sofern sie aus der Bilanz der Baugenossenschaften, sowie aus der Lage und der Bedeutung der Grundstücke ihre Sicherheit erkennen. Sie sind demnach für die Baugenossenschaften ebenso Darlehnsgeber, wie etwa die Hypothekenbanken oder Private es sind. Allerdings ist mehrfach das Bestreben dahin gegangen, sich durch Gewährung von Hypothekendarlehen eine weitere Kundschaft für ihre Lebensversicherung zu erwerben; dieses Bestreben ist durchaus naturgemäß und kann, wenn es sich um eine anerkannt solide Gesellschaft handelt und wenn die Baugenossenschaft erwarten darf, nunmehr auch in bequemerer Weise von derselben auf Hypotheken Geld zu erhalten, durch sie unterstützt werden, indem sie den Erwerb von Kunden aus ihrem Kreise begünstigt. Ist es schon für jeden einzelnen in der Regel vortheilhaft, sich in der Lebensversicherungsgesellschaft für sein Alter zu versichern oder für den Fall des Todes seine Hinterbliebenen gegen Noth zu schützen, so ist auch dagegen nichts einzuwenden, wenn selbst Beamte der Baugenossenschaft die Genossen gerade auf diejenige leistungsfähige

Lebensversicherungsgesellschaft aufmerksam machen, welche mit der Genossenschaft in Geschäftsverbindung steht. Mit aller Entschiedenheit müssen aber die Baugenossenschaften davor gewarnt werden, sich weitergehende Verpflichtungen für die Darleihung von Hypothekengeldern aufbürden zu lassen, weil sonst zwei Dinge mit einander vermengt werden, die nicht innerlich zusammengehören. Die empfohlene sehr einfache Geschäftsverbindung mit Lebensversicherungsgesellschaften hat nichts zu thun mit der andern, welche vielfach besteht zwischen Lebensversicherungsgesellschaften und Aktiengesellschaften, die in ihrem eigenen Interesse kleine Bauten errichten, um sie bestimmten Bewerbern abzugeben, oder solchen „Baugenossenschaften", die weniger für ihre Genossen als vielmehr für außerhalb der Genossenschaft Stehende bauen und welche nun mit einer Lebensversicherungsgesellschaft dahin abschließen, daß sie ohne Anzahlung ihre Häuser zum Selbsterwerb unter der Bedingung übergeben, daß der betreffende Erwerber sich in die Lebensversicherungsgesellschaft einkauft und durch die Prämienzahlung an dieselbe allmählich das Eigenthum an dem übernommenen Gebäude für sich oder seine Nachkommen erwirbt. Mit großer Vorliebe wird von einzelnen Personen, die auf dem Gebiete der Wohnungsfrage sich rühmlich oder unrühmlich hervorgethan haben, immer wieder der Gedanke weiter verfolgt, daß der einzelne ohne jede Zahlung in den Besitz eines Hauses gelangen kann, wenn er sich für ein bestimmtes Alter oder für den Todesfall bei der Lebensversicherungsgesellschaft versichert. Baugenossenschaften auf dieser Grundlage sind aber nichts weiter als Filialen der Lebensversicherungsgesellschaften, die ihnen die Baugelder und Hypotheken hergeben, und fördern nur deren Geschäfte. Zwar brauchen sich derartige Baugenossenschaften um die Beschaffung der nöthigen Geldmittel keine Sorgen zu machen; denn die Lebensversicherungsgesellschaft pflegt ohne weiteres das Geld zum Bau der betreffenden Einzelhäuser auf Hypothek vorzustrecken, und zwar in einer Höhe, die gleichbedeutend mit dem Preise des Grund und Bodens und dem Baupreise ist. Aber der bezügliche Erwerber eines solchen Hauses kann in den meisten Fällen, so schön es auch klingt, daß er oder seine Nachkommen das Haus später umsonst erhalten, die Lasten, die ihm durch die Lebensversicherung auferlegt sind, auf die Dauer nicht tragen. Man muß eben unterscheiden zwischen zwei Dingen, die ausschließlich im Interesse der Lebensversicherungsgesellschaften zusammengebracht worden sind, nämlich der Beschaffung billiger und gesunder Wohnungen und der Sicherung jedes einzelnen für sein späteres Alter oder der Sicherung der Familie beim Todesfall. Die wirthschaftlichen Verhältnisse des einzelnen Genossen sind in den meisten Fällen nicht so günstig, daß er in der Lage wäre, einmal Verzinsung und Abträge auf das Haus zu leisten und dann auch noch die Prämie für die Lebensversicherung zu bezahlen. Die Kombinirung dieser beiden Zwecke wird ihm zwar anfangs verlockend erscheinen, aber er wird bald erkennen müssen, daß die bezüglichen Zahlungen zu hoch sind und daß er, der sich vom Hauswirth befreien und unabhängig werden wollte, durch diese Verpflichtung erst recht abhängig geworden ist.

4) Die Hypothekenbanken.

Es giebt in Deutschland eine große Anzahl von Hypothekenbanken, deren Geschäft ganz besonders darin besteht, auf Grundstücke Hypotheken zu geben und nun in Höhe dieser Hypotheken Pfandbriefe auszugeben, die gewissermaßen je einen Theil der einzelnen Hypothek bilden. Diese Pfandbriefe sind immer börsengängig, haben einen bestimmten Kurs und werden daher vom Publikum, da sie eine sichere Anlage bedeuten und gewöhnlich etwas niedriger stehen als die gleichprozentigen Staatspapiere, willig erworben. Je nachdem die Pfandbriefe vom Publikum in größerer Anzahl gekauft werden, ist die bezügliche Hypothekenbank in der Lage, immer wieder neue Hypothekengelder auszugeben, und je nachdem das Geld theuer oder billig wird, wird die Hypothekenbank bei Abschluß ihrer Hypothekengeschäfte einen höheren oder geringeren Zinsfuß beanspruchen. Wenn die dreieinhalbprozentigen Pfandbriefe der Hypothekenbanken pari stehen, werden die Hypothekenbanken meist 4 % für die von ihnen bewilligten Hypotheken verlangen. Stehen diese Pfandbriefe unter pari mit einem Minimum, so werden sie das Manko an ihrem Verdienst durch eine Provision decken; stehen die Pfandbriefe wesentlich höher, d. h. nimmt das Publikum in größeren Massen Pfandbriefe auf, so werden sie für die Hypothekendarlehen auch unter 4 % heruntergehen oder von der Erhebung einer Provision absehen. Es kann daher nur betont werden, daß ein tüchtiger Vorstand einer Baugenossenschaft den Hypotheken- und Geldmarkt mit aufmerksamem Auge betrachten muß, um je nach den Verhältnissen sich möglichst billige Hypothekengelder zu beschaffen. Die meisten Hypothekenbanken pflegen, wie schon früher ausgeführt ist, nicht gern kleine Summen auf Hypotheken darzuleihen. Allein in neuerer Zeit haben auch die Leiter dieser Gesellschaften ihr Interesse für die Baugenossenschaften dadurch bekundet, daß sie ohne Berücksichtigung der kleinen geschäftlichen Schwierigkeiten, die ihnen durch die Gewährung kleiner Hypotheken entstehen, den Anträgen der Baugenossenschaften nachgekommen sind. Untenstehend sind wegen der unzweifelhaften Vortheile, die die Beschaffung von Hypotheken bei Hypothekenbanken bietet, die bedeutenderen, uns von gut unterrichteter Seite empfohlenen Institute dieser Art mit ihrem Sitz und ihrem Kapital aufgeführt.*) Ein geschäftsgewandter und wohlangesehener Vorstand einer Baugenossenschaft wird sich mit einer nahe gelegenen Hypothekenbank wohl am leichtesten verständigen, auch in dem Sinne, daß allmählige Zahlung der Hypothekenvaluta je nach Fortschreiten des Baues, d. h. also auch Gewährung der Baugelder, vereinbart

*) Preußische Central-Bodenkredit-Aktiengesellschaft in Berlin, Aktienkapital 28 775 460 Mk.; Preußische Bodenkredit-Aktienbank in Berlin, Aktienkapital 30 Millionen Mk.; Preußische Hypotheken-Aktienbank in Berlin, Aktienkapital 20 148 900 Mk.; Hamburger Hypothekenbank in Hamburg, Aktienkapital 21 Mill. Mk.; Frankfurter Hypothekenbank in Frankfurt a/M., Aktienkapital 15 Millionen Mk.; Rheinisch-Westfälische Boden-Kreditbank in Köln a/Rh., Aktienkapital 11 Mill. Mk.; Westdeutsche Bodenkreditanstalt in Köln a/Rh., Aktienkapital 6½ Millionen Mk.; Schlesische Bodenkredit-Aktienbank in Breslau, Aktienkapital 10 200 000 Mk.; Bayerische Hypotheken- und Wechselbank in München, Aktienkapital 39 285 714 Mk. 30 Pf.; Süddeutsche Bodenkreditbank in München, Aktienkapital 24 Millionen Mk.; Pfälzische Hypothekenbank in Ludwigshafen a/Rh., Aktienkapital 11 Mill. Mk.; Rheinische Hypothekenbank in Mannheim, Aktienkapital 13 080 120 Mk.; Deutsche Hypothekenbank in Meiningen, Aktienkapital 16 801 440 Mk.; Braunschweig-Hannoversche Hypothekenbank in Braunschweig, Aktienkapital 10,2 Millionen Mk.; Anhalt-Dessauische Landesbank in Dessau, Aktienkapital 9 Millionen Mk; Mecklenburgische Hypotheken- und Wechselbank in Schwerin i. M., Aktienkapital 9 Millionen Mk. — Ende 1897 hatten die in Deutschland bestehenden 40 Hypothekenbanken bei einem Aktienkapital von rund 527 Millionen Mk. einen Darlehnsbestand von 5 978 905 832 Mk. bei einem Bestand an umlaufenden Pfandbriefen von 5 649 927 054 Mk. Nach dem zur Zeit dem Reichstage vorliegenden Entwurf zu einem Hypothekenbankgesetz soll den Hypothekenbanken die Beleihung auf Grundstücke der Regel nach nur zur ersten Stelle und nicht über die ersten 3/5 des Werths des Grundstücks gestattet werden (§ 11). Der bei der Beleihung angenommene Werth des Grundstücks darf den durch sorgfältige Ermittelung festgestellten Verkaufswerth nicht übersteigen, und zwar sind bei der Feststellung dieses Werths nur die dauernden Eigenschaften des Grundstücks und der Ertrag zu berücksichtigen, welchen das Grundstück bei ordnungsmäßiger Wirthschaft jedem Besitzer nachhaltig gewähren kann (§ 12). Ob diese Werthermittelung Gesetz wird, bleibt abzuwarten.

wird. Die Hypothekenbanken pflegen sich im übrigen um die innere Verwaltung der Baugenossenschaften nicht zu kümmern, und auch deswegen ist die geschäftliche Verbindung mit ihnen mancher andern vorzuziehen.

5) Private.

Bezüglich der Hypothekengeschäfte mit Privaten ist Wesentliches hier nicht auszuführen, weil es dabei auf die besonderen Verhältnisse in jedem einzelnen Fall ankommt; sei es, daß es sich um Private handelt, die die Zwecke der Baugenossenschaft begünstigen, sei es, daß sie nur ihr Geld sicher anlegen wollen. Anders steht die Frage bei den Privatpersonen, die als Arbeitgeber wünschen müssen, in der Nähe ihres Unternehmens für die bei ihnen beschäftigten Personen gute und gesunde Wohnungen zu beschaffen. In den meisten Fällen pflegt der Arbeitgeber in Deutschland sich überhaupt um die Wohnungsfrage auch bezüglich seiner eigenen Beamten und Arbeiter nicht zu kümmern. Das ist außerordentlich bedauerlich und hat vielleicht viel in Deutschland dazu beigetragen, den Gegensatz zwischen Arbeitgeber und Arbeitnehmer zu verschärfen. Allerdings haben manche Arbeitgeber, seien es nun einzelne Personen oder Gesellschaften, erkannt, wie wichtig es für ihr Unternehmen ist, durch Gewährung guter Wohnungen ihre Arbeiter arbeitsfreudig und gesund zu erhalten, und haben deshalb selbst Arbeiterkolonien begründet, die mit möglichstem Komfort ausgestattet worden sind. In vielen Fällen, namentlich da, wo die Arbeitnehmer häufig wechseln, dürfte dies die beste Lösung der Wohnungsfrage für die bezüglichen Arbeiter sein; andererseits kann nicht verkannt werden, daß dadurch, daß der Arbeiter in seiner Wohnung vom Arbeitgeber abhängig wird, das gute Verhältniß zwischen beiden nicht gefördert wird. Es muß ferner betont werden, daß es niemals wünschenswerth ist, ausschließlich Arbeiter und noch dazu Arbeiter, die in einem und demselben Betriebe beschäftigt sind, ohne Beimischung anderer Berufsarten zusammen wohnen zu lassen. Wenn auch in vielen Fällen Kolonien einem Bedürfniß entsprechen, so ist es doch für das Wohlbefinden jedes einzelnen vortheilhaft und in sozialem Interesse ganz besonders zu wünschen, daß die verschiedenen Berufsarten mit einander wohnen und verkehren; und deshalb wird da, wo es nur irgend möglich ist, der Arbeitgeber auch in seinem eigenen Interesse besser thun, nicht selbst Häuser zu bauen und die Wohnungen in denselben miethsweise an seine Arbeiter abzugeben, sondern die Gründung einer Baugenossenschaft zu fördern, damit diese, zusammengesetzt aus Genossen, die allen Berufszweigen angehören, nunmehr die nothwendigen Wohnungen auch für seine Arbeiter beschafft. Der Arbeitgeber selbst hat alsdann den Vortheil, daß er sich um die spezielle Verwaltung der Häuser nicht zu kümmern hat und daß bei etwaigen Arbeitseinstellungen nicht das zwischen ihm und dem Arbeiter bestehende Miethsverhältniß zu Verwickelungen Veranlassung giebt. Anderseits ist er in der Lage, durch starke Geldbetheiligung einen angemessenen Einfluß auf die Geschäftsführung der Genossenschaft zu erlangen, und sobald er wohlwollende Absichten seinen Arbeitern gegenüber hat, auch diese Absichten deutlich zum Ausdruck zu bringen. Die Betheiligung der Arbeitgeber an den Baugenossenschaften wird hauptsächlich in der Gewährung von Hypothekengeldern bestehen. Die Baugenossenschaft kann, sofern diese Hypotheken nach richtigen geschäftlichen Grundsätzen gegeben werden, durchaus unabhängig vom Arbeitgeber ihre Ziele verfolgen, und gerade dadurch würden am ehesten nach allen Richtungen hin befriedigende Verhältnisse geschaffen werden. Wie sich hierbei der Zinsfuß im einzelnen Falle stellt, wird davon abhängen, in wie weit der Arbeitgeber Interesse an einer lebhaften Bauthätigkeit der Baugenossenschaft besitzt. Jedenfalls muß auf möglichst lange Zeit die Unkündbarkeit der Hypotheken festgestellt werden, damit eben da, wo die Genossen die Häuser zum Selbsterwerb übernehmen, diese Genossen, die zugleich Arbeitnehmer sind, vom Arbeitgeber möglichst unabhängig gestellt werden.

Dient die Baugenossenschaft ganz besonders den Zwecken des Arbeitgebers dadurch, daß sie ihm in außerordentlichem Umfange die Wohnungen für seine Arbeiter verschafft, sei es in Häusern mit Miethswohnungen, sei es in Häusern zum Eigenerwerb, so wird sie je nach den Verhältnissen auch bestimmte Leistungen noch über die Darleihung von Hypotheken hinaus vom Arbeitgeber verlangen können; namentlich dann, wenn die Genossenschaft über ihre pekuniäre Leistungsfähigkeit hinaus kleine Häuser zum Selbsterwerb in großer Zahl bauen soll. Entspricht sie diesem Wunsche, dann wird sie sich namentlich da, wo es sich nicht um eine seßhafte Bevölkerung handelt, vom Arbeitgeber ausbedingen müssen, daß er für die Genossen, die seine Arbeiter sind, auch dasjenige Drittel, welches durch Hypothek nicht gedeckt ist, der Baugenossenschaft als Anzahlung für die Arbeiter übergiebt. Wenn der Arbeitgeber, weil er nicht gern mit dem Arbeitnehmer in Geldangelegenheiten zu thun hat, darauf nicht eingehen will, so könnte er sich entweder für das letzte Drittel, welches er auf den Namen des Arbeitnehmers der Baugenossenschaft bezahlt hat, eine zweite Hypothek bestellen lassen, oder seinerseits der Baugenossenschaft dieses letzte Drittel als zweite Hypothek darleihen, damit diese dem Genossen gegenüber Gläubigerin wird, aber in einer besonderen Abmachung die Verpflichtung übernehmen, wenn der das Haus erwerbende Genosse seine Abträge nicht leistet, die Baugenossenschaft aus diesem Obligo dem Arbeitgeber gegenüber zu entlassen. So hat ein Fabrikbesitzer in Schleswig mit der dortigen Baugenossenschaft sich dahin verständigt, daß er derselben für jedes Haus, welches sie seinen Arbeitern (zum Eigenerwerb) baut, das letzte Drittel der Bausumme unter denselben Bedingungen leiht, wie die Versicherungs-Anstalt Schleswig-Holstein.*)

D. Spareinlagen und Anlehen in kleinern Posten.

Bei der Aufnahme der Baugelder und Hypotheken, die im vorigen Abschnitt besprochen wurde, handelt es sich um Anlehen in großen Beträgen, um Geschäfte, von denen jedes einzelne für sich in der Regel schon die Baugenossenschaft befähigt, ihre Bauthätigkeit mit Erfolg zu beginnen, oder in größerem Maßstabe fortzusetzen. Weil sie auf diese Bauthätigkeit das größte Gewicht zu legen hat, die Beschaffung der Kapitalien dazu anders als bei einer Kreditgenossenschaft nur Mittel zum Zweck, nicht selbst Zweck ist, kann es ihr auch nur erwünscht sein, diese Kapitalien in größeren Posten geliehen zu erhalten, und gehört es nicht gerade zum „Gegenstand des Unternehmens“, die Ersparnisse der breiten Massen des Volkes in kleinen Einzelbeträgen an sich heranzuziehen. Andererseits aber lehrt die Erfahrung, daß die Baugenossenschaften bei den verschiedenen Instituten u. s. w., die im Abschnitt C.

*) Wir wollen an dieser Stelle auch noch diejenigen Provinzial-Banken oder Provinzial-Institute namhaft machen, welche sich zur Hergabe von Hypothekengeldern an Baugenossenschaften bereit erklärt haben: 1) Landesbank der Rheinprovinz in Düsseldorf; 2) Landes-Kreditkasse in Kassel; 3) Nassauische Landesbank in Wiesbaden; 4) Landesbank der Provinz Westfalen in Münster; 5) Provinzial-Hilfskasse der Provinz Pommern in Stettin und 6) Provinzial-Hilfskasse der Provinz Schlesien in Breslau.

namhaft gemacht wurden, nicht immer ein so weitgehendes Entgegenkommen finden, wie es zur Befriedigung des Wohnungsbedürfnisses der Mitglieder in absehbarer Zeit erforderlich ist, und daß sie jedenfalls auf ein solches Entgegenkommen nicht immer sicher rechnen können.

Wo der Bedarf an Geld so groß ist, wie gerade bei den Baugenossenschaften, ist es rathsam, gleichzeitig mehre Eisen im Feuer zu haben, d. h. sich nicht von einer Geldquelle allein abhängig zu machen, sondern sich verschiedene Geldquellen zu eröffnen, damit, wenn die eine versiegt, dadurch nicht sofort auch die weitere Bauthätigkeit in Frage gestellt wird. Man wird auch mit einer Hypothekenbank oder dergl. leichter zu einem befriedigenden Abschluß über eine große Hypothek kommen, wenn man den Nachweis führen kann, eventuell auch ohne ihre Hilfe weiter bauen zu können. Da nun die Baugenossenschaften, wenn nicht ausschließlich, doch in erster Linie das Wohnungsbedürfniß der minder bemittelten Volksklassen zu befriedigen suchen und, indem sie das Angebot kleiner Wohnungen vermehren, auch für diejenigen Miether solcher Wohnungen, die nicht Genossen sind, die Miethspreise ermäßigen, so haben sie natürlich die Sympathie dieser Klassen für sich, und es kommt für die Baugenossenschaften nur darauf an, diese Sympathie in geschickter Weise für sich auszunutzen und aus jenen Kreisen das Geld an sich heranzuziehen. Dabei sind selbstverständlich auch die Genossen selbst nicht außer Acht zu lassen, von denen viele außer den Beiträgen auf den Geschäftsantheil, die zum Genossenschaftsvermögen fließen, auch noch andere Ersparnisse der Genossenschaft als Darlehn zuwenden können. Hier gilt es vor allen, die Selbsthilfe in der Genossenschaft zu bethätigen und den Sparsinn der Mitglieder auch nach dieser Richtung in Anspruch zu nehmen.

Ehe wir nun auf die Beschaffung von Geld in kleineren Posten, durch Spareinlagen und Anlehen im einzelnen eingehen, schicken wir noch einige Bemerkungen voraus über die Zulassung „stiller Gesellschafter“, die unter der Herrschaft des Genossenschaftsgesetzes vom 4. Juli 1868, welches nur die „unbeschränkte Haftpflicht“ als Grundlage der Genossenschaften kannte, größere Bedeutung hätte erlangen können, und die sich damals mehrfach als praktisch erwiesen hat, für die aber jetzt, nachdem die beschränkte Haftpflicht gestattet ist, nur noch ausnahmsweise ein Bedürfniß vorliegen wird. Nach § 335 des

Hand=Ges.=B. (neue Fassung) geht die Einlage des „stillen Gesellschafters“ in das Vermögen des Inhabers des Handelsgeschäfts über, der stille Gesellschafter ist Gläubiger des Geschäftsinhabers, hat aber nach § 336 doch nach Maßgabe seiner Einlage Anspruch auf Theilnahme am Gewinn und, wenn dies nicht ausdrücklich durch Vertrag ausgeschlossen ist, auch Antheil am Verlust. Sonst ist die Ordnung des Rechtsverhältnisses zwischen dem stillen Gesellschafter und Geschäftsinhaber im wesentlichen dem Vertrage überlassen, den sie mit einander abschließen. Dieser Vertrag nun ging bei den in Rede stehenden Baugenossenschaften dahin, daß die stillen Gesellschafter mit berathender Stimme den Generalversammlungen der Genossenschaft beiwohnen und, wenn in Folge von Verlusten erhebliche Abschreibungen oder sonst eine starke Verminderung der Geschäftsguthaben erfolgt war, auf Liquidation der Genossenschaft dringen konnten. Abgesehen von diesen Fällen aber verpflichteten sich die stillen Gesellschafter, für 20 Jahre oder noch länger ihre Einlagen der Genossenschaft zu belassen. Gerade diese Bestimmung machte die Einlagen für diese Genossenschaften werthvoll, weil sie dieselben nun auch in ihren Häusern anlegen konnten, ohne der Gefahr einer überraschenden Kündigung ausgesetzt zu sein. Nachdem die Baugenossenschaften in ihrer großen Mehrzahl die beschränkte Haftpflicht angenommen haben, treten die Angehörigen der wohlhabenden Klassen, die man früher als stille Gesellschafter in Aussicht genommen hatte, nun selbst als Mitglieder bei, was für beide Theile nicht zu unterschätzende Vortheile hat, aber allerdings der Genossenschaft nicht die Sicherheit gewährt, für eine längere Reihe von Jahren über die als Geschäftsguthaben gezahlten Einlagen dieser Mitglieder, wie über die Einlagen stiller Gesellschafter verfügen zu können. Denn da die längste gesetzlich zulässige Kündigungsfrist für die Mitgliedschaft zwei Jahre beträgt, würde auch bei Festsetzung dieser Kündigungsfrist im Statut im Falle des Austritts aus der Genossenschaft letztere nach 2—3 Jahren doch die Geschäftsguthaben an die Ausgetretenen herauszahlen müssen. Wo aus besonderen, vielleicht örtlichen Rücksichten eine Baugenossenschaft der unbeschränkten Haftpflicht als Haftbasis den Vorzug giebt, kann das Bedürfniß, sich mehr unkündbares Kapital zu beschaffen, noch jetzt ein Grund sein, zu diesem Behuf stille Gesellschafter zuzulassen.

Manche Baugenossenschaften nehmen von Mitgliedern Spareinlagen an, um sie am Jahresschluß auf Geschäftsguthaben=Konto umschreiben zu lassen. Insoweit hat das Spareinlagen-Konto nur den Zweck, die Mitglieder früher in den Zinsengenuß für ihre Ersparnisse gelangen zu lassen, als dies bei der Einzahlung derselben auf Geschäftsantheile geschähe, weil die Dividende, wenn nichts anderes bestimmt ist, nur für die ein volles Jahr im Geschäft arbeitenden Geschäftsguthaben gewährt wird. (§ 19 des Ges.) Indes bedarf es zu diesem Zweck keines besonderen Spareinlagen-Konto und auch nicht der Umschreibungen von diesem Konto auf das Geschäftsguthaben-Konto, sondern es würde eine Statutenvorschrift dahin gehend genügen, daß die Berechnung der Dividende $^1/_4$jährlich erfolgt. Dann würden diese Einzahlungen sofort auf Geschäftsguthaben-Konto zu buchen sein und vom ersten Tage des folgenden Vierteljahres an an der Dividende Theil nehmen. Um die schnellere Ansammlung der Geschäftsguthaben zu begünstigen, ist im Musterstatut (Form. 1, § 68) diese Art der Dividendenberechnung empfohlen.

Wenn sonst Spareinlagen von einer Baugenossenschaft angenommen werden sollen, so muß man sich zunächst vergegenwärtigen, daß mit kurz befristeten Geldern, die nicht fest in Häusern angelegt werden oder als Baugelder bis zur Fertigstellung von Bauten Verwendung finden können, einer Baugenossenschaft nicht geholfen werden kann. Eine sechsmonatliche Kündigungsfrist erscheint uns daher dringend geboten. Sie schließt nicht aus, daß, wenn genügende Kassenbestände vorhanden sind, die Genossenschaft ohne Einhaltung der Kündigungsfrist die Einlagen sofort zurückzahlt, aber sie kann, um ihre Zahlungsfähigkeit unter schwierigen Verhältnissen nicht in Frage zu stellen, keine Verpflichtung hierzu übernehmen und wird auch, wenn sie mit Rücksicht auf die vorbehaltene lange Kündigung einen Zins von $3^1/_2$ % gewährt, bei sofortiger Rückzahlung von diesem Zins einen Abzug machen dürfen, der aber den Nutzen nicht übersteigen sollte, den sie von der Einlage in 6 Monaten gezogen hätte, während deren ihr die Benutzung derselben rechtmäßig zustand. Wie die Erfahrung bei Kreditgenossenschaften lehrt, sind die Einleger mit einem solchen Abzug in der Regel gern einverstanden, andernfalls bleibt es ihnen überlassen, die Kündigungsfrist auszuhalten. Die Berechnung der Zinsen geschieht auch bei Baugenossenschaften nicht selten nach vollen Monaten, und zwar mit Unrecht; denn warum soll der Arbeiter, der z. B. am 3. April eine Einlage macht, für die 27 Tage des April gar keine Zinsen für dieselben erhalten? Es kann nicht den Sparsinn fördern, wenn der Einleger für eine so lange Zeit von seiner Enthaltsamkeit keinen greifbaren Vortheil hat. Am meisten entspricht der Gerechtigkeit, die Zinsen für die Spareinlagen tageweise zu berechnen, und ist dies auch in der Sparordnung (Form. 16) vorgeschlagen. Eventuell empfehlen wir wenigstens nach Dekaden oder ⅓-Monaten die Zinsen zu berechnen, so daß die zwischen dem 1. und 10. Tag des Monats gemachten Einlagen vom 10. an, die zwischen dem 11. und 20. Tag gemachten vom 20. an unter Zinsen gehen u. s. w. Uebrigens verweisen wir auf die Sparordnung (Form. 16).

Wenn dort die Höhe der einzelnen Einlage auf 150 Mark begrenzt ist, so sind dabei die Preußischen Verhältnisse berücksichtigt. Nach dem Preußischen Stempelsteuergesetz sind die Sparkassenbücher der Baugenossenschaften nicht stempelfrei, und es würde daher die Bescheinigung über jede 150 Mark übersteigende Einlage in einem solchen Sparkassenbuch für sich der Stempelpflicht unterliegen, die man gern vermeidet. Wo die Stempelgesetze des Landes eine solche Beschränkung nicht empfehlen, kann man natürlich davon absehen oder muß sie sonst den Gesetzen anpassen.

Wenn Spareinlagen eine Reihe von Jahren hindurch angesammelt werden, um dann für einen im voraus bestimmten Zweck abgehoben zu werden, z. B. für die Konfirmation eines Sohnes, oder für die Ausstattung einer Tochter oder dergl., so besteht sonst hierfür in öffentlichen und andern Sparkassen die Einrichtung der „gesperrten" Sparkassenbücher. Gerade für Baugenossenschaften sind solche Einlagen wegen ihrer langen Befristung werthvoll, so daß dafür wohl ein etwas höherer Zins, selbst bis 4% bezahlt werden kann, wenn die Genossenschaft wenigstens für 10 Jahre gegen eine Rückforderung gesichert ist. Es muß die Verwaltung über die Termine, zu denen diese Gelder fällig werden, sich selbstverständlich eine genaue Uebersicht verschaffen und zu dem Behuf auch ein besonderes Konto für sie führen.

Ob Spareinlagen nur von Mitgliedern oder auch von Nichtmitgliedern angenommen werden, ändert das Rechtsverhältniß nicht, immer sind die Einleger in Höhe ihrer Einlagen Gläubiger der Genossenschaft. Mitglieder werden in ernster Zeit rücksichtsvollere Gläubiger sein, weil sie sich ins eigene Fleisch schneiden würden, wenn sie die Genossenschaft durch unzeitiges

Drängen zur Zahlungseinstellung brächten, aber die Vereinsleitung darf darauf nicht rechnen, sondern muß ihre Dispositionen stets so treffen, daß die Rückzahlung der Spareinlagen ohne Schwierigkeiten sich vollzieht. Wenn aber die Annahme von Spareinlagen von Nichtmitgliedern in der Regel mit einem lebhafteren Verkehr in diesem Geschäftszweige verbunden sein wird, so ist es dann um so nothwendiger, auch für eine wirksame Kontrole der bezüglichen Einnahmen und Ausgaben Sorge zu tragen. Zu dem Behuf wird man nicht dem Kassirer allein die Quittungsleistung über Spareinlagen und die Auszahlung der gekündigten Einlagen überlassen dürfen, sondern es wird, wie dies auch den gesetzlichen Vorschriften entspricht, die Doppelzeichnung zu verlangen sein mit der Maßgabe, daß das zweite hierbei mitwirkende Vorstandsmitglied auch ein Kontrolbuch führt, in welches die Einnahmen und Ausgaben, wie sie in seiner Anwesenheit und unter seiner Mitverantwortlichkeit erfolgen, sofort einträgt. Nicht darf die Kontrole darin bestehen, daß die Buchungen des Kassirers nachträglich von dem zweiten Vorstandsmitgliede in das Kontrolbuch abgeschrieben werden; denn das würde keine Kontrole sein, sondern die Buchungen der beiden Vorstandsmitglieder haben gleichzeitig und unabhängig von einander auf Grund ihrer Theilnahme an den einzelnen Geschäften zu erfolgen. Da nun abgesehen von diesen Geschäften zur Erledigung der laufenden Arbeiten in einer Baugenossenschaft die stete Anwesenheit zweier Vorstandsmitglieder meist nicht erforderlich ist, sondern hierzu ein Vorstandsmitglied genügt, welches sich selbstverständlich streng im Rahmen der vom Vorstand gefaßten Beschlüsse zu halten hat, so kann für den Spareinlagenverkehr allein auch nicht täglich die Kasse offen gehalten werden, weil das die Verwaltungskosten zu sehr erhöhen würde, sondern es werden, wie dies auch thatsächlich schon von manchen Baugenossenschaften in dieser Weise gehandhabt wird, wöchentlich ein- oder zweimal ein Paar Abendstunden (nach Feierabend) für diese Geschäfte festzusetzen sein. Die Bestimmung der Zeit hängt von den örtlichen Verhältnissen ab, indem man den Wünschen derjenigen Kundschaft, auf die man vorzugsweise meint rechnen zu können, soviel als möglich entgegenkommt.

Es verdient nun noch einer Einrichtung Erwähnung zu geschehen, die einen Zwang zum Sparen für die Mitglieder enthält über die Einzahlungen auf den Geschäftsantheil hinaus, und die in den Genossenschaften, welche das Wohnungsbedürfniß der Mitglieder durch Miethswohnungen befriedigen, die Stelle der Abzahlungen vertritt, die in den Genossenschaften, welche Häuser zum Eigenerwerb bauen, von den Mitgliedern geleistet werden, um nach und nach das Eigenthum an den ihnen überwiesenen Häusern zu erwerben. Der Bau- und Sparverein zu Hamburg, E. G. m. b. H., hat unseres Wissens zuerst diese Einrichtung praktisch durchgeführt, die darin besteht, daß jeder in die Bewerberliste um eine Wohnung eingetragene Genosse, der seinen Geschäftsantheil von 200 Mark voll eingezahlt hat, verpflichtet ist, solange ihm eine Wohnung des Vereins noch nicht überwiesen ist, alljährlich mindestens 5 Mark auf ein besonderes Konto, das „Kapital-Vorschuß-Konto" genannt ist, einzuzahlen. Sobald aber der Genosse eine Wohnung vom Verein überwiesen erhalten hat, hat er bei einer jährlichen Miethe

bis Mk. 250 einschl.	jährlich 5 Mk.
von „ 251 bis Mk. 300	„ 10 „
„ „ 301 „ „ 400	„ 20 „
„ „ 401 und mehr	„ 10% der Jahresmiethe

auf „Kapital-Vorschuß-Konto" in vierteljährlichen Raten als Zuschuß zur Miethe zu entrichten. Die Verpflichtung zur Zahlung dieser Mindestbeträge erreicht ihr Ende, wenn von dem Genossen auf „Kapital-Vorschuß-Konto" eingezahlt sind, sofern demselben

eine Wohnung noch nicht überwiesen ist	Mk. 800
bei einer Miethe bis Mk. 250 einschl.	„ 1000
„ „ „ von „ 251 bis Mk. 350	„ 1200
„ „ „ „ „ 351 „ „ 600	„ 1500
„ „ „ „ „ 601 und mehr	„ 2000

Auf Wunsch des Genossen können die erwähnten Beiträge statt auf Kapital-Vorschuß-Konto auf Geschäftsantheil-Konto gebucht werden, wo sie an der Dividende theilnehmen, während sie auf Kapital-Vorschuß-Konto einen festen Zins erhalten. Aber bis zur Erreichung der vorangegebenen Grenzen hat der Genosse während der Dauer der Mitgliedschaft kein Recht, die Einzahlungen auf Kapital-Vorschuß-Konto zurückzufordern, nur insoweit dieselben über diese Grenzen hinausgehen, sind sie als Spareinlagen gegen die vorgeschriebene Kündigung rückzahlbar und werden deshalb und zwar auch besser auf einem eigenen Konto als Spareinlagen gebucht werden.

Der Grundsatz aber, welcher den zwangsweisen Vorschüssen zu Grunde liegt, ist der, daß jeder Genosse, der eine Wohnung vom Verein zu erhalten wünscht oder erhält, sich soll angelegen sein lassen, den zur Herstellung derselben ungefähr erforderlichen Netto-Kapitalbetrag nach und nach selbst aufzubringen. Das ist ein gesundes Prinzip, welches die Selbsthilfe in diesen Genossenschaften klar zum Ausdruck bringt. Das Gefühl, Miteigenthümer des von ihnen bewohnten Hauses zu sein, wird dadurch in den Genossen gestärkt, und das kann auf ihre Lebenshaltung nur den günstigsten Einfluß haben. Auch gegenüber denjenigen, die vielleicht schon längere Zeit sich um eine Wohnung bewerben, ohne sie erhalten zu können, erscheint es durchaus billig, von denen, die eine Miethswohnung durch die Genossenschaft erhalten haben, eine Gegenleistung in Gestalt eines nach der Miethe abgestuften Vorschusses zu beanspruchen, und den gesicherten Genuß einer ihren Wünschen entsprechenden Wohnung ihnen nicht wie einen Lotteriegewinn in den Schooß fallen zu lassen. Denn wenn auch selbstverständlich in der Miethe selbst schon die Gegenleistung für die Wohnung gefunden werden muß, so ist doch der gesicherte Besitz dieser Wohnung und die Gewißheit, keine Miethssteigerung befürchten zu müssen, ein besonderer Vortheil, für den die Miether sich den Zwang zu bestimmten Ersparnissen wohl können gefallen lassen, da die Mitglieder, die ihre Miethswohnung nicht vom Verein erhalten haben, dieses Vortheiles nicht theilhaftig sind.

Auch gegenüber denjenigen, welche ein eigenes Haus von der Genossenschaft erwerben wollen, wird ein Zwang zum Sparen, abgesehen von der Ansammlung des Geschäftsantheils, gerechtfertigt sein, um die erste Anzahlung auf das Haus zu beschaffen, und ist deshalb im Statut vorgesehen (Form. 1 § 47 Abs. 2, §§ 55, 56).

Schließlich sei noch auf eine Art der Geldbeschaffung hingewiesen, die sich schon mehrfach als erfolgreich bewährt hat, es ist die Aufnahme von Anlehen gegen unkündbare, allmählich zu amortisirende Schuldverschreibungen, die mit Zinscouponsbogen versehen werden und unter Kenntnißnahme des Vorstands durch Abtretung übertragbar sind. Man wird die einzelne Schuldverschreibung theils der Stempelersparniß wegen, theils um auch weniger Bemittelten die Betheiligung an diesen Anleihen möglich zu machen, nicht höher als auf 100 Mark normiren und den Zinsfuß mit Rücksicht auf die Unkündbarkeit über 4 % festsetzen. Sonst werden im einzelnen die Bedingungen von dem Kredit abhängen, den die Genossenschaft in weiteren Kreisen genießt, und von der Sicherheit, die sie den Gläubigern bietet. Insoweit der Haus- und Grundbesitz der Genossenschaft mit Hypotheken belastet ist, kann er den Inhabern der Schuldverschreibungen nicht als Sicherheit dienen, wahrscheinlich wird aber, wenn ein stärkeres Bedürfniß nach unkündbaren Anlehen vorliegt, die hypothekarische Belastung der Vereinshäuser unter normalen Verhältnissen eine mäßige sein, so daß über diese Hypotheken hinaus jene Anlehen in den Häusern noch wenigstens eine theilweise Deckung finden werden. Außerdem dienen die Geschäftsguthaben und Reserven und darüber hinaus bei beschränkter Haftpflicht die Haftsumme der Genossen, bei unbeschränkter Haftpflicht das gesammte Vermögen der Genossen als Sicherheit. Im letztern Falle werden die Gläubiger, wenn nicht unverantwortlich gewirthschaftet wird, keine Verluste zu befürchten brauchen, dagegen könnten bei beschränkter Haftpflicht solche Befürchtungen eher begründet erscheinen. Es wird sich deshalb empfehlen, solange das Vertrauen zur Genossenschaft noch nicht hinreichend befestigt ist, diese Anlehen nicht so weit auszudehnen, daß ungünstigsten Falls auf die Haftsummen in nennenswerthem Umfange zurückgegriffen werden müßte. Alles weitere ergiebt sich von selbst aus den beigefügten Mustern für unkündbare Schuldverschreibungen (Form. 18 und 19).

Zehntes Kapitel.

Die Organe der Baugenossenschaft und deren Zuständigkeit.

Die Mitglieder der Genossenschaften müssen im Stande sein, zu Berathungen und Beschlüssen zusammenzutreten, weil sie nur so als Generalversammlung und konstituirte Gesammtheit ihr Interesse an dem Unternehmen wahrnehmen können, dessen Träger sie sind. Aber eine Versammlung von so vielen Personen kann die Leitung und Verwaltung im einzelnen unmöglich vornehmen, sie bedarf zu ihrer Vertretung nach außen, zur Geschäftsführung und zur Kontrole dieser letzteren bestimmter Organe. Das Genossenschaftsgesetz fordert daher die Generalversammlung (§§ 41 [43] ff.), den Vorstand (§§ 24 ff.) und den Aufsichtsrath (§§ 34 [36] ff.). Natürlich ist die Begrenzung der Zuständigkeit jedes dieser Organe eine Aufgabe von äußerster Wichtigkeit bei der Errichtung der Genossenschaft, da das gehörige Ineinandergreifen ihrer Thätigkeit erst einen geordneten Geschäftsgang ergiebt. In jedem guten Statut wird daher die Thätigkeit jedes einzelnen Organs aufs präziseste bestimmt sein, und je nach dem Umfang, den eine Baugenossenschaft voraussichtlich annimmt, würde auch entweder der Generalversammlung oder den ausübenden Organen größere Befugnisse eingeräumt werden müssen. Aus dem im Anhange befindlichen Statuten ist weiteres zu ersehen.

A. Die Generalversammlung.

Das der Genossenschaft zu Grunde gelegte Prinzip der Selbsthilfe erfordert eine möglichst aktive Betheiligung aller Genossen an der Ordnung und höchsten Entscheidung aller Angelegenheiten, die sie in der Generalversammlung ausüben. Daher wird bei den Baugenossenschaften vor allem der Gesammtheit der Mitglieder in der Generalversammlung vorbehalten bleiben

1) die oberste konstituirende und normgebende Gewalt, d. h. die Bestimmung über rechtliche und geschäftliche Grundlage, Zweck und Ausdehnung der Genossenschaft;

2) die Festsetzung der maßgebenden Grundsätze für die Verwaltung und oberste Aufsicht über dieselbe;
3) die Genehmigung zum Verkauf von Grundstücken an Nichtmitglieder, da diese Grundstücke auf diese Weise den Zwecken der Baugenossenschaft entzogen werden;
4) die Feststellung der Verkaufspreise für die zu bauenden Häuser und dadurch mittelbar der Normen für die Bebauung der Grundstücke;
5) die Bestimmung der Grenzen für die Belastung der Genossenschaft mit fremden Geldern im allgemeinen und der Bedingungen für die Aufnahme unkündbarer fremder Gelder.

Selbstverständlich wird je nach den verschiedenen Verhältnissen an jedem Ort der verschiedenen Einrichtung des Vereins, dem Charakter des Verkehrs und der Tüchtigkeit der Leiter jeder Genossenschaft Rechnung getragen werden müssen derart, daß häufiger oder weniger häufig Generalversammlungen stattfinden. Daß alljährlich nach Schluß des Geschäftsjahres eine Generalversammlung zur Genehmigung der Bilanz und der Gewinn- und Verlustrechnung stattfindet, ist ja selbstverständlich, aber auch darüber hinaus empfiehlt es sich im Statut schon vorzusehen, daß vierteljährlich solche Generalversammlungen zusammentreten, nicht nur um den genossenschaftlichen Geist der Mitglieder durch die Aussprache anzuregen, sondern auch besonders, um ihnen Gelegenheit zu geben, ihre Erfahrungen und ihre Beschwerden vorzubringen und damit dem Vorstand und Aufsichtsrath Direktiven für ihre Thätigkeit zu geben. Namentlich jüngeren Genossenschaften, deren Leiter mit der Materie noch nicht genau vertraut sind, werden die Generalversammlungen außerordentlich nützlich sein, weil die einzelnen Genossen hier am besten durch Mittheilung der Erfahrungen, die sie mit den ihnen überlassenen Wohnungen oder den ihnen übergebenen Häusern gemacht haben, werden zeigen können, in welcher Weise für die Folge Uebelständen vorzubeugen ist, wie unter Umständen ein Haus besser zu bauen ist, und wie der eine oder andere Handwerker, der bei dem Bau thätig gewesen ist, nicht diejenige Sorgfalt bei der Ausführung geübt hat, die gerade bei Genossenschaftshäusern durchaus nothwendig ist. Es tritt noch ein anderer Umstand hinzu, der für eine häufige Wiederholung der Generalversammlung spricht. Je mehr die Genossen mit ihrem Vorstand und Aufsichtsrath zusammenkommen, je mehr sie deren Thätigkeit erkennen, ein desto größeres Vertrauen werden sie zu der Tüchtigkeit ihrer Organe gewinnen. Bei keiner Genossenschaftsart bedarf es zu einer ersprießlichen Thätigkeit der Genossenschaft dieses Vertrauens mehr als gerade bei der Baugenossenschaft. Wenn letztere nur dann in ausreichender Weise arbeiten kann, wenn eine große Anzahl von Genossen vorhanden ist, so kann diese Anzahl nur erreicht werden, wenn jedes etwa aufkeimende Mißtrauen in die Unparteilichkeit und die Selbstlosigkeit der leitenden Personen bei den Genossen sogleich zerstreut wird.

Ein weiterer Grund für die Abhaltung mehrerer Generalversammlungen im Jahre ist auch die Nothwendigkeit, aus den Genossen heraus diejenigen kennen zu lernen und gewissermaßen heranzubilden, die nach ihren Fähigkeiten berufen sind, etwaige Lücken im Vorstand oder Aufsichtsrath zu ersetzen. Aus allen diesen Gründen ist die Anberaumung einer Generalversammlung auch dann nicht zu scheuen, wenn möglicherweise ein Zwiespalt mit den Leitern des Vereins oder sonstige wichtige Fragen aus dem inneren Leben der Genossenschaft zur Entscheidung zu bringen sind. Es ist viel besser, daß in öffentlicher Aussprache innerhalb der Genossenschaft etwaige Differenzen erledigt werden, als daß ein etwa entstandenes kleines Uebel durch Verschweigen größer gemacht wird, und deshalb vielleicht gar eine größere Anzahl von Genossen aus der Genossenschaft ausscheidet.

Wegen der einzelnen bei der Ordnung der Generalversammlung vorkommenden Fragen ist das nöthige in den §§ 41 [43] ff. des Ges. und §§ 29—40 des angehängten Statuts bestimmt. Danach steht die Berufung dem Vorstande zu (§ 42 [44] des Ges.), doch kann das Statut auch andere Personen dazu bestimmen, und die Berufung ist im § 36 [38] des Ges. dem Aufsichtsrath geradezu zur Pflicht gemacht, wenn es das Interesse der Genossenschaft erfordert. Am meisten den Verhältnissen entsprechend erscheint es, die Berufung in der Regel dem Aufsichtsrath zu übertragen und zur Pflicht zu machen, wenn eine bestimmte Zahl (nach § 43 [45] des Ges. der zehnte Theil oder der im Statut eventuell hierfür bezeichnete geringere Theil) der Mitglieder oder der Vorstand darauf antragen. Dem letzteren überträgt man alsdann die selbständige Berufung, wenn der Aufsichtsrath sie verzögert. Selbstverständlich wird dadurch die gesetzliche Befugniß des Vorstandes, jederzeit eine Generalversammlung einzuberufen, nicht berührt. Da die Generalversammlung im wesentlichen die Kontrole der Verwaltung, die Entscheidung von Beschwerden und die Entlastung der Geschäftsführung ausübt, so folgt schon daraus, daß man die Initiative dazu dem Kontrolorgan, also dem Aufsichtsrath, in die Hände giebt.

Die Leitung der Verhandlungen in der Generalversammlung wird man im allgemeinen demjenigen Organ zusprechen, von welchem die Berufung ausgeht. Zu empfehlen ist es daher, sie dem Vorsitzenden des Aufsichtsraths zu überlassen. Das Gesetz hat es in § 44 [46] der Versammlung selbst in die Hand gegeben, den Beschluß darüber zu fassen, ohne daß dieser vorher auf die Tagesordnung gesetzt ist, weil unter Umständen auch, wenn der Aufsichtsrathsvorsitzende den Vorsitz führt, gerade über die Geschäftsführung und Vertretungspflicht des Aufsichtsraths Verhandlungen nothwendig werden können, deren Leitung ihm nicht überlassen werden darf. Nach § 6 Abs. 3 des Ges. muß das Statut eine Bestimmung über den Vorsitz in der Generalversammlung enthalten.

Aus der rechtlichen Natur der Genossenschaft folgt, daß zu jeder gültigen Beschlußfassung nothwendig ist, daß erstens die Gegenstände der Verhandlung bei der Berufung als Tagesordnung den Mitgliedern bekannt gemacht werden und deshalb auch in den Anträgen auf eine solche Berufung angegeben sein müssen, und daß zweitens sich die Mehrheit der in der Versammlung Erschienenen über jede Frage einigt. Die Tagesordnung muß so gefaßt sein, daß aus jedem Punkte derselben der Verhandlungsgegenstand deutlich zu erkennen ist. So genügt es z. B. nicht, auf die Tagesordnung zu setzen: „Statutenänderung", sondern es muß auch mit einigen Worten angegeben sein, welche Bestimmung des Statuts geändert werden soll. Aufzustellen und bekannt zu machen ist die Tagesordnung von demjenigen Organ, welches die Generalversammlung beruft, wobei dann aber auch die Anträge des andern Organs aufzunehmen sind und ferner diejenigen Anträge, welche der zehnte Theil der Genossen oder der im Statut hierfür bezeichnete geringere Theil einbringt.*)

Als Frist für die Einladung der Generalversammlung, mit welcher die Tagesordnung bereits nach Möglichkeit zu verbinden ist, schreibt das Gesetz mindestens eine Woche vor (§ 44 [46]); das Statut kann auch eine längere, aber keine kürzere Frist

---

*) Wird dem Verlangen der Genossen nicht stattgegeben, so kann der Registerrichter die Genossen, welche das Verlangen gestellt haben, zur Ankündigung des Gegenstandes ermächtigen.

bestimmen. Wie die Generalversammlung zu berufen ist, soll im Statut festgestellt sein (§ 6 Abs. 3, § 44 [46] des Ges.). Dabei ist allgemein die Berufung durch das in den Kreisen der Mitglieder gelesenste Blatt zu empfehlen. In der Regel wird das Statut nur ein oder zwei Blätter je nach den Wünschen einer größeren Anzahl von Mitgliedern hierfür bestimmen. Auch wird es gut sein, durch das Statut nur eine einmalige Einladung vorzuschreiben, es dabei aber den Organen der Genossenschaft zu überlassen, wenn nöthig die Einladung zu wiederholen. Fordert das Statut mehrmalige Einladungen, so ist die statutenmäßige Frist von der letzten Bekanntmachung ab zu rechnen. Wenn es auch durchaus wünschenswerth erscheint, daß die Tagesordnung für die Generalversammlung mit der Einladung zusammen bekannt gemacht wird, so kann doch in der Zeit bis zur Versammlung noch eine Ergänzung der Tagesordnung stattfinden. Für diesen Fall bestimmt das Gesetz im § 44 [46], daß die bezüglichen Gegenstände der Tagesordnung noch mindestens drei Tage vor der Generalversammlung angekündigt sein müssen. Ueber nicht ordnungsmäßig bekannt gegebene Angelegenheiten kann ein Beschluß nicht gefaßt werden; ausgenommen hiervon sind Beschlüsse über Anträge auf Berufung einer außerordentlichen Generalversammlung und über die Leitung der Versammlung.

Die zur Beschlußfassung erforderliche Mehrheit ist verschieden je nach der Angelegenheit, um die es sich handelt. So schreibt das Gesetz für eine Anzahl Fälle als Mindesterforderniß eine Dreiviertel-Mehrheit vor, nämlich bei der Beschlußfassung

1) über die Abänderung des Statuts (§ 16 des Ges.);
2) über die Abänderung des Gegenstandes des Unternehmens (§ 16):
3) über die Erhöhung des Geschäftsantheils (§ 16);
4) über den Widerruf der Bestellung zum Mitglied des Aufsichtsraths (§ 34 [36]);
5) über die Auflösung der Genossenschaft (§ 76 [78]);
6) über die Erhöhung der Haftsumme in der Genossenschaft mit beschränkter Haftpflicht (§ 126 [132]);
7) über Umwandlung der Genossenschaft mit beschränkter Haftpflicht in eine solche mit unbeschränkter Haftpflicht und umgekehrt (§ 138 [144]).

In den Fällen zu 1, 2, 3, 5, 6, 7 kann das Statut auch weitere Erschwernisse vorsehen, während dies bei 4 nicht zulässig ist. Eine Erleichterung der Beschlußfassung ist in allen Fällen ausgeschlossen.

Bei besonders wichtigen Gegenständen, z. B. bei der Beschlußfassung über Auflösung und Abänderung des Statuts, ist es zweckmäßig, zwei Generalversammlungen entscheiden zu lassen, um die Gründlichkeit der Berathungen zu fördern. Dabei ist nach parlamentarischen Grundsätzen zu beachten, daß, wenn in erster Lesung ein bezüglicher Antrag abgelehnt ist, dieser abgelehnte Antrag doch noch in zweiter Lesung mit Dreiviertel-Mehrheit angenommen werden kann und dann rechtsverbindlich wird. Oft wird allerdings die Ablehnung in erster Lesung schon die Aussichtslosigkeit des Antrages ergeben und die Antragsteller auf die zweite Lesung verzichten lassen. Umgekehrt kann der Annahme in erster Lesung die Ablehnung in zweiter Lesung folgen, und ist dann der Antrag verworfen.

Die Art der Abstimmung muß durch das Statut bestimmt werden; in der Regel wird man mit der Abstimmung durch Handaufheben auskommen, nur für Wahlen ist an der geheimen Abstimmung unbedingt festzuhalten.

Nach § 6 Ziffer 3 des Ges. muß das Statut eine Bestimmung über die Beurkundung der Beschlüsse enthalten. Bei dieser Beurkundung ist selbstverständlich die größte Sorgfalt nothwendig. (Vergl. § 38 in Form. 1 und Muster für das Protokoll einer Generalversammlung Form. 4 und Geschäftsordnung für die Generalversammlung Form. 11.)

Für die Ausübung des Stimmrechts bestimmt § 41 [43] des Ges.: jeder Genosse hat eine Stimme; keinem Genossen kann dieses Stimmrecht entzogen werden; andererseits kann aber auch selbst bei Genossenschaften mit beschränkter Haftpflicht ein mehrfaches Stimmrecht nicht eingeräumt werden, auch wenn ein Genosse mehre Geschäftsantheile besitzt.*) Diese Bestimmung ist die nothwendige Folge des Personalcharakters der Genossenschaft und der Solidarhaft der Mitglieder. Das Stimmrecht ist nur in den im Gesetze vorgesehenen Ausnahmen an Genossen oder Nichtgenossen übertragbar, wenn nämlich der Genosse handlungsunfähig oder eine Korporation, Handelsgesellschaft, Genossenschaft oder ein

*) Nur der Ausgeschlossene verliert sein Stimmrecht nach § 66 [68] des Ges. Auch darf derjenige Genosse sein Stimmrecht nicht ausüben, welcher durch die Beschlußfassung entlastet (z. B. Vorstandsmitglieder) oder von einer Verpflichtung befreit werden soll.

Personenverein ist. Außerdem können weibliche Mitglieder ihr Stimmrecht einem Bevollmächtigten zur Wahrnehmung ihrer Rechte in der Generalversammlung übertragen, wenn das Statut die Theilnahme von Frauen an der Generalversammlung ausschließt. Irgend ein Grund für eine derartige Ausschließung ist allerdings nicht vorhanden, und namentlich wird gerade bei Baugenossenschaften ein großer Werth auf die Theilnahme der weiblichen Genossen zu legen sein. Ein Bevollmächtigter kann nicht mehr als einen Genossen vertreten.

B. Vorstand und Aufsichtsrath in ihrer gegenseitigen Stellung.

Durch die Bestimmung des § 17 des Gesetzes, daß die Genossenschaften als Kaufleute im Sinne des Handelsgesetzbuchs gelten, und durch die Anerkennung der Genossenschaften als Rechtspersonen, vermöge deren sie Eigenthum erwerben, vor Gericht klagen und verklagt werden können, sind sie in vieler Hinsicht in das System des Handelsrechts eingeordnet. Es ist ein im Handelsgesetzbuch durchgeführter und auch in das Genossenschaftsgesetz (§§ 24, 26, 27) übertragener Grundsatz, daß „jede zu einem eigentlichen Geschäftsbetrieb vereinigte Gesellschaft durch den Vorstand dritten Personen gegenüber unbedingt vertreten und verpflichtet wird und daß alle im Gesellschaftsvertrage hierin enthaltenen Beschränkungen den Vorstand nur der Genossenschaft gegenüber verpflichten, aber nicht das ohne ihre Beachtung abgeschlossene Geschäft Dritten gegenüber ungültig machen". Der Grund dafür liegt offenbar darin, daß ein gesundes, nach allen Seiten hin gedeihliches Geschäft vor allem Einfachheit und Zuverlässigkeit in seinen Rechtsformen erfordert, daß also namentlich schwierige Informationen über die Legitimation der Parteien, wovon die Rechtsverbindlichkeit der Geschäftsabschlüsse abhängt, abgeschnitten werden müssen, weil sonst alle möglichen und unmöglichen Einwendungen gemacht werden könnten und unter der Unsicherheit der Geschäftsabschlüsse im einzelnen die geschäftliche Solidität im allgemeinen leidet. Diese im Genossenschaftsgesetz dem Vorstand verliehene Machtvollkommenheit haben die eingetragenen Genossenschaften ernstlich ins Auge zu fassen, und sie müssen daher in ihren Einrichtungen Vorsorge gegen etwaigen Mißbrauch derselben treffen. Man hat daher in den Musterstatuten (§§ 25 ff.) und der Geschäftsanweisung (Form. 10) zum Schutz gegen den Mißbrauch dieser Befugnisse ausreichende Hülfsmittel nach verschiedenen Richtungen hin gesucht, welche wesentlich auf die Einführung einer wirksamen, mit entscheidenden Befugnissen ausgerüsteten Kontrole hinauslaufen. Der erste Schritt hierzu ist eine Art gegenseitiger Kontrole der Vorstandsmitglieder unter einander, welche man dadurch erreicht, daß man zu jedem Geschäftsabschluß, namentlich zur Zeichnung von verpflichtenden Urkunden die Mitwirkung von mindestens zwei Vorstandsmitgliedern erfordert, widrigenfalls dergleichen Akte für die Genossenschaft nicht rechtsverbindlich sind. Auf diese Weise entzieht man die Dispositionen der Willkür des einzelnen und verhindert, daß ein solcher für sich allein betrügerisch oder leichtsinnig die Genossenschaft in ungemessene Verpflichtungen stürzen kann. Die Hauptsache bleibt jedoch die richtige Bemessung der dem eigentlichen Kontrolorgan, dem Aufsichtsrath, zu übertragenden Rechte und Pflichten, mittelst deren man sich die wirksame Beaufsichtigung der Verwaltung durch ihn sichert, wozu das Gesetz die Hand bietet.

Schon das Angedeutete ergiebt, daß eine gemeinschaftliche Geschäftsführung des Vorstands und Aufsichtsraths unzulässig ist.

Nach den §§ 24 ff. des Ges. ist die Vertretung der Genossenschaft und der Abschluß von Geschäften für sie in allen Theilen in die Hände des Vorstands gelegt, der wohl durch Beamte oder Bevollmächtigte, aber niemals durch den Aufsichtsrath ersetzt werden kann. Der Aufsichtsrath nimmt eben die ihm durch das Gesetz angewiesene Stellung als Kontrolbehörde ein. Er hat daher nicht die Geschäfte zu führen, sondern die gesammte Geschäftsführung des Vorstands zu überwachen und unter anderm die Regreßprozesse gegen die Vorstandsmitglieder zu führen, sowie das ganze Kassen- und Rechnungswesen unter steter Aufsicht zu halten. Demgemäß kann er daher die Vorstandsmitglieder vorläufig von der Geschäftsführung entheben und wegen deren interimistischer Fortführung durch andere Anordnung treffen (§ 38 [40] des Ges.).*)

Aus alledem ergiebt sich mit Nothwendigkeit die strenge Scheidung beider Organe, die selbständige Konstituirung eines jeden, wie sie die Musterstatuten durchführen und wie sie durch

*) In Fällen der Prozeßführung gegen Vorstandsmitglieder und bei den mit diesen abzuschließenden Verträgen tritt allein der Aufsichtsrath als Vertreter der Genossenschaft auf (§ 37 [39] des Ges.).

das Gesetz geboten ist. Soll der Aufsichtsrath die Verwaltung überwachen, so darf er selbst nicht mitverwalten; soll der Vorstand durch den Aufsichtsrath in der Verwaltung überwacht werden, so darf er selbst nicht mit überwachen, weil sonst eins das andere aufhebt. Ist nun auch durch die Bestimmung des Ges. (§ 35 [37]), wonach Vorstandsmitglieder nicht zugleich Mitglieder des Aufsichtsraths sein dürfen, dem gröbsten Verstoße gegen die obigen Grundsätze vorgebeugt, und die Scheidung beider Organe in ihrem Personalbestand gesichert, so zeigen sich doch hinsichtlich der Scheidung in ihren Funktionen noch manche Mängel. Besonders kommt es hierbei darauf an, einer mißverständlichen Auffassung des § 27 des Ges. entgegenzutreten. Unzweifelhaft können danach selbstredend nicht Dritten, sondern nur der Genossenschaft gegenüber zur Sicherung ihrer Schadenersatzansprüche dem Vorstande Beschränkungen in der Geschäftsführung auferlegt und dieser bei gewissen Operationen an die Genehmigung der Generalversammlung oder des Aufsichtsraths gebunden werden. Dabei wird es in allen Fällen unbedenklich, ja bei den Baugenossenschaften, denen meist nur erst eine kurze Erfahrung zur Verfügung steht, geradezu empfehlenswerth sein, dieser Genehmigung eine gemeinsame Berathung des Vorstands- und Aufsichtsraths vorhergehen zu lassen, und unzweifelhaft wird überall da, wo es sich um einzelne Verwaltungsmaßregeln handelt, die mit einer Verantwortlichkeit verbunden sind, jede Majorisirung des Vorstands in dem Sinne ausgeschlossen werden müssen, daß derselbe nicht durch die größere Zahl der Aufsichtsrathsmitglieder zu einer Maßregel genöthigt werden darf, die er selbst meint nicht verantworten zu können. Es wird in solchen Fragen dem Aufsichtsrath immer nur das Recht eingeräumt werden können, die nach gemeinsamer Berathung vom Vorstand gemachten Vorschläge anzunehmen oder abzulehnen. Dagegen besteht darüber eine Meinungsverschiedenheit, ob nicht, insoweit es sich nicht um einzelne Verwaltungsmaßregeln, sondern um die Festsetzung von Normen handelt, eine gemeinschaftliche Beschlußfassung des Vorstands und Aufsichtsraths in der Weise stattfinden könnte, daß die Mehrheit der Anwesenden entscheidet, die dann allerdings vorwiegend dem Aufsichtsrath angehören kann. Bei angemessener Beschränkung der der gemeinschaftlichen Sitzung überwiesenen Angelegenheiten würde die Verantwortlichkeit des Vorstands für die Verwaltung nicht berührt, und doch der Erfolg gesichert, daß auch über alle

Fragen, über die eine Entscheidung in dem einen oder andern Sinne herbeizuführen das Interesse der Genossenschaft erfordert, eine Entscheidung in der That zu Stande kommt und nicht Mangels der Uebereinstimmung zwischen Vorstand und Aufsichtsrath ausgesetzt werden muß.

Nachdem aber das Preußische Kammergericht als Beschwerdeinstanz entschieden hat, daß eine Beschlußfassung in der gemeinschaftlichen Sitzung durch die Mehrheit der Anwesenden unzulässig sei, ist das Musterstatut (Form. 1, § 27) dieser Auffassung angepaßt und der Aufsichtsrath in den dort bezeichneten Angelegenheiten auf die Genehmigung nach gemeinsamer Berathung mit dem Vorstande beschränkt.

„Andererseits", heißt es zutreffend in der Begründung des Gesetzes, „empfiehlt es sich hier ebenso wenig wie bei den Aktiengesellschaften, den Aufsichtsrath ausschließlich auf eine kontrolirende Thätigkeit im engsten Sinne zu beschränken, d. h. ihm jede entscheidende Mitwirkung bei der inneren Verwaltung schlechthin zu entziehen. Als nur beobachtendes Organ und ohne jedes maßgebende Bestimmungsrecht würde er leicht das Interesse an der Kontrole und die Befähigung zu dieser verlieren. Auch an sich ist es zweckmäßig, den Vorstand über besonders wichtige Angelegenheiten nicht allein entscheiden zu lassen." Ein Organ, welches der Verwaltung und dem Geschäftsbetriebe völlig fern steht, kann einen Einblick darein nur schwer gewinnen und wird seine Aufsicht meistens auf die formale Geschäftsführung, namentlich die Buchführung beschränken, deshalb aber kaum in der Lage sein, Mißgriffen oder betrügerischen Handlungen des Vorstandes rechtzeitig vorzubeugen. Gerade der Aufsichtsrath soll, da er in größerer Anzahl aus den Genossen gewählt wird, die Fühlung zwischen dem Vorstand und der ganzen Genossenschaft aufrechterhalten. Der Vorstand soll aus den gemeinschaftlichen Berathungen mit dem Aufsichtsrath von dessen Mitgliedern erfahren, welche Ideen die Genossen haben und wie sie sich zur Genossenschaft stellen, und andererseits werden so die Aufsichtsrathsmitglieder in der Lage sein, durch ihre Kenntniß der Verwaltung und Geschäftsführung als Vertrauensmänner der Genossen auf diese im Falle von Zwietracht einzuwirken und sie für ersprießliche Maßregeln des geschäftsführenden Organs günstig zu beeinflussen.

Wie sich nach alledem die Befugnisse des Vorstandes und des Aufsichtsrathes regeln, ergiebt sich nach den aufgestellten Sätzen von selbst. Solche einzelne Verwaltungsakte und Geschäftsabschlüsse, welche irgendwie bei leichtsinnigem oder gar pflichtwidrigem Verhalten der Vorstandsmitglieder mit einem Risiko für den Verein verbunden sind, dürfen der Initiative des Vorstandes zwar nicht entzogen werden, aber niemals ohne oder gar gegen den Willen des Aufsichtsrathes durchgesetzt werden. Danach soll der Aufsichtsrath in der Lage sein, die Geschäfte dieser Art wohl zu verhindern, aber nicht selbst zu machen. Und handelt es sich um grundsätzliche Fragen, wie Geschäftsanweisungen und Geschäftsbedingungen, wird es dem genossenschaftlichen Geist beider Organe, des Vorstandes und des Aufsichtsrathes, anheimgestellt bleiben, in gemeinsamer Berathung sich zu verständigen. Vergl. Form. 5 unter 3 und 4, Form. 7 unter 1 und 2.

C. Der Vorstand.

Die Mitglieder des Vorstands, dessen im vorigen Abschnitte erörterte weitgehende Befugnisse in der Vertretung der Genossenschaft sich auch auf solche Rechtshandlungen erstrecken, zu welchen sonst eine Spezialvollmacht erforderlich ist, und der seine Legitimation durch die Bescheinigung des Registerrichters über seine Eintragung in das Genossenschaftsregister erhält (§ 26 des Ges.), müssen Genossen sein (§ 9 des Ges.). In Betreff der Wahl ist nicht vorgeschrieben, von wem sie vorgenommen werden soll. Wenn wir aber empfehlen, sie der Generalversammlung zuzuweisen, so hängt dies wiederum mit der weitgreifenden Machtvollkommenheit des Vorstands zusammen. Die Gesammtheit der Genossen soll über die Personen entscheiden, welche sie an ihre Spitze gestellt wissen will und denen sie eine so große Gewalt einräumt, deren unfähiger oder gewissenloser Gebrauch die schwersten Folgen für den Verein wie für jedes einzelne Mitglied herbeiführen kann. Ueberläßt man die Wahl ausschließlich dem Aufsichtsrath, so bringt man die Vorstandsmitglieder in eine bedenkliche Abhängigkeit von diesem, und wenn wiederum bei der Wahl irgend ein Mißgriff gemacht wäre, belastet man den Aufsichtsrath mit einer Verantwortung, die ihn in die unbequemste Stellung der Genossenschaft gegenüber bringen muß. Wird andererseits durch das Statut bestimmt, daß der Vorstand durch die Generalversammlung gewählt werden soll, so muß unbedingt, um nicht dem Zufall Thür und Thor zu öffnen, eine beschränkende Bestimmung dahin in das Statut aufgenommen werden, daß der

Generalversammlung nur die Bestätigung der vom Aufsichtsrath vorgeschlagenen Personen vorbehalten wird. Der Aufsichtsrath ist zweifellos besser als die Generalversammlung in der Lage, die Fähigkeiten der in Betracht kommenden Kandidaten in technischer Beziehung zu beurtheilen; er kann mit den von ihm in Aussicht genommenen Kandidaten vorher Fühlung nehmen und ihnen gewisse Bedingungen stellen, während, wenn das Wahlrecht vollkommen frei bei der Generalversammlung steht, die Genossenschaft durch die Wahl in die größte Aufregung versetzt, und durch Schlagwörter in die Lage gebracht werden kann, durch eine zufällige Majorität Personen gewählt zu sehen, deren Tüchtigkeit den meisten Mitgliedern unbekannt ist. Diese Gefahr zu vermeiden ist nur möglich, wenn der Aufsichtsrath für jeden Posten im Vorstand nur einen Kandidaten vorschlägt, und die Generalversammlung über diesen Vorschlag mit „Ja" oder „Nein" abstimmt. Entscheidet sich die Mehrheit für die Ablehnung, so wird der Gegenstand von der Tagesordnung abgesetzt und der Aufsichtsrath hat Gelegenheit, sich von neuem nach geeigneten Genossen für die erledigten Stellen umzusehen; eventuell dieselbe Person nochmals vorzuschlagen, wenn er das Ergebniß der Abstimmung meint auf Zufälligkeiten zurückführen zu müssen und für seine Kandidaten noch weitere Empfehlungen beibringen kann. Man hat in diesem Recht der Annahme oder Ablehnung des Vorschlags des Aufsichtsraths bisweilen eine zu weit gehende Beschränkung des Wahlrechts der Generalversammlung gefunden und empfohlen, dem Aufsichtsrath zur Pflicht zu machen, der Generalversammlung zwei oder drei Kandidaten zur Auswahl vorzuschlagen. Indes übersieht man dabei, daß, wenn die Generalversammlung nun einen dieser Kandidaten wählen muß, darin eine viel größere Beschränkung ihres Wahlrechts liegt, als in dem unbedingten Ablehnungsrecht, von dem sie beliebig oft Gebrauch machen kann; könnte doch der Aufsichtsrath neben dem Kandidaten, den er gewählt sehen will, ein Paar andere durchaus ungeeignete vorschlagen, so daß sich die Generalversammlung in einer Zwangslage befände. Präsentirt aber der Aufsichtsrath drei möglich befähigte Kandidaten, so ist damit für die Wahl ein Grund zur Zersplitterung gegeben, der nicht dem Interesse der Genossenschaft entspricht.

Müssen auch die Mitglieder des Vorstands Genossen sein, so brauchen sie deswegen noch nicht aus der Mitte der vorhandenen Genossen gewählt zu werden; sie können vielmehr vom

Aufsichtsrath außerhalb der Genossenschaft gesucht worden sein und es genügt, wenn sie bei der Uebernahme des Amtes oder bei der Anmeldung zur Eintragung in das Genossenschaftsregister inzwischen Genossen geworden sind. Es empfiehlt sich daher nicht etwa, eine weitergehende Beschränkung in das Statut nach der Richtung hin aufzunehmen, daß schon bei der Wahl selbst jeder für den Vorstand vorgeschlagene Kandidat Genosse sein muß, weil sonst die Auswahl für den Aufsichtsrath unnöthig beschränkt wird.*)

Die Vorstandsmitglieder werden jedes in einem besondern Wahlgang zu der im Statut bezeichneten Stellung gewählt. Die Amtsdauer muß lang genug bemessen werden, um die Stetigkeit der Verwaltung sicher zu stellen, andererseits aber auch nicht so lang, daß ein Vorstandsmitglied, welches den Erwartungen der Genossenschaft nicht entspricht, nicht anders ohne Schaden für dieselbe entfernt werden kann, als indem man von dem § 24 Abs. 3 des Ges. Gebrauch macht und es auf Grund der jederzeitigen Widerruflichkeit seiner Stellung vor Ablauf der Wahlperiode seines Amtes enthebt. Eine solche Amtsenthebung kann leicht nach außen das Ansehen der Genossenschaft schädigen und ist deshalb soweit thunlich zu vermeiden. Nach beiden Seiten dürfte eine dreijährige Amtsdauer sich am meisten empfehlen, wie sie sich auch thatsächlich bei tausenden von Genossenschaften der verschiedensten Art, die ihre Vorstandsmitglieder nur im Nebenamt beschäftigen, seit Jahrzehnten bewährt hat. Bei einer dreijährigen Wahlperiode und einer Zusammensetzung des Vorstands aus drei Mitgliedern, auf die wir sogleich zurückkommen, läßt sich auch noch dadurch am leichtesten eine Gewähr für die Stetigkeit der Verwaltung schaffen, daß man die Wahlperiode des Vorstands nicht gleichzeitig endigen läßt, sondern jedes Jahr ein Vorstandsmitglied neu- oder wiederwählt. Auf diese Weise wird auch dafür gesorgt, daß rechtzeitig frisches Blut in die Verwaltung gebracht werden kann, ohne doch den Zusammenhang in derselben zu durchbrechen.

Für neue Baugenossenschaften und diejenigen schon bestehenden Baugenossenschaften, die eine Theilerneuerung des Vorstandes

*) Vorstandsmitglieder können nur physische Personen sein, also nicht etwa Gesellschaften. Daß weibliche Personen in den Vorstand gewählt werden können, ist selbstverständlich. Ist eine Genossenschaft Mitglied einer Genossenschaft, so können Mitglieder der ersteren in den Vorstand gewählt werden, ohne daß sie für ihre Person noch die Mitgliedschaft erwerben müssen (§ 9 des Ges.). Die gleichen Grundsätze gelten durchweg für die Wahl in den Aufsichtsrath.

bisher nicht hatten, aber zu derselben übergehen wollen, bedarf es einer Uebergangsbestimmung, wie sie im § 3 des Musterstatuts (Form. 1) mit enthalten ist. Diese Uebergangsbestimmung, die sich als Ausnahme von der Regel der dreijährigen Wahlperiode kennzeichnet, bekräftigt damit diese Regel, die uns wichtig genug erscheint, um sie durch das Statut festzulegen und nicht dem Befinden der Generalversammlung bei der einzelnen Wahl zu überlassen, ob sie etwa auf eine 2jährige oder sogar eine 1jährige Wahlperiode übergehen will. Wenn ohnehin um eine Vorstandswahl ein lebhafter Kampf besteht, könnte derselbe durch den Streit um die Länge der Wahlperiode noch weiter komplizirt werden, nicht zum Vortheil für die Genossenschaft.

Baugenossenschaften, welche die ganze Kraft eines Vorstandsmitglieds für sich in Anspruch nehmen, werden dasselbe am besten auf beiderseitige halbjährige Kündigung wählen, und dies dann auch im Statut zu bestimmen haben. Die Kündigung seitens der Genossenschaft hat dann durch den Aufsichtsrath zu geschehen, aber nicht ohne vorgängigen Beschluß der Generalversammlung, die ja seiner Zeit das Vorstandsmitglied gewählt hat.

Die Zahl der Vorstandsmitglieder stellt das Gesetz in das Belieben der Genossenschaft, aber mit der Beschränkung, daß es wenigstens zwei sein müssen (§ 24), weil weniger als zwei nicht für die Genossenschaft zeichnen dürfen (§ 25). Hiernach könnten sich auch die Baugenossenschaften mit einem Vorstand von zwei Mitgliedern begnügen. Aber es hätte dies den großen Nachtheil, daß auch bei einer nur kurz vorübergehenden Behinderung eines Vorstandsmitglieds das ganze Geschäft ins Stocken geriethe, weil eine Zeichnung für die Genossenschaft unmöglich würde. Es hat sich auch bisher bei den Baugenossenschaften keine Neigung gezeigt, den Vorstand auf 2 Personen zu beschränken, im Gegentheil tritt das Bestreben hervor, durch Einsetzung eines Vorstands von 5 oder 6 Mitgliedern — wie man dies nennt — die Verwaltung auf eine breitere Grundlage zu stellen oder einen größeren Ideenreichthum in den Vorstand zu bringen. Indes können wir nicht empfehlen, den Vorstand aus mehr als drei Mitgliedern bestehen zu lassen. Allerdings wird sich nicht in drei Vorstandsmitgliedern die ganze Verwaltungsthätigkeit in einer Baugenossenschaft konzentriren lassen, gewiß ist es auch von großem Werth für den Vorstand, recht vielseitige Anregungen und Gedanken für die zweckmäßige Gestaltung der Bauten zu empfangen, aber darum ist es doch nicht nöthig, jeden, der mit diesen oder jenen Verwaltungsgeschäften betraut wird, nun auch in den Vorstand zu wählen, sondern er wird einen solchen „Auftrag“ in der Stellung eines „Beamten“ ausführen können, und fruchtbare Ideen für die Bauthätigkeit kann der Vorstand auch verwerthen, wenn sie ihm von einem Mitgliede des Aufsichtsraths oder von einem Beamten der Genossenschaft vermittelt werden. Es sprechen aber gewichtige geschäftliche Gründe dagegen, über die Zahl von drei Vorstandsmitgliedern hinauszugehen. Einmal wird die Geschäftsführung durch mehr Vorstandsmitglieder außerordentlich schwerfällig. Bei vier schon würde die Zeichnung und somit die Uebereinstimmung von mindestens dreien als der Mehrheit zur Ausführung jeder Verwaltungsmaßregel erforderlich sein, da man alsdann doch nicht zweien gestatten kann, ohne oder gegen den Willen der beiden andern Rechtshandlungen vorzunehmen und die Genossenschaft dadurch zu verpflichten. Dann aber spricht die Nothwendigkeit der Besoldung aller Vorstandsmitglieder gegen eine größere Zahl. Mag man im Anfang des Bestehens einer Baugenossenschaft die Vorstandschaft lediglich als Ehrenamt betrachten, auf die Dauer ist das nicht möglich. Die mit der Geschäftsführung verbundene Verantwortlichkeit und Arbeitslast gestattet nicht, sie unentgeltlich zu beanspruchen. Mit solcher unbezahlten Arbeit erweisen die Vorstände der Genossenschaft eine Gunst, eine Wohlthat, die mit dem genossenschaftlichen Grundsatz „Leistung für Leistung“ im Widerspruch steht und es sehr erschwert, dieselben für etwaige Fehler und Versäumnisse zur Verantwortung zu ziehen. Die Genossenschaft kann auf diese Weise leicht die Erfahrung machen, daß ihr die unentgeltliche Dienstleistung der Vorstände theurer zu stehen kommt, als wenn sie ihnen eine mäßige Entschädigung gewährt, die sie nun auch berechtigt, eine pünktliche Pflichterfüllung zu verlangen. Für mehr als drei Vorstandsmitglieder eine Entschädigung zu gewähren, würde aber die Verwaltungskosten der Genossenschaft zu sehr belasten.

Die Wahlen sind stets so vorzunehmen, daß sie vor Ablauf der Wahlperiode stattfinden, da andernfalls die Geschäfte eventuell von Personen geführt werden würden, die rechtlich nicht mehr dazu befugt sind. Dies läßt sich dadurch vermeiden, daß man die Wahlperiode mit dem Geschäftsjahr zusammenlegt, und die Wahlen in der letzten Generalversammlung vor dem Ablauf des

Geschäftsjahres vornimmt, oder daß man die Wahlen in der ersten Generalversammlung des neuen Geschäftsjahres vollzieht, die Wahlperiode aber von dieser Generalversammlung bis zu der entsprechenden Generalversammlung des letzten Jahres laufen läßt. Diese letztere Wahlbestimmung hat den Vorzug, daß das zur Wahl kommende Vorstandsmitglied dann auch als solches die Bilanz aufstellt und dieselbe in der Generalversammlung vertreten kann, hat aber andererseits den Nachtheil, daß von einer etwaigen Verweigerung der Entlastung durch die Generalversammlung nicht nur der zur Zeit funktionirende Vorstand, sondern auch ein Vorstandsmitglied betroffen wird, das schon etwa 1 Jahr vorher aus dieser Stellung ausgeschieden ist.

Mehr vielleicht noch wie in anderen Genossenschaften wird in der Baugenossenschaft fast immer bei der Gründung von einer eigentlichen Besoldung sämmtlicher oder einzelner Vorstandsmitglieder zunächst abgesehen werden. Mehrfach ist schon erwähnt, daß das Vertrauen der Genossen und derjenigen, welche Genossen werden sollen, zu den Gründern der Baugenossenschaft nach jeder Richtung gestärkt werden muß. Erwarten aber viele, die einer Baugenossenschaft zu Anfang beitreten, durch diese ihre Wohnungsverhältnisse zu verbessern, so werden sie häufig wieder abgeschreckt, wenn sie selbst entweder zu bemerken glauben oder durch andere vielleicht in böswilliger Absicht darauf aufmerksam gemacht werden, daß die Gründer irgend welche direkte Vortheile aus dem Unternehmen erlangen wollen. Unstreitig wird den bei Gründung der Genossenschaft in Aussicht genommenen Vorstandsmitgliedern eine Menge Arbeit zugemuthet, aber man muß voraussetzen, daß sie diese Arbeit aus Liebe zur Sache verrichten und daß, wenn die Genossenschaft erst eingetragen und die ganze Geschäftsthätigkeit in ruhige Bahnen geleitet worden ist, zunächst nur einige Stunden Zeit erforderlich sein werden, sodaß die Leiter auch im Nebenamt die Vorstandsgeschäfte übernehmen können. Aber wie schon vorher ausgeführt wurde, wird die völlig unentgeltliche Dienstleistung des Vorstandes nur für eine kurze Uebergangszeit bestehen bleiben dürfen, nachher wird auch für die nebenamtliche Thätigkeit des Vorstands eine Entschädigung zu gewähren sein, die freilich niemals eine Höhe erreichen wird, daß die Vorstandschaft ihretwegen aufhörte ein Ehrenamt zu sein, und die Vorstände nicht mehr in den Erfolgen der Genossenschaft den Hauptlohn für ihre eigene Arbeit zu finden hätten. Anders liegt es bei den Baugenossenschaften, die schon längere Zeit bestehen und ihre Geschäfte immer weiter ausgedehnt haben, oder bei solchen Baugenossenschaften, die gleich mit einer großen Anzahl Mitglieder entstanden sind und bei denen sich sofort eine bedeutende Bauthätigkeit entwickelt. Hier wird man immer gezwungen sein, wenigstens ein Vorstandsmitglied für volle Thätigkeit während des ganzen Tages zu gewinnen. Es wird dies schon deswegen erforderlich, weil ein Bureau sowohl für die Genossen wie auch für alle diejenigen, mit welchen die Baugenossenschaft während ihrer Bauthätigkeit zu thun hat, wie sämmtliche Lieferanten und Handwerker, geöffnet sein muß und weil es besser ist, die Abhaltung der Bureauzeit nicht etwa einem Angestellten, sondern einem Vorstandsmitglied zu übertragen. Muß aber ein solches Vorstandsmitglied seine ganze Thätigkeit der Genossenschaft widmen, so ergiebt sich von selbst die Verpflichtung, dieses Vorstandsmitglied angemessen zu besolden. Man wird in solchen Fällen als Geschäftsführer und Bauverwalter am besten Männer von angesehener sozialer Stellung wählen, die sich zugleich durch ihre Geschäftskenntnisse und ihren Eifer für die Bestrebungen der Baugenossenschaft auszeichnen, ohne auf ihre Besoldung großes Gewicht legen zu müssen. Dagegen dürfte dem Kassirer gegen ein auskömmliches Gehalt die Verpflichtung aufzuerlegen sein, nunmehr seine ganze Zeit der Baugenossenschaft zu widmen. Bei Baugenossenschaften mit besonders ausgedehnter Thätigkeit wird man von selbst dazu gelangen, im Interesse der Genossenschaft auch den Geschäftsführer, sofern er sich bewährt hat, derart durch Besoldung sicher zu stellen, daß er sein etwa bisher betriebenes Geschäft aufgeben kann. Im übrigen wird man sich dadurch helfen können, daß man besonders die Bauleitenden, Bauführer, Bauaufseher, Architekten, nicht etwa in den Vorstand aufnimmt, sondern sie, sei es mit festem Gehalt, sei es mit Prozenten der Bausumme in den Dienst der Baugenossenschaft stellt. In welcher Weise dies geschieht, soll in einem andern Kapitel behandelt werden.

Wie die Vorstände die Anmeldung ihrer Wahl beim Registergericht unter Ueberreichung einer Abschrift des Wahlprotokolls und zugleich ihre Zeichnung zu bewirken haben, ist im 6. Kapitel unter Abschnitt B behandelt. Nur Neuwahlen (vom 1. Januar 1900 ab nicht Wiederwahlen) sind zur Eintragung in das Genossenschaftsregister anzumelden und werden auch durch das Gericht veröffentlicht. (§ 28 des Ges.)

Die Zeichnung durch die Vorstandsmitglieder als ein die Genossenschaft rechtlich verpflichtender Akt muß bei allen Geschäften in ein und derselben Art geschehen. Die Vertretung des Vereins und demgemäß die Zeichnung durch den Vorstand geschieht nach § 25 des Ges. in der durch das Statut bestimmten Weise und muß, wenn es an einer solchen Bestimmung fehlt, durch sämmtliche Vorstandsmitglieder erfolgen. Weniger als zwei Vorstandsmitglieder dürfen, wie schon vorher ausgeführt, nach dem Gesetz hierfür nicht bestimmt werden. Von dieser Vorschrift kann durch das Statut auch nicht bei irgend einer Gattung von Geschäften wieder abgegangen werden. Unzulässig ist nach dem Gesetz die Beschränkung eines Vorstandsmitgliedes auf die Zeichnung gewisser Rechtshandlungen oder gar der Ausschluß eines Vorstandsmitgliedes von der Zeichnung, denn „gegen dritte Personen hat eine Beschränkung der Befugnisse des Vorstands, die Genossenschaft zu vertreten, keine rechtliche Wirkung“ (§ 27 des Ges.).

Was den Antritt der Verwaltung durch den Vorstand betrifft, so hängt derselbe davon ab, daß sowohl die Genossenschaft wie die jeweiligen Mitglieder des Vorstands in das Genossenschaftsregister eingetragen sind, da erst durch diese Eintragung die Genossenschaft die Rechte einer eingetragenen Genossenschaft, und der Vorstand die Befugniß zu deren Vertretung erlangt. Sind aber die Eintragungen erfolgt, so erstreckt sich die Vertretungsbefugniß des Vorstands auch auf solche Rechtshandlungen, die sonst eine Spezialvollmacht erfordern, und es genügt zur Legitimation des Vorstandes überall, also auch bei Geschäften, welche das Grundbuch- und Hypothekenwesen betreffen, die Bescheinigung des Registergerichts über die stattgehabte Eintragung der Vorstandsmitglieder (§ 26 des Ges.).

Die Geschäftsführung des Vorstands ist eine kollegiale. Es empfiehlt sich daher, regelmäßige Sitzungen desselben, nach Zeit und Ort nie für alle Mal bestimmt, unter Leitung des Geschäftsführers stattfinden zu lassen, in denen die laufenden Geschäfte nach Stimmenmehrheit erledigt werden. Nur bei der Berufung einer außerordentlichen Sitzung ist die Bekanntmachung der Tagesordnung mit der Einladung zu verbinden, während dies bei den regelmäßigen Sitzungen nicht erforderlich ist.

Die Obliegenheiten der Vorstandsmitglieder im einzelnen sind im Statut nur kurz gekennzeichnet und deshalb durch eine vom Vorstand und Aufsichtsrath aufzustellende und von der

Generalversammlung zu genehmigende Geschäftsanweisung zu ordnen. (Vergl. Form. 8.) Auf diese Geschäftsanweisung ist der größte Werth zu legen, namentlich bei kleinen und mittleren Genossenschaften, in denen sie die Vorstandsmitglieder mit ihren Pflichten vertraut machen und an eine geordnete Verwaltung gewöhnen soll.

Mit der gesetzlichen Vorschrift, welche die Zeichnung durch ein Vorstandsmitglied ausschließt, hängt auch zusammen die Frage der Innehaltung bestimmter Geschäftsstunden, während deren die Vorstandsmitglieder, die zur Zeichnung erforderlich sind, im Geschäftslokal anwesend sind, um die vorkommenden Geschäfte mit Genossen und Lieferanten zu erledigen, besonders Zahlungen zu leisten oder anzunehmen, die nöthigen Buchungen darüber zu machen 2c. Mag man bei kleinen Genossenschaften die Zahl dieser Geschäftsstunden den Verhältnissen gemäß beschränken, immer wird im Interesse einer geordneten Geschäftsführung und wirksamen Kontrole im Vorstande großes Gewicht darauf zu legen sein, daß während dieser Geschäftsstunden zwei Vorstandsmitglieder gemeinschaftlich die vorkommenden Arbeiten erledigen und buchen. Bei großen Genossenschaften wird man die Geschäftsstunden weiter ausdehnen.

Besondere Maßregeln sind auch zur Verhinderung von Veruntreuungen für den Geldvermittelungsverkehr mit der Post anzuwenden. Es empfiehlt sich das bei den preußischen Steuerkassen vorgeschriebene Verfahren: Die von der Post zunächst den mit Postvollmacht Versehenen ausgehändigten Postanweisungen sind im Eingangsbuch zu vermerken, welches bei der Abholung der Beträge von der Postanstalt vorzulegen ist, die die richtige Eintragung der Postanweisungen prüft und die Richtigkeit bescheinigt. Die Auszahlung durch die Post erfolgt gegen Vorlegung des Eingangsbuches. Für ein solches Buch ist folgendes Formular empfohlen worden:

Laufende Nr.	Eingangs-Datum	Bezeichnung des Absenders	Post-Ausgabeort	Nr. des Postbuchs	Bezeichnung der Sendung	Kurze Inhaltsangabe	Empfangs-Bescheinigung	Empfangs-Datum	Bemerkungen

Die schriftliche Aufzeichnung der Vorstandsbeschlüsse mit Datum und Unterschrift der dabei Betheiligten, die am zweckmäßigsten chronologisch in einem dazu bestimmten Buche erfolgt, ist zum Zweck der einzuholenden Genehmigung des Aufsichtsrathes oder der Generalversammlung nothwendig (vergl. Form. 5). Es erscheint aber auch erforderlich, behufs Feststellung der Verantwortung der bei Fassung der Beschlüsse Betheiligten, daß es dem in der Minderheit Gebliebenen gestattet ist, einen Protest zu Protokoll zu geben, um sich gegen eine etwa dabei in Frage kommende Vertretung zu schützen.

Mit dieser Verantwortlichkeit des Vorstands treten wir an eine Hauptbedingung der ganzen ihm angewiesenen Stellung heran, welcher die Genossenschaften die ernsteste Beachtung zu widmen haben. Dieselbe ist im Genossenschaftsgesetz geordnet. Es kommen zunächst die umfangreichen Strafbestimmungen der §§ 140 [146] ff. des Ges. in Betracht. Die Mitglieder des Vorstandes machen sich strafbar, wenn sie absichtlich zum Nachtheil der Genossenschaft handeln (§ 140 [146]), in den von ihnen dem Gericht zu machenden Anmeldungen, Anzeigen und Versicherungen wissentlich falsche Angaben machen (§ 141 [147]), in ihren Darstellungen, ihren Uebersichten über den Vermögensstand der Genossenschaft, über die Mitglieder und die Haftsumme oder in den in der Generalversammlung gehaltenen Vorträgen den Stand der Verhältnisse der Genossenschaft wissentlich unwahr darstellen (§ 141 [147]), entgegen den Vorschriften in den §§ 92 [99], 111 [118], 134 [140] den Antrag auf Eröffnung des Konkursverfahrens zu stellen unterlassen (§ 142 [148]), länger als 3 Monate die Genossenschaft ohne Aufsichtsrath oder ohne beschlußfähigen Aufsichtsrath belassen (§ 142 [148] Ziff. 1). Beachtung verdient auch die Strafandrohung in § 143 [149], nach welcher die Vorstandsmitglieder bestraft werden, „wenn ihre Handlungen auf andere als die im § 1 erwähnten geschäftlichen Zwecke gerichtet sind, oder wenn sie in der Generalversammlung die Erörterung von Anträgen gestatten oder nicht hindern, welche auf öffentliche Angelegenheiten gerichtet sind, deren Erörterung unter das Gesetz über das Versammlungs- und Vereinsrecht fällt“.

Von besonderer Bedeutung für die Verantwortlichkeit des Vorstandes ist die Aufstellung der Bilanz und die Sorge für eine gehörige Buchführung, da die erstere die Probe, die letztere eine unerläßliche Vorbedingung jeder geordneten

Geschäftsführung ist. Auch ohne die spezielle Verweisung des § 31 [33] des Ges. darauf würden die desfallsigen Verpflichtungen den Vorstand nach dem Handelsgesetzbuch treffen, auf das alle Genossenschaften als Kaufleute im allgemeinen durch § 17 des Ges. verwiesen sind. Aus diesem Grunde haben sie auch den Bestimmungen dieses Gesetzbuchs über die berührten Punkte in den §§ 38 bis 47 daselbst (neue Fassung) zu genügen. Das zu beobachtende Verfahren, bei welchem neben den Bücherabschlüssen auch die Inventur in Betracht kommt, findet sich unter Berücksichtigung der eingreifenden Thätigkeit des Aufsichtsraths in dem Kapitel über das Rechnungswesen besonders behandelt. Wie genau es die Vorstände mit der Wahrnehmung dieser Verpflichtungen zu nehmen haben, weil sie sich andernfalls nicht nur zivilrechtliche, sondern auch strafrechtliche Folgen zuziehen, soll eine Verweisung auf die §§ 214 und 210 der Reichs-Konkurs-Ordnung (§§ 244 und 240 neue Fassung) klar machen. Danach werden Vorstandsmitglieder von Genossenschaften, welche ihre Zahlungen eingestellt haben, „wenn sie Handelsbücher zu führen unterlassen 2c. 2c. oder so unordentlich geführt haben, daß sie keine Uebersicht des Vermögensstandes gewähren, oder wenn sie es unterlassen haben, die Bilanz ihres Vermögens in der vorgeschriebenen Zeit zu ziehen", wegen einfachen Bankerotts mit Gefängniß selbst dann bestraft, wenn dies nicht in der Absicht, ihre Gläubiger zu benachtheiligen, geschehen ist. In letzterem Fall tritt sogar wegen betrügerischen Bankerotts Zuchthausstrafe ein. Jedes der Vorstandsmitglieder unterliegt der Strafbestimmung, denn die Pflicht der Bilanzziehung und die Sorge für die Buchführung liegt allen Vorstandsmitgliedern ob.

Von fernerer wesentlicher Bedeutung für die Verantwortlichkeit der Vorstände sind sodann die §§ 27 und 32 [34] des Ges., die gewissermaßen der Machtvollkommenheit derselben, durch ihre Akte die Genossenschaft Dritten gegenüber unbedingt zu verpflichten, als Gegengewicht beigegeben sind. Danach ist der Vorstand der Genossenschaft gegenüber zur Beobachtung aller durch Statut und Generalversammlungsbeschlüsse gezogenen Beschränkungen bei eigener Verantwortlichkeit verpflichtet und Mitglieder des Vorstands, welche die im Statut und in den Beschlüssen der Generalversammlung festgesetzten Grenzen ihrer Befugnisse überschreiten, haften persönlich und solidarisch für den dadurch entstandenen Schaden. Daß dies ebenfalls bei Zuwiderhandlungen der Vorstandsmitglieder gegen die ihnen ertheilte Geschäftsanweisung und die mit ihnen abgeschlossenen Verträge eintritt, ist selbstverständlich. Ueber die von den Vorstandsmitgliedern bei der Ausübung ihrer Obliegenheiten wahrzunehmende Sorgfalt bestimmt § 32 [34] des Ges. Folgendes: „Die Mitglieder des Vorstandes haben die Sorgfalt eines ordentlichen Geschäftsmannes anzuwenden. Mitglieder, welche ihre Obliegenheiten verletzen, haften der Genossenschaft persönlich und solidarisch für den dadurch entstehenden Schaden.“*)

Mit der Verantwortlichkeit stehen die Bestimmungen des Ges. in Betreff der Entlassung und Suspension des Vorstandes im Zusammenhang (§§ 24 und 38 [40] des Ges.). Um sich vor den Folgen pflichtwidrigen Verhaltens des Vorstands zu schützen, hat man nicht nur an den Ersatz für bereits verursachte, sondern ebenso sehr an die Abwehr solcher Schäden zu denken, womit ein solches Verhalten den Verein vielleicht in nächster Zukunft bedroht. Sobald man daher von der Unfähigkeit, Gewissenlosigkeit oder Nachlässigkeit der Vorstandsmitglieder hinreichende Beweise hat, muß deren sofortige Entlassung erfolgen, wozu das Gesetz die Handhabe bietet, da es die Stellung des Vorstandes als jederzeit widerruflich bezeichnet (§ 24 des Ges.). Da aber die Entscheidung darüber nur von der Generalversammlung ausgehen kann, deren Einberufung nicht immer in so kurzer Frist möglich ist, wie es vielleicht dringende Umstände erfordern, ist dem Aufsichtsrath im § 38 [40] des Ges. die Befugniß beigelegt, Vorstandsmitglieder vorläufig bis zur Entscheidung der ohne Verzug zu berufenden Generalversammlung von ihren Geschäften zu entheben und wegen einstweiliger Fortführung das Erforderliche zu veranlassen. Wieder hat, wie wir sehen, die Rücksicht auf die strenge Haftbarkeit der Vorstandsmitglieder den Gesetzgeber bewogen, den Genossenschaften ein Mittel zu ihrer Sicherung in die Hände zu geben, wie es in diesem Umfange bei keiner Art der Handelsgesellschaften vorkommt.

Den Schluß der sämmtlichen vorstehend erörterten Sicherheitsmaßregeln bildet die Kautionsbestellung, die man allerdings in der Regel nicht von sämmtlichen Vorstandsmitgliedern

---

*) Bei der Auszahlung von Gewinnen und Geschäftsguthaben entgegen den Vorschriften in den §§ 19 und 22 des Ges. sind die Vorstandsmitglieder der Genossenschaft zum Ersatz der Zahlung verpflichtet, ohne daß ein Schadensnachweis erbracht zu werden braucht (§ 32 [34] Abs. 3 des Ges.). Die Ersatzansprüche gegen die Vorstandsmitglieder verjähren in fünf Jahren (§ 32 [34] Abs. 4 des Ges.).

wird verlangen können, wohl aber vom Kassirer. Ob diese Kaution in Hypotheken, Werthpapieren oder baarem Gelde bestellt werden soll, richtet sich nach den in jedem Falle gegebenen Verhältnissen, indem man nur auf die Sicherheit und leichte Einziehbarkeit der Kaution zu sehen hat. Die Kaution muß natürlich im Verhältniß zu den Kassenbeständen und zur Höhe der durch die Hände des Kassirers gehenden Gelder bemessen werden. Wenn aber bei tüchtigen und besonders geeigneten Personen die Mittel zu einer angemessenen Kautionsbestellung nicht vorhanden sind, so wird man sich mit einer geringen Anzahlung begnügen können, sollte aber auch für ein regelmäßiges Anwachsen derselben durch Einbehaltung bestimmter Gehaltsabzüge Sorge tragen. Vor allen Dingen wird es gerechtfertigt sein in Genossenschaften mit beschränkter Haftpflicht, von den Vorstandsmitgliedern die Ansammlung mehrerer Geschäftsantheile zu verlangen, um dadurch ihr Vermögensinteresse am Gedeihen der Genossenschaft zu steigern.

Ueber die Besoldung der Vorstandsmitglieder ist schon gesprochen worden. Hier darf nur noch darauf hingewiesen werden, daß namentlich bei den ersten Anfängen, in welchen man noch nicht übersehen kann, in welchem Umfange zur Besoldung Mittel verfügbar sind, es sich empfiehlt, nur für die Zeitversäumniß eine mäßige Entschädigung zu gewähren. Nimmt die Baugenossenschaft einen großen Umfang an, derart, daß sie schon mit einem großen Baugeschäft verglichen werden kann, so wird unzweifelhaft mindestens einem Vorstandsmitglied, das seine Thätigkeit ohne Nebenbeschäftigung ausschließlich der Genossenschaft widmet, eine für seinen standesgemäßen Lebensunterhalt ausreichende feste Besoldung zu gewähren und außerdem vielleicht noch vom Gewinn eine Tantieme zuzusichern sein. Der allgemeine Vereinstag in Bremen 1874 nahm auf Antrag von Schulze-Delitzsch folgenden Beschluß an: „Den Vorschuß- und Kreditvereinen dringend zu empfehlen, sobald Charakter und Umfang der Vereinsgeschäfte zu bankmäßiger Entwickelung drängen und Zeit und Kraft der bei der Verwaltung betheiligten Personen in einem Grade in Anspruch nehmen, welcher lohnende Nebenbeschäftigung ausschließt, denselben ein auskömmliches, der Mühewaltung entsprechendes festes Gehalt zu gewähren, dagegen die Tantieme von Gewinn oder Umsatz zu beschränken.“ Dieser Beschluß erscheint sinngemäß auch auf die Baugenossenschaften anwendbar. Wird hiernach das feste Gehalt für jedes Vorstandsmitglied nach seiner Verantwortlichkeit und der Wichtigkeit der ihm übertragenen Funktionen den örtlichen Verhältnissen entsprechend festgesetzt, so mag alsdann eine Tantieme von etwa 5% des Reingewinns zur Vertheilung unter die Vorstandsmitglieder immerhin als eine besondere Vergütung für die durch ihre Geschäftsleitung herbeigeführten günstigeren Resultate mit guter Wirkung nebenher gehen. Aber nur vom wirklichen Reingewinn nach Abzug aller Geschäftslasten ist die Tantieme zu vertheilen, nicht etwa vom Bruttoertrage.

Daß Besoldung und Kaution in einem besonderen Dienstvertrage mit den Vorstandsmitgliedern gleich nach der Wahl festgestellt werden müssen, ist selbstverständlich. Ein solcher Vertrag ist im Form. 8 enthalten. Daß bei der Auswahl der zur Wahl vorzuschlagenden Personen die allergrößte Vorsicht geboten ist, ist kaum noch zu betonen; es soll nur hier darauf hingewiesen werden, daß bei einer Baugenossenschaft als unerläßliche Vorbedingung für die Vorstandsmitglieder nicht sowohl besondere bautechnische als vielmehr vor allen Dingen kaufmännische Kenntnisse und geschäftliche Tüchtigkeit erforderlich sind.

Das Gesetz überträgt dem Vorstand eine Anzahl Obliegenheiten. Der Vorstand hat für die nach den §§ 14, 15, 16 Abs. 3, 28, 31 [33] Abs. 2, § 133 [139], 49 [51] Abs. 4 [5], 61 [63] Abs. 2, 67 [69], 74 [76] Abs. 2, 75 [77] Abs. 2, 76 [78] Abs. 2, 77 [79] Abs. 2, 82 [84] Abs. 1, 127 [133] Abs. 2, 137 [143] Abs. 3, 148 [157] Abs. 2 nothwendigen Anmeldungen und Anzeigen an das Gericht und für die vorgeschriebenen Veröffentlichungen über die daselbst bezeichneten Gegenstände zu sorgen, auch die ihm in den §§ 30, 31 [33] Abs. 2, 45 [47], 46 [48] Abs. 2, 49 [51] Abs. 3 [4], 59 [61] Abs. 2, 61 [63] Abs. 1 auferlegten Verpflichtungen zu erfüllen, widrigenfalls ihn die im § 152 [160] des Ges. auf die Unterlassung gesetzten Strafen treffen. Die nach den Bestimmungen in den §§ 10, 11, 14, 16, 28, 76 [78], 77 [79], 82 [84], 83 [85] Abs. 2, 127 [133], 137 [143] vorgeschriebenen Anmeldungen zum Genossenschaftsregister müssen durch sämmtliche Mitglieder des Vorstandes persönlich bewirkt oder in beglaubigter Form eingereicht werden. Bei den sonstigen Anzeigen, Einreichungen und Erklärungen zum Genossenschaftsregister oder zu der Liste der Genossen bedarf es weder der Mitwirkung sämmtlicher Vorstandsmitglieder noch der beglaubigten

Form; sie sind aber in der für die Willenserklärungen des Vorstandes vorgeschriebenen Form zu erstatten (§ 148 [157] des Ges.).*)

Von den gesetzlichen Obliegenheiten des Vorstands ist besonders wichtig die Veranlassung der **Revision** nach Maßgabe der §§ 51 [53] ff. des Ges. § 51 [53] des Ges. bestimmt:

„Die Einrichtungen der Genossenschaft und die Geschäftsführung derselben in allen Zweigen der Verwaltung sind mindestens in jedem zweiten Jahre der Prüfung durch einen der Genossenschaft nicht angehörigen sachverständigen Revisor zu unterwerfen."

Gehört die Genossenschaft keinem **Revisionsverband** an, so hat der Vorstand nach § 59 [61] des Ges. zu handeln, welcher vorschreibt:

„Für Genossenschaften, welche einem Revisionsverbande (§§ 53 [55] bis 55 [57] nicht angehören, wird der Revisor durch das Gericht (§ 10) bestellt. Der Vorstand der Genossenschaft hat die Bestellung zu beantragen. Die Bestellung erfolgt, nachdem die höhere Verwaltungsbehörde über die Person des Revisors gehört ist. Erklärt die Behörde sich mit einer von der Genossenschaft vorgeschlagenen Person einverstanden, so ist diese zum Revisor zu bestellen."

Es muß aber jeder Genossenschaft dringend anempfohlen werden, sich einem Revisionsverbande anzuschließen, dem nach § 52 [54] des Gesetzes das Recht verliehen ist, den Revisor zu bestellen. Der Revisionsverband bietet den Vortheil, daß die angeschlossenen Genossenschaften selbständig den Revisor wählen können, was von großer Bedeutung ist, da der Revisor Vertrauensperson der Genossenschaft sein muß, die als solche zur Prüfung der Geschäftsführung erscheint und Vorstand und Aufsichtsrath mit Rath und That zur Seite steht. Eine Anzahl Baugenossenschaften hat im Jahre 1896 einen **Verband der Baugenossenschaften Deutschlands** gebildet, dem vom Bundesrath dem Gesetze entsprechend die Revisionsbefugniß beigelegt worden ist. Dieser Verband als Unterverband des allgemeinen Verbandes der deutschen Erwerbs- und Wirthschaftsgenossenschaften hat nicht nur den Zweck, die Revision der ihm angehörenden Genossenschaften durch eigens bestellte Revisoren durchzuführen, sondern ist auch weiter bestrebt, die wirthschaftlichen Interessen der verbundenen Genossenschaften zu fördern, sowie diese Interessen möglichst nach außen zu vertreten, auch die verbundenen Genossenschaften zur Durchführung der Beschlüsse der Verbandstage und

---

*) Vgl. §§ 6 und 7 der Bekanntmachung, betreffend die Führung des Genossenschaftsregisters, vom 11. Juli 1889.

der allgemeinen Genossenschaftstage, namentlich in Betreff einer geordneten Verwaltung und einer regelmäßigen Kontrole, zu veranlassen, die Erfahrungen bezüglich der Geldbeschaffung, der Hypothekenbeschaffung und der Baupläne auszutauschen, Rath und Auskunft an die zum Verbande gehörenden Genossenschaften auf deren Anfragen zu ertheilen und einen steten Verkehr mit dem Anwalt des allgemeinen Verbandes der deutschen Erwerbs- und Wirthschaftsgenossenschaften zu vermitteln. Die Vortheile dieses Verbandes sind für jede Baugenossenschaft so groß, daß nur dringend empfohlen werden kann, diesem Genossenschaftsverbande beizutreten.

D. Der Aufsichtsrath.

Sofern das Statut nicht eine höhere Zahl festsetzt, muß nach dem Gesetz § 34 [36] der Aufsichtsrath aus drei von der Generalversammlung zu wählenden Mitgliedern bestehen. Eine Wahl durch Kooptation ist unzulässig und auch nicht für eine kurz bemessene Zeit statthaft. Nur in seltenen Fällen wird jedoch an dieser Minimalzahl festgehalten, und mit Recht; denn es ist vielmehr rathsam, den Aufsichtsrath mindestens auf 9 Mitglieder, und wenn sogleich auf eine große Betheiligung an der Genossenschaft gerechnet werden kann, auf 11—15 Mitglieder zu bestimmen, damit möglichst weite Kreise der Genossenschaft und verschiedene Berufsklassen in demselben vertreten sind. Was die Qualität der Aufsichtsrathsmitglieder betrifft, so wird es wünschenswerth sein, auf der einen Seite geschäftlich geschulte Genossen, die allerdings meist unter denjenigen zu finden sein werden, welche sich um ein Haus oder eine Wohnung nicht bewerben, auf der andern Seite aber gerade solche, für die in erster Linie die Baugenossenschaft errichtet ist, in den Aufsichtsrath hineinzubekommen. Gerade die letzteren werden die Thätigkeit des Vorstandes am besten beurtheilen können und bei der Erfüllung ihrer Obliegenheiten auch den Genossen klar zu machen wissen, daß die genossenschaftlichen Organe volles Vertrauen verdienen. Außerordentlich vorsichtig muß man bei der Baugenossenschaft in der Aufnahme von solchen Personen in den Aufsichtsrath sein, welche etwa mit der Genossenschaft Geschäfte machen möchten, namentlich Bauhandwerkern. Es muß widerrathen werden, jemand, der bei solchen Arbeiten konkurriren will, in den Aufsichtsrath zu wählen, wogegen umgekehrt Handwerksmeister, die ihr Geschäft nicht mehr betreiben, außerordentlich empfehlenswerth sind, weil sie bei der Ausführung der Bauten dem Vorstand mit ihrem werthvollen Rath sehr dienlich sein können.

Wie die Vorstandsmitglieder, müssen auch die Aufsichtsrathsmitglieder Genossen sein (§ 9 des Ges.). Daß dieselben nicht gleichzeitig dem Vorstande angehören dürfen (§ 35 [37]), ist bereits besprochen. Die Wahlperiode wird man nicht zu kurz und nicht zu lang bemessen; drei Jahre haben sich als eine angemessene Zeit ergeben. Es ist aber Vorsorge zu treffen, daß die Aufsichtsrathsmitglieder nicht alle gleichzeitig sich der Wahl zu unterziehen haben, damit nicht etwa ein vollständig neu zusammengesetzter Aufsichtsrath aus der Wahl hervorgeht, dem jeder Zusammenhang mit der bisherigen Verwaltung fehlen würde. Die Statuten bestimmen in der Regel, daß die Aufsichtsrathsmitglieder wiederwählbar sind; dagegen wird sich auch grundsätzlich nichts einwenden lassen. Es erscheint sogar selbstverständlich, daß tüchtige Kräfte nach Ablauf der Wahlperiode wiedergewählt werden; dagegen wird gegenüber minder tüchtigen rechtzeitig auf einen Ersatz Bedacht zu nehmen sein, um nicht einen dem Fortschritt hinderlichen Bureaukratismus einreißen zu lassen, sondern neue Kräfte mit neuen Anschauungen aus dem Genossenkreise heraus in den Aufsichtsrath gelangen zu lassen.

Für den Zeitpunkt der Wahl gelten die gleichen Grundsätze wie bei den Vorstandsmitgliedern: entweder fällt die Wahlperiode mit dem Geschäftsjahr zusammen, und dann müssen die Wahlen in der letzten Generalversammlung vor Ablauf desselben stattfinden, oder man läßt die Wahlperiode von Generalversammlung zu Generalversammlung laufen und wählt in derjenigen Generalversammlung, in der die Wahlperiode zu Ende geht. Für die Wahl ist absolute Mehrheit zu fordern, damit nicht infolge Stimmenzersplitterung Personen in den Aufsichtsrath gelangen, welche die große Mehrheit der Mitglieder für ungeeignet hält. Die Wahl sämmtlicher Mitglieder wird in einem und demselben Wahlgang vorzunehmen sein, da es sich nicht, wie beim Vorstand, um verschiedene Funktionen der einzelnen handelt, vielmehr alle gleichmäßig zur Mitwirkung bei den ihnen gemeinsam übertragenen Geschäften berufen werden. Aus diesem Grunde hat man ihnen auch ihre Konstituirung durch die Wahl eines Vorsitzenden und eines Schriftführers sowie deren Stellvertreter zu überlassen, zu welchem Zweck sie baldigst nach ihrer Wahl zu einer Sitzung zusammentreten, die, wenn nöthig, vom Vorstand zu veranlassen ist.

Daß die Geschäftsbehandlung eine kollegiale ist, ist schon ausgeführt worden. Was in dieser Hinsicht über regelmäßig stattfindende und außerordentliche Sitzungen, deren Berufung und Leitung in Bezug auf den Vorstand gesagt worden ist, gilt auch für den Aufsichtsrath. Die zu einer Beschlußfassung erforderliche Zahl von Mitgliedern ist durch das Stutut zu bestimmen (§ 34 [36] des Ges.). Dabei muß aber einer gewissen Anzahl von Mitgliedern des Aufsichtsraths, sowie dem Vorstand das Recht zugestanden werden, jederzeit die Berufung einer solchen Sitzung zu fordern. Auch müssen stets Protokolle über die Sitzungen aufgenommen und sicher aufbewahrt werden. (Vergl. Form. 6.) Darin sind aufzuführen:

1) die Beschlüsse in genauer Fassung;
2) die Personen, die in den Sitzungen anwesend sind nebst Feststellung der Beschlußfähigkeit;
3) der Vermerk über die entschuldigt Ausgebliebenen;
4) bei außerordentlichen Sitzungen der Nachweis der ordnungsmäßigen Berufung.

Da die Feststellung dieser Punkte nicht nur wegen der für gewisse Fälle darauf hin zu führenden Legitimation, sondern auch wegen der Verantwortlichkeit des Aufsichtsraths erforderlich ist, so ist dabei sehr präcise zu verfahren und es sind die bei der Beschlußfassung wie bei der Abfassung und Unterzeichnung der Protokolle zu beobachtenden Formen auch im Statut festzustellen. Die Unterzeichnung durch alle in der Sitzung erschienenen Mitglieder ist unbedingt erforderlich.

Eine **Enthebung** der Aufsichtsrathsmitglieder vom Amte kann auch vor dem Ablauf der Wahlperiode durch die Generalversammlung erfolgen und ist nicht an das Vorliegen gesetzlich oder statutarisch bestimmter Gründe gebunden. Der Beschluß bedarf der Mehrheit von $^3/_4$ der erschienenen Genossen. Erschwernisse oder Erleichterungen für die Beschlußfassung durch das Statut einzuführen, ist unzuläßig. Der Antrag auf Enthebung kann vom Vorstand, vom Aufsichtsrath oder von der für die Antragstellung der Mitglieder erforderlichen Anzahl von Genossen ausgehen. Werden hierdurch oder durch den Tod oder freiwilligen Austritt Stellen im Aufsichtsrath erledigt, so werden vor der Generalversammlung, welche die Wahlen vorzunehmen hat, in der Regel Nachwahlen nicht erforderlich sein, weil der Aufsichtsrath zahlreich ist. Nur wenn zu befürchten steht, daß der Aufsichtsrath seine

Pflichten nicht erfüllen kann oder daß die Erfüllung wesentlich erschwert wird, empfiehlt es sich, eine Nachwahl für den Rest der Wahlperiode der Ausgeschiedenen vorzunehmen.

Zu einem freiwilligen Rücktritt aus dem Aufsichtsrath während der Dauer der Wahlperiode, wie sie bisweilen vorkommt, wenn jemand mit einem wichtigen Antrage in der Minderheit geblieben ist, sind die Mitglieder des Aufsichtsraths nicht berechtigt, sondern bedürfen dazu in jedem einzelnen Falle erst der Genehmigung der Generalversammlung.

Daß die Obliegenheiten des Aufsichtsraths in der Kontrole, nicht in der Verwaltung liegen, ist schon früher ausgeführt worden. Eine Ausnahme hiervon findet nur in den im § 37 [39] des Ges. bestimmten Fällen statt, in welchen es sich um Vornahme gewisser Angelegenheiten im Interesse der Genossenschaft dem Vorstande selbst gegenüber handelt, so daß in Ermangelung eines andern Organs der Aufsichtsrath zur Vertretung der Genossenschaft berufen sein muß. Es beschränkt sich dies auf „die Führung der von der Generalversammlung beschlossenen Prozesse gegen den Vorstand und den Abschluß von Verträgen mit demselben“, wobei namentlich der Dienstvertrag in Frage kommt, in welchem die Stellung und Besoldung des Vorstands zu bestimmen ist. In innigem Zusammenhang damit erscheint noch das Einschreiten des Aufsichtsraths bei der ihm nach § 38 [40] des Ges. zustehenden vorläufigen Geschäftsenthebung des Vorstandes und der damit verbundenen Sorge für die einstweilige Fortführung der Geschäfte bis zur Entscheidung der Generalversammlung, welche er sofort zu berufen hat. Indessen darf er auch hier die ihm obliegende Fürsorge auf eigentliche Geschäftsabschlüsse mit Dritten nicht ausdehnen. Nicht die einstweilige Fortführung der Geschäfte wird dem Aufsichtsrath im Gesetz übertragen, vielmehr soll er nur „die nöthigen Anstalten wegen dieser Fortführung treffen“. Diese Anstalten können außer der augenblicklichen Sicherung der Kassenbestände u. s. w. in nichts anderem als in einer sofortigen Bestellung von Stellvertretern für den suspendirten Vorstand bestehen, da die Geschäftsführung nach dem Gesetz ein für alle Mal an den Vorstand gewiesen ist, der nur durch förmlich an seine Stelle berufene Stellvertreter darin ersetzt werden kann. Die Anmeldung und Eintragung in das Genossenschaftsregister nach § 33 [35] des Ges. ist für die Stellvertreter in derselben Weise wie für die Mitglieder des Vorstands selbst geordnet.

Wie streng das Gesetz die Geschäftsführung des Vorstands von der Kontrole der Verwaltung durch den Aufsichtsrath getrennt wissen will, geht daraus hervor, daß nach § 35 [37], wenn der Aufsichtsrath den Stellvertreter für ein Vorstandsmitglied aus seiner Mitte bestellt, dieser im Aufsichtsrath erst dann wieder seine Thätigkeit aufnehmen kann, wenn ihm für die Zeit seiner Stellvertretung von der Generalversammlung Entlastung ertheilt worden ist. Ueberhaupt ist der Aufsichtsrath bei der Bestellung der Stellvertreter aus seiner Mitte durch § 35 [37] des Ges. beschränkt, nach welchem der Aufsichtsrath nur für einen im voraus begrenzten Zeitraum einzelne seiner Mitglieder zu Stellvertretern für behinderte Mitglieder des Vorstandes bestellen kann.

Wir gehen nun von dieser nur bei außergewöhnlichen Vorkommnissen stattfindenden Thätigkeit des Aufsichtsraths zu den ihm stetig obliegenden Funktionen in Bezug auf die Kontrole und Ueberwachung der Geschäftsführung des Vorstands über. Der § 36 [38] des Ges. lautet:

„Der Aufsichtsrath hat den Vorstand bei seiner Geschäftsführung in allen Zweigen der Verwaltung zu überwachen und zu dem Zweck sich von dem Gange der Angelegenheiten der Genossenschaft zu unterrichten. Er kann jederzeit über dieselbe Berichterstattung von dem Vorstand verlangen und selbst oder durch einzelne von ihm zu bestimmende Mitglieder die Bücher und Schriften der Genossenschaft einsehen, sowie den Bestand der Genossenschaftskasse und die Bestände in Effekten, Handelspapieren und Waaren untersuchen. Er hat die Jahresrechnung, die Bilanz und die Vorschläge zur Vertheilung von Gewinn und Verlust zu prüfen und darüber der Generalversammlung vor Genehmigung der Bilanz Bericht zu erstatten. Er hat eine Generalversammlung zu berufen, wenn dies im Interesse der Genossenschaft erforderlich ist."

In der Ertheilung dieser Befugnisse liegt aber zugleich die Verpflichtung zu deren zweckentsprechenden Gebrauch.

War bei dem Vorstande die Aufstellung einer Geschäftsanweisung für nothwendig erklärt, so gilt dies noch mehr für den Aufsichtsrath, in den vielfach Personen mit geringerer Kenntniß ihrer Obliegenheiten eintreten, für die eine möglichst genaue Belehrung über dieselben erforderlich ist. Dazu dient die Geschäftsanweisung, die man von den Aufsichtsrathsmitgliedern durch Unterschrift sollte anerkennen lassen, um die Gewißheit der Kenntnißnahme zu haben. (Vgl. Form. 10).

Daß in den Sitzungen des Aufsichtsraths auf dessen Erfordern die Mitglieder des Vorstandes erscheinen müssen, um Auskunft zu ertheilen, ist eine Konsequenz der Befugniß des ersteren zur Kontrole. Auch die Anberaumung gemeinschaftlicher Sitzungen beider Organe, sowie die Leitung derselben wird man dem Vorsitzenden des Aufsichtsraths übertragen und es dem Vorstande nur überlassen, unter Angabe des Gegenstands der Verhandlung nach Bedürfniß eine solche gemeinschaftliche Sitzung zu verlangen.

Die Hauptstelle unter den Kontrolfunktionen nehmen die Revisionen des Geschäfts- und Kassenstands ein. Die Revisionen finden regelmäßig in gewissen Zwischenräumen, monatlich oder vierteljährlich, unter allen Umständen aber am Schluß des Geschäftsjahres statt. Bei den gewöhnlichen Revisionen wird man sich mit einer Prüfung der Buchführung im allgemeinen und einer Vergleichung der Ergebnisse derselben mit den vorhandenen Beständen an Geld, Werthpapieren, Dokumenten u. s. w. begnügen können. Am Schluß des Geschäftsjahres dagegen muß die Revision sich auf den völligen Abschluß der Bücher beziehen und eine durchgreifende Inventur der gesammten Bestände erfolgen. Außer den regelmäßigen Revisionen muß aber mindestens einmal in jedem Jahre und außerdem bei jedem irgend bedenklichen Anzeichen eine außerordentliche Revision vorgenommen werden, die den Vorstand völlig unvorbereitet trifft und so am sichersten Aufschluß über die Ordnung und Zuverlässigkeit seiner Geschäftsführung gewährt. Ueber das spezielle Verfahren bei den Revisionen giebt das Kapitel über das Rechnungswesen Aufschluß. Da die Arbeit eine gewisse Erfahrung und Fachkenntniß voraussetzt, so ist es zweckmäßig, den Aufsichtsrath nicht in seiner Gesammtheit damit zu befassen, sondern besonders geeignete Personen aus dem Aufsichtsrathe damit zu betrauen. Erscheint die Lage irgendwie bedenklich, oder fehlt es an hinlänglich geeigneten Mitgliedern, so ist zu empfehlen, einen kaufmännischen Bücherrevisor oder sonst eine in diesen Dingen erprobte, dem Verein nicht angehörende Persönlichkeit hinzuzuziehen, welche insbesondere, wenn es sich um Defekte oder sonstige durch gewissenlose Verwaltung veranlaßte Schädigung handelt, dem Verein um so ersprießlichere Dienste leisten kann, als sie bei deren Feststellung nicht interessirt ist.*)

Eine Besoldung der Aufsichtsrathsmitglieder wird bei den Baugenossenschaften in den seltensten Fällen stattzufinden haben. Nur für den Fall, daß durch häufige Aufsichtsrathssitzungen die

*) Genossenschaften, die einem Revisionsverbande angehören, wenden sich zweckmäßig an den Verbandsdirektor, der den Verbandsrevisor zur Revision veranlaßt.

Aufsichtsrathsmitglieder zu erheblichen Opfern an Zeit genöthigt werden, die natürlich auch ihren Privaterwerb beeinträchtigen, wird eine mäßige Entschädigung für den Zeitverlust in Form von Sitzungsgeldern zu erwägen sein, die für diejenigen, welche sehr entfernt von dem Sitzungsorte wohnen, entsprechend erhöht werden könnte. Mehr noch könnte für die Mitglieder von Kommissionen des Aufsichtsraths, namentlich der Baukommission, der Zeitverlust stark ins Gewicht fallen. Aber auch die Zahlung solcher Entschädigungen sollte möglichst vermieden werden, damit die Aufsichtsrathsmitglieder nach keiner Richtung hin in den Verdacht kommen, als wollten sie aus ihrer Thätigkeit eine Einnahmequelle machen. Die Aufsichtsrathsmitglieder müssen nicht nur dem Vorstande, sondern auch der Generalversammlung gegenüber absolut unabhängig und frei von jedem Interesse erscheinen. Darauf sei hier noch ausdrücklich hingewiesen, daß nach § 34 [36] Abs. 2 des Ges. die Gewährung einer nach dem Geschäftsergebniß bemessenen Vergütung (Tantième) an Aufsichtsrathsmitglieder verboten ist.

Bezüglich der Verantwortlichkeit der Mitglieder des Aufsichtsraths bestimmt das Gesetz im § 39 [41]:

„Die Mitglieder des Aufsichtsraths haben die Sorgfalt eines ordentlichen Geschäftsmannes anzuwenden.

Mitglieder, welche ihre Obliegenheiten verletzen, haften der Genossenschaft persönlich und solidarisch für den dadurch entstandenen Schaden.

Insbesondere sind sie in den Fällen des § 32 [34] Abs. 3 zum Ersatz der Zahlung verpflichtet, wenn diese mit ihrem Wissen und ohne ihr Einschreiten erfolgt ist.

Die Ansprüche auf Grund der vorstehenden Bestimmungen verjähren in fünf Jahren."

Für das Eintreten wie für die Art der Haftbarkeit der Mitglieder des Aufsichtsraths ist ihre kollegiale Thätigkeit und das Verhältniß der einzelnen dazu entscheidend. Im allgemeinen wird man aber festhalten müssen, daß „die bei den fraglichen Akten Betheiligten ebenso wie diejenigen, welche sich dabei pflichtmäßig hätten betheiligen sollen, dies aber ohne hinreichenden Grund unterlassen haben, in gleichem Maße regreßpflichtig sind". Wer sich der Mitwirkung bei den ihm zukommenden Obliegenheiten entzieht, handelt ebenso pflichtwidrig wie diejenigen, welche bei verderblichen Beschlüssen und Maßnahmen mit thätig sind, da er solche durch seine Theilnahme an den betreffenden Berathungen hätte verhindern können oder sollen. Daß mehre Aufsichtsrathsmitglieder, soweit sie nach Vorstehendem betheiligt sind, solidarisch haften, steht nach dem Gesetz fest. Da es möglich ist, für jedes einzelne Mitglied des Aufsichtsraths auf Erfüllung der der Gesammtheit obliegenden Verpflichtungen zu dringen und durch seine Mitwirkung auf ein ordnungsmäßiges Verfahren hinzuwirken, da ferner jedes Mitglied, wenn seinen bezüglichen Anträgen nicht nachgegeben wird, ebenso wie beim Vorstand in der Lage ist, sich durch einen Protest gegen die Verantwortlichkeit zu decken, so ist jedes Mitglied gegen die Folgen der solidarischen Haftbarkeit hinlänglich geschützt. Die Bestimmung über die Haftpflicht ist jedenfalls in die Geschäftsanweisung aufzunehmen, denn meist haben die Mitglieder von der Existenz einer solchen Verantwortlichkeit nur einen unvollkommenen Begriff. Nur durch die ausdrückliche Aussprache wird man daher im Stande sein, das ganze Verhältniß den Aufsichtsrathsmitgliedern zum Bewußtsein zu bringen und sie lebhaft zu der entsprechenden Thätigkeit anzuregen.

Schließlich ist noch die Mitwirkung des Aufsichtsraths bei der nach Maßgabe der §§ 51 [53] ff. des Ges. vorzunehmenden Revision durch einen der Genossenschaft nicht angehörigen sachverständigen Revisor zu erwähnen. Nach § 61 [63] des Ges. ist der Aufsichtsrath zu dieser Revision „hinzuziehen", d. h. der Vorstand hat den Vorsitzenden des Aufsichtsraths zu benachrichtigen, wann die Revision stattfindet. Nicht nothwendig erscheint es, daß der Aufsichtsrath sich vollzählig bei der Revision einfindet, wohl aber ist er verpflichtet, in seiner Sitzung diejenigen seiner Mitglieder zu bestimmen, welche der Revision beiwohnen sollen. Eventuell geschieht dies, wenn inzwischen eine Sitzung nicht stattfindet, durch den Vorsitzenden des Aufsichtsraths. In den Genossenschaften, welche den Unterverbänden des allgemeinen Verbandes der deutschen Erwerbs- und Wirthschaftsgenossenschaften angehören, findet nach durchgeführter Revision eine gemeinschaftliche Sitzung von Vorstand und Aufsichtsrath statt, und hier ist es Pflicht der Aufsichtsrathsmitglieder, möglichst vollzählig zu erscheinen. Nur aus ganz zwingenden Gründen darf ein Aufsichtsrathsmitglied fern bleiben, denn diese Sitzung kann für die Entwickelung und Gestaltung der Genossenschaft von der größten Bedeutung sein, weil hier die Aufsichtsrathsmitglieder möglicher Weise schwerwiegende Vorkommnisse, die ihnen selbst entgangen sind, erfahren. Als eine gesetzliche Pflicht des Aufsichtsraths kommt dann noch hinzu, in der auf die Revision folgenden Generalversammlung „sich über das Ergebniß der Revision zu erklären". Diese Aufgabe wird in der Regel dem Vorsitzenden des Aufsichtsraths zufallen. Es ist nicht der Revisionsbericht vorzutragen, sondern über das Ergebniß zu berichten und nur auf Beschluß der Generalversammlung würde der Bericht zu verlesen sein. Wissentlich unwahre Darstellung ist nach § 141 [147] des Ges. strafbar.

E. Beamte und Bevollmächtigte.

Der § 40 [42] des Gesetzes verordnet:

„Der Betrieb von Geschäften der Genossenschaft, sowie die Vertretung der letzteren in Bezug auf diese Geschäftsführung kann auch sonstigen Bevollmächtigten oder Beamten der Genossenschaft zugewiesen werden. In diesem Falle bestimmt sich die Befugniß derselben nach der ihnen ertheilten Vollmacht; sie erstreckt sich im Zweifel auf alle Rechtshandlungen, welche die Ausführung derartiger Geschäfte gewöhnlich mit sich bringt.

Die Bestellung von Prokuristen oder von Handlungsbevollmächtigten zum gesammten Geschäftsbetrieb findet nicht statt."

Danach ist es unzweifelhaft, daß bei der Genossenschaft nicht wie bei andern Handelsgesellschaften Prokuristen bestellt werden können; zugelassen ist vielmehr nur die Bestellung von Bevollmächtigten und Beamten. Wie sich diese nach § 40 [42] des Ges. von dem im Handelsgesetzbuch aufgeführten Prokuristen unterscheiden, ergiebt sich ohne weiteres. Nicht der Betrieb der Geschäfte der Genossenschaft, d. h. der Geschäftsbetrieb der Genossenschaft überhaupt, sondern der Betrieb von Geschäften der Genossenschaft, nicht die Vertretung der Genossenschaft in Bezug auf die Geschäftsführung, sondern die Vertretung in Bezug auf diese Geschäftsführung soll nach dem Gesetz Bevollmächtigten oder Beamten zugewiesen werden können. Dabei soll sich „die Befugniß derselben nach der ihnen ertheilten Vollmacht" bestimmen und „sich im Zweifel auf alle Rechtshandlungen erstrecken, welche die Ausführung derartiger Geschäfte gewöhnlich mit sich bringt". Nur von dem Betrieb einzelner Geschäfte oder Geschäftszweige ist demnach hier die Rede, nur von der Vertretung der Genossenschaft in diesen speziellen Geschäften oder Geschäftszweigen, keineswegs von der Leitung des ganzen Geschäfts und von der Vertretung der Genossenschaft in allen zu deren Geschäftsbetrieb überhaupt gehörigen Angelegenheiten. Die ganze Befugniß dieser Bevollmächtigten und Beamten bewegt sich daher lediglich innerhalb der ihnen vom Vorstand ausdrücklich ertheilten Vollmacht, und nur, wenn diese in einem Punkte Zweifel übrig läßt, erstreckt sie sich auf die Vornahme aller Handlungen, welche die Ausführung derartiger Geschäfte, d. h. von Geschäften, wie sie ihnen speziell übertragen sind, erfordert. Ueberall ist demnach von einer aus dem Gesetz fließenden Machtvollkommenheit dieser Beamten und Bevollmächtigten, wie sie Prokuristen zur Seite steht, keine Rede und auch nicht von der Ausdehnung der Vollmacht eigentlicher Handlungsbevollmächtigter im Sinne des § 54 des Handelsgesetzbuchs auf alle in einem Handelsgeschäft vorkommenden Akte. Vielmehr haben die nach dem Gesetz neben dem Vorstand zugelassenen Vertreter nur die Stellung gewöhnlicher Privatbevollmächtigter, und wenn man etwa zwischen Beamten und Bevollmächtigten unterscheiden will, so wird der Unterschied nicht in dem Rechtstitel ihrer Befugnisse zu suchen sein, sondern sich meist darauf zurückführen lassen, daß die Vollmacht von Beamten mehr auf die Uebertragung dauernder Verrichtungen, vielleicht ganzer Geschäftszweige, die der Bevollmächtigten mehr auf die Erledigung einzelner Aufträge sich bezieht.

Faßt man die vorstehenden Erörterungen zusammen, so erhält man folgende Ergebnisse:

1) Der für jede Genossenschaft unentbehrliche Vorstand hat die Gesammtvertretung der Genossenschaft in allen Stücken kraft des Gesetzes (§ 24) und kann darin durch das Statut dritten Personen gegenüber nicht beschränkt werden (§ 27). Er übt infolge dessen alle nach dem Handelsgesetzbuch dem Eigenthümer eines Handelsgeschäftes (Prinzipal) zustehenden Rechte aus. Auf seine Zeichnung müssen daher am letzten Ende alle und jede die Genossenschaft verpflichtenden Akte zurückbezogen werden und darin ihre rechtliche Begründung finden. Die Vorstandsmitglieder sind gesetzliche Vertreter und nicht Beamte oder Bevollmächtigte der Genossenschaft.

2) Der Betrieb von einzelnen Geschäften oder von Geschäftszweigen der Genossenschaft kann auch bevollmächtigten Beamten übertragen werden, welche den Verein nach Maßgabe der ihnen ertheilten Vollmacht darin vertreten und verpflichten. Welche Mitwirkung aber auch im Statut bei der Bestellung von dergleichen Personen den übrigen Organen des Vereins zugesichert werden mag, so kommt die Bestellung Dritten gegenüber doch nur durch Vornahme des bezüglichen Aktes seitens des Vorstands zur Ausführung und rechtlichen Geltung. Erst die vom Vorstand in gesetzlicher Form gezeichnete Vollmacht oder Bestellung verleiht

diesen Bevollmächtigten die Vertretungsbefugniß, die daher als eine von der des Vorstands abgeleitete, auf diese letztere sich in ihrem Rechtsgrund stützende in Betracht kommt und auch insofern davon abhängig ist, als sie allein vom Vorstand widerrufen und die Beamten und Bevollmächtigten allein von ihm entlassen werden können. Ob und in wie weit bei der Ertheilung oder Zurücknahme der betreffenden Vollmachten der Vorstand die im Statut bestimmte Mitwirkung der übrigen Vereinsorgane, z. B. der Generalversammlung oder des Aufsichtsraths, beachtet oder sich darüber hinwegsetzt, ist für die Gültigkeit jener Akte gegen Dritte ohne Einfluß. Was die von ihm auch statutenwidrig eingesetzten Beamten kraft der ihnen ertheilten Vollmacht vorgenommen haben, das muß der Verein gegen sich gelten lassen; er kann sich nur im Wege der Regreßklage an die Vorstandsmitglieder halten, wenn er Schaden dadurch erlitten hat und die Vorstandsmitglieder bei der Anstellung die Sorgfalt eines ordentlichen Geschäftsmannes nicht angewendet oder sonstwie ihre Obliegenheiten verletzt haben.

3) Bei Abschluß der ihnen übertragenen Geschäfte müssen die Beamten und Bevollmächtigten diejenigen Formen, besonders bei der Unterzeichnung, beobachten, welche ihnen ihre Vollmacht oder Bestellung vorschreibt, wenn die Genossenschaft dadurch verpflichtet werden soll. Hier liegt eben der Unterschied zwischen ihrer Unterzeichnung und der Zeichnung des Vorstands. Wenn die letztere ihrer Form nach im Statut ein für alle Mal bestimmt und in das Genossenschaftsregister eingetragen ist, auch stets in der dort eingetragenen Weise erfolgen muß, so kann der Vorstand die Unterzeichnung der Beamten in der Vollmacht beliebig anders anordnen. Ist z. B. die Unterschrift zweier Vorstandsmitglieder im Statut gefordert, so hindert dies nicht, daß der Vorstand einen Kassirer annimmt und diesen bevollmächtigt, mit seiner alleinigen Unterschrift rechtsgültig über die Zahlungen an der Kasse zu quittiren. Sobald hier nur die Vollmacht oder Bestellung selbst statutenmäßig von den zwei Vorstandsmitgliedern gezeichnet ist, sind die Quittungen gültig, die der Kassirer allein danach ertheilt, indem er dabei nur als Substitut der Vollmachtgeber auftritt und die Zeichnung der Vollmacht seine Unterzeichnung der Quittung deckt. Daß eine solche Vollmacht für eine Genossenschaft außerordentlich gefährlich werden kann, ergiebt sich von selbst. Wenn man in Betracht zieht, daß im Statut gerade

in Rücksicht auf die Sicherheit der Genossenschaft immer nur zwei Vorstandsmitglieder zur rechtsgültigen Zeichnung zugelassen werden, so erkennt man, daß es auch hier wünschenswerth ist, sofern man einem Kassirer eine Vollmacht ertheilt, stets die Gegenzeichnung eines andern Angestellten im Interesse der Sicherheit der Genossenschaft anzuordnen.

4) Als Bevollmächtigter kann auch ein Vorstandsmitglied vom Vorstand bestellt werden, in welchem Fall sich seine Rechte ebenso wie die jedes andern Bevollmächtigten nach der Vollmacht richten. Doch sollte eine derartige Vollmacht nur nach eingeholter Genehmigung des Aufsichtsraths ertheilt werden und darf niemals zur Umgehung der gesetzlich vorgeschriebenen Doppelzeichnung erfolgen.

5) Eine besonders wichtige Klasse von Beamten für viele Baugenossenschaften, die daher hier ausführlicher besprochen werden muß, sind die Hauskuratoren (Hausverwalter, Vicewirthe). Für diese Stellung die geeigneten Personen zu finden, kann für das Gedeihen der Genossenschaft von großem Einfluß sein. Wir haben dabei zu unterscheiden, ob die Genossenschaft Häuser mit Miethswohnungen baut oder zum Selbsterwerb durch die Genossen.

I. Bei Baugenossenschaften, welche Häuser zum Vermiethen bauen, wird der Hauskurator die Stelle des Hausverwalters bekleiden. Er hat dafür zu sorgen, daß die Miethen pünktlich eingehen, und hat, wenn Genossen mit ihren Miethszahlungen im Rückstand bleiben, festzustellen, welche Gründe dafür vorliegen; er hat die Wohnungen sowie das ganze Haus auf ihre Bautüchtigkeit zu prüfen; er hat, wenn Wohnungswechsel eintritt, die Abnahme der Wohnung von dem bisherigen Miether und die Uebergabe an den neuen Miether zu bewirken. Gerade bei der Baugenossenschaft wird es rathsam sein, bei aller Milde dem einzelnen Miether gegenüber, der Genosse ist, auch für eine stramme Zucht im Hause Sorge zu tragen, da nur zu leicht die einzelnen Genossen und ganz besonders die Frauen derselben sich als Eigenthümer des Hauses betrachten und versucht sind, eigenmächtig zu handeln. Ein solches Amt erfordert daher, damit nicht Streitigkeiten zwischen den miethenden Genossen selber oder zwischen den Genossen und dem Kurator stattfinden, außerordentlich viel Takt. Bei kleineren Baugenossenschaften wird es ja wohl möglich sein, daß ein Vorstandsmitglied zugleich Kurator des einzelnen Hauses ist. Bei einer größeren Anzahl Häuser würden aber die Vorstandsmitglieder, wenn sie auch noch die Verwaltung der einzelnen Häuser haben sollten, außerordentlich belastet werden, und es ist daher durchaus empfehlenswerth, von vornherein außerhalb des Vorstandes Kuratoren in Aussicht zu nehmen. Diese Kuratoren werden am besten durch Aufsichtsrath und Vorstand gemeinschaftlich aus der Reihe der Genossen gewählt werden; sie haben regelmäßig, und zwar am besten nach dem Ablauf je eines Halbjahrs nach einem bestimmten Formular (vergl. den Anhang zu Form. 26) dem Vorstand Bericht zu erstatten und Vorschläge zu machen, in wie weit Uebelständen, sei es in baulicher Beziehung, sei es in Bezug auf die Genossen, welche Miethswohnungen inne haben, abzuhelfen ist. Dadurch wird zwar der Vorstand seiner Verantwortlichkeit bezüglich der Verwaltung nicht enthoben, aber der Kurator, der die einzelnen Miethsgenossen viel leichter genau kennen lernen kann, wird ihm in allen einschlägigen Fragen der beste Berather sein. Eine kurze Instruktion für die Kuratoren enthält Form. 26.

II. Bei Baugenossenschaften, welche Häuser zum Erwerb durch die Genossen bauen, werden, sofern die Häuser an einem Orte zusammen gebaut sind, Kuratoren nicht so sehr erforderlich sein, weil, wenn die Häuser nur eine Familie enthalten, der Besitzer in seinem eigenen Interesse das Haus baulich vollständig in Ordnung hält, Miethsstreitigkeiten nicht vorkommen können und, wenn es sich um nachbarliche Streitigkeiten handelt, der Vorstand diese doch nur sehr seltenen Streitigkeiten leicht schlichten kann, wenn es sich aber um Häuser handelt, in denen der Besitzer noch eine oder mehrere Wohnungen vermiethet, auch immerhin in der Person des Besitzers durch sein eigenes Hausrecht eine gewisse Gewähr gegeben ist. Alle die Dinge, die für die Verwaltung in Frage kommen und die sich besonders darauf beziehen, daß die Häuser von denjenigen, die noch nicht eingetragene Besitzer sind, auch in gutem baulichen Zustand erhalten werden, können, da es sich nur um einen einzelnen Ort handelt, auf welchem die Häuser zusammen stehen, sehr wohl vom Vorstand erledigt werden. Anders stellt sich die Sache, wenn eine Baugenossenschaft besonders in großen Städten auf verschiedenen Komplexen, die unter Umständen weit von einander entfernt sind, gebaut hat. Kann mit Sicherheit angenommen werden, daß dort, wo eine Genossenschaft nur an einer Stelle ihre Thätigkeit entfaltet hat, ein oder mehre Vorstandsmitglieder wohnen, die als solche, durch das Vertrauen der Genossen gewählt, sehr wohl durch ihr Ansehen in der Lage sind, Streitigkeiten zu schlichten und Anordnungen im Interesse des Eigenthums der Genossenschaft zu treffen, so wird, sobald die Genossenschaft an verschiedenen Stellen gebaut hat, dies nicht mehr möglich sein. Es wird alsdann auch für jede einzelne Stelle, an der sich eine Anzahl durch die Genossenschaft erbauter Häuser befindet, ein Kurator durchaus nothwendig. Die Häuser sind entweder schon durch Eintragung in das Grundbuch in den Besitz der Genossen übergegangen oder sie sind zwar den Genossen übergeben, aber, da die volle Anzahlung noch nicht geleistet ist, rechtlich noch im Eigenthum der Genossenschaft; in beiden Fällen hat die Genossenschaft auch ein wesentliches Interesse an der sachgemäßen baulichen Unterhaltung der Häuser, weil sie die Hypotheken aufgenommen hat und als Konstituentin der Hypotheken auch für Kapital und Zinsen haftet. Wie wir später sehen werden, wird in den meisten Fällen sogar die Sachlage derart sein, daß selbst da, wo das Haus schon in definitiven Besitz des einzelnen Genossen übergegangen ist, die Baugenossenschaft noch mehr als bei ihren ersten Abmachungen mit dem Hypothekengläubiger als Vermittler, gewissermaßen als Zahlungsstelle für die Zinsen der Hypothek gilt. Es wird ferner für die Baugenossenschaft von außerordentlichem Werth sein, daß die Wege, die sie in diesen Fällen selbst meist angelegt hat, die Baumpflanzungen, die Bewässerungs- und Entwässerungsanlagen in gutem Zustand erhalten werden, und es wird schließlich für den genossenschaftlichen Geist durchaus wünschenswerth sein, daß die einzelnen Inhaber der Häuser mit einander in Ruhe und Frieden leben, daß Streitigkeiten aller Art vermieden werden. Alles das kann der Vorstand oder das einzelne Vorstandsmitglied kaum bewirken, wenn er nur von Zeit zu Zeit die Kolonie besucht. Es ist daher nothwendig, daß eine Vertrauensperson sich am Orte befindet, die nach all' den angegebenen Richtungen hin die Funktionen des Vorstands ausübt. Das ist wiederum der Kurator. Nach alledem erscheint es am zweckmäßigsten, den Kurator durch die Genossen jeder einzelnen Kolonie selber wählen zu lassen, da gerade derjenige, der das Vertrauen der Genossen des einzelnen Ortes besitzt, am besten in der Lage ist, seine Aufgabe zu erfüllen. Ueber seine Thätigkeit wird er vierteljährlich dem Vorstand Bericht zu erstatten und dabei insbesondere mitzutheilen haben, wie die Häuser von ihren Besitzern in baulichem Stand gehalten werden und welche praktischen Maßregeln vorzuschlagen sind. Er wird auch, wenn Abschlagszahlungen oder Hypothekenzinsen ausbleiben, auf

Erfordern des Vorstands am besten in der Lage sein, über die Ursachen Auskunft zu ertheilen und bezüglich Stundung oder strenges Vorgehen die geeigneten Anträge zu stellen.

Die Stellung der Kuratoren wird als rein ehrenamtlich zu bezeichnen sein.

6. Außer den bei andern Genossenschaften größeren Umfangs nothwendigen Beamten ist bei Baugenossenschaften namentlich während der Zeit, in welcher sie Bauten ausführen und darüber abrechnen, ein technisches Personal erforderlich. Wie schon früher hervorgehoben worden ist, erscheint es nicht nothwendig, daß im Vorstand ein Baumeister oder Architekt sich befindet. Ist dies der Fall, d. h. ist im Vorstand ein Bautechniker im Ehrenamt oder in besoldeter Stellung, so wird es sich dennoch empfehlen, daß die Baugenossenschaft dasjenige Personal, das für ihre Bauten erforderlich ist, sich selbst anstellt und es nicht zuläßt, daß Projekte und Bauleitung seitens des etwa vorhandenen Privatbureaus dieses technischen Vorstandsmitgliedes erfolgen, weil sonst gar zu leicht das Mißtrauen bei den Genossen rege werden könnte, daß das Vorstandsmitglied sich unkontrolirbare Vortheile durch Anfertigung der Zeichnungen oder durch die Bauleitung seitens seiner Privatbeamten verschafft. Die nothwendigen Techniker (Bauführer, Zeichner) sind alsdann Beamte der Genossenschaft und dem Vorstand in seiner Gesammtheit verantwortlich, wenngleich der im Vorstand befindliche Bautechniker immerhin vermöge seiner speziellen Kenntnisse der direkte Vorgesetzte sein wird. Es empfiehlt sich besonders, die Bauführer angemessen zu besolden, damit diese nicht in die Gefahr gerathen, bei den mannigfachen Beziehungen, die sie mit den verschiedenen beim Bau beschäftigten Handwerkern haben, gewisse Vortheile für sich wahrzunehmen, die zum Schaden der Baugenossenschaft ausfallen müssen. Der Bauführer muß der Kontroleur des Handwerkers sein und darf daher nach keiner Richtung hin etwa durch Geldzuwendungen oder durch Gewährung von sonstigen Vortheilen seitens des Handwerkers von diesem abhängig werden. Er wird es aber nur zu leicht, wenn er durch ein zu kärgliches Gehalt der Verführung, die vielfach an ihn herantritt, preisgegeben wird. Bei der Anstellung der Bauführer ist weniger auf eine glänzende baukünstlerische Vorbildung desselben als vielmehr darauf zu achten, daß er schon eine große Praxis hinter sich hat, weil es bei keinen andern Bauten so sehr wie bei denen einer Baugenossenschaft darauf

ankommt, mit den einfachsten Mitteln die bestmöglichen Resultate zu erzielen, und weil nur derjenige Techniker, der eine größere Praxis hinter sich hat, in der Lage ist, Ersparnisse dort durchzuführen, wo der jüngere kaum die Möglichkeit dazu erkennen kann. Die beste Schule für solche Bauführer ist nicht etwa die technische Hochschule, sondern es ist bei der Auswahl entschieden derjenige vorzuziehen, der als Maurer oder Zimmermann früher praktisch gearbeitet, dann mit Erfolg die Baugewerkschule absolvirt und nachher selbständig schon Bauten geleitet hat. Solche Kräfte findet man überall, und wenn die Baugenossenschaft in kleineren Orten thätig ist, in denen ein Angebot dieser Kräfte nicht üblich ist, wird sie sie sehr leicht durch Anzeigen in Fachzeitungen erhalten. Auch bei Anstellung von Zeichnern ist es nicht etwa wünschenswerth, nur solche zu erlangen, die speziell das Schönzeichnen betrieben haben, sondern solche, die praktischen Blick und praktische Kenntnisse besitzen. Bauführer und Zeichner, beide müssen aber im Voranschlagen durchaus geübt sein, da nur dann die Baugenossenschaft vor Uebervortheilung durch die Handwerker sicher ist. Ist im Vorstand kein Bautechniker, der in der Lage ist, Bauführer und Zeichner zu überwachen, so wird es sich empfehlen, sich an einen Architekten, der außerhalb der Baugenossenschaft steht, zu wenden und diesem die Oberleitung zu übertragen. Es kann wohl vorausgesetzt werden bei den besonderen Zielen, welche die Baugenossenschaft verfolgt, daß sich gut vorgebildete Privatarchitekten finden werden, denen es bei ihrer Thätigkeit für die Baugenossenschaft weniger auf reichlichen Geldverdienst ankommt, als daß es ihnen Freude macht, gerade so eigenartige Aufgaben zu lösen, wie sie die Ziele der Baugenossenschaften stellen. Wenn daher durch die sogenannte Hamburger Norm den Architekten für bestimmte Leistungen bestimmte Prozente der Bausumme als Honorar zugebilligt werden, so kann man sich doch versichert halten, daß gerade die hervorragenderen Architekten bei vorheriger Vereinbarung gern bereit sein werden, auch in Rücksicht auf die öffentliche Thätigkeit, die sie dabei zu entfalten haben, und in Rücksicht auf den Ruf, den sie sich dabei erwerben können, unter diese ihnen zustehenden Prozente herunterzugehen. In folgendem ist zur Orientirung ein Auszug aus dieser Hamburger Norm angegeben, soweit sie sich auf Bauausführungen bezieht, die bei Baugenossenschaften vorkommen können:

Auszug aus der „Norm zur Berechnung des Honorars für Arbeiten des Architekten und Ingenieurs“.
Aufgestellt vom Verbande deutscher Architekten- und Ingenieur-Vereine und vom Vereine Deutscher Ingenieure. 1888. (E. Toeche, Berlin.)

Bezeichnung der Leistung	Betrag des Honorars in Prozenten der Kostenanschlags-Summe bei einer Kostenanschlags-Summe von Mark										
	unter 5 000	5 000 bis 10 000	10 000 bis 20 000	20 000 bis 30 000	30 000 bis 50 000	50 000 bis 75 000	75 000 bis 100 000	100 000 bis 150 000	150 000 bis 300 000	300 000 bis 600 000	600 000 bis 1 000 000
I. Bauklasse. Allereinfachste ländliche und städtische Wohngebäude.											
Allgemeiner Entwurf, Skizze	0,7	0,6	0,5	0,5	0,5	0,4	0,3	0,3	0,3	0,25	0,2
Entwurf	1,0	1,0	0,95	0,85	0,8	0,7	0,65	0,6	0,5	0,4	0,4
Arbeitszeichnung und Details . . .	1,0	1,0	0,95	0,85	0,8	0,7	0,6	0,55	0,55	0,5	0,4
Kostenanschlag	0,6	0,5	0,5	0,45	0,4	0,4	0,4	0,35	0,3	0,25	0,2
Ausführung	1,2	1,15	1,05	1,0	1,0	0,9	0,85	0,75	0,7	0,6	0,6
Abrechnung	0,5	0,45	0,4	0,35	0,3	0,3	0,3	0,3	0,25	0,2	0,2
Zusammen .	5,0	4,7	4,35	4,0	3,8	3,4	3,1	2,85	2,6	2,2	2,0
II. Bauklasse. Gewöhnliche Miethhäuser, einfache Häuser für einzelne Familien und einfache Villen.											
Allgemeiner Entwurf, Skizze	1,1	0,95	0,75	0,7	0,6	0,5	0,4	0,4	0,4	0,3	0,25
Entwurf	1,2	1,2	1,15	1,05	1,0	0,9	0,85	0,75	0,7	0,7	0,6
Arbeitszeichnung und Details . . .	1,4	1,4	1,3	1,25	1,2	1,1	1,0	0,95	0,9	0,9	0,8
Kostenanschlag	0,7	0,6	0,6	0,55	0,5	0,5	0,4	0,4	0,35	0,3	0,25
Ausführung	1,6	1,55	1,45	1,35	1,3	1,2	1,15	1,05	1,0	0,9	0,9
Abrechnung	0,5	0,4	0,4	0,4	0,4	0,3	0,3	0,3	0,25	0,2	0,2
Zusammen .	6,5	6,1	5,65	5,3	5,0	4,5	4,1	3,85	3,6	3,3	3,0

Es ist in weiten Theilen Deutschlands eine Unsitte geworden, daß die Handwerker dem bauleitenden Architekten Prozente der für sie entstehenden Rechnungen bewilligen. Wenn auch vorausgesetzt werden kann, daß der bauleitende Architekt sich dadurch nicht verleiten läßt, zu Ungunsten seines Auftraggebers dem bezüglichen Handwerker mehr zu bewilligen, als ihm zukommt, so ist doch die Meinung sehr verbreitet, daß die dem Bauleiter seitens des Handwerkers gewährten Vortheile nur auf Kosten des Bauherrn, in unserm Fall der Baugenossenschaft gehen. Das wird um so eher angenommen werden müssen, wenn der Handwerker durch das etwa bei der Baugenossenschaft eingeführte Submissionsverfahren schon an sich gezwungen ist, möglichst niedrige Preise zu kalkuliren, damit er die Arbeit überhaupt erhält. Eine Baugenossenschaft muß aber schon in Rücksicht auf ihren Zweck alles mögliche thun, um bei bester Ausführung doch billigst zu bauen, und vor allen Dingen darauf achten, daß nicht im Kreise der Genossen etwa die Vermuthung auftaucht, daß sie theurer baue als Private. Es empfiehlt sich daher, in dem Vertrage mit dem außerhalb der Baugenossenschaft stehenden bauleitenden Architekten die besondere Bedingung aufzunehmen, daß alle diejenigen Vortheile, die ihm irgendwie durch die Handwerker zu Gute kommen, der Baugenossenschaft gutgeschrieben werden. Am wünschenswerthesten allerdings erscheint es, überhaupt nur solche bauleitenden Architekten zu wählen, von denen man bestimmt voraussetzen kann, daß sie sich auf dieses leider im Baufach eingerissene Unwesen nicht einlassen.

Elftes Kapitel.

Der Terrainerwerb.

Bevor wir auf die unmittelbar praktischen Fragen des Terrainerwerbs eingehen, schicken wir einige Bemerkungen über die rechtliche Gestaltung der einschlägigen Verhältnisse voraus, wie sie sich vom 1. Januar 1900 ab ergiebt. Das dann in Kraft tretende Bürgerliche Gesetzbuch und damit zusammenhängend die Grundbuchordnung vom 24. März 1897 und das Reichsgesetz über die Zwangsversteigerung und Zwangsverwaltung von demselben Tage haben in den wichtigsten Beziehungen ein einheitliches Grundbuchrecht für das Deutsche Reich geschaffen, das den bisher schon in großen Gebieten Deutschlands geltenden Grundsätzen der Spezialität, Publizität, des Konsens- und Antragsprinzips die allgemeine Anwendung für das ganze Reich gesichert hat. Das Bürgerliche Gesetzbuch hat zunächst das materielle Sachenrecht auch für die Grundstücke in mehren Abschnitten geregelt: der 2. Abschnitt des 3. Buchs (§§ 873—902) enthält die Allgemeinen Vorschriften über Rechte an Grundstücken), der 2. Titel des 3. Abschnitts daselbst (§§ 925—928) ordnet den Erwerb und Verlust des Eigenthums an Grundstücken, der 4. Abschnitt daselbst (§§ 1012—1017) das Erbbaurecht, der 1. Titel des 5. Abschnitts (§§ 1018—1029) die Grunddienstbarkeiten, der 3. Titel (§§ 1090—1093) beschränkte persönliche Dienstbarkeiten, der 6. Abschnitt (§§ 1094—1104) das Vorkaufsrecht, der 7. Abschnitt (§§ 1105—1112) die Reallasten, und der 8. Abschnitt (§§ 1113—1203), der gerade für Baugenossenschaften sehr wichtig ist, die Hypothek, Grundschuld und Rentenschuld. Allerdings ist dieses gemeinsame Recht für Immobilien vielfach durchbrochen durch Vorbehalte, welche im Einführungsgesetz zum Bürgerl. Ges.-Buch zu Gunsten des Landesrechts entweder dauernd oder für eine Uebergangszeit gemacht sind. Wir verweisen hier nur auf die Art. 117—124, 127, 128 und auf die Uebergangsvorschriften in Art. 186 ff.

Das Sachenrecht des Bürgerl. Ges.-Buchs hat aber zur Voraussetzung, daß überall in seinem Geltungsbereich durch Grundbuchämter Grundbücher geführt werden, und wird daher durch die Grundbuchordnung die formelle Ordnung des Grundbuchwesens und das Verfahren in Grundbuchsachen soweit festgesetzt, als dies nicht im einzelnen der Landesgesetzgebung überlassen ist. So ist die Verfassung der Grundbuchämter Sache des Landesrechts, und die Einrichtung der Grundbücher Sache der Landesjustizverwaltung. Den Kern des Gesetzes bildet der 2. Abschnitt (§§ 13—55), welcher die Eintragungen in das Grundbuch behandelt, d. h. die Voraussetzungen der Eintragungen, die Eintragungen selbst, ihre Berichtigung und die Benachrichtigung der Betheiligten. Der 3. Abschnitt (§§ 56—70) betrifft die über die Grundstückspfandrechte zu bildenden Briefe. Vorbildlich war dabei in allen wesentlichen Fragen die preußische Grundbuchordnung.

Da nach § 1147 des Bürgerl. Ges.-Buchs die Befriedigung des Gläubigers aus dem Grundstück nur im Wege der Zwangsvollstreckung erfolgt, so bedurfte es auch hierfür einer reichsgesetzlichen Regelung, nachdem bisher die Civil-Prozeß-Ordnung in Betreff der Zwangsvollstreckung in das unbewegliche Vermögen im wesentlichen auf die Landesgesetze verwiesen hatte. Es wurde nun in der neuen Civil-Prozeß-Ordnung vom 17. Mai 1898 im § 757b bestimmt, daß die Zwangsvollstreckung in ein Grundstück erfolgt durch Eintragung einer Sicherungshypothek für die Forderung, durch Zwangsversteigerung und durch Zwangsverwaltung, in der Civil-Prozeß-Ordnung selbst aber durch die §§ 757b, 757c, 757d nur die Sicherungshypothek geregelt, dagegen im § 757e ebenda in Betreff der Zwangsversteigerung und Zwangsverwaltung auf ein besonderes Gesetz hingewiesen. Dieses Gesetz führt nach dem Vorgange der neuen preußischen, bayrischen und sächsischen Gesetzgebung den Grundsatz durch, daß die Zwangsversteigerung eines Grundstücks nur unter Wahrung derjenigen Rechte erfolgen darf, welche dem Anspruche des betreibenden Gläubigers vorgehen (Deckungsprinzip). Für Baugenossenschaften ist der erste und dritte Abschnitt des Gesetzes von Interesse. Der erste behandelt im 1. Titel (§§ 1—14) die auf Zwangsversteigerung und Zwangsverwaltung gemeinsam sich beziehenden Vorschriften, im 2. Titel (§§ 15—145) die Zwangsversteigerung und im 3. Titel (§§ 146—161) die Zwangsverwaltung. Der 3. Abschnitt (§§ 172—184) betrifft die Zwangsversteigerung und Zwangsverwaltung auf

Antrag des Konkursverwalters, zur Deckung der Nachlaßverbindlichkeiten und zum Zwecke der Aufhebung einer Gemeinschaft. Das beigegebene Einführungsgesetz enthält hauptsächlich die Vorbehalte zu Gunsten des Landesrechts und Uebergangsvorschriften.

Um bei Anwendung dieser Gesetze in der Praxis sich vor Irrthümern zu bewahren, die leicht Verluste zur Folge haben könnten, wird namentlich minder erfahrenen Vorständen von Baugenossenschaften die Zuziehung eines Rechtsverständigen sowohl bei Terrainerwerbungen als bei Veräußerung von Häusern u. s. w. dringend zu empfehlen sein.

Werden sich dann etwaige rechtliche Hindernisse, die einem Terrainerwerb entgegenstehen, meist leicht überwinden lassen, so gilt dies nicht auch von den Hindernissen, die aus den ungenügenden eigenen Fonds einer Genossenschaft sich für den Erwerb ausreichender Bauplätze ergeben.

Wenn schon der Privatbaumeister oder Bauspekulant sich in außerordentlich schwieriger Lage befindet, wenn er bei nicht großen Mitteln sich in Terrainspekulationen größeren Umfangs einläßt, so wird dies bei Baugenossenschaften noch in weit höherem Grade der Fall sein. Eine Baugenossenschaft, die bei ihrer Begründung und auch noch längere Zeit nachher nur mit den verhältnißmäßig geringen Mitteln der wöchentlichen oder monatlichen Einzahlungen ihrer Mitglieder auf Geschäftsguthaben und etwaigen Spareinlagen zu rechnen hat, wird kaum in der Lage sein, größere Summen für Terrainerwerb vorweg auszugeben. Dieselben sind aber erforderlich, wenn die Baugenossenschaft ein größeres Terrain erwirbt. Und da gerade dort, wo Miethshäuser errichtet werden, also in größeren Städten, der Grund- und Bodenpreis pro Einheit ein ziemlich hoher ist, wird die Genossenschaft leicht genöthigt sein, gerade nur soviel Terrain zu erwerben, als etwa in dem betreffenden Jahre für ihre Bauthätigkeit erforderlich ist. Andererseits aber kann sie, wenn der Terrainerwerb soweit beschränkt wird, in die unangenehme Lage kommen, durch ihre eigene Bauthätigkeit den Grund und Boden in ihrer Umgebung im Preise zu steigern und nachher höhere Preise dafür bezahlen zu müssen, als sie ein oder einige Jahre vorher hätte zu bezahlen brauchen. Die meisten Baugenossenschaften haben bei der Notorietät ihrer für das Allgemeinwohl wichtigen Zwecke insofern oft Glück gehabt, als sie wohlhabende Personen unter ihren Mitgliedern oder Freunden finden, die bereit waren, ein Terrain für sie zu erwerben, das für die Bauthätigkeit mehrer Jahre ausreichte und das sie dann je nach Bedarf in jedem Jahre in einzelnen Theilen den Baugenossenschaften nach Anzahlung übereigneten. In solchen Fällen würden zu dem Kaufpreis nur die jährlichen Zinsen hinzukommen, und die Baugenossenschaften würden sich dabei ebenso gut stehen, als ob sie das Terrain selbst gekauft hätten, ohne daß sie großer Geldmittel bedürfen, und ohne daß sie sich in weitgehende Spekulationen einlassen. Terrainspekulationen sollte überhaupt eine Baugenossenschaft durchaus vermeiden, denn wenn es auch richtig ist, daß da, wo eine größere Bauthätigkeit eintritt, die Grund- und Bodenpreise steigen, so kann andererseits, besonders wenn kritische Zeiten eintreten, auch der Bodenwerth fallen, oder wenn dies nicht geschieht, können wenigstens die Baustellen derart unverkäuflich werden, daß die Baugenossenschaft mangels flüssiger Gelder vollständig in ihrer Thätigkeit lahmgelegt wird.

Es hat sich aber ein anderer Weg außerordentlich bewährt, der namentlich jüngeren Baugenossenschaften, die nur verhältnißmäßig geringe Betriebsmittel haben, aufs dringendste empfohlen werden kann. Ueberall da, wo eine rege Bauthätigkeit herrscht — und gerade dort werden ja am ehesten Baugenossenschaften entstehen, weil dort das Bedürfniß nach Wohnungen vorhanden ist — finden sich Bauspekulanten, die baureife Terrains durch Anlage von Straßen aufschließen. Diesen Bauspekulanten ist besonders daran gelegen, die ersten Baustellen an solche zu verkaufen, die nicht etwa weiter damit Spekulation treiben, sondern die Baustellen sofort bebauen, weil sich alsdann bald weitere Reflektanten auf andere Baustellen einstellen und bei der gesteigerten Nachfrage der Grundpreis in die Höhe geht. Solche Spekulanten pflegen nun sehr gern sogar zum Selbstkostenpreis ihre Baustellen abzugeben, wenn sie nur die Sicherheit haben, daß mit dem Bau sogleich begonnen wird. Eine Baugenossenschaft aber, die doch nur gegründet worden ist, damit sie Häuser baut, kann diese Verpflichtung sehr wohl eingehen und sie wird bei geschickten Verhandlungen seitens ihres Vorstandes auch den Vortheil erreichen, daß sie sich auch für die nächsten Jahre Terrains durch Vertrag derart sichert, daß sie berechtigt ist, bestimmte Mengen von Bauland zu bestimmten Preisen in jedem Jahre von den Terrainspekulanten noch anzufordern. Man nennt diesen Kauf den Kauf mit Option. Es ist nur billig, daß der Kaufpreis um so viel wächst, als die Zinsen des Kaufpreises vom Tage des Vertrages bis zum Tage der Anforderung betragen. Aber selbst angenommen, daß der Zuschlag zu dem ersten Kaufpreis pro Jahr ein größerer ist, als die ortsüblichen Zinsen rechtfertigen, ist es immer für die Baugenossenschaft vortheilhafter, einen solchen Vertrag abzuschließen, als daß sie ein größeres Terrain auf einmal selbst erwirbt, sich in Spekulationen begiebt und ihre Mittel durch die natürlich auch größere Anzahlung zu sehr beschränkt. Es sind uns Fälle bekannt, daß solche Terrainspekulanten sogar direkt nach Baugenossenschaften gesucht haben, weil mehrfach bei diesem Zusammenwirken der Terrainspekulant von dem ihm übrig bleibenden Terrain durch die Preissteigerung soviel Vortheil erhalten hat, daß er gern einen Theil zum Selbstkostenpreis abgab. Der Baugenossenschaft erwachsen aber durch diese Art des Kaufes auch noch ganz besondere Vortheile, weil durch die Bebauung der übrig bleibenden Terrains seitens der Privatunternehmer und die dadurch hervorgerufene Preissteigerung des Grund und Bodens auch ihr Terrain im Werthe mit gestiegen ist. Schließt sie dann ihre Hypotheken auf den fertigen Bau auf Grund der Taxen Sachverständiger ab, so kann sie sicher sein, daß der Taxwerth des Grund und Bodens höher als der gezahlte Preis ist und daß sie dadurch je nach ihren Wünschen und Bedürfnissen die erste Hypothek entweder in größerem Umfange oder zu geringerem Zinsfuß erhalten kann. Bei alledem ist vorausgesetzt, daß die Baugenossenschaft ihre Thätigkeit dort entfaltet, wo neue Bauquartiere aufgeschlossen werden. Will sie dagegen mitten in der Stadt bauen, so wird sie meistens nur auf einzelne Baustellen angewiesen sein und wird natürlich immer denjenigen Preis bezahlen müssen, den auch andere Privatunternehmer bieten.

Der Kauf wird gewöhnlich derart abgeschlossen, daß ein bestimmter Prozentsatz der Kaufsumme in baar erlegt, der übrig bleibende Betrag, das sogenannte Restkaufgeld, zur ersten Hypothek bei mäßigem ortsüblichen Zinsfuß eingetragen wird. Diese Hypothek, d. h. die Kreditirung des Restkaufgeldes, hat für die Baugenossenschaft nur einen vorübergehenden Werth; denn da sie immer darauf angewiesen ist, sich für den Bau selbst Geldmittel flüssig zu machen, und sie wiederum diese Geldmittel meist nur zur ersten Hypothek erlangen kann, so wird sie fast immer gezwungen sein, in verhältnißmäßig kurzer Zeit diese Hypothek auf den Grund und Boden durch die ihr gewährten Baugelder oder Hypothekengelder für das bebaute Grundstück abzulösen. Es kann daher nur dringend empfohlen werden, bei Terrainkäufen darauf zu achten, daß der Verkäufer sich dahin bindet, das Restkaufgeld zwar mindestens 5 Jahre lang fest stehen zu lassen, aber zugleich der Baugenossenschaft freizustellen, dasselbe auch innerhalb dieser Frist jederzeit nach vierteljährlicher Kündigung zurückzuzahlen. Das sind Bedingungen, die für Terrainerwerbungen allenthalben angewendet werden.

Wenn einzelne Baugenossenschaften vom Eisenbahn-Fiskus zu niedrigen Preisen Terrain erworben haben, so war das für sie an sich gewiß annehmbar, und die Eisenbahnverwaltung konnte die Gegenleistung für den niedrigen Kaufpreis darin finden, daß die Wohnungsverhältnisse ihrer Arbeiter verbessert und damit ein gewichtiger Grund zur Unzufriedenheit für dieselben beseitigt wurde. Es muß doch auch der Eisenbahnverwaltung, wie unter ähnlichen Verhältnissen jedem andern Verwaltungszweige, daran gelegen sein, einen tüchtigen Stamm zuverlässiger Arbeiter sich zu erhalten, und wenn sie diesem Ziele durch Terrainverkauf zu billigen Preisen an eine Baugenossenschaft erheblich näher kommen kann, so hat sie damit nichts verschenkt, sondern nur ihr eigenes Interesse gefördert. Es hat aber die Eisenbahnverwaltung in einem uns bekannten Falle für den niedrigen Verkaufspreis des Terrains sich noch das Recht ausbedungen, falls die Genossenschaft eines der auf diesem Terrain gebauten Häuser verkaufen will, das Terrain zu dem früher dafür empfangenen Preise zurückzukaufen, ohne Rücksicht auf die Werthsteigerung, die dasselbe durch die Bauthätigkeit der Genossenschaft erfahren hat. Auf eine so erschwerende Bedingung des Terrainerwerbs sollte keine Genossenschaft eingehen, mag der Preis auch noch so verlockend sein.

Vor jedem Kauf eines Grundstückes ist ferner der Baugrund festzustellen, eventuell sind, sobald irgendwie ein schlechter Baugrund vermuthet werden kann, Bohrversuche zu machen. Sand und Lehm zusammen werden als guter Baugrund betrachtet, während reiner Lehm und Letten als weniger gut bezeichnet werden müssen. Aufgeschütteter Boden, schwarze Erde oder Moorerde müssen von den Fundamenten derart durchdrungen werden, daß diese sich unzweifelhaft auf den unterhalb liegenden festen gewachsenen Boden aufsetzen. Wenn auch ein solcher schlechter Baugrund unbequem werden kann, so ist die ganze Sache doch nur eine Frage der Kalkulation, denn wenn das Terrain derart billig ist gegenüber den Terrains mit gutem Baugrund, daß bei Berechnung der künstlichen Fundamentirungskosten eine Differenz gegen den Preis der Terrains mit gutem Baugrund nicht herauskommt, sollte man, wenn nicht etwa unabsehbare Schwierigkeiten zu befürchten sind, auch vor einer Fundamentirung bis zu 4—5 m, wenn nöthig mittels Kasten, nicht zurückschrecken. Es ergiebt sich hieraus aber, daß jedenfalls bei irgendwie schlecht gerathenem Baugrund eine finanzielle Berechnung aufgestellt werden muß, ob es sich nicht empfiehlt, theurere Terrains, vielleicht auch in etwas größerer Entfernung vom Stadtmittelpunkt zu erwerben, wenn dort der Fundamentirung Schwierigkeiten nicht entgegenstehen.

Im speziellen ist beim Terrainerwerb noch Folgendes zu beachten:

A. Terrainerwerb für Miethshäuser.

Die das Terrain erwerbende Baugenossenschaft hat vor allen Dingen, ehe sie den Kauf abschließt, sich das Grundbuchblatt des bezüglichen Grundstücks anzusehen und festzustellen, ob nicht irgend welche Baubeschränkungen auf dem Grundstück liegen, die unter Umständen für die Bebauung verhängnißvoll werden können. Sie hat ferner selbstverständlich nachzusehen, daß sie nicht etwa als Käuferin Schulden übernimmt, die ihr nicht in Anrechnung gebracht worden sind. Aber auch außerdem hat sie noch wichtige Vorerhebungen zu machen, sofern es sich um Baustellen handelt, welche nicht im Innern der Stadt, sondern an der Peripherie an neuen Straßen, seien sie nun von der Gemeinde oder von dem Terrainspekulanten ausgeführt, sich befinden. In Preußen kommt hier namentlich das Baufluchtlinien-Gesetz vom 2. Juli 1875 in Betracht, auf Grund dessen sich fast alle Gemeinden Ortsstatuten gegeben haben, nach denen die Straßenbaukosten und ebenso die Kosten für die Entwässerung von den Adjacenten eingezogen werden, sobald die Adjacenten auf der Baustelle einen Bau errichten. Leider giebt es keine Vorschrift, daß die Gemeinden sich dieses Recht auf Zahlung der Pflasterungs- und Entwässerungskosten ins Grundbuch haben eintragen zu lassen, und so kann es vorkommen, daß der Käufer einer Baustelle, selbst wenn er das Grundbuchblatt derselben genau studirt hat, bei Nachsuchen der Bauerlaubniß zu seinem Schaden erfährt, daß er außer dem Kaufpreis, den er an den früheren Besitzer bezahlt hat, nun noch an die Stadtgemeinde ortsstatutarische Beiträge zu zahlen hat. Die ortsstatutarischen Beiträge, die sich aus den Kosten des Terrains, das für die Straße erforderlich ist, und aus den Kosten für die Pflasterung und Entwässerung zusammensetzen, können sehr beträchtlich sein und es kann daher der Grund- und Bodenwerth weit höher werden, als die Baugenossenschaft dafür zu zahlen beabsichtigt hatte. Es empfiehlt sich daher, nicht nur an der zuständigen Stelle Erkundigungen einzuziehen, in wie weit ortsstatutarische Beiträge noch zu zahlen sind, sondern auch besonders in den Kaufvertrag die Bedingung aufzunehmen, daß für alle solche von der Gemeinde geforderten Beiträge der Verkäufer der Baugenossenschaft haftet, wobei freilich eine entsprechende Leistungsfähigkeit des Verkäufers vorausgesetzt werden muß. Erwirbt die Baugenossenschaft ein so großes Terrain, daß sie selbst Straßen anlegen muß, um geeignete Baustellen zu erlangen, so hat sie besonders darauf zu achten, daß nach dem erwähnten Baufluchtliniengesetz die Gemeinden durch ihre Vorstände und Vertretungen allein berechtigt sind, neue Straßenzüge, die im bisherigen Bebauungsplan noch nicht vorgesehen waren, zu genehmigen. Eine vorsichtige Baugenossenschaft wird daher, ehe sie ein solches größeres Terrain erwirbt, sich sehr wohl vorsehen müssen, ob sie diese nach dem Gesetz nothwendige Genehmigung auch thatsächlich erhält, weil sie im Falle der Verweigerung Baustellen erhalten könnte, die für ihre Zwecke vollkommen ungeeignet wären, ja die vielleicht gar als Bauland überhaupt nicht zu verwerthen sind.

B. Terrainerwerb für Häuser zum Selbsterwerb.

Baugenossenschaften, welche Häuser zum Selbsterwerb bauen, werden nothwendiger Weise, sofern sie für große Städte begründet sind, ihre Terrains nur an der Peripherie und, da selbst dort die Preise häufig schon zu hoch sind, um eine Ausnutzung durch höchstens zwei Stockwerke noch möglich zu machen, in Vororten suchen müssen. In kleineren Städten und auf dem Lande wird je nach den Verhältnissen das Terrain leichter auszuwählen sein, weil hier die Entfernungen vom Mittelpunkt der Stadt oder von den Fabrikanlagen, für welche die Häuser errichtet werden, nicht so bedeutend sind, als daß nicht in der Regel überall preiswerthe Terrains gefunden werden könnten. Bei der Wahl des Terrains in den Vororten großer Städte ist vor allem darauf zu achten, daß eine möglichst häufige und möglichst schnelle Verbindung mit der Stadt vorhanden ist. Pferdebahnen sind weniger beliebt, weil erstens vielfach der Tarif für mehrmaliges Hin- und Herfahren unter Berücksichtigung, daß auch die Familienmitglieder häufig diese Verbindung benutzen müssen, zu hoch, und weil zweitens auch die Geschwindigkeit zu gering und demgemäß der Zeitverlust zu groß ist. Dagegen sind Vororte, die mit der Stadt durch möglichst häufige Eisenbahnzüge verbunden sind, für diesen Terrainerwerb außerordentlich vortheilhaft, wenn, wie es um Berlin herum geschehen ist, ein Zonentarif die Preise auf ein Minimum beschränkt bei mehren Zügen in der Stunde und bei ziemlicher Schnelligkeit dieser Züge. Da ist für den Wohnungsinhaber im Vorort die Entfernung von seiner Wohnung bis zu seiner Arbeitsstelle kaum mehr fühlbar, als wenn er innerhalb der Stadt von einem Stadttheil zum andern sich begeben muß. Sind allerdings solche ausgezeichneten Kommunikationen, die neuerdings durch die Einführung der elektrischen Bahnen sich immer günstiger gestalten, vorhanden, so pflegen auch bald die Terrainpreise stark zu steigen, und es empfiehlt sich besonders in diesem Falle für die Baugenossenschaften, so schnell wie möglich sich größere Terrains, die ja gerade bei Häusern zum Selbsterwerb erforderlich sind, zu sichern.

Größere Terrains sind nämlich deswegen erforderlich, weil bei dieser Art Bebauung die Bevölkerungsdichtigkeit viel geringer werden muß als bei Miethshäusern; denn selbst vorausgesetzt, daß die Häuser in den anzulegenden Kolonien hart an einander gebaut werden, wird doch immer darauf gesehen werden müssen, daß der ländliche Charakter derselben erhalten bleibt, und deshalb in der Regel nicht mehr als Erdgeschoß und ein erstes Stockwerk errichtet werden. Will man also dieselbe Zahl von Familien in solchen Häusern unterbringen, wie andererseits in vier- bis fünfstöckigen Miethshäusern, so braucht man unzweifelhaft ein viel größeres Terrain. Aber auch aus dem Grunde wird in solchen Kolonien mehr Terrain verbraucht, weil derjenige, der außerhalb der Stadt wohnt, gewissermaßen als Entschädigung für die Unbequemlichkeiten, die ihm durch die Entfernung erwachsen, mit seiner Familie in ländlicher Weise zum Nutzen der Gesundheit leben will. Das Ideal in solchen Fällen ist, daß jede einzelne Familie auch ein kleines Stück G a r t e n l a n d erhält. Man kann daher rechnen, daß auf die Familie mindestens 250 qm Terrain erforderlich sind, während bei dem Miethshaus für eben dieselbe Familie kaum 100 qm zu rechnen sein dürften. Aus allen diesen Erwägungen ergiebt sich, daß eine Baugenossenschaft, die Kolonien mit Häusern zum Selbsterwerb anlegen will, immer gut thun wird, sich nicht etwa einzelne Baustellen zu kaufen, sondern gleich einen größeren Komplex, den sie eventuell durch Anlage von Straßen auftheilen muß.

Wiederum ist hier für Preußen besonders auf das Baufluchtlinien-Gesetz hinzuweisen, um so mehr als gerade viele Landgemeinden in ihrer Verwaltung nicht die vorurtheilsfreien Personen haben, die mit Wohlwollen den Bestrebungen der Baugenossenschaften entgegenkommen. Leider werden ihnen, wie bekannt, vielfach Schwierigkeiten nach dieser Richtung hin seitens der Behörden kleinerer Gemeinden gemacht, häufig aus Gründen, die nach keiner Richtung gerechtfertigt sind. So ist es vorgekommen, daß Gemeindevorstände oder Gemeindevertretungen befürchtet haben, sich durch die Errichtung dieser Häuser das Proletariat auf den Hals zu ziehen und die Armenlasten zu steigern. Dabei übersieht man, daß umgekehrt Leute, die Häuser zum Selbsterwerb beziehen, in diesen Häusern sich die beste Sparkasse anlegen und, wenn sie Eigenthümer dieser Häuser geworden sind, finanziell viel besser stehen als die Bewohner der Miethshäuser in derselben Gemeinde, welche abzuschieben die Gemeinde nicht berechtigt ist. Ehe also das Terrain für die Anlage von solchen Häusern erworben werden soll, sichere man sich unbedingt die Zustimmung der Gemeindebehörden zur Anlage von Straßen, weil, selbst die gerechteste Sache vorausgesetzt, nach dem Baufluchtlinien-Gesetz Straßenanlagen gegen den Willen der Gemeindebehörden nicht durchzusetzen sind. Wenn in anderen deutschen Staaten in dieser Hinsicht andere Landesgesetze gelten, so ist selbstverständlich dort auf diese genau zu achten. Nicht rathsam ist es für Baugenossenschaften, eigene Gemeinden zu bilden, d. h. also eine Kolonie zu errichten, die sich vollständig selbständig als Gemeinde konstituirt. Abgesehen von den außerordentlichen Schwierigkeiten, die der Errichtung einer eigenen Gemeinde im Wege stehen, gehen auch die finanziellen Opfer, die in einem solchen Fall zu bringen sind, sehr leicht ins ungemessene. Von den zuständigen Behörden wird nicht nur die Errichtung von Schulen, sondern auch häufig von Kirchen verlangt; es müssen Kirchhöfe angelegt werden und es muß die Anstellung aller der zu diesen Anstalten erforderlichen Personen gewährleistet sein. Wenn daher selbst bei Anlage einer großen Kolonie die bestehende Gemeinde für die Anlage von neuen Straßen größere Kompensationen in Gestalt von Beiträgen zum Schulfonds verlangt, so erscheint dies immer noch viel vortheilhafter, als wenn die Baugenossenschaft eine eigene Gemeinde bilden wollte.

Die Straßenanlagen auf dem zu erwerbenden Terrain sind meist in Bezug auf die Himmelsrichtungen gegeben. Sollte man aber bei der Projektirung des Straßennetzes freie Hand haben, so verdient die Anlage den Vorzug, die gestattet, die Fronten der Häuser nach Osten und Westen zu richten. Die Straßeneintheilung wird jedesmal von dem Verkehr abhängen, der in den Straßen zu erwarten ist. Leider ist in den meisten Ortsstatuten der Vorortgemeinden größerer Städte eine zu große Fahrbreite der Straßen angenommen worden. Während umgekehrt in großen Städten zur Zeit das Bestreben obwaltet, gerade untergeordnete Straßen in ihrer Breite zu beschränken, um auf diese Weise die Straßenbaukosten zu verringern und es zu ermöglichen, hier billigere Häuser für die minder bemittelte Bevölkerung in nicht zu großer Höhe zu errichten, haben die Gemeindebehörden vieler Vororte den Größenwahn, jede neue Straße bei ihnen würde über kurz oder lang eine glänzende Haupt- und Geschäftsstraße werden, und haben demgemäß Straßendammbreiten angenommen, die den ländlichen Charakter der Straßen durch die bei der Pflasterung entstehende Steinwüste vollständig verderben. Aber gerade der ländliche Charakter ist den Bewohnern solcher Vororte und denjenigen, die dorthin ziehen wollen, durchaus erwünscht, und es wird sich daher empfehlen, wo immer ein größerer Verkehr auch in der Zukunft ausgeschlossen erscheint, mit allen Mitteln dahin zu wirken, daß die Straßendammbreite nicht mehr als zu 6—7 m angelegt wird. Zu beiden Seiten disponirt man dann einen Bürgersteig von 2 m und bis zur Baufluchtlinie der Gebäude einen Vorgarten von 4—5 m Tiefe, sodaß noch immer von Baufluchtlinie zu Baufluchtline die Straße eine Breite von 18—20 m erhält. Bedenkt man, daß in Städten die Häuser nach den bestehenden Bauordnungen gewöhnlich so hoch gebaut werden, wie die Straße breit ist, und daß diese Straßenbreiten mit 19—22 m bemessen sind, so wird man erkennen, daß bei solchen Koloniestraßen in derselben Breite bei Häusern von nur zwei Stockwerken soviel Licht und Luft zugeführt wird, wie nur irgend denkbar ist, und daß der ländliche Charakter nach jeder Richtung hin gewahrt ist. Eine größere Straßenbreite könnte nur auf Kosten der Vorgärten erzielt werden; um diesen Preis den Straßendamm zu verbreitern, wäre aber ein Frevel, da gerade die Vorgärten diesen Straßen ihren freundlichen Charakter geben. Für den Fall, daß die Genossenschaft hier bei den Gemeindebehörden auf unüberwindliche Schwierigkeiten stößt, empfiehlt sich ein anderer Ausweg. Man schlage vor, die Dammbreite zur Zeit zwar nur 6—7 m zu machen, aber zu Gunsten der Gemeinde im Grundbuch für jedes einzelne Grundstück die Eintragung zu bewirken, daß für den Fall, daß das öffentliche Interesse eine Verbreiterung des Straßendamms erfordert, diese durch Beschränkung der Vorgärten erfolgen soll. Gemeindebehörden, welche die Straßenprojekte nur einigermaßen objektiv prüfen, werden diesen Ausweg, der ihnen für die Zukunft bei steigendem Verkehr die gewünschten Straßenbreiten sichert, immer betreten können.

Bei der Berechnung der nothwendigen Fläche für jedes einzelne Haus, die dem Terrainerwerb jedesmal vorhergehen muß, um feststellen zu können, wie viele Häuser man auf dem zu erwerbenden Terrain erbauen kann, wird man sich vorweg entscheiden müssen, ob man die Häuser gesperrt, d. h. eins vom andern entfernt, bauen will, oder ob man Reihenhäuser, d. h. ein Haus dicht neben dem andern, Giebel an Giebel, errichten will. Im ersteren Falle würde es sich immerhin noch empfehlen, je zwei Häuser mit den Giebeln an einander zu bauen, dann einen Zwischenraum zu lassen und dann wiederum zwei solche Häuser zu errichten. Der Zwischenraum hängt vielfach von den baupolizeilichen Bestimmungen ab, wird aber mindestens 6 m betragen müssen. Bei dieser gesperrten Bauweise kommen selbstverständlich für jedes einzelne Grundstück, da dessen Front eine längere werden muß, größere Straßenbaukosten in Frage, während bei den Reihenhäusern die Straßenbaukosten sich auf ein Minimum ermäßigen. Bei den gesperrten Häusern wird man die Gärten im Zusammenhang mit den Vorgärten erhalten, während bei den Reihenhäusern die Gärten immer hinter dem Hause liegen werden. Zumeist wird die Frage, ob gesperrt oder in Reihen die Häuser gebaut werden sollen, die reine Geldfrage sein. Man kann im allgemeinen annehmen, daß bei Wohnungen von zwei Stuben und Küche es nur dann möglich ist, Häuser zum Selbsterwerb zu bauen, wenn der Grund- und Bodenpreis inklusive Straßenbaukosten die Summe von 6 Mk. pro qm nicht übersteigt. Bei diesem Preis wird man aber immer schon annehmen müssen, daß Reihenhäuser gebaut werden. Gesperrte Häuser werden nur dann preiswürdige Wohnungen geben, wenn der Grund- und Bodenpreis nicht höher als 4 Mk. pro qm ist.

Daß ebenso wie bei den Miethshäusern auch hier der Baugrund jedes zu erwerbenden Terrains geprüft werden muß, ist selbstverständlich.

Zwölftes Kapitel.

Die Projektirung der Bauten.

Bei dem Projektiren wird selbstverständlich jedesmal die Baupolizeiordnung jedes einzelnen Ortes genau zu beachten sein; aus ihr wird sich die zulässige Höhe der Gebäude, die Anzahl der Treppen und manches andere ohne weiteres als das Mindeste im Interesse der Sicherheit der Bewohner ergeben. Es kann nicht die Aufgabe dieses Buches sein, speziell eine Anleitung zum Projektiren zu geben, der Architekt wird vielmehr freien Spielraum behalten müssen, in welcher Weise er die gestellte Aufgabe am besten löst; wohl aber sollen einzelne Punkte hervorgehoben werden, die aus den Gewohnheiten der Bewohner entsprungen sind und die im Interesse der Anlage guter Wohnungen, welche gerade die Baugenossenschaften herstellen wollen, durchaus berücksichtigt werden müssen.

A. Häuser zum Vermiethen.

Wie schon in der Einleitung ausgeführt ist, wird vor allen Dingen darauf zu achten sein, daß jede Wohnung von der andern möglichst abgeschlossen ist, daß also, wenn auch jede Treppe zu einer größeren Anzahl von Wohnungen führt, immerhin doch jede dieser Wohnungen einen eigenen Korridor derart erhält, daß die Zimmerthüren nicht direkt nach dem Treppenflur hinausgehen. Es ist ferner nöthig, für jede Wohnung ein eigenes Kloset anzulegen. Nicht wünschenswerth ist es, wie es leider noch vielfach geschieht, die Klosets von den Treppenpodesten aus zugänglich zu machen, denn in solchem Fall muß der Bewohner seine Wohnung erst verlassen, um das Kloset zu erreichen. Kann man ohne große Schwierigkeiten, d. h. ohne Raumverschwendung eine kleine Speisekammer anlegen, so soll man dies thun, denn der Bewohner der oberen Stockwerke kann nicht wie beim Ein- oder Zweifamilienhaus so bequem zu seinen kleinen Vorräthen gelangen, wenn er sie beim Mangel einer Speisenkammer im Keller unterbringen muß. Ist der Grund und Boden so theuer, daß die

Anlage der Speisekammern die Wohnungen zu sehr vertheuern würde, so wird man wenigstens unterhalb der Küchenfenster ein Küchenspind mit Lüftung durch die Brüstung nach außen herstellen, um der Hausfrau Gelegenheit zu geben, ihre für den Tag eingekauften Lebensmittel gut unterzubringen. Jede Wohnung muß einen abgeschlossenen Kellerraum, wenn irgend möglich, auch einen Bodenraum erhalten. Für je 10 Wohnungen höchstens ist eine Waschküche anzulegen, die am besten für die unteren Stockwerke im Keller, für die oberen Stockwerke im Dachboden liegen wird.

In großen und mittleren Städten wird wohl immer eine öffentliche Wasserleitung vorhanden sein. Daß dann in den Küchen und Waschküchen ausreichend große Becken mit Wasserzufluß angelegt werden, ist selbstverständlich. Sollte bei starker Entwickelung kleinerer Ortschaften und bei Anlage einer größeren Anzahl von Miethshäusern seitens der Baugenossenschaft eine öffentliche Wasserleitung fehlen, so empfiehlt es sich, durch Anlage eines Tiefbrunnens und Aufstellung von Maschinen eine eigene Wasserleitung herzustellen, wenn es irgend angängig ist. Im ersten Augenblick erscheint gewöhnlich den Leitern der Baugenossenschaften eine solche Anlage zu kostspielig und daher unmöglich; man sollte sich aber nicht scheuen, sich Anschläge machen zu lassen, und man wird dann in vielen Fällen finden, daß die Kosten der Anlage und Unterhaltung nicht so bedeutend sind, daß man diese Bequemlichkeit nicht den Bewohnern der Häuser verschaffen könnte. Wünschenswerth erscheint es ferner, im Interesse der Verminderung der Feuersgefahr an geeigneten Punkten des Hauses Hydranten anzulegen.

Die Klosetfrage wird manchmal dort schwierig, wo es an einer unterirdischen Entwässerung mangelt und die Polizeibehörde oberirdische Entwässerung für Klosets nicht zuläßt. Die Anlage von Wasserklosets, welche allein Geruchlosigkeit garantiren, ist dann unmöglich und man wird die sogenannten Torfklosets oder Klosets mit Tonnensystem verwenden müssen. Es kommt auch in Frage, ob man nicht eventuell Klosets mit Gruben anlegt, die man durch pneumatische Wagen entleert, wie dies z. B. in der Stadt Posen geschieht. Jedenfalls ist die Frage der Klosets bei mangelnder unterirdischer Entwässerung eine außerordentlich schwierige, und man muß selbst unter Aufwendung von Mehrkosten versuchen, diese Frage im besten Sinne derart zu lösen, daß so wenig wie möglich Geruch in die Wohnräume eindringt.

In vielen Städten kennen die Bewohner Doppelfenster nicht, und es wird dort auch nicht erforderlich sein, solche anzulegen; wohl aber empfiehlt es sich überall da, wo Doppelfenster, wenn auch nur in besseren Wohnungen, hergestellt werden, auch in den Häusern der Baugenossenschaft Doppelfenster zu verwenden. Wenn auch ohne weiteres anerkannt werden kann, daß die Lüftung durch einfache Fenster besser erfolgt, so wird gerade in Miethshäusern in den oberen Stockwerken der Bewohner im Winter bei einfachen Fenstern durch die Kälte sehr leiden und er wird auch finanziell geschädigt werden, weil er sehr viel mehr Brennmaterial als bei Doppelfenstern gebrauchen wird. Nach einem Winter schon erkennt alsdann der Bewohner, daß durch den Mehrverbrauch an Brennmaterial ihm die Wohnung theurer wird, als eine solche mit Doppelfenstern, und die Baugenossenschaft wird alsdann weit mehr geschädigt sein, als wenn sie von Anfang an die Mehrausgabe für Doppelfenster geleistet hätte.

Jeden besonderen Luxus in der Ausstattung der Räume, wie Stuckdecken, Broncebeschläge u. s. w. vermeide man. Dieser Luxus wird von den Bauspekulanten bei kleinen Wohnungen angewandt, um den Bauwerth künstlich zu steigern und eine höhere Beleihung darauf zu erhalten. Praktische Zwecke besitzt er nicht, er erzeugt eine größere Bausumme, eine größere Zinsenlast und es müssen dem Genossen dadurch die Wohnungen höher angerechnet werden; der Genosse muß daher thatsächlich diesen überschüssigen Luxus in seiner Miethe bezahlen. Es genügt, wenn die Decke mit Geschmack in Leimfarbe gestrichen wird, und es genügt ebenso, wenn die an sich sonst guten Beschläge der Thüren und Fenster aus Gußeisen hergestellt werden. Die Wände werden von den Bewohnern meistens tapeziert gewünscht. In einem neuen Hause empfiehlt es sich, auf einige Jahre hinaus die Wände erst mit Leimfarbe zu streichen; dies ist nicht nur baulich, sondern auch gesundheitlich vortheilhafter, und erst in späteren Jahren würde man eventuell die Tapezierung vornehmen. Die Fußboden mache man aus guten Kiefernbrettern, keinesfalls nehme man, wie es auch vielfach in Bauunternehmerhäusern geschieht, Parquetboden auch nur in einzelnen Zimmern, weil bei einer kleinen Wohnung dieselben schon in kurzer Zeit ruinirt werden.

Die Heizung wird in den seltensten Fällen eine zentrale sein; die Zentralheizung empfiehlt sich für Baugenossenschaftshäuser nicht, weil die Bewohner derselben damit nicht umzugehen verstehen, und weil auch der durchschnittliche Preis pro cbm beheizten Raumes selbst bei billigstem Brennmaterial sich für solche einfache Wohnungen zu theuer stellt. Bei einer Zentralheizung muß naturgemäß davon ausgegangen werden, daß alle Räume geheizt werden, während überall der kleine Mann aus Ersparniß täglich nur einen Raum heizt und nur in Ausnahmefällen den anderen Wohnraum — die Küche wird ja an sich warm. Es werden daher Oefen vorzusehen sein. Im Norden und Osten Deutschlands sind Kachelöfen gebräuchlich, im Westen und Süden werden mehr eiserne Oefen verwandt, obgleich auch für diese Landestheile nur dringend empfohlen werden kann, in Genossenschaftshäusern Kachelöfen zu verwenden, weil sie einen besseren Brenneffekt ergeben. In einzelnen Gegenden Deutschlands sind die Oefen Mobiliar derart, daß jeder Miether sich seine Oefen, selbstverständlich eiserne, selbst mitbringt. Mit dieser Gewohnheit wird man beim Bau rechnen müssen.

Außerordentlich wünschenswerth ist es, mit den Oefen gleichzeitig Ventilation zu verbinden. Es würde hier zu weit führen, die vielfachen Systeme, die in dieser Beziehung vorhanden sind, im besonderen aufzuführen. Wie wünschenswerth aber eine Ventilation ist, erkennt jeder, der sich mit den Gewohnheiten der kleinen Miether vertraut gemacht hat. Um eben Brennmaterial zu sparen, werden häufig tage- und wochenlang die Fenster zum Lüften überhaupt nicht geöffnet; es ist daher, selbst wenn angenommen wird, daß eine gute Hausverwaltung die Miether zur Lüftung anhält, immerhin wünschenswerth, daß eine vom Miether unabhängige Ventilation geschaffen wird, und das wird am besten und billigsten durch die Oefen geschehen.

Die Kochmaschinen werden ebenso, je nach den Gewohnheiten in den einzelnen Gegenden Deutschlands, aus Kacheln oder Eisen gesetzt. Neben der gewöhnlichen Kochgelegenheit auf der Kochmaschine ist darauf zu achten, daß in derselben auch ein Bratofen ist. Auf die Küche ist überhaupt ein gewisser Werth zu legen. In vielen Gegenden ist die Küche gleichzeitig Jahr aus Jahr ein Eß- und Wohnraum der Familie und dort pflegen auch die Küchen im Flächeninhalt größer als die Stuben gemacht zu werden. In andern Gegenden wird die Küche wenigstens im Winter häufig genug zum Wohnraum, damit das Brennmaterial für die Heizung der Stube erspart wird.

Ueberall da, wo das Gas zum Kochen zu mäßigem Preise von den Gasanstalten abgegeben wird, und namentlich wenn die

Gasmesser für das Kochgas unentgeltlich von den Anstalten den Miethern gestellt werden, empfiehlt es sich gerade für kleine Leute, Gaskochmaschinen zu stellen, weil bei entsprechender Sorgfalt der Hausfrau mit diesen Maschinen nur gerade soviel Brennmaterial verbraucht wird, wie zum Kochen der bezüglichen Gerichte nothwendig ist, und weil, wenn die Frau häufiger die Wohnung verlassen muß, das Gas weniger gefährlich ist, als das Feuer im offenen Kochherd, das leicht herausfallen kann und unter Umständen die zurückgebliebenen Kinder in Gefahr bringt.

Gasleitungen zur Beleuchtung der Zimmer anzulegen, dürfte auch zu empfehlen sein, weil, wenn auch zur Zeit das Leuchtgas überall noch einen etwas hohen Preis hat, die Anlage der Gasleitung nicht so theuer ist, daß nicht doch die eine oder andere Familie den Mangel einer Gasleitung unangenehm empfinden würde.

Das Erdgeschoß wird vielfach zu Läden verwandt. Es muß davor gewarnt werden, dies zu thun, bevor man nicht ganz sicher ist, die Läden auch, wenn nöthig an Nichtgenossen, zu vermiethen. Es kann nicht verkannt werden, daß bei einem theuren Grund- und Bodenpreis die Läden die Verzinsung des in das Grundstück eingelegten Kapitals wesentlich beeinflussen, aber auf gut Glück hin Läden zu bauen, kann nach verschiedenen Richtungen hin sehr bedenklich werden. Sind nämlich Läden einmal angelegt und sind Miether dafür schwer zu finden, so liegt es nahe, sie an Destillationen oder Restaurationen zu vermiethen, weil für solche immer Unternehmer vorhanden sind. Ob in einem Genossenschaftshause solche Gewerbebetriebe am Platze sind, ist aber recht fraglich. Und wenn man die Läden dazu nicht hergiebt, so kommt die Genossenschaft leicht in die Gefahr, entweder ihre Läden leer stehen zu lassen oder, wie es manchmal wohl auch Privateigenthümer thun, selbst ein Geschäft zu beginnen, das doch nur in losem Zusammenhang mit den Zwecken der Baugenossenschaft steht. Eine Baugenossenschaft hat, um ihr Ziel zu erreichen, so sehr alle ihre Kräfte zusammenzunehmen, daß sie sich hüten muß, ihre Genossen auch nur in die Versuchung zu führen, irgend welche Seitensprünge auf gewerblichem Gebiete zu machen.

Die Höhe der Geschosse richtet sich im wesentlichen erstens nach den baupolizeilichen Bestimmungen, sofern diese ergeben, wie hoch ein Gebäude errichtet werden soll, und zugleich nach der Anzahl der Geschosse, die erforderlich ist, um eine angemessene Rentabilität des Grundstücks zu erzielen, sowie zweitens nach den

Gewohnheiten der bezüglichen Gegend und nach denjenigen Höhen, welche die Privateigenthümer in ihren Stockwerken haben. Wenn immer wieder betont worden ist, daß jeder unnütze Luxus, der sonst wohl aus allen möglichen Beweggründen in den Häusern der Privateigenthümer angewandt wird, in Genossenschaftshäusern vermieden werden soll, so muß andererseits überall da, wo es sich um die Hygiene handelt, eher noch etwas mehr ausgegeben werden, als der Privateigenthümer es gewöhnlich thut. Zu den Forderungen der Hygiene gehört aber vor allen Dingen, daß für jeden Menschen in der Wohnung ein entsprechender Kubikinhalt Luft vorhanden ist, der, da der Flächeninhalt durch den Grundriß gegeben ist, wesentlich von der Höhe beeinflußt wird. Man wird annehmen müssen, daß die lichte Höhe der Stockwerke wenigstens 3—3,20 m beträgt.

Die äußere Architektur darf sich auch nicht zu weit von der ortsüblichen entfernen. Sie kann charakteristisches haben, d. h. vielleicht darauf hinweisen, daß hier ein Werk aus gemeinsamer Kraft entstanden ist, und braucht daher nicht schablonenhaft zu sein, sie soll aber andererseits nicht etwa durch übermäßige Sparsamkeit derart abschreckend den Häusern der Umgegend gegenüber wirken, daß die Leute gewissermaßen mit den Fingern darauf hinweisen und das Haus in schlechtem Sinne als ein billiges Genossenschaftshaus bezeichnen. Mit einfachen Mitteln kann man doch außerordentlich viel wirken: man kann auch das Aeußere unter Umständen und bei nicht zu großen Ausgaben beispielsweise durch Balkons oder Erker derart ausbilden, daß die Mehrausgabe auch den Wohnungen zu Gute kommt.

B. Häuser zum Selbsterwerb.

Entsprechend dem Umstand, daß der Grund- und Bodenpreis bei diesen Häusern sehr viel niedriger ist als derjenige für die vorerwähnten Miethshäuser, wird hier kaum mit solcher Genauigkeit in der Abmessung der Dimensionen vorzugehen sein. Andererseits darf allerdings nicht verkannt werden, daß jeder Kubikmeter bebauten Raumes, jeder Quadratmeter bebauter Fläche den Baupreis wesentlich erhöht und dem Eigenthümer den Erwerb schwerer macht. Vorweg wird zu empfehlen sein, wenn mehr als eine Wohnung sich in einem solchen Hause befinden soll, möglichst für jede Wohnung einen besonderen Eingang zu machen. Wenngleich dadurch die Baukosten sich vertheuern, so wird dieser

Vortheil doch in manchen Landestheilen so außerordentlich geschätzt, daß die Verzinsung der Mehrkosten gegenüber dem Widerwillen gegen einen gemeinschaftlichen Eingang nicht ins Gewicht fällt. Keinesfalls darf ein gemeinsamer Flur angelegt werden.

In denjenigen Kolonien, in denen wegen des Mangels einer Entwässerung oder einer Wasserleitung Wasserklosets nicht angelegt werden können, empfiehlt es sich nicht, die Abtrittsanlagen innerhalb des Hauses zu legen. Der Bewohner eines solchen ländlichen Hauses gewöhnt sich auch daran, woran alle seine Nachbarn gewöhnt sind, und der Vorzug, reine, unverdorbene Luft in den Zimmern zu haben, ist gegenüber der geringen Unbequemlichkeit, die Bedürfnißanstalt auf dem Hofe aufsuchen zu müssen, doch sehr groß.

Eine kleine Veranda, wenigstens im Erdgeschoß, anzulegen, kann empfohlen werden. Im übrigen werden die inneren Einrichtungen und die innere Ausstattung möglichst genau denjenigen angepaßt, die unter Abschnitt A beschrieben worden sind. Wo es irgend möglich ist, sollte auf die Einrichtung von Dachkammern, die sich zum Bewohnen eignen, Bedacht genommen werden, weil es gerade ein Vorzug dieser kleinen Häuser ist, daß den Besitzern oder den Miethern mehr Räume, etwa für erwachsene Töchter oder Söhne oder für Lehrlinge, die außerhalb der Familie untergebracht werden, zur Verfügung stehen können.

Die Höhe sämmtlicher Wohnräume wird mit 3 m ausreichend bemessen sein; eine größere Höhe erscheint bei diesen Häusern nicht erforderlich, da Licht und Luft in ausreichender Weise den Räumen zugeführt werden kann. Bei der Anlage jedes Hauses ist auf die Wetterseite zu achten und, wenn das Haus nach jener Seite hin freisteht, die betreffende Wand derart zu isoliren, daß Feuchtigkeit nicht in die inneren Räume eindringt.

Die äußere Erscheinung jedes Hauses muß es ebenso sehr von einer Villa wie von einem Tagelöhnerhause unterscheiden. Es muß dringend abgerathen werden, für das Aeußere zuviel Geld zu verwenden, immer im Hinblick darauf, daß der Eigenthümer alles mit seinen Spargroschen bezahlen muß, und daß durch Verschwendung in der äußeren Architektur dem Eigenthümer wesentliche Vortheile nicht erwachsen. Andererseits muß das Häuschen ein entsprechend angenehmes Aeußere besitzen, schon allein, um die Baugenossenschaften nicht in den Ruf zu bringen, daß sie „billig und schlecht“ bauen. Aber man hat auch die

Erfahrung gemacht, daß jeder dieser Hausbesitzer gern eine Kleinigkeit opfert, wenn die äußere Erscheinung eine ansprechende ist. In den meisten Fällen würde es genügen, wenn in der betreffenden Gegend ein guter Verblendstein gebrannt wird, vielleicht gar in zwei Farben, die Façade unter Verwendung dieser Steine ohne Formsteine herzustellen. Ist ein solcher Verblendstein zu theuer, so wird man vielleicht dazu kommen, durch Abwechselung von Verblendung und Putz ein ansehnliches Aeußere zu schaffen. Vor reinem Putzbau muß gewarnt werden, weil gerade diese freistehenden Häuser sehr stark dem Wetter ausgesetzt sind und, wenn der Eigenthümer den Putz nicht dauernd unterhält, das äußere Aussehen sehr bald schlecht wird. Es mag noch darauf hingewiesen werden, daß durch mäßige Verwendung von glasirten Steinen für einzelne Schichten hübsche Wirkungen erzielt werden können, und daß bei steilen Dächern auch die Musterung der Dachsteine wesentlich zu einem angenehmen Eindruck des Häuschens beiträgt. Im übrigen wird man auch darauf zu achten haben, daß nicht ein Haus wie das andere aussieht. Jedes einzelne Häuschen muß etwas Charakteristisches erhalten, was den Bewohner desselben sofort das eigene Haus von dem des Nachbarn unterscheiden läßt. Einem geschickten Architekten wird es nicht schwer fallen, unter Beachtung der vorher gegebenen Winke Mannigfaltigkeit in das Aussehen der einzelnen Häuser zu bringen. Eine genaue Veranschlagung der Façade vor der Ausführung des Baues erscheint wünschenswerth, um dem späteren Besitzer zu beweisen, daß mit den billigsten Mitteln hübsche Wirkungen erzielt worden sind.

Ueberhaupt wird man bei diesen Häusern mit jedem Pfennig zu rechnen haben und man wird nach jeder Richtung versuchen müssen zu sparen, ohne daß andererseits die Solidität des Hauses und der einzelnen Bestandtheile desselben leiden darf. Ist schon an sich in vielen interessirten Kreisen, die sich einreden, daß ihnen durch die Baugenossenschaften die Miether entzogen werden, ein außerordentliches Mißtrauen gegen diese Genossenschaften vorhanden und ist man dort sehr geneigt, mit kritischem Auge die Bauten der Genossenschaft zu prüfen und, wenn man Fehler entdeckt, das Publikum darauf hinzuweisen, so muß die Baugenossenschaft um so mehr darauf sehen, nur mit größter Solidität zu arbeiten.

Bei den vorher behandelten großen Häusern werden die Wandstärken und andere Theile der Konstruktion meist durch

Reglements der Baupolizei festgestellt, sodaß dort kaum von Jemandem angenommen werden kann, daß eine Baugenossenschaft schlechter baut als irgend ein Privatunternehmer. In den Landgemeinden ist das nicht so sehr der Fall, es ist da viel eher möglich, schlechtes Material und schlechte Arbeit oder geringe Stärken der Wände zu verwenden. Es müssen daher dort die Baugenossenschaften umsomehr darauf achten, daß jedes von ihnen errichtete Häuschen nach jeder Richtung hin als solide anerkannt werden muß.

Wenn man sich daran erinnert, daß nach einem mathematischen Grundsatze den größten Inhalt bei kleinstem Umfang das Quadrat giebt, so wird man bestrebt sein, um an richtiger Stelle zu sparen, dem Hause möglichst eine quadratische Form zu geben, weil dann die Länge der Umfassungswände geringer wird, als wenn der Grundriß eine rechteckige Form hat. Nicht immer wird natürlich genau die quadratische Form eingehalten werden können, weil sich der äußere Gesammtgrundriß nach der inneren Eintheilung der Räume richtet, aber immerhin dürfte dieser Wink zu beachten sein, weil hier in durchaus richtiger Weise gespart werden kann. Vor vielen Ausbauten nehme man sich in Acht, weil dadurch ziemlich viel Ansichtsflächen entstehen, die wiederum das Haus theurer machen und dem Wetter Einfluß gewähren. Auch muß davor gewarnt werden, dem Dach viele Kehlungen zu geben, weil bei nicht sachgemäßer Unterhaltung diese Kehlungen am ehesten undicht werden und, weil ferner schon beim Bau sich dieselben ziemlich theuer stellen, ohne daß wesentliche Vortheile dadurch erreicht werden.

In den meisten Gegenden Deutschlands wird der Erwerber eines solchen Häuschens einen kleinen Stall verlangen zum Halten einer Kuh oder einer Ziege, eines Schweines oder einigen Federviehes. Dieses Stallgebäude kann in den einfachsten Formen hergestellt und sollte immer so eingerichtet werden, daß über dem Stall sich noch ein kleiner Futterboden befindet. Praktisch wird es sein, dem Stall das Abtrittsgebäude anzufügen, um zugleich unter demselben eventuell die Dunggrube für das Vieh anlegen zu können.

Vielfach pflegen die Bewohner einzelner Provinzen ihre Wäsche noch in der Küche zu waschen. Das sollte möglichst verhindert werden, nicht nur im Interesse der Erhaltung des Hauses, sondern ganz besonders auch im Interesse der Gesundheitspflege der Bewohner. Es empfiehlt sich, für jedes Haus, von welchem vorausgesetzt wird, daß es höchstens mit zwei, äußersten Falls mit drei Familien besetzt wird, eine Waschküche anzulegen. Diese

Waschküche wird am praktischsten mit dem Stall zusammengebaut, und zwar so, daß sie dem Hause zunächst liegt. Es wird dadurch der Vortheil erreicht, daß zwischen den Wohnräumen des Hauses und dem Stall mit seinen Ausdünstungen ein wünschenswerther Zwischenraum entsteht. Wo der Grund und Boden schon theuerer geworden ist, pflegt man wohl auch, namentlich wenn der Erwerber eine vollständige Unterkellerung des Hauses wünscht, die Waschküche in den Keller zu legen. Für zwei Familien wird gewöhnlich bei vollständiger Unterkellerung des Hauses zuviel Kellerraum disponibel. Mit der ganzen Unterkellerung wird aber auch eine Vertheuerung des Hauses herbeigeführt. Ist nun eine solche Unterkellerung im Interesse der Bewohner erforderlich — und dies wird namentlich da eintreten, wo ziemlich hoher Grundwasserstand ist, und wo daher der Fußboden des Erdgeschosses in größerer Höhe über dem Erdboden angelegt werden muß — so erscheint es wünschenswerth, zur Kostenersparniß die überflüssigen Keller als Waschküche zu verwenden und den Bau einer besonderen Waschküche zu vermeiden.

Das Häuschen, von dem angenommen wird, daß es vorn einen Vorgarten hat, wird von der Straße durch ein ansprechendes Gitter abgetrennt werden müssen. Dieses Gitter wird man am zweckmäßigsten und billigsten durch Latten oder Spriegel herstellen. Eine Abgrenzung jedes Hauses mit dem dahinter liegenden Garten von dem Nachbargrundstück durch einen festen Zaun ist zu empfehlen, weil dadurch mannigfache Streitigkeiten zwischen den Nachbarn vermieden werden können.

Um solche Streitigkeiten nicht hervorzurufen, ist es ferner auch wünschenswerth, daß, wenn eine öffentliche Wasserleitung nicht vorhanden ist, jedes einzelne Grundstück für sich einen Brunnen erhält. Ist das Wasser erst in größerer Tiefe zu finden und werden dadurch die Kosten für einen Brunnen sehr groß, so kann man wohl den Brunnenkessel auf die Grenze setzen, wird aber dann dafür sorgen müssen, daß durch grundbuchliche Eintragungen die Unterhaltung dieses Brunnenkessels geregelt und sichergestellt wird. In solchen Fällen, in denen ein Brunnen theuer wird, empfiehlt es sich vielleicht zur Vermeidung von Streitigkeiten, einen für mehrere Häuser gemeinschaftlichen Brunnen auf den Bürgersteig der Straße zu setzen.

Dreizehntes Kapitel.

Vergebung der Arbeiten.

Es wird vielfach bei der Gründung der Baugenossenschaften von einzelnen Genossen vorausgesetzt, daß, wenn sie als Bauhandwerker oder dergl. der Baugenossenschaft beitreten, diese auch verpflichtet sei, ihnen die für die Herstellung von Häusern nothwendigen einzelnen Bauarbeiten zu übertragen. Das ist ein großer Irrthum; denn die Baugenossenschaften werden nicht dazu gegründet, um den ihnen beitretenden Genossen Arbeitsgelegenheit zu schaffen, sondern um den einzelnen Genossen entsprechende Wohnungen zum billigsten Preise herzustellen. Das kann aber nur geschehen, wenn die Genossenschaftshäuser möglichst billig hergestellt werden, und dies kann wiederum nur erreicht werden, wenn die Arbeiten ohne Ansehen der Person an denjenigen vergeben werden, der bei größter Solidität in der Ausführung die billigsten Preise fordert. Es empfiehlt sich daher, die Bauarbeiten in Submission auszuschreiben, aber nicht etwa den vollständig fertigen Bau an einen sogenannten Generalunternehmer im Submissionswege zu vergeben. Bei Uebergabe der Ausführung an einen solchen Generalunternehmer ist die Kontrole der einzelnen Arbeiten seitens der Baugenossenschaft eine außerordentlich schwierige. Der Bauunternehmer wird, da ihm eben nur eine vorher bestimmte Summe zur Verfügung steht, zu leicht gezwungen, damit er seine Rechnung findet, an Stellen zu sparen, wo die Sparsamkeit vielleicht nicht am Platze ist. Und wenn andererseits die Baugenossenschaft während des Baues erst erkennt, daß die Ausführung eine ihren Zwecken nicht entsprechende ist, so wird es außerordentlich schwer werden, eine für die Genossenschaft vortheilhafte Aenderung durchzusetzen. Es wird dies meist nur mit großen Kosten erreicht werden können. Zu dem tritt noch ein anderer Umstand ein, der die Baugenossenschaft veranlassen sollte, von einer solchen Generalübergabe aller Bauten an einen Unternehmer abzusehen. Nicht mit Unrecht nämlich ist dieses Generalbauunternehmerthum in weiten Kreisen des Publikums berüchtigt. Das Publikum setzt voraus, daß der Unternehmer in der Ausführung überall zu sparen sucht, um seinen Verdienst zu vergrößern, und sieht mit außerordentlichem Mißtrauen solche Bauten an. Wie aber schon mehrfach ausgeführt worden ist, muß jede Baugenossenschaft bestrebt sein, kein Mißtrauen gegen sich aufkommen zu lassen und, wo immer es eintritt, es sofort zu zerstreuen. Es erscheint eben am rathsamsten, daß die Baugenossenschaft selber den Generalunternehmer spielt und daß sie genau wie ein solcher die einzelnen Arbeiten an die einzelnen Handwerker vergiebt. Bei geeignetem Personal ist auch nicht einzusehen, weshalb sie anders verfahren sollte.

Sie schreibt, wie vorher gesagt, alle diejenigen Arbeiten, die von einem bestimmten Handwerker ausgeführt werden können, in öffentlicher Submission aus, d. h. sie fertigt erst für jedes Handwerk einen genauen Kostenanschlag an, stellt die Bedingungen für die Ausführung fest und fordert dann in geeigneten Zeitungen, nach Handwerken oder, wie es im Bauwesen heißt, nach Titeln geordnet, diejenigen, welche die Arbeiten auf Grund des Anschlags und der im Bureau der Genossenschaft einzusehenden Bedingungen übernehmen wollen, auf, sich zu melden. Sie erhält alsdann von jedem sich meldenden Handwerker für jeden Titel durch Ausfüllung der einzelnen Preise bestimmte Offerten. Nachdem bis zu einem in der Anzeige bestimmten Termin sämmtliche Offerten eingegangen sind, tritt der Vorstand mit dem bauleitenden Architekten zusammen, um die Offerten zu prüfen. Es muß davor gewarnt werden, ohne weiteres nur die Endsumme jeder Offerte anzusehen, weil dadurch häufig genug während der Ausführung Differenzen entstehen, weil ferner durch einen Rechenfehler, sei er bewußt oder unbewußt, seitens irgend eines Submittenten der ganze Zweck der Submission verfehlt werden kann. Es wird daher, bevor der Vorstand sich darüber entscheidet, wem er die Arbeiten zutheilt, erst eine kalkulatorische Prüfung sämmtlicher Offerten vorangehen müssen und es wird ferner jede einzelne Position in den einzelnen Offerten des betreffenden Titels verglichen werden müssen. Unzweifelhaft wird dabei gefunden werden, daß der eine Submittent in manchen Positionen theurer, in anderen dagegen billiger ist als ein anderer; im großen ganzen darf aber in den einzelnen Positionen kaum eine größere Differenz als um 10—15 % vorkommen. Stellen sich größere Differenzen ein, die in manchen

Fällen bis zu 50 % gehen, dann wird man vor allen Dingen aufzuklären haben, ob nicht etwa durch ein Mißverständniß bezüglich des Umfangs des Verlangten der Submittent verführt worden ist, den Preis zu hoch oder zu niedrig zu stellen. Nachdem diese Vorarbeiten gemacht worden sind und durch eventuelle Verhandlungen mit den Submittenten alles klargestellt ist, wird es für die Baugenossenschaft nicht dienlich sein, immer gerade dem Mindestfordernden die Arbeiten zuzusprechen. Hier kann sie erst Rücksicht nehmen auf ihre eigenen Genossen, sie kann, wenn ein Genosse die Gewähr bietet, auch gute Arbeit zu liefern — das wäre allerdings eine durchaus nothwendige Vorbedingung — auf loyalem Wege versuchen, dem Genossen die Arbeit zu verschaffen; sie kann dies um so mehr thun, wenn der Genosse sich unter den drei Mindestfordernden befindet. Nicht immer wird der Mindestfordernde gerade der billigste Ausführende. Er muß vielmehr durch seine früheren Arbeiten der Genossenschaft die Garantie bieten, daß er alle von ihm auszuführenden Arbeiten auch durchaus solide anfertigt. Der Vorstand wird daher unter den drei Mindestfordernden die Wahl zu treffen haben, nachdem er sich von der Güte der Arbeiten jedes einzelnen und von seinem guten geschäftlichen Ruf überzeugt hat; und wird, wenn unter den drei Mindestfordernden ein Genosse ist und bei ihm alle sonstigen Vorbedingungen zutreffen, diesem die Arbeit verschaffen können.

In der Anlage sind im Form. 20 A bis 20 D Muster für den Anschlag einer Reihe einzelner Titel für die allgemeinen Bedingungen und für die aus dem einzelnen Handwerk entstandenen speziellen Bedingungen der Bauausführung gegeben. In den meisten Fällen empfiehlt es sich, Erd-, Maurer- und Zimmerarbeiten zusammen zu vergeben und zwar deswegen, weil dann besser die Fertigstellungstermine präzisirt werden können. Wenn bei jedem Legen einer Balkenlage unter Umständen der Zimmermeister sich darauf berufen kann, daß der Maurermeister noch nicht ganz fertig sei und jedesmal immer erst eine Untersuchung darüber angestellt werden muß, wen die Schuld trifft, wenn der Rohbau nicht zur Zeit fertig ist, dann können so viele Verwickelungen und Streitigkeiten entstehen, daß das ganze Werk außerordentlich geschädigt wird. In den meisten Landestheilen Deutschlands pflegen ja auch die Maurer- und Zimmerarbeiten von einer Person ausgeführt zu werden, und wo immer dies geschieht, werden auch wohl die Baugenossenschaften durch Verhandlungen erzielen können, daß nach diesem Brauch verfahren wird.

Nachdem mit dem einzelnen Submittenten alles besprochen, und nachdem die Auffassungen über jede einzelne Arbeit aufgeklärt worden sind, wird der Vertrag mit dem Handwerker geschlossen. In diesen Verträgen wird man als Hauptbedingung aufstellen müssen, daß nur gute und tadellose Arbeit ausgeführt wird, und man wird ferner den Fertigstellungstermin genau bestimmen. Da ein Aussetzen der Arbeit bei etwa entstehenden Streitigkeiten bis zur Entscheidung durch das Gericht das ganze Werk sehr schädigen würde, weil bis zur gerichtlichen Entscheidung viel Zeit erforderlich ist, so thut man gut, in die Verträge einen Paragraphen aufzunehmen, nach welchem ein in den bezüglichen Kreisen allgemein geachteter Sachverständiger über alle Streitigkeiten bezüglich der Ausführung sowie der Innehaltung des Fertigstellungstermins unter Ausschluß des Rechtsweges endgültig entscheidet. Auf Nichtinnehaltung der Fertigstellungstermine ist eine Konventionalstrafe, und zwar für jeden Tag der Verspätung zu setzen. Allerdings wird es außerordentlich schwierig sein, wenn verschiedene Handwerker am Bau arbeiten, festzustellen, wen die Schuld an der Verspätung trifft, weil der eine Handwerker gern dem andern die Schuld zuschiebt mit der Behauptung, daß er seine Arbeiten noch nicht hätte beginnen können, weil der andere, der vor ihm zu arbeiten hatte, noch nicht ganz fertig gewesen sei. Es ist deshalb Sache der Bauleitung, ein Journal zu führen, aus welchem jederzeit klar hervorgeht, wie weit die Arbeiten an jedem Tag gediehen waren. Dieses Journal ist um so sorgfältiger zu führen, je eher man sich einer Verspätung der Fertigstellung versehen kann, und je mehr man namentlich in Rücksicht auf den Zinsverlust gezwungen ist, sobald wie möglich die Wohnungen beziehen zu lassen.

In den Verträgen mit den Lieferanten sind auch die Zahlungsbedingungen festzustellen. Jeder Handwerker kann um so billigere Preise stellen, je eher er auf Zahlung rechnen kann. Die seitens der Lieferanten in Ansatz gebrachten Preise sind nicht etwa nur um den Zinsverlust höher, sondern steigern sich, wie der erfahrene Bausachverständige weiß, wesentlich über diesen Zinsverlust hinaus, wenn der Handwerker längere Zeit auf Geld warten muß. Es ist daher für eine Baugenossenschaft von der schon an sich immer leicht behauptet wird, daß sie theuer baue, durchaus erforderlich, daß sie möglichst baar bezahlt. Gerade dadurch, daß sie es thut, unterscheidet sie sich wesentlich von dem Privatbauunternehmer, namentlich in den großen Städten, und sie holt durch Baarzahlung in dem Gesammtkostenpreis des Gebäudes vollständig dasjenige ein, was etwa dieser Privatbauunternehmer auf seinem Bau durch eigene Thätigkeit an permanenter persönlicher Aufsicht ersparen kann. Einen Prozentsatz von 10—20 % allerdings hat die Baugenossenschaft wie jeder Bauherr das Recht einzubehalten, bis der Bau vollständig fertig und abgenommen ist und bis die von den Handwerkern aufgestellten Rechnungen sachgemäß revidirt sind. Die übrigen 90—80 % werden gewöhnlich je nach Fortschreiten des Baues auf Antrag des Handwerkers nach Feststellung der geleisteten Arbeiten seitens des Bauführers bezahlt. Bestimmte Termine für Theilzahlungen lassen sich wohl nur für den Rohbau im Kontrakt angeben, weil es für den inneren Ausbau sehr schwierig ist, festzustellen, an welchem Tage gerade ein bestimmtes Quantum von Lieferungen und Arbeiten im Bau schon geleistet ist. Selbst vorausgesetzt, daß die Beschaffung des Baugeldes der Baugenossenschaft Schwierigkeiten verursacht, sollte sie lieber diese Schwierigkeiten, nöthigenfalls auch einen höheren Zinsfuß mit in den Kauf nehmen, ehe sie sich darauf einläßt, bei den Handwerkern für Arbeiten und Lieferung Kredit zu nehmen. Immer wird selbst der höchste Zinsfuß, der für Baugelder gegeben wird, übertroffen werden durch die Preisdifferenzen, die dem Handwerker für den Kredit zu zahlen sind. Es wird ferner häufig genug die Güte des Materials und der Arbeit von der größeren oder geringeren Baarzahlung abhängen. Die Baarzahlung ist durchaus erforderlich beim Einkauf der Baumaterialien für den Rohbau. Während nämlich alle Arbeiten und Lieferungen im innern Ausbau gemeinschaftlich vergeben werden, d. h. während dort dem betreffenden Handwerker, wie es technisch heißt, die Arbeiten inklusive Material übertragen werden, pflegt man der Ersparniß wegen die Maurerarbeiten und, allerdings weniger häufig, auch die Zimmerarbeiten dem Maurer- oder Zimmermeister exklusive Material zu übergeben. Steine, Kalk, Sand und Hölzer kauft man am besten direkt von dem betreffenden Händler. Die Händler kennen die Bedeutung der Baarzahlung sehr genau und gerade bei ihnen wird man das Material in bester Qualität wesentlich billiger kaufen, wenn Baarzahlung erfolgen kann.

Während der Bauausführung wird es sich meist ergeben, daß noch hier und dort Bestellungen bei den einzelnen Handwerkern gemacht werden müssen, die im Anschlag nicht vorgesehen sind; namentlich wird dies bei jungen Baugenossenschaften geschehen, die noch nicht die genügende Erfahrung haben, und besonders bei Häusern zum Selbsterwerb, bei denen man es den Erwerbern überläßt, innerhalb des zweckmäßigen auch noch bezüglich der Ausstattung eigene Wünsche zu äußern. Es empfiehlt sich in solchen Fällen, alle diese nicht vorgesehenen Arbeiten in Bezug auf den Preis vorher zu akkordiren, und damit dies nicht etwa vergessen wird, ist es rathsam, in die Verträge die Bestimmung aufzunehmen, daß Arbeiten, die im Anschlag nicht vorgesehen sind, und für welche bei der Bestellung ein Preis nicht vereinbart ist, dem betreffenden Unternehmer nur so zu bezahlen sind, wie der Vorstand der Baugenossenschaft sie für werth hält. Eine solche Bestimmung wird den Unternehmer der Arbeit selbst in seinem eigenen Interesse zur Vereinbarung eines Preises drängen. Nur zu häufig versuchen viele Handwerker, sofern sie sich bei der Abgabe ihrer Preisofferten zu ihrem Nachtheil geirrt haben, gerade bei diesen Nacharbeiten möglichst viel herauszuschlagen. Es wird sich daher empfehlen, auch hierfür in den Vertrag einzufügen, daß Mangels einer Einigung bezüglich der Preise für Nacharbeiten der schon vorher erwähnte Sachverständige endgültig zu entscheiden hat.

Vierzehntes Kapitel.

Bedingungen für die Miethung von Wohnungen und für den Erwerb von Häusern.

A. Miethung von Wohnungen.

Baugenossenschaften, welche Häuser bauen, die in ihrem dauernden Besitz bleiben sollen, werden am besten thun, in ihrem Statut sich auch das Vermiethen von Wohnungen an Nichtmitglieder offen zu halten; denn sie müssen mit der Möglichkeit rechnen, einzelne Wohnungen in ihren Häusern nicht an Genossen vermiethen zu können, und sie deshalb, um nicht die Einkünfte aus denselben zu verlieren, an Nichtgenossen abgeben zu müssen. Würden nun nach dem Statut die Wohnungen ausschließlich an Genossen vermiethet werden müssen, so könnten, namentlich wenn man bedenkt, daß Statutenänderungen immer mit einem Zeitverlust verbunden sind, der Genossenschaft bei schlechten Zeitläuften bedeutende Verluste erwachsen. Es empfiehlt sich daher, im Statut nur allgemeine Bedingungen für die Vermiethung der Wohnungen aufzustellen mit der Maßgabe, daß zwar in erster Linie Genossen zu berücksichtigen sind, aber im Sinne des § 8 Ziff. 5 des Ges. die Ausdehnung des Geschäftsbetriebs auf Nichtmitglieder sich ausdrücklich vorzubehalten (Form. 1 § 1 Abs. 3). Ist die Genossenschaft sehr groß oder doch ein starker Zugang an Mitgliedern zu erwarten, so wird es andererseits rathsam sein, daß das Recht auf eine Vereinswohnung an gewisse Bedingungen geknüpft wird, besonders an die Bedingung, daß der Genosse schon eine Zeit lang, mindestens ein halbes Jahr, Mitglied ist und pünktlich seine Beiträge entrichtet hat. Da bei starker Nachfrage nach Vereinswohnungen seitens der Mitglieder das Angebot von solchen voraussichtlich nicht immer ausreichen wird, sind auch darüber Vorschriften geboten, wie die Wohnungen unter den berechtigten Bewerbern vertheilt werden sollen. Dabei liegt es nahe, in erster Linie die Priorität der Bewerbung maßgebend sein zu lassen. Indeß könnte dies leicht zu einem Wettrennen unter den Bewerbern führen, welches mit dem genossenschaftlichen Geist unvereinbar und eine Quelle berechtigter Unzufriedenheit sein dürfte. Wer bis zu einem bestimmten Termin sich gemeldet hat, wird deshalb, weil er vielleicht einen Tag früher als ein anderer seine Meldung angebracht hat, einen Vorzug nicht zu beanspruchen haben. Wenn man also auf die Priorität der Bewerbung kein Gewicht legen wird, so bliebe nur übrig, das Alter der Mitgliedschaft oder das Loos über die Zutheilung der Wohnungen entscheiden zu lassen.

Es entspräche wohl am meisten der Gerechtigkeit, diejenigen, welche schon die längste Zeit als Mitglieder ihre Schuldigkeit gethan haben und eine Wohnung verlangen, zuerst zu befriedigen. Indeß könnte das nach anderer Richtung eine sehr unerwünschte Wirkung haben, indem es, wenn viele Bewerber vorhanden sind, die noch auf eine Wohnung warten, vom Beitritt abschreckt, weil die neu beitretenden dann lange keine Aussicht hätten, Miether des Vereins zu werden.

Diese Erwägung mag manche Genossenschaften veranlaßt haben, lieber das Loos über die Zutheilung der Wohnungen entscheiden zu lassen, welches ebenso gut zu Gunsten eines vielleicht erst 6 Monate der Genossenschaft angehörenden Genossen fallen kann, wie zu Gunsten eines anderen, der schon seit Jahren Mitglied ist. Und vielleicht würde der Umstand, daß das Glück für einen jungen Genossen entscheidet, dazu beitragen, viele neue Mitglieder dem Verein zuzuführen, die für sich einen gleich günstigen Erfolg hoffen. Andererseits aber können daraus bei den alten Mitgliedern Verstimmungen entstehen, die bewährte Genossen zum Austritt veranlassen.

Deshalb dürfte ein Verfahren den Vorzug verdienen, welches zwar das Loos entscheiden läßt, aber für die älteren Mitglieder die Aussichten der Verloosung verbessert, indem ihnen eine größere Zahl von Loosen zugetheilt wird, als den jüngeren Mitgliedern, wie dies im Form. 23 § 4 nach dem Vorgang der Beamten-Baugenossenschaft „Beamtenheim“ in Stettin empfohlen wird.

Gewarnt muß davor werden, etwa in die „Grundsätze für die Vermiethung“ die Bestimmung aufzunehmen, daß der Genosse irgend welchen Nachweis über seine Zahlungsfähigkeit zu liefern hat. Dazu liegt umsoweniger ein Bedürfniß vor, wenn man, wie es in manchen Vereinen geschieht, monatliche Miethszahlungen einführt und dadurch dem Miether die Erfüllung seiner Verpflichtungen erleichtert.

Der Miethsvertrag ist ebenso klar zu entwerfen, wie es bei den Privatunternehmern auch geschieht, nur werden die für den Miether drückenden Bestimmungen, die vielfach in den Miethsverträgen der Privatunternehmer enthalten sind, bei einer Baugenossenschaft fortzufallen haben, unbeschadet der deutlichen Feststellung darüber, welche Verpflichtungen die Baugenossenschaft, und welche Verpflichtungen die miethenden Genossen übernehmen. Die Rechte und Pflichten beider kontrahirenden Theile sind so scharf wie möglich zu fassen, damit Streitigkeiten vermieden werden. In der Anlage sind im Form. Nr. 24 Miethsvertrag und Hausordnung abgedruckt, wie sie sich bei dem großen Spar- und Bauverein zu Hannover bewährt haben. Wie schon früher ausgeführt ist, muß die Verwaltung eines Genossenschaftshauses eine durchaus gerechte, aber auch eine pünktliche und strenge sein; namentlich muß darauf gehalten werden, daß die Genossen mit ihren Miethszahlungen nicht im Rückstand bleiben, weil sich gerade daraus bald viele Streitigkeiten entwickeln. Das böse Beispiel, daß aus nicht absolut zwingenden Gründen ein Genosse die Miethe nicht bezahlt, kann der Genossenschaft geradezu verhängnißvoll werden, denn da sie der eingehenden Miethszahlungen vor allen Dingen zur Verzinsung der Hypotheken bedarf, so wird sie sehr bald in Schwierigkeiten kommen, wenn eine Nachlässigkeit in der Einziehung der Miethen eintritt.

Es ist damit nicht gesagt, daß im Falle unverschuldeter Noth die Baugenossenschaft etwa den Miether vor die Thür setzt; ein sorgsamer Vorstand wird vielmehr wohl feststellen können, ob nicht Böswilligkeit, sondern Noth die Ursache der Zahlungsstockung ist, und wird im letzteren Falle Mittel und Wege finden, den Genossen über Wasser zu halten.

Zu dem Zwecke werden solche Genossenschaften gut thun, eine Unterstützungskasse einzurichten, aus der sie vorübergehend die fälligen Miethen eines nothleidenden Genossen als Darlehne gewähren mögen, unter Beobachtung sachgemäßer Vorsichtsmaßregeln, um einen Mißbrauch der Kasse durch leichtfertige Ausnutzung zu verhüten. Wenn solche Darlehne gegen mäßige Verzinsung gewährt werden, so würden sie mit dem Grundsatz der Selbsthilfe in Einklang stehen, aber offenbar werden die Verhältnisse bisweilen so liegen, daß man nicht nur auf jede Verzinsung verzichten, sondern zufrieden sein muß, wenn auch nur das Darlehn selbst zurückgezahlt wird, und dann handelt es sich um die Gewährung von

Wohlthätigkeit, die in einer auf Selbsthilfe beruhenden Genossenschaft nur mit größter Zurückhaltung geübt werden darf.

B. Erwerb der Häuser durch die Genossen.

Wenn es schon, wie wir sahen, zweckmäßig ist, den Anspruch auf eine Miethswohnung des Vereins von der Erfüllung gewisser Vorbedingungen abhängig zu machen, so ist es gewiß noch mehr gerechtfertigt, den Anspruch auf Erwerb eines Hauses von der Genossenschaft an Voraussetzungen zu knüpfen, die erwarten lassen, daß der Genosse es an der zu einem solchen Erwerb erforderlichen Ausdauer im Sparen nicht wird fehlen lassen. Man wird deshalb nicht nur eine mindestens ½jährige Mitgliedschaft, sondern auch die Einzahlung eines mäßigen Bruchtheils des Geschäftsantheils verlangen müssen. Man darf diese Einzahlung nicht zu hoch greifen, da sie nur die Befähigung zum Sparen erweisen soll, und nicht etwa nachher als Anzahlung auf das Haus verrechnet werden kann, die Genossenschaft auch durch dieselbe sich nicht dem Verdacht aussetzen darf, nur Mitgliedern von einer gewissen Wohlhabenheit den Erwerb eines Hauses zu erleichtern. Welche Einzahlung im einzelnen Falle zu verlangen ist, wird von den örtlichen Verhältnissen abhängen, unter denen die Genossenschaft ihre Thätigkeit zu entfalten hat. Wenn wir aber 200 Mk. als angemessene Grenze für den Geschäftsantheil bezeichneten, so wird man mehr als 50 Mk. oder 25 Prozent Einzahlung darauf in der Regel nicht von den Bewerbern um ein Vereinshaus beanspruchen dürfen, will man nicht neu eintretenden Genossen die Möglichkeit der Bewerbung zu sehr erschweren. Außer dieser Einzahlung sollte ferner noch der Besitz einer unkündbaren Spareinlage bei der Genossenschaft beansprucht werden, welche als Anzahlung auf das Haus verwendet werden kann.

Wenn auf diese Weise die Zahl der Bewerber beschränkt ist, wird die Genossenschaft in jedem Jahre natürlich nicht mehr Häuser bauen, als sie erwarten darf, Bewerber dafür zu finden. Ja, man muß noch weiter gehen. Da es für die Genossenschaft offenbar sehr bedenklich wäre, Häuser gewissermaßen auf Lager zu bauen, wird sie immer eine Anzahl Häuser weniger in Angriff nehmen, als sie Meldungen dafür zu gewärtigen hat.

Nachdem die Häuser, welche die Genossenschaft gebaut hat, im Rohbau fertiggestellt sind, wird den Genossen mitgetheilt, wie viele Häuser vergeben werden können, wie hoch sich ungefähr der

Preis dieser Häuser stellen wird, und bis zu welcher Zeit sich die Genossen, welche ein Haus erwerben wollen, zu melden haben. Es wird sich empfehlen, von dieser Ausschreibung bis zum Meldungstermin mindestens zwei bis drei Wochen Frist zu geben, damit die Erwerbslustigen mit ihren Familien die Häuser besichtigen können und sich während dieser Zeit auch über die Verpflichtungen, die sie zu übernehmen haben, durch Aussprache im engern Kreise klar werden. Haben sich so viele Genossen gemeldet, wie Häuser vorhanden sind, und hat sich keiner für ein besonderes Haus, sondern überhaupt nur zum Erwerb eines der fertiggestellten Häuser gemeldet, so kann jedem der Gemeldeten ein Haus zugesprochen werden. Bei einer vorsichtig geleiteten Genossenschaft aber werden meist mehr Erwerbslustige vorhanden sein, als Häuser gebaut worden sind. Es muß dann eine Ausloosung stattfinden, selbstverständlich nicht in dem Sinne, wie es manchmal von Laien mißverstanden wird, daß das Haus nun als Gewinn dem Genossen zufällt, sondern eine Ausloosung desjenigen, der das Haus zu erwerben berechtigt ist. Diese Ausloosung wird am besten in öffentlicher Versammlung, vielleicht in Verbindung mit der Generalversammlung, bei welcher auch die Häuser von allen Genossen besichtigt werden könnten, eventuell nach Vorladung aller Erwerbslustigen in Gegenwart derselben stattfinden. Es kann dabei vorkommen, daß mehre Jahre hindurch immer gerade ältere Genossen ausfallen, und daß daher diesen, um sie nicht ungeduldig zu machen, günstigere Aussichten gegenüber den jüngeren eingeräumt werden müssen. Zu dem Behuf sollten, wie wir es ähnlich bei Vergebung der Miethswohnungen empfahlen, denjenigen Genossen, welche schon eine Reihe von Jahren der Baugenossenschaft angehören, entsprechend mehr Loose gewährt werden. Vergl. Form. 1 § 61 Abs. 3, § 59 Abs. 3 und Form. 23 § 4. Nachdem durch die Verloosung der Erwerber des Hauses bestimmt ist, hat derselbe das Recht, soweit dies bei dem Stande der Bauarbeiten noch möglich ist, etwaige Aenderungen in dem von ihm zu erwerbenden Hause zu verlangen, sofern nur diese Aenderungen im Rahmen des von der Baugenossenschaft erstrebten bleiben.

Der Erwerber geht dann einen Vertrag mit der Genossenschaft ein, zu welchem ein Muster im Form. 21 gegeben ist. In erster Linie wird in diesem Vertrage festzustellen sein, wieviel an Zinsen und Abträgen der Erwerber zu leisten hat. Bei der Annahme, daß eine leistungsfähige Baugenossenschaft in der Regel

Hypotheken im Durchschnitt zu geringerer als vierprozentiger Verzinsung erhalten wird, kann man ohne weiteres dem Erwerber die Verpflichtung auferlegen, vom Tage der Uebernahme des Hauses an in Quartalsraten 6 % des Erwerbspreises zu zahlen. Es werden davon 4 % für Deckung der Hypothekenzinsen und des von der Baugenossenschaft in den Bau gesteckten Kapitals, also des gesammten Erwerbspreises, gerechnet, während 2 % als Abzahlung dem Erwerber gutgeschrieben werden. Auf diese Abzahlung sowie auf alle weiteren Abzahlungen, die der Genosse sonst noch freiwillig leistet, werden 3 % Zinsen gut gerechnet. Denn jedem Erwerber wird das Recht zu solchen freiwilligen Abzahlungen, die nur im Interesse der Buchführung wenigstens 10 Mk. und das Vielfache von 10 Mk. betragen sollten, einzuräumen sein. Diese freiwilligen Zahlungen dürfen aber nichts an der Verpflichtung ändern, nach wie vor immer quartaliter 1½ % zu zahlen. Zur Erleichterung ihrer Kassendispositionen wird die Genossenschaft bei Ausschreibung der Häuser von den sich zum Erwerb meldenden Genossen angeben lassen, ob sie bei Uebernahme des Hauses oder später außer den sechsprozentigen Zahlungen noch weitere Zahlungen leisten wollen, aber ohne daß etwa die Uebergabe des Hauses von solchen freiwilligen Zahlungen abhängig gemacht, oder daß der Genosse, der sich zu solchen Zahlungen bereit erklärt, vor andern Genossen bevorzugt werden darf.

Für jedes Haus muß ein besonderes Konto geführt werden, auf welchem die geleisteten Kapitalsabzahlungen und Zinsbeträge regelmäßig vermerkt werden, und es muß jedem Erwerber ein diesem Konto entsprechendes Buch ausgehändigt werden, in welchem über die Zinszahlungen quittirt wird, und Abzahlungen und Abträge gutgeschrieben werden. Ist durch die Abzahlung ein Drittel des vorher durch die Rechnungen genau fixirten Erwerbspreises gedeckt, so wird der Erwerber, der bis dahin zwar der Baugenossenschaft gegenüber als Eigenthümer des bezüglichen Grundstücks galt, aber im Grundbuch noch nicht als Eigenthümer eingetragen war, durch Ueberschreibung im Grundbuch als rechtlicher Eigenthümer legitimirt. Bei der Voraussetzung, daß nur 2 % jährlich von dem Erwerber als Abträge bezahlt werden, kann man annehmen, daß er in 13 Jahren etwa das Drittel des Erwerbspreises gedeckt hat. Die Erwerbskosten berechnen sich aus dem Kaufgeld für das verwendete Terrain, den Kosten des Baues einschließlich der Aptirung der Terrains und der Wegeanlagen und aus einem Zuschlag von 5—10 % des Terrainpreises und der Baukosten, welcher dazu dient, das Kapital während des Baues zu verzinsen und die Verwaltungskosten der Genossenschaft, sowie die für die Guthaben nothwendiger Weise zu zahlende Dividende zu decken. Es ist wünschenswerth, ja durchaus erforderlich, daß die Aufstellung der Rechnung dem Genossen zugänglich gemacht wird, damit er sich selbst davon überzeugen kann, daß vom Vorstande nach jeder Richtung hin gewissenhaft verfahren ist, und er das Haus zum bestmöglichen Preise erhalten hat.

Der Erwerber übernimmt außer der oben bezeichneten Verpflichtung auch die, Haus und Grundstück in gutem baulichen Zustand zu erhalten und alle erforderlich werdenden Reparaturen möglichst schnell auf seine eigenen Kosten zu bewirken; er muß das Grundstück und die auf demselben befindlichen Baulichkeiten sorgfältig behandeln, kurz, wenn er sich auch als Eigenthümer fühlt, immerhin noch beachten, daß er die Verwaltung eines fremden Gutes in Händen hat, und um so sorgfältiger damit umgehen. Die Feuerversicherung der Gebäude wird am besten durch den Vorstand bewirkt, der immer in der Lage ist, dadurch, daß er eine größere Anzahl von Gebäuden zu versichern hat, bessere Bedingungen von der Feuerversicherungsgesellschaft zu erhalten, als der Einzelne. Die Versicherungsprämie wird von dem Erwerber getragen und wird am besten vierteljährlich mit der Verzinsung und den Abträgen zusammen bezahlt.

Die Genossenschaft muß berechtigt sein, das Haus zurückzunehmen, wenn der Erwerber mit der Erfüllung seiner Verpflichtungen im Rückstand bleibt oder das Haus baulich vernachlässigt oder gegen die Interessen der Genossenschaft handelt, die besonders noch ausgedrückt werden durch bestimmte Beschränkungen bezüglich der weiteren Bebauung und bezüglich der Benutzung, auf welche noch später zurückgekommen werden soll. Selbstverständlich wird der Vorstand der Genossenschaft nicht ohne weiteres, wenn der Erwerber ein Vierteljahr im Rückstande ist, mit der Forderung, das Haus zurückzugeben, an ihn herantreten, sondern, sofern die nähere Prüfung ein Verschulden des Erwerbers nicht ergiebt, und die Vermögensverhältnisse der Genossenschaft es erlauben, Nachsicht walten lassen. Andernfalls könnte gegen die Entscheidung des Vorstands immer noch die Generalversammlung angerufen werden. Im Fall der Zurücknahme des Hauses aber wird durch 3 Sachverständige, von denen jeder Theil einen wählt, die dann zusammen den Obmann bestimmen, festgestellt, um wie viel der Werth des Hauses verringert ist. Diesen Betrag hat der Erwerber zu erstatten, oder sich gegen die geleisteten Abträge und Anzahlungen anrechnen zu lassen. In den meisten Fällen, wenn der Erwerber nicht geradezu das Haus devastirt hat, wird ein Minderwerth kaum festzustellen sein; durch die Bauthätigkeit der Genossenschaft selbst pflegt der Grund und Boden im Preise derart zu wachsen, daß selbst, wenn eine Verringerung der Substanz des Gebäudes eingetreten ist, diese durch die Preiserhöhung des Grund und Bodens ausgeglichen wird. Immerhin ist es nothwendig, eine solche Bestimmung in die Uebernahmebedingungen aufzunehmen, um jeden Streit von der Baugenossenschaft fernzuhalten.

Solange die Genossenschaft Eigenthümerin ist, dürfen selbstverständlich bauliche Veränderungen vom Erwerber ohne Genehmigung des Vorstandes nicht vorgenommen, noch seitens des Erwerbers ohne solche Genehmigung andere Baulichkeiten auf dem Grundstück errichtet werden. Im Interesse der Genossenschaft und im Interesse jedes einzelnen Erwerbers liegt es, daß die Häuser, welche die Genossenschaft ihren Mitgliedern übergiebt, den Zwecken, zu welchen die Baugenossenschaft gegründet ist, und zu welchen sie solche Häuser errichtet, erhalten bleiben. Eine weitere Bebauung, als die Baugenossenschaft von vornherein angenommen hat, wird vielleicht diesen Zwecken zuwiderlaufen, weil dem Grundstück dadurch Luft und Licht entzogen würde. Es können ebenso die Zwecke der Genossenschaft vereitelt werden, wenn etwa auf dem Grundstück Gewerbe betrieben werden, welche nicht anständig sind oder durch Lärm oder Geruch besonders belästigen, und es wird daher schon im Interesse derjenigen Genossen, welche als Nachbarn des betreffenden Erwerbers Häuser besitzen, mit besonderer Strenge darauf gesehen werden müssen, daß sowohl die Wohnung des Erwerbers, wie diejenige des Miethers, sowie auch das ganze Grundstück den Absichten der Baugenossenschaft entsprechend benutzt werden. Solange der Genosse noch nicht rechtlicher Eigenthümer ist, wird ihm diese Beschränkung in dem mit ihm abzuschließenden Vertrage auferlegt. Bei der Uebertragung des Grundstücks und der Auflassung im Grundbuch werden die darauf bezüglichen Beschränkungen in Abtheilung II des Grundbuchblattes eingetragen werden müssen. Gerade gegenüber dem Umstand, daß den Baugenossenschaften, welche Häuser zum Selbsterwerb bauen, häufig von solchen, die in das Wesen einer solchen Genossenschaft nicht eingedrungen sind, der Vorwurf gemacht wird, daß sie die den Erwerbern überlassenen Grundstücke nicht auf die Dauer den verfolgten idealen Zwecken nutzbar machen, sondern daß die Erwerber in der Lage sind, im Gegensatz zu diesen Zwecken ihre Grundstücke sehr bald der Spekulation zu überlassen, ist es dringend erforderlich, daß grundbuchlich soweit als möglich — und das ist nach der deutschen Grundbuchordnung sehr weit möglich — die Absichten der Baugenossenschaft auf die Dauer sichergestellt werden. Wie die Berliner Baugenossenschaft, eingetragene Genossenschaft m. b. H., sich in dieser Beziehung schützt, ist aus den §§ 7, 8, 10 des Form. 21 zu ersehen.

In der Anmerkung zu § 10 des Formulars 21 sind noch eingehender unter Berücksichtigung der mit dem 1. Januar 1900 in Kraft tretenden Gesetzgebung die Beschränkungen formulirt, welche den Erwerbern der Genossenschaftshäuser auferlegt werden sollen, um zu verhüten, daß diese Häuser alsbald den Zwecken der Genossenschaft entfremdet werden und der Spekulation anheimfallen. Zu diesem Zwecke ein Veräußerungsverbot ins Grundbuch eintragen zu lassen, würde gesetzlich unzulässig und auch mit den Aufgaben einer Genossenschaft unvereinbar sein, da die Genossenschaft doch nicht selbst Zweck ist, sondern den Zweck hat, die wirthschaftlichen Interessen der Mitglieder zu fördern, die aber durch ein solches unbeschränktes Veräußerungsverbot oft schwer geschädigt werden könnten. Man wird daher immer nur auf eine bestimmte Zeit die Veräußerung auch nicht verbieten, sondern an Bedingungen knüpfen dürfen, deren Erfüllung den sozialpolitischen Zweck der Genossenschaft genügend wahrt. Zu dem Behuf ist der Genossenschaft durch Eintragung im Grundbuch das Recht zugesichert, im Falle der Veräußerung des Hauses dasselbe ihrerseits zurückzukaufen zu einem Preise, der die Interessen des veräußernden Genossen und der Genossenschaft gegen einander ausgleicht und letzterer einen Antheil an der Werthsteigerung des Grundstücks sichert, die hauptsächlich ihrer Bauthätigkeit zu verdanken ist, nämlich an der Werthsteigerung des Grund und Bodens. Ob die Genossenschaft diesen Antheil voll für sich beansprucht, wird von der Lage des einzelnen Falles abhängen, von den besonderen Verhältnissen, unter denen die Veräußerung stattfindet.

Der Vorwurf, daß ein Erwerber durch den Kauf eines solchen Hauses sich und seine Familie derart festlegt, daß er bei nothwendigem Verzug vom Orte, oder seine Familie bei seinem Tode nicht im Stande ist, das in dem Haus von ihm ersparte Geld herauszuziehen, ist unbegründet; denn die Genossenschaft wird immer in solchen Fällen unter ihren Mitgliedern Erwerber finden können, welche das Grundstück gern übernehmen und eventuell, wenn der neue Erwerber die von dem ersten Erwerber geleisteten Abträge nicht zahlen kann, selbst diese Abträge auszahlen können und sie dem neuen Erwerber kreditiren.

In den Vertrag über den Erwerb wird bei Zweifamilien-Häusern auch die Verpflichtung für den Erwerber aufgenommen werden müssen, die eine Wohnung selbst zu benutzen. Es haben sich oft zur Ausloosung der Häuser solche Personen gemeldet, die den Erwerb eines Hauses ausschließlich als eine Anlage von Kapital, das allerdings nur in kleinen Raten gezahlt wird, betrachtet haben. Das ist eine Art Spekulation, der vorgebeugt wird durch die Bestimmung, daß das Haus an die Baugenossenschaft wieder zurückfällt — solange der Erwerber nicht eingetragener Besitzer ist — wenn er nicht wenigstens eine Wohnung selbst benutzt. Da zur Zeit der Verloosung und nachherigen Fertigstellung des Hauses der Erwerber noch Miethsverpflichtungen in seiner alten Wohnung haben kann, wird es allerdings erforderlich sein, eine geraume Zeit, vielleicht ein halbes Jahr, Frist zum Beziehen der Wohnung zu geben.

In jeder Baugenossenschaft werden sich Personen befinden, welche sehr wohl in der Lage sind, entweder aus eigenen Ersparnissen oder aus einem ihnen zugefallenen Erbtheil oder mit Hilfe von Verwandten und Freunden oder Arbeitgebern ein Drittel des Preises eines solchen Häuschens *sofort* zu zahlen.

Mit Rücksicht auf diese Genossen wird sich die Genossenschaft die Möglichkeit offen halten müssen, auch ihr Wohnungsbedürfniß durch den Bau von Häusern und alsbaldige Auflassung derselben gegen Zahlung von $^1/_3$ des Kaufpreises zu befriedigen. Die Genossenschaft wird diese Genossen nicht bevorzugen dürfen, da sie meist nicht zu denen gehören, für die die Wohnungsnoth am empfindlichsten ist, und die große soziale Aufgabe der Baugenossenschaften gerade darin besteht, dort zu helfen, wo der Nothstand am größten ist. Aber insoweit die verfügbaren Mittel der

Baugenossenschaft für den Bau von Häusern ohne eine $^1/_3$-Anzahlung nicht mehr ausreichen, mit Hilfe der Drittelzahlung indeß die Bauthätigkeit noch länger fortgesetzt werden kann, ist der Bau von Häusern gegen Drittel-Anzahlung für alle Betheiligten vortheilhaft. Die erwerbenden Genossen werden unter der Mitwirkung der Genossenschaft billiger und ohne die Gefahr einer Kündigung des Restkaufgeldes in den Besitz eines Hauses gelangen. Und die Genossenschaft kommt dadurch schnell in die Lage, einer großen Anzahl ihrer Genossen Häuser zu überlassen, die im Sinne der Genossenschaft erbaut sind, und gewinnt um so schneller neue Mitglieder, wenn sie der Außenwelt zeigt, was sie zu leisten im Stande ist. Auch in Bezug auf die Erträge der Genossenschaft sind solche Häuser gegen Drittel-Anzahlung werthvoll, weil auch bei diesen Häusern die Genossenschaft einen bestimmten Prozentsatz als Verdienst für sich aufschlagen kann und weil gerade der Verdienst aus derartigen Geschäften die wünschenswerthe Stärkung des Reservefonds schneller herbeiführen wird. Hat die Genossenschaft größere Terrains zur Verfügung, so empfiehlt es sich, diejenigen, welche ein Drittel anzahlen wollen, zur Meldung aufzufordern und dann den Vorstand feststellen zu lassen, wie viele Häuser er mit den verfügbaren Mitteln auf Verloosung bauen kann, immer vorausgesetzt, daß bei Gewährung von Hypotheken bis zu zwei Dritteln des Werthes dreimal so viele Häuser gebaut werden können, als die Genossenschaft verfügbare Mittel besitzt. Sind darüber hinaus noch Hypotheken zu erhalten, so wird die Genossenschaft noch eine entsprechende Anzahl Häuser gegen Drittel-Anzahlung für ihre Genossen bauen können.

Der Erwerber eines Hauses gegen Drittel-Anzahlung wird bei Feststellung der Baupläne hinzugezogen und bei der ganzen Einrichtung mit seinen Wünschen gehört werden können; die Ausstattung, sofern sie nur keine luxuriöse ist, sondern sich im Rahmen des Genossenschaftszweckes hält, wird er vorschreiben dürfen. Bezüglich der Einzelheiten wird aber der Vorstand ausschließlich zu bestimmen haben, wie gebaut werden soll. Um sich zu sichern, wird der Vorstand vor Beginn des Baues auf Grund seiner Erfahrungen eine möglichst genaue Aufstellung der Kosten machen müssen und dann mit dem Bau nicht eher beginnen, als bis ein Drittel der Kosten eingezahlt ist. Nach der Fertigstellung und endgültigen Festsetzung der Rechnungen wird alsdann der Erwerber den noch fehlenden Betrag des Drittels zuzuzahlen haben, oder dasjenige, was von seiner Anzahlung nicht zur Verwendung gelangt ist, zurückempfangen.

Gerade die Erwerber von Häusern mit Drittel-Anzahlung werden am ehesten geneigt sein, wenn der Grund und Boden im Preise steigt, in eine Spekulation einzutreten, selbst dann, wenn, wie es selbstverständlich geschehen muß, diejenigen Eintragungen im Grundbuch gemacht werden, die die Berliner Baugenossenschaft bei den Verloosungshäusern machen läßt (vergl. Form. 21 § 10), weil die Steigerung des Grund- und Bodenwerthes meist mit der Steigerung der Miethspreise Hand in Hand geht. Erhalten sie für die zu vermiethende Wohnung einen höheren Miethspreis, so werden sie sehr leicht der Versuchung unterliegen, das Haus zu einem höheren Preis, als sie bezahlt haben, zu verkaufen. Um dies soweit thunlich zu verhüten, hat es die Berliner Baugenossenschaft nicht ausreichend gefunden, sich nur das Vorkaufsrecht zu sichern, sondern hat noch eine fernere Eintragung dahin machen lassen, daß für einen bestimmten längeren Zeitraum oder auch solange die Hypotheken, welche auf das Grundstück eingetragen sind, unter der Garantie der Baugenossenschaft gegeben sind, der Erwerber nur berechtigt ist, das Haus unter Zustimmung der Baugenossenschaft zu veräußern, die nur ertheilt wird, wenn die Baugenossenschaft selbst einen bestimmten Prozentsatz der Kaufsumme erhält, wenn sie nicht gar das Vorkaufsrecht ausübt. Es wird dadurch vermieden, daß der Erwerber die gemeinnützige Thätigkeit der Baugenossenschaft für sich ausnutzt, und es wird erreicht, daß, wenn in außergewöhnlichem Maße eine Steigerung des Preises eintritt, der Genossenschaft für ihre Zwecke wenigstens ein Theil dieser Steigerung zu Gute kommt, ähnlich wie wir dies vorher bei den auf allmähliche Amortisation vergebenen Häusern erläuterten. Es wird § 8 des Form. 22 auch ersetzt werden können durch die in der Anmerkung zu § 10 des Form. 21 empfohlene Eintragung ins Grundbuch, nur etwa mit dem Unterschiede in der praktischen Anwendung, daß gegenüber den Erwerbern mit Drittel-Anzahlung die Genossenschaft ihre eigenen Interessen wird schärfer betonen dürfen, weil bei diesen Erwerbern die Vermuthung näher liegt, als bei den andern, daß sie von vornherein zu Zwecken der Spekulation sich das Haus von der Genossenschaft haben bauen lassen, und derartige Zwecke zu fördern durchaus nicht Aufgabe der Genossenschaft ist.

Sehr häufig tritt bei den Erwerbern mit Drittel-Anzahlung der Fall ein, daß sie das Maß dessen, was für eine solche Wohnung an innerer Ausstattung erforderlich ist, überschreiten und, ohne sich klar zu machen, welche für sie vielleicht unerträgliche Last sie sich durch die Verzinsung des dafür nothwendigen Kapitals aufbürden, an Oefen, Fenstern u. s. w. große Aufwendungen machen wollen. Der Vorstand wird in allen solchen Fällen möglichst zurückhaltend sein und durch Kostenanschläge versuchen müssen, die Genossen vor solchen unproduktiven Ausgaben zu bewahren, eventuell auch im Interesse des betreffenden Genossen selbst eine Weigerung, gewisse Dinge auszuführen, auszusprechen haben.

Im Form. 22 ist ein Vertrag mitgetheilt, wie er sich für Erwerber mit Drittel-Anzahlung bewährt hat.

Fünfzehntes Kapitel.

Ertrag und Risiko.

A. Miethe und Zuschläge zu den Bausummen.

Die Miethen, welche die Baugenossenschaft, die ihre Häuser in eigenen Besitz behält, von den Genossen einnimmt, und die Zuschläge zur Bausumme, welche die die Häuser zum Selbsterwerb durch ihre Genossen bauende Genossenschaft macht, sind die einzigen regelmäßigen Erträge der Baugenossenschaft, und das Maß und die Bedingungen, nach welchen sie festzustellen sind, müssen demgemäß aufs reiflichste überlegt werden. Zunächst sind von diesen Erträgen alle Geschäftsunkosten zu decken, wenn man nicht das Stammkapital, das aus den Guthaben der Mitglieder besteht, angreifen und allmählich vernichten will. Es kommen hierbei vor allem in Betracht als Ausgaben, welche in keinem Fall erspart werden können: 1) die von der Genossenschaft selbst für die gleichviel in welcher Form aufgenommenen Darlehen zu zahlenden Zinsen; 2) die Verwaltungskosten, unter denen namentlich auch die Gehälter der Vorstandsmitglieder eine Stelle einnehmen. Dann aber müssen auch noch als unentbehrlich berücksichtigt werden: 3) die Beiträge zum Reservefond und 4) die Dividende. Wenn also danach die Bedürfnisse der Genossenschaft einerseits ein gewisses niedrigstes Maß von Einkünften vorschreiben, so fordert andererseits das Interesse der Genossen, daß diese als Inhaber der Wohnungen oder als Erwerber der Häuser nicht überbürdet werden und damit des Vortheils ihrer Betheiligung an der Baugenossenschaft verlustig gehen. Die Genossenschaft, welche die Wohnungen vermiethet, hat selbst unter der Voraussetzung, daß sie bessere Wohnungen baut als der Privatbauunternehmer, immerhin eine Konkurrenz mit diesem zu bestehen und auch die Genossenschaft, die zum Selbsterwerb baut, darf den Zuschlag zu den eigenen Baukosten nicht so hoch greifen, wie ihn gewohnheitsmäßig die an dem Ort befindlichen Privatbauunternehmer festsetzen. Es ist daher bei der Festsetzung der

Miethen und der Zuschläge stets im Auge zu behalten, daß es die Aufgabe der Genossenschaft ist, den Genossen billige und gesunde Wohnungen zu verschaffen, aber nicht eine hohe Dividende herauszuwirthschaften.

Die Höhe der Dividende vorweg zu bestimmen, ist nicht thunlich, da dieselbe vielfach nicht nur von dem in dem betreffenden Ort oder der Provinz üblichen Zinsfuß, wie er von den Kapitalisten bei Anlage von sicheren Hypotheken zu erhalten ist, sondern auch ganz besonders davon abhängt, wie viele Genossen der Baugenossenschaft beigetreten sind, die nicht sowohl eigene Wohnungen erhalten wollen, als vielmehr durch ihr Geld die allgemeinen Bestrebungen der Genossenschaft zu unterstützen beabsichtigen, ohne daß sie andererseits auf den üblichen Zinsfuß verzichten wollen.

Aus allem Vorhergehenden, namentlich aus dem, was bezüglich der Baugelder gesagt worden ist, erhellt, daß der Zinsfuß der Baugelder, da diese nur für die Bauperiode in Anspruch genommen werden, eine wesentliche Rolle in Bezug auf den Kostenpreis der Gebäude nicht spielt. Wenn aber für die Baugelder allgemein in Deutschland ein Zinsfuß bis zu 5 % üblich ist und die Baugelder sachgemäß sich immer mehr verringern, je mehr wohlhabende Genossen eintreten, die nur ihr Geld als Kapitalsanlage hingeben, ohne eine Wohnung zu beanspruchen, so wird man für Baugenossenschaften, um solche Kapitalisten heranzuziehen, auf eine Dividende bis zu 5 % hinzuarbeiten haben. Das Ziel weiter zu stecken, muß bei der sozialen Aufgabe der Baugenossenschaften als unangemessen betrachtet werden, namentlich dann, wenn die Genossenschaft nicht mehr baut, sondern nur noch die Verwalterin ihrer Grundstücke ist, wenn also die Genossen, welche die Miethswohnungen inne haben, durch die hohe Dividende dauernd in ihren Miethen belastet würden. Allerdings kann einer solchen Benachtheiligung der Miether, wie wir nachher zeigen werden, vorgebeugt werden durch Gewährung einer Dividende auf die gezahlte Miethe. Aber davon abgesehen, bilden die Geschäftsguthaben der Mitglieder gerade bei Baugenossenschaften, welche ihre Häuser im eigenen Besitz behalten, dauernd das in diesen Häusern angelegte eigene Kapital, während bei den Baugenossenschaften, welche zum Selbsterwerb bauen, die Zuschläge zu den Baukosten nur einmal erfolgen, so daß der Erwerber in seiner Amortisation nur den Zins des Zuschlags auf eine gewisse Reihe von Jahren zu tragen hat. Aus dieser Gegenüberstellung ergiebt sich von selbst, daß bei Baugenossenschaften, welche ihre Häuser im Besitz behalten, sogar nur eine Dividende von 4 % auf die Geschäftsguthaben ins Auge zu fassen sein wird, während bei Baugenossenschaften, welche zum Eigenerwerb bauen, eine Dividende von 5 % ohne Schädigung der Genossen, welche die Häuser erwerben, wird vertheilt werden können, ohne dadurch die Gemeinnützigkeit der Genossenschaft in Frage zu stellen. Allerdings sind in Preußen nach dem Stempelsteuergesetz vom 31. Juli 1895 § 5 gemeinnützige Baugenossenschaften von der Entrichtung der Stempelsteuer befreit, wenn sie neben andern wichtigen Bedingungen in ihr Statut auch die Bedingung aufnehmen, daß sie höchstens 4 % Dividende auf die Geschäftsguthaben vertheilen; es ist also hier die Dividende von 4 % als Merkmal der Gemeinnützigkeit festgestellt, aber das wird die Genossenschaften oft nicht veranlassen können, diese Beschränkung in das Statut aufzunehmen, weil sie einerseits dadurch ihre Ausbreitung auch auf solche Kreise, die für ihre Gelder eine ortsübliche Rente bei der Genossenschaft erzielen wollen, erschweren und damit unter Umständen ihre Bauthätigkeit beschränken, und weil andererseits jene Steuerbefreiung noch durch andere für die Genossenschaft im Falle der Liquidation sehr lästige Verpflichtungen erkauft werden müßte.*) Auf die Dividende haben selbstverständlich auch die für die Spareinlagen zu zahlenden Zinsen oft einen erheblichen Einfluß. Gelingt es in größerem Umfange zu billigem Zinsfuß bei ausreichenden Kündigungsfristen Spareinlagen heranzuziehen, so wird das der Rentabilität des Unternehmens natürlich sehr vortheilhaft sein.

Bilden nun bei den Genossenschaften, welche ihre Häuser im Eigenthum behalten, die Miethen die Haupteinnahme, so ist vor allen Dingen festzustellen, wer die Miethen wohl am besten bestimmt. Es wäre nicht angängig, dies der Generalversammlung zu überlassen, weil dort bei der großen Anzahl der Theilnehmer, und bei den Widersprüchen unter den vertretenen Interessen, eine sachgemäße Erledigung nicht zu erwarten wäre. Die Entscheidung würde oft von Zufälligkeiten abhängen. Zweckmäßig ist es, den Vorstand unter Berücksichtigung aller einschlägigen Verhältnisse die Miethen festsetzen und sie vom Aufsichtsrath genehmigen zu lassen. Bei der Festsetzung werden folgende Punkte

---

*) Durch Art. 84 des preußischen Ausführungsgesetzes zum B. G.-B. ist für solche Genossenschaften auch Gebührenfreiheit in Aussicht genommen.

zu berücksichtigen sein: 1) Die Kostensumme, welche in das Haus hineingesteckt ist, und die Zinsen, welche für die einzelnen Theile dieser Kostensumme zu bezahlen sind; d. i. die erste Hypothek mit deren Verzinsung, die eventuelle zweite Hypothek mit dem für sie eingetragenen Zinsfuß und das eigene Kapital mit der in Aussicht genommenen Dividende; 2) die Steuern, welche auf dem Grundstück dauernd lasten; 3) die Verwaltungsunkosten des Grundstücks, als da sind Wasserzuführungs- bezw. Entwässerungs-Beitrag, Beleuchtung der Treppen, Schornsteinfegergeld, Müllabfuhr u. s. w.; 4) Reparaturkosten, die bei einem neuen Gebäude verhältnißmäßig gering sein werden, und Amortisationskosten des Gebäudes, die mindestens mit $^1/_2$ % der Baukosten in Anrechnung zu bringen sind; 5) ein kleiner Betrag — selbst bei der Sicherheit, alle Miethsgelasse zu vermiethen — als Miethsausfall unter Berücksichtigung des Umstands, daß bei eventuellem Wechsel der Wohnungsmiether die Wohnungen behufs ausgiebiger Reparaturen unter Umständen ein Vierteljahr leer stehen können. Rechnet man nun zu diesen, jedem Hause eigenthümlichen Selbstausgaben den entsprechenden Antheil an den allgemeinen Verwaltungskosten der Genossenschaft und die Beiträge zum Reservefond und etwaigen Spezialreserven hinzu, so wird man danach das Mindestmaß der für die Wohnungen zu erhebenden Miethen je nach der Lage der Wohnungen, sei es, daß sie im untern oder obern Stockwerk, daß sie nach der Straße oder dem Hofe liegen, im einzelnen bestimmen.

Bei den Baugenossenschaften, welche Häuser zum Selbsterwerb durch ihre Genossen bauen, entstehen, wie vorher ausgeführt, die den Ausgaben gegenüberstehenden Einnahmen durch die Zuschläge, welche zu den Baukosten gemacht werden. Die Genossenschaft wird immer gut thun, in den Erwerbsbedingungen sich einen gewissen Spielraum in der Höhe des Prozentsatzes dieser Zuschläge offen zu lassen, ihn also der Erfahrung gemäß auf 5—10 % zu bestimmen. Die Zuschläge werden sich bei diesen Baugenossenschaften in der That nur ergeben aus der Höhe der Verwaltungskosten, aus den für die Geschäftsguthaben in Aussicht genommenen Dividenden, aus der Verzinsung der für das Geschäft aufgenommenen Hypotheken und Baugelder und aus den Beiträgen zum Reservefond und zum Spezialreservefond. Da diese Baugenossenschaften wohl in die Lage kommen können, in dem einen oder andern Jahre nicht zu bauen, während es doch, um die kapitalkräftigen Genossen festzuhalten, wünschenswerth ist, ihnen auch in solchen Fällen eine, wenn auch vielleicht geringere Dividende zu gewähren, und da ferner diese Baugenossenschaften oft auch für die von ihnen aufgenommenen Hypotheken auf alle diejenigen Grundstücke, die sie den Erwerbern schon zum Eigenthum übertragen haben, haften, so ist es für sie dringend erforderlich, außer dem gesetzlichen Reservefond noch einen Spezialreservefond zu bilden, aus dem sie eventuell die Dividende für bauarme Jahre und für etwaige Ausfälle bei eintretender Subhastation einzelner Grundstücke, welche von Genossen übernommen sind, zu decken hätten. Vorstand und Aufsichtsrath einer Baugenossenschaft, die zum Selbsterwerb durch die Genossen baut, müssen daher bei Bestimmung der Zuschläge zur Bausumme möglichst weitsichtig handeln, wenn sie nicht in einem der nächsten Jahre die Genossenschaft in Gefahr bringen wollen. Und wenn schon allen Baugenossenschaften zu empfehlen ist, im Hinblick auf das Jahr, in welchem die Hypotheken fällig werden und auf die Unsicherheit der dann herrschenden, vielleicht sehr ungünstigen Verhältnisse des Geldmarkts einen hohen Reservefond zu bilden, so ganz besonders den Baugenossenschaften auf Eigenerwerb der Häuser.

B. Gewinn- und Verlustvertheilung.

Daß die Theilnahme am Gewinn eines Geschäfts die gleichmäßige Theilnahme am Verlust bedingt, ist im Geschäftsleben nicht nur als Forderung der Gerechtigkeit anerkannt, sondern auch, weil darin der beste Ausgleich der verschiedenen dabei in Frage kommenden wirthschaftlichen Interessen liegt. Wie einerseits nur die Aussicht auf eine gute und billige Wohnung und die angemessene Verzinsung des der Baugenossenschaft hingegebenen Kapitals des Publikum zum Eintritt in eine Baugenossenschaft bewegt, so vermag andererseits nichts so wirksam gewagten, lediglich auf großen Gewinn abzielenden Geschäften, die bei Baugenossenschaften besonders auf dem Gebiete der Terrainspekulation liegen, einen Damm entgegenzusetzen, als der Hinblick auf das damit untrennbar verbundene Risiko. Es ist dies am besten dadurch erreicht, daß man beides, Risiko und Gewinn, an die Einzahlungen auf die Geschäftsantheile knüpft. Ihrem Begriff und ihrer Grundbestimmung nach bilden die auf die Geschäftsantheile von den Mitgliedern geleisteten Einzahlungen das Stammkapital, dienen zunächst als Sicherheit für die von der Genossenschaft eingegangenen Verpflichtungen und stehen im Risiko des Geschäfts, sodaß sie gegen die Forderungen der Gläubiger zurücktreten müssen, wenn bei erlittenen Verlusten die Schulden des Vereins dessen Baarschaft und Außenstände übersteigen. Soweit die Einzahlungen stattgefunden haben, tragen sie daher den Charakter von Aktien und es sind nach Aufopferung des Geschäftsertrages und der Reserven die Geschäftsverluste von den Geschäftsguthaben abzuschreiben. Inwieweit ferner die Mitglieder aus der persönlichen Haftpflicht noch in Anspruch genommen werden können, ist auf S. 43 dargelegt. Der Verlust wird dabei wie der Geschäftsgewinn nicht nach dem Betrage des Geschäftsantheils, welchen viele erst im Laufe der Zeit erreichen sollen, sondern nach der Höhe dessen, was von jedem einzelnen wirklich darauf eingezahlt ist, sei dies erst der Bruchtheil eines Geschäftsantheils oder seien es, bei Genossenschaften mit beschränkter Haftpflicht, mehre Geschäftsantheile, vertheilt. Ausdrücklich bestimmt § 21 des Gesetzes, daß „Genossen, welche mehr als die geschuldeten Einzahlungen (auf Geschäftsantheil) geleistet haben, im Falle eines Verlustes andere Genossen nicht aus dem Grunde in Anspruch nehmen können, daß von letzteren nur diese Einzahlungen geleistet sind.“

Das Statut hat für die Gewinn- und Verlustvertheilung die maßgebenden Grundsätze aufzustellen, innerhalb deren dann nach § 46 [48] des Ges. die Generalversammlung „von dem Gewinn oder Verlust den auf die Genossen fallenden Betrag festzusetzen hat“. Das Statut kann nach § 19 des Ges. auch einen andern Maßstab für die Vertheilung des Verlustes oder des Gewinnes als nach den Geschäftsguthaben festsetzen, und es wird in einzelnen Baugenossenschaften, welche ihre Wohnungen vermiethen, auch so verfahren werden können, und zum Theil thatsächlich so verfahren, daß bis zu einem nach oben begrenzten Prozentsatz die Geschäftsguthaben Dividende erhalten, und daß der überschießende Gewinn den Miethern auf ihre Miethszahlungen zurückgezahlt oder in Anrechnung gebracht wird. Es ist dies ein ähnliches Verfahren, wie es bei den Konsumvereinen allgemein besteht und auch vielfach bei Lebensversicherungsgesellschaften in der Weise stattfindet, daß sie einen Theil des Gewinnes ihren Versicherten zu gut rechnen. Bei Baugenossenschaften gewährt es den Vortheil, daß dieselben sich nicht so peinlich vor einer zu hohen Normirung der Miethen zu hüten brauchen, da ein Zuviel den Miethern in Gestalt der

Miethe-Dividende wieder zurückgewährt wird. Vergl. Form. 1, § 68, Anmerkung. Als das der Vertheilung zu Grunde zu legende Geschäftsguthaben gilt derjenige Betrag, welcher buchmäßig nach Einzahlung u. s. w. als Geschäftsguthaben am Schluß des vorhergegangenen Geschäftsjahres ermittelt wird. Diese Art der Gewinn- und Verlustvertheilung gilt gleichmäßig für alle Haftarten. Bei Genossenschaften mit beschränkter Haftpflicht, bei welchen der Erwerb mehrer Geschäftsantheile zugelassen ist, ist für die mit mehren Geschäftsantheilen betheiligten Genossen das Geschäftsguthaben und der darauf fallende Gewinn und Verlust in der gleichen Weise zu berechnen. Daß die Heranziehung der Mitglieder aus der persönlichen Haftpflicht bei dieser Genossenschaftsart nach dem Verhältniß der Haftsumme zu ordnen ist, ergiebt sich aus dem für die Vertheilung des Vermögens aufgestellten Grundsatz in § 71 des Form. 1.

Wie man nun das auf den Geschäftsantheil wirklich Eingezahlte zur Deckung der Geschäftsverluste heranzieht, ohne die Nachzahlung des am vollen Betrage dieses Antheils bei einzelnen Mitgliedern noch Fehlenden zu diesem Zweck zu fordern, so bringt man auch nur die wirklich geleistete Einzahlung bei der Berechnung der Dividende in Ansatz und vertheilt dieselbe danach ungleich unter die einzelnen Genossen, soweit ihre Einzahlungen ungleich sind. Die Erfahrung hat bei allen Genossenschaften gelehrt, daß bei den weniger bemittelten Mitgliedern durch nichts ein solcher Anreiz zum sparen und zur Erhöhung der monatlichen oder wöchentlichen Beiträge behufs Ansammlung ihres Geschäftsantheils gegeben und erhalten werden kann, als durch die Vertheilung der Dividende nach vorstehenden Grundsätzen, namentlich wenn diese Dividende höher ist als der Prozentsatz, den sonst die Sparkassen für Spareinlagen gewähren.

Sind nun in vorstehendem die Grundsätze erörtert, nach denen die Dividende zu gewähren ist, so sind auch noch einige Nebenpunkte, welche man dabei ins Auge zu fassen hat, von Interesse. Das Gesetz verbietet im § 21, daß für das Geschäftsguthaben „Zinsen von bestimmter Höhe vergütet werden“, auch wenn der Genosse Einzahlungen in höheren als den geschuldeten Beträgen geleistet hat; und mit vollem Recht, denn einmal ist der höhere Antheil am Gewinn eine genügende Gegenleistung, dann aber kann die Genossenschaft auch ihren Mitgliedern keine Verzinsung versprechen, da sie nicht weiß, ob ein Gewinn erzielt wird.

Es kommt ferner der Zeitpunkt, von welchem ab die Geschäftsguthaben die Dividende zu erhalten haben, in Betracht. Da nämlich diese Guthaben durch die wöchentlichen oder monatlichen Beiträge allmählich anwachsen, so kommt in Frage, ob und in wie weit die in dem Jahre, um dessen Gewinnüberschüsse es sich handelt, eingezahlten Beiträge mit in Ansatz kommen, ob also bei der Vertheilung der Dividende für 1897 die im Laufe des Jahres 1897 eingelegten wöchentlichen oder monatlichen Beiträge dem Guthaben schon mit zugerechnet werden oder nicht. Bei den andern Genossenschaftsarten haben die Statuten diese Frage meist verneint und grundsätzlich dürfte dagegen auch nichts einzuwenden sein. Da nämlich die Dividende die Rente bildet, welche die Geschäftsguthaben abwerfen, so ergiebt sich von selbst der Satz, daß eine solche Rente eben nur für den Zeitraum zu gewähren ist, innerhalb dessen die Genossenschaft über das Geschäftsguthaben verfügen konnte. Wollte man nun ganz strenge zu Werke gehen, so müßte man am Ende jeder Woche oder mindestens jedes Monats Rechnung legen und den auf die Woche oder Monat entfallenen Geschäftsgewinn ermitteln und vertheilen. Da dies aber unmöglich ist und die Rechnung nur alljährlich abgeschlossen wird, so kann nur der zu Anfang des Jahres bei der Genossenschaft schon angesammelte Betrag, aber nicht der im Laufe des Jahres erst allmählich hinzugezahlte bei der Vertheilung des Jahresgewinns in Ansatz kommen. Der Betrag, der beispielsweise erst im November oder Dezember eingezahlt ist, kann nicht Antheil an dem Gewinn der früheren Monate beanspruchen. Und da eben nur der Gewinn des Jahres ungetrennt zur Verrechnung kommt, so geht daraus hervor, daß nur die am Schluß des Vorjahres bereits vorhandenen Geschäftsguthaben der einzelnen Genossen den richtigen Theilungsmaßstab für die Gewinnüberschüsse des darauf folgenden Jahres abgeben. Diese Erwägung ist auch die Ursache, daß viele Genossenschaften den ganzen Geschäftsgewinn des ersten Jahres dem Reservefond zugeschrieben haben. Auch das Gesetz stellt in § 19 die Vertheilung des Gewinns nach den Geschäftsguthaben, wie sie am Schluß des vorausgegangenen Jahres ermittelt sind, als die Regel auf. Um nun aber zu verhindern, daß Personen, die deswegen Genossen werden, um für ihre Geschäftsguthaben eine höhere Rente als von öffentlichen Sparkassen zu erhalten, im Laufe des Jahres mit ihren Einzahlungen so viel als möglich zurückhalten, oder gar erst am

Ende des Jahres beitreten, weil sie für das laufende Jahr keine Dividende und damit keinen Rentengenuß erhalten würden, hat sich bei manchen Genossenschaften der Gebrauch eingebürgert, von diesen Personen nur den statutenmäßig festgestellten Mindestbeitrag von ihrem Eintritt bis zum Schluß des Jahres als Geschäftsguthaben zu buchen, alle darüber hinausgehenden Einzahlungen an die Genossenschaft aber vorläufig auf ihr Sparkonto zu schreiben und erst mit dem 1. Januar des folgenden Jahres auf das Geschäftsguthaben-Konto übertragen zu lassen. Dadurch erhält namentlich der Genosse, welcher mehre Geschäftsantheile einer Genossenschaft mit beschränkter Haftpflicht erwirbt und dessen Eintritt für die Genossenschaft wegen des ihr zufließenden eigenen Kapitals sehr vortheilhaft ist, für die Zeit bis zum 1. Januar des nächsten Jahres wenigstens die Zinsen, die von der Sparkasse der Genossenschaft gewährt werden. Andere Baugenossenschaften verfahren zu diesem Zwecke anders, indem sie die Einzahlungen auf Geschäftsguthaben schon vom nächsten Vierteljahr an an der Dividende ratirlich theil nehmen lassen, also für das Vierteljahr mit 1/4 des Betrages der für das ganze Jahr gewährten Dividende. Bei diesem Verfahren werden die Umbuchungen von Spar-Konto auf Geschäftsguthaben-Konto vermieden und die Einzahlungen, die für das Geschäftsguthaben-Konto bestimmt sind, kommen sofort auf dieses Conto mit der Wirkung, daß sie auch sofort am Risiko des Geschäfts betheiligt werden. Das ist für die Vermögenslage der Genossenschaft günstiger, als wenn diese Beträge als Spareinlagen verrechnet werden, und es entspricht umsomehr der Billigkeit, ihnen auch einen entsprechenden Antheil an der Dividende zu gewähren, als die Dividende an sich schon bei Baugenossenschaften der Natur der Sache nach den landesüblichen Zins nicht erheblich übersteigt.

Außerdem gebietet folgender Fall eine Ausnahme zu machen. Der Tod führt das Ende der Mitgliedschaft zum Schluß des Geschäftsjahres herbei; das Geschäftsguthaben des verstorbenen Mitglieds ist ebenso zu behandeln wie das eines freiwillig Ausgeschiedenen, es steht nach der nach Maßgabe des § 71 [73] des Ges. vorgenommenen Auseinandersetzung zur Verfügung der Erben. Tritt nun ein Erbe als Mitglied ein und will das Geschäftsguthaben seines Erblassers der Genossenschaft belassen, so muß er den Betrag als Einzahlung auf seinen Geschäftsantheil buchen lassen; dann aber ginge er der Dividende für das betreffende

Jahr verlustig, da die Einzahlung ja im Laufe des Jahres stattgefunden hat und nach den vorher entwickelten Grundsätzen für das betreffende Jahr nicht dividendenberechtigt wäre, obschon thatsächlich das Geschäftsguthaben aus dem Vermögen der Genossenschaft garnicht herausgekommen ist. Das ist eine Härte, die man auch nicht durch vierteljährliche Berechnung der Dividende ganz beseitigen würde. Vielmehr entspricht es hier der Billigkeit, für das ungeschmälert der Genossenschaft belassene Geschäftsguthaben die volle Jahresdividende zu gewähren. Im Musterstatut Form. 1 § 68 ist hierauf Rücksicht genommen.

Es muß auch noch bezüglich der Berechnung des Geschäftsgewinns auf Folgendes aufmerksam gemacht werden. Daß der bei einer Baugenossenschaft wie bei jedem andern Handelsgeschäft vorkommende reine oder Nettogewinn aus dem Ueberschuß der Geschäftserträgnisse über sämmtliche Geschäftsunkosten besteht, ist selbstverständlich; daher wird man sich bei der Gewinnberechnung klar zu machen haben, was zu den eigentlichen Geschäftserträgnissen gehört. Selbstverständlich können z. B. Kasseneingänge, welche durch Aufnahme von Darlehen entstehen, oder die Einzahlungen der Mitglieder auf ihre Geschäftsantheile, welche ebenfalls von der Genossenschaft geschuldet werden und künftig einmal zurückerstattet werden sollen, nicht zu den Geschäftserträgnissen gerechnet werden. Nicht anders ist es mit den Eintrittsgeldern neuer Mitglieder, welche dem Vermögen des Vereins, der Reserve, zugeschrieben werden sollen und nicht als Geschäftsertrag zu betrachten sind. Ebenso wenig ist dies der Fall bei etwaigen Zuwendungen aus Erbschaften, die gerade wegen des bedeutenden sozialen Zwecks der Baugenossenschaften in letzterer Zeit mehrfach von wohlhabenden Personen einzelnen Baugenossenschaften gemacht worden sind. Auch diese Erbschaften werden, wenn der Erblasser sie nicht etwa zu einem besonderen Zweck bestimmt hat, der dann in einem Nebenstatut Ausdruck zu finden hätte, entweder der Reserve zuzuschreiben sein oder zur Verfügung des Vorstands und Aufsichtsraths etwa für solche Genossen zu reserviren sein, die unverschuldet ihren Verpflichtungen gegen die Baugenossenschaft nicht rechtzeitig nachkommen können, oder sie werden auch für allgemeine Zwecke der Baugenossenschaft, wie Herstellung von Wohlfahrtseinrichtungen, Bibliotheken 2c. in den Häusern oder Kolonien der Genossenschaft verwendet werden können. Daß unter den Geschäftsunkosten, welche den Geschäftserträgnissen gegenüber gestellt werden, vor allen die Zinsen der von der Genossenschaft gemachten Anleihen und aufgenommenen Spareinlagen, sowie die sämmtlichen Geschäftsspesen und Verwaltungskosten sich befinden, ist schon vorher ausgeführt. Aber auch zwei andere Ansätze unter den Geschäftsunkosten kommen in Betracht. Man kann die durch Insolvenz von Schuldnern oder durch außergewöhnliche Reparaturen an den Häusern infolge mangelhafter Bauausführung entstandenen Kosten nicht zu den Verwaltungskosten rechnen, weil sie keine Betriebskosten, sondern verfehlte Geschäftserfolge oder Unfälle sind. Demnach wird man an eine Deckung des dadurch erlittenen Ausfalls oder Verlustes denken müssen, ehe man zur Gewinnvertheilung schreitet, und man wird selbstverständlich diesen Ausfall möglichst von dem Geschäftsertrage des betreffenden Rechnungsjahres abschreiben. Mit Recht gilt es nicht als Zeichen solider Geschäftsführung, den Ertrag ohne Rücksicht auf die eingetretenen oder wahrscheinlichen Verluste als Gewinn zu vertheilen. Nur in ungewöhnlichen Fällen mag daher, um einen mäßigen Theil des Ertrages für die Dividende zu retten, ein entsprechender Theil des Verlustes von der für solche Zwecke gebildeten Spezialreserve entnommen werden. Dies darf besonders dann geschehen, wenn etwa die entstandenen Verluste aus früheren Geschäftsjahren herrühren. Darin aber etwa so weit zu gehen, daß man nach Erschöpfung der Spezialreserve einen Theil des Verlustes zur Deckung auf den Ertrag des folgenden Jahres überträgt, ist eine völlig verkehrte Maßregel, mit den Grundsätzen einer soliden Geschäftsführung und mit einer richtigen Bilanzaufstellung unvereinbar. Es muß im Gegentheil bei jeder Baugenossenschaft als unverbrüchliche Regel gelten, mit den Verlusten in jedem Jahr vollständig aufzuräumen und nöthigenfalls, wenn Geschäftsertrag und alle Reserven nicht zur Deckung der Verluste ausreichen, eine Abschreibung auf die Geschäftsguthaben vorzunehmen.

Sind nach alledem Rücksichten mannigfacher Art zu wahren, so wird man die unbedingte Nothwendigkeit der Aufstellung einer besonderen Gewinnberechnung im Jahresabschluß des Geschäfts einsehen, welche alle wirklich zu den Geschäftserträgnissen gehörigen Einnahmen den wirklichen Geschäftsunkosten und Verlusten gegenüberstellt. Die Uebersicht über die Vermögenslage der Genossenschaft am Jahresschluß, d. i. die Bilanz, vermag diese besondere Gewinnberechnung nicht zu ersetzen. Allerdings ersieht man daraus den Aktiv- und Passivstand des Geschäfts, und würde der Ueberschuß der Aktiva den Gewinn, der Ueberschuß der Passiva den Verlust darstellen. Aber ob dieser Gewinn oder Verlust der Wahrheit entspricht, das muß erst durch die mit der Bilanz Hand in Hand gehende Gewinnberechnung bestätigt werden. Man hüte sich, einen aus der Bilanz sich ergebenden Ueberschuß ohne weiteres für den Geschäftsgewinn zu nehmen.

Schließlich mag noch auf einen Punkt aufmerksam gemacht werden, der allerdings bei Baugenossenschaften verhältnißmäßig selten in Frage kommen wird. Hat nämlich eine Baugenossenschaft Werthpapiere in ihrem Besitz, so kann sie nicht ohne weiteres ein etwaiges Mehr in dem Tageskurs dieser Werthpapiere gegenüber dem Ankaufspreis dem Nettoertrage des Geschäfts zuschlagen und die Differenz als Gewinn bei der Gewährung der Dividende behandeln. Wohl enthält eine solche Kurssteigerung die Möglichkeit eines Gewinnes, der jedoch in jedem Fall erst noch ein anderweitiges davon unabhängiges Moment, nämlich der Verkauf der Papiere während des günstigen Kursstandes, hinzutreten muß, ehe die bloße Möglichkeit zur Wirklichkeit wird. Solange man daher nicht in dieser Weise verfügt hat, sondern die Papiere behält, hat man eben den Gewinn noch nicht gemacht, ja man ist desselben noch nicht einmal sicher, denn jeden Tag kann durch eine Kursveränderung der Gewinn in einen Verlust umschlagen. Solche Kurssteigerungen sind deshalb mit großer Vorsicht zu behandeln; man kann darüber niemals als über einen realisirten Gewinn verfügen.

Sechszehntes Kapitel.

Kassen- und Rechnungswesen, Buchführung, Inventur, Revisionen und Bilanz.

Ordnung im Kassenwesen und in der Buchführung ist für jede Geschäftsführung eine Lebensfrage. Seitdem nach dem Genossenschaftsgesetz (§ 17) die eingetragenen Genossenschaften den Kaufleuten gleichgestellt sind, haben sie daher auch in der Buchführung den an Kaufleute gestellten Anforderungen zu genügen. Die Sorge für die Buchführung und Aufstellung der Bilanz gehören zu den Verpflichtungen des Vorstands (§ 31 [33] des Ges.), und jedes Vorstandsmitglied ist für die Wahrnehmung dieser Pflicht derart verantwortlich, daß die Geschäfts- und Arbeitstheilung keinen rechtlichen Einfluß auf Befreiung von dieser Pflicht zu üben im Stande ist. Daraus ergiebt sich die strafrechtliche Verantwortung aller Vorstandsmitglieder nach § 214 der Reichskonkursordnung (§ 244 der neuen Fassung). Jedes Vorstandsmitglied ist persönlich für die Buchführung verantwortlich, und die Aufstellung der Bilanz ist ein Theil der Buchführung. Wie man die im Kassen- und Rechnungswesen vorkommenden Funktionen im einzelnen unter die Vorstandsmitglieder oder Beamten vertheilt, hängt von dem Geschäftsumfang und der Richtung der einzelnen Vereine ab. Wesentliche Anhaltspunkte dafür sind im Musterstatut und in den betreffenden Geschäftsanweisungen im Anhang gegeben.

Um mit den gesetzlichen Erfordernissen im einzelnen zu beginnen, so hat man in Betreff der Geschäftsbücher die Forderung des Handelsgesetzbuchs § 38 „daß in denselben die Handelsgeschäfte des Kaufmanns und die Lage seines Vermögens nach den Grundsätzen ordnungsmäßiger Buchführung ersichtlich zu machen sind“, wohl zu beachten. Aus diesem Grunde wird die kaufmännische sogenannte doppelte Buchführung, sobald eine Baugenossenschaft über die ersten Anfänge ihrer Entwickelung hinaus ist, sehr zweckmäßig, und bei größerem Umfange des Geschäfts geradezu unerläßlich sein. Wo nur irgend die Kräfte dazu vorhanden sind und die Vorstandsmitglieder die dazu nöthigen Fähigkeiten und Erfahrungen entweder schon besitzen oder sich anzueignen im Stande sind, muß zur Einführung der doppelten Buchführung gerathen werden. Hat doch streng genommen die schon im vorigen Kapitel behandelte besondere Gewinnberechnung, welche § 46 [48] Abs. 2 des Genossenschafts-Gesetzes ausdrücklich verlangt, die doppelte Buchführung zur Voraussetzung. Selbst wenn sich die Thätigkeit der Genossenschaft noch in kleineren und einfacheren Verhältnissen bewegt und Personen an der Spitze stehen, welche einestheils nicht ihre ganze Zeit den betreffenden Obliegenheiten widmen, sondern dieselben nur als Nebenbeschäftigung treiben können, und anderntheils in jene verwickeltere Methode der Buchführung nicht sofort sich einzuarbeiten im Stande sind, so wird man zwar an eine Vereinfachung derselben denken müssen, aber ohne dabei aus dem Auge zu verlieren, daß die großen Vortheile und Bürgschaften einer geordneten und übersichtlichen Buchführung auch diesen Genossenschaften gesichert werden müssen. Im 18. Kapitel soll die doppelte Buchführung, sowie die für Baugenossenschaften mit geringerem Umfange geeignete vereinfachte Buchführung noch im besonderen ausgeführt werden.

Auch die Behandlung der geschäftlichen Korrespondenz bedarf noch einer Erwähnung. Nach § 38 Abs. 2 des Handelsgesetzbuchs sind die Genossenschaften als Kaufleute verpflichtet, „die empfangenen Handelsbriefe geordnet aufzubewahren und eine Abschrift (Copie oder Abdruck) der abgesandten Handelsbriefe zurück zu behalten“. In Verbindung mit Abs. 1 des § 38 wird es keinem Zweifel unterliegen, daß unter Handelsbriefen nur Korrespondenzen zu verstehen sind, die sich auf „Handelsgeschäfte“, d. h. auf Abschluß und Ausführung solcher beziehen, also die Grundlage der betreffenden Buchung bilden und zum Theil auch als Beweismittel in Streitfällen in Betracht kommen können. Allerdings ist diese Korrespondenz bei den meisten Baugenossenschaften nicht von besonderer Bedeutung, weil diese vielfach ihre auf einen engern Umkreis beschränkten Geschäfte durch persönliches Abkommen unter Vollziehung der betreffenden Urkunden im Geschäftslokal abmachen. Indessen kommen doch mindestens die durch die Bauten mit den verschiedenen Handwerkern und

Lieferanten bedingten Korrespondenzen, sowie die mit Hypothekenbanken oder dergl. wegen Darleihung von Hypotheken u. s. w. gewechselten Briefe in Betracht, und die Aufbewahrung dieser Korrespondenzen nebst den Copien der abgesandten Briefe wird für eine geordnete Geschäftsführung nothwendig sein.

Die außerordentliche Wichtigkeit der Bilanz und die strengen Anforderungen des Gesetzes an deren sorgsame und gewissenhafte Aufstellung bedürfen keiner besonderen Begründung. In welche unabsehbare Wirren würde der Verkehr in seiner Gesammtheit, würden die einzelnen Geschäfte sich verlieren, wenn sie nicht in gewissen Zeitabschnitten, wie sie die Natur des Rechnungsjahres darbietet, zusammengefaßt würden! Nur durch eine solche Aufstellung läßt sich beurtheilen, ob Jemand im eigenen, wie im Gesammtinteresse seine Geschäftsgebahrung ausdehnen oder einschränken oder ganz zum Abschluß bringen soll. Und wenn auch bei gewöhnlichen Privatgeschäften von einer Veröffentlichung nicht die Rede ist, so fällt die Verantwortung im Falle des Bankerotts doch auch hier schwer in die Waage. Bei Aktiengesellschaften und eingetragenen Genossenschaften aber, denen die Veröffentlichung der jährlichen Bilanz (§ 31 [33] des Ges.) vorgeschrieben ist, müßte eine nachweisbare Täuschung sofort verhängnißvoll sein.*)

Jede Bilanz, die ihren Zweck erfüllen soll, besteht aus zwei in einander greifenden Theilen. Gehört einerseits der Abschluß der Bücher dazu, um die Uebersicht über das Soll der Aktiven und Passiven des Geschäfts zu gewinnen, so muß damit andererseits die Inventur, die genaueste Revision aller Geschäftsbestände, verbunden werden, um festzustellen, ob das Ist dem Soll entspricht, das in den Büchern als vorhanden Angegebene auch in Wirklichkeit vorhanden ist, weil es sonst an der Probe für die Richtigkeit und Vollständigkeit der Bücher fehlt und jeder Defekt vielleicht durch falsche Buchung verdeckt werden könnte. Sicherlich liegt

---

*) § 141 [147] des Ges. bestimmt: „Mitglieder des Vorstands und des Aufsichtsraths und Liquidatoren werden mit Gefängniß bis zu einem Jahre und zugleich mit Geldstrafe bis zu 3000 Mk. bestraft, wenn sie in den von ihnen dem Gerichte (§ 10) zu machenden Anmeldungen, Anzeigen und Versicherungen wissentlich falsche Angaben machen oder in ihren Darstellungen, ihren Uebersichten über den Vermögensstand der Genossenschaft, über die Mitglieder und die Haftsummen oder in den in der Generalversammlung gehaltenen Vorträgen den Stand der Verhältnisse der Genossenschaft wissentlich unwahr darstellen.

Zugleich kann auf Verlust der bürgerlichen Ehrenrechte erkannt werden. Sind mildernde Umstände vorhanden, so tritt ausschließlich die Geldstrafe ein."

es schon im wohlverstandenen Interesse der Vorstandsmitglieder selbst, sich stetig von allem in genauer Kenntniß zu erhalten und ebenso einander wie die untergeordneten Beamten in Wahrnehmung der geschäftlichen Obliegenheiten zu überwachen, um jederzeit über redliche Verwaltung und Wahrnehmung der ihnen anvertrauten Interessen sich ausweisen zu können.

Ganz besonders gehört es aber zu den Verpflichtungen der Kontrolbehörde, des Aufsichtsraths, sich vom Geschäftsstand in möglichst genauer Kenntniß zu erhalten. Bei der Eigenartigkeit der Baugenossenschaften, in denen fast immer die Aufsichtsrathsmitglieder im Ehrenamt thätig sind, wird es schwer möglich sein, — was eigentlich wünschenswerth wäre — eins der Aufsichtsrathsmitglieder während der Geschäftsstunden im Geschäftslokal anwesend sein zu lassen, um von allen Vorkommnissen Kenntniß zu nehmen; mindestens sollte jedoch der Aufsichtsrath sich bei Prüfung der monatlichen oder Quartalsabschlüsse durch Kommissionen vertreten lassen, um in die Verwaltung der Vereinsangelegenheiten genauer Einsicht zu nehmen. Jedenfalls sollte bei solchen Gelegenheiten außer dem Kassensturz die Vergleichung der Bestände mit den betreffenden Konten in den Büchern durch Stichproben vorgenommen werden. Zeigt sich hierbei die geringste Unordnung, oder ergeben sich sonst Bedenken, dann schreite man sofort zu einer vollständigen Bücher- und Kassenrevision und Vergleichung mit den Beständen. Ab und zu sollte aber auch ohne besondere Veranlassung und ohne vorherige Kundgebung an den Vorstand eine gründliche Prüfung der Kasse und Bücher erfolgen, um sich einer stetigen Ordnung der Verwaltung zu versichern. Wie bei solchen Revisionen der Aufsichtsrath, etwa unter Hinzuziehung eines Sachverständigen, zu verfahren, und wie er sich in die Arbeit zu theilen hat, darüber ist in der Geschäftsanweisung für den Aufsichtsrath (Form. 10) die nöthige Anleitung gegeben, die sich übrigens nach Umfang des Geschäfts und nach Zahl und Befähigung der Mitglieder dieser Körperschaft zu richten hat.

Daß dies alles in erhöhtem Maße bei der am Ende des Geschäftsjahres behufs Aufstellung der Jahresrechnung und Bilanz nothwendigen Revision beachtet werden muß, ist selbstverständlich. Zu diesem Behuf müssen die Eintragungen in die Bücher bis zum Jahresschluß vollständig bewirkt werden und muß noch am letzten Tage mit der Inventur soweit vorgegangen werden, daß

1. das Kassenbuch aufgerechnet, die Kasse nachgezählt und die Uebereinstimmung des Kassenbestandes mit dem Sollbestande nach den Büchern festgestellt wird;

2. die vorhandenen Bestände an Werthobjekten durchgesehen, speziell verzeichnet und mit den Büchern, Listen und Kontrolen verglichen werden. Ist die Beendigung dieser Arbeiten nicht an demselben Tage möglich, so muß dieselbe mindestens am nächsten Tage u. s. w. fortgesetzt und ohne Unterbrechung zu Ende geführt werden, bis dahin aber alles, was seinem Werthe nach leicht veränderlich ist und unter sicheren Verschluß genommen werden kann, der Einwirkung des Vorstandes entzogen werden, da, wenn dies nicht geschieht, ihm die Möglichkeit zur Verfügung bleibt, welche zur Verdeckung von Defekten benutzt werden könnte. In diesem Sinn hat der allgemeine Genossenschaftstag in Stettin 1893 folgenden wichtigen Beschluß gefaßt:

„Nach den Bestimmungen in § 36 [38] des Reichsgenossenschafts-Gesetzes hat der Aufsichtsrath die Jahresrechnungen, die Bilanzen und die Vorschläge zur Vertheilung von Gewinn und Verlust zu prüfen und darüber der Generalversammlung vor Genehmigung der Bilanz Bericht zu erstatten. Dieser Verpflichtung kann der Aufsichtsrath nur genügen, wenn er durch Mitwirkung bei der Inventur am Jahresschluß von deren ordnungsmäßiger Aufnahme und von dem wirklichen Bestande des Vermögens der Genossenschaft sich überzeugt hat. Der Genossenschaftstag empfiehlt deshalb in der Erwägung, daß in einer nicht geringen Anzahl von Genossenschaften des allgemeinen Verbandes diese Mitwirkung des Aufsichtsraths bei der Inventur fehlt, und daß dies zum Theil Genossenschaften sind, welche dem allgemeinen Verband erst in der letzten Zeit beigetreten sind, und solche Genossenschaften, welche eine Geschäftsanweisung für den Aufsichtsrath nicht besitzen, den Genossenschaften, für die dem Geiste des Gesetzes nach gebotene Mitwirkung ihrer Aufsichtsräthe bei der Inventur am Jahresschluß besorgt zu sein und überall da, wo Geschäftsanweisungen für den Aufsichtsrath, welche die Betheiligung des Aufsichtsraths bei der Inventur vorschreiben, noch fehlen, solche baldmöglichst einzuführen."

Wird die Revision des Kassenbestandes keine besondere Mühe und Zeit beanspruchen, so wird man davon um so mehr auf die genaue Inventur der andern „Werthobjekte" unter Berücksichtigung namentlich der Immobilien verwenden müssen, die in einer

Baugenossenschaft in der Regel die wichtigsten „Werthobjekte“ für die Inventur darstellen werden. Es wird nicht selten der Werth dieser Immobilien lediglich nach den Büchern festgestellt, indem man annimmt, daß, wenn nenneswerthe Werthsverminderungen an den Häusern eingetreten wären, dieselben ohnehin dem Vorstand nicht verborgen geblieben wären. Das überhebt indeß den Vorstand und Aufsichtsrath nicht der Verpflichtung, bei Jahresschluß die Häuser genau zu besichtigen und danach auch die Amortisation festzustellen. Es wird ebenso bei der Inventur zu ermitteln sein, inwieweit die Außenstände an Miethen oder Abträgen gesichert sind oder inwieweit je nach den Verhältnissen des Schuldners ohne weiteres Abschreibungen zu machen sind. Ist an sich die Inventur der Aktiva gerade bei Baugenossenschaften deswegen nicht sehr schwierig, weil diese Aktiven vor Augen liegen und nur insofern für die Aufsichtsrathsmitglieder nicht leicht zu beurtheilen sind, als sie in Miethsforderungen oder Zinsforderungen bestehen, und der Aufsichtsrath über die Bonität der einzelnen Schuldner meist erst durch den Vorstand wird unterrichtet werden müssen, so liegt bei dem größten Theil der Passiven die Sache anders, da sich die Schuldurkunden, wie die Anlehnsscheine und die Quittungen über die Spareinlagen, bei welchen Irrthümer sowie Hinterziehungen seitens der Kassenbeamten leichter vorkommen können, in den Händen der Gläubiger befinden. Besonders genau ist die Kontrole der Spareinlagen zu führen, und um hierzu auch die Mitglieder selbst heranzuziehen, wird in verschiedenen Genossenschaften bei Jahresschluß eine Aufstellung angefertigt, in welche die sämmtlichen Nummern der Sparkassenbücher mit dem Saldo der betreffenden Spareinlagen-Konten eingetragen werden. Die Aufstellung wird im Geschäftslokal ausgelegt, so daß jedes Mitglied sich durch einen Einblick in dieselbe von der Richtigkeit seines Guthabens auf diesem Konto überzeugen kann.

Auf solche Weise wird es möglich, sich für die Jahresschlußrechnung eine zuverlässige Unterlage in der Bilanz zu verschaffen. In derselben sind die Aktiva und Passiva nach den Sachkonten geordnet aufzuführen. Den sachgemäßen Anordnungen des Handelsgesetzbuches entsprechend sind in den Aktiven die Forderungen und Außenstände der Genossenschaft aus Schuldscheinen, Hypotheken u. a. nach dem wahren Werthe aufzuführen, die uneinziehbaren ganz abzusetzen, die zweifelhaften nach muthmaßlicher Schätzung einzustellen; die der Genossenschaft gehörenden

Werthpapiere sind höchstens zum Börsenkurse anzusetzen und Werthsteigerungen des Grundbesitzes nach unsern früheren Ausführungen (vergl. S. 168 f., 173) zu behandeln. Auf die Seite der Passiven gehören die Geschäftsguthaben, Reserven und die aufgenommenen fremden Gelder; auch ist der Verpflichtungen zu gedenken, welche bei der Rechnung zwar nicht im Credit und Debet mit in Ansatz kommen und deren unmittelbares Resultat nicht beeinflussen, wohl aber in die Entwickelung der Genossenschaft entscheidend eingreifen können, an deren wenn auch nur nachrichtlicher Vormerkung daher die Mitglieder der Genossenschaft kein geringes Interesse haben. Es ist dies die Summe der schwebenden Verbindlichkeiten, d. h. solcher Engagements, welche nur eventuell den Verein belasten, falls die eigentlichen Schuldner ihre Verpflichtungen nicht erfüllen. Solche schwebende Verbindlichkeiten kommen aber nur bei Genossenschaften, welche zum Eigenerwerb bauen, vor und bestehen meistens darin, daß die Genossenschaft als Konstituentin der Hypothek, solange dieselbe unkündbar ist, auch für deren richtigen Eingang wie für die Zinsen aus derselben dem Hypothekengläubiger gegenüber haftet, auch wenn das Grundstück schon in das Eigenthum des Genossen übergegangen ist. Die Aufsichtsrathsmitglieder haben diese Verbindlichkeiten ernsthaft zu prüfen.

Siebzehntes Kapitel.

Statutenentwürfe, Geschäftsanweisungen, Formulare.

Formular 1.

Statutenentwurf

für eine

Baugenossenschaft als eingetr. Genossenschaft mit beschränkter Haftpflicht.

S t a t u t

der

Baugenossenschaft (des Bau- und Sparvereins) zu . . . ,
eingetragene Genossenschaft mit beschränkter Haftpflicht.

Die Unterzeichneten[1]) bilden eine Genossenschaft nach den Vorschriften des Reichsgesetzes betreffend die Erwerbs- und Wirthschaftsgenossenschaften, sowie nach Maßgabe des folgenden Statuts.

A. Firma, Sitz und Gegenstand des Unternehmens.

§ 1.[2])

Die Genossenschaft führt die Firma . . . . eingetragene Genossenschaft mit beschränkter Haftpflicht, und hat ihren Sitz zu . . . .

Gegenstand des Unternehmens ist Miethe, Ankauf oder Bau von Häusern und deren Ueberlassung an die Mitglieder zu Miethe oder zu Eigenthum.[3])

Auch an Nichtmitglieder können von der Genossenschaft Wohnungen vermiethet und Häuser verkauft werden.[4])

B. Ordnung und Leitung der Genossenschaftsangelegenheiten. Organe der Genossenschaft.

§ 2.

Die Genossenschaft ordnet ihre Angelegenheiten selbständig unter Theilnahme ihrer Mitglieder. Ihre Organe sind:

1. der Vorstand,
2. der Aufsichtsrath,
3. die Generalversammlung.

---

[1]) Wenn auch das Statut selbst gedruckt sein kann, muß es doch von denjenigen, welche an der Gründung sich betheiligen, eigenhändig unterschrieben werden.

[2]) § 2 Ziff. 3, § 3, § 6 Ziff. 1 und 2 des Ges.

[3]) Wie im 4. Kapitel nachgewiesen ist, wäre es nicht zweckmäßig, im Statut den Gegenstand des Unternehmens entweder auf den Bau von Miethshäusern oder auf den Bau von Häusern zum Erwerb durch die Genossen zu beschränken und sich dadurch einen Weg zu versperren, der zur Befriedigung des Wohnungsbedürfnisses der Mitglieder geeignet sein kann.

[4]) § 8 Abs. 1 Ziff. 5 des Ges. Unter normalen Verhältnissen wird die Genossenschaft nur an Mitglieder Wohnungen vermiethen oder Häuser verkaufen.

I. Vom Vorstande.[1])

a) Zusammensetzung und Wahl.

§ 3.

Der Vorstand besteht aus:

1. dem Geschäftsführer,
2. dem Kassirer,
3. dem Bauverwalter,

und wird in der Generalversammlung auf Vorschlag des Aufsichtsraths in getrennten Wahlhandlungen auf drei Jahre nach absoluter Stimmenmehrheit mittels Stimmzettel gewählt. Erhält der Vorgeschlagene die Mehrheit nicht, so muß der Aufsichtsrath in derselben oder in einer andern Versammlung weitere Vorschläge machen. Der Aufsichtsrath ist berechtigt, einen von der Generalversammlung abgelehnten Vorschlag einmal zu wiederholen.[2])

Jedes Jahr scheidet ein Mitglied des Vorstandes aus und wird durch Neuwahl ersetzt. In den ersten beiden Jahren entscheidet hierüber das Loos, welches vor der Wahl in der Sitzung des Aufsichtsraths durch den Vorsitzenden aus der Hand des Schriftführers gezogen wird, später die Zeit des Eintritts des Einzelnen, wonach sich die dreijährige Dauer seiner Thätigkeit regelt.

Bei dem Ausscheiden eines Vorstandsmitgliedes vor Ablauf der Wahlperiode findet die Ersatzwahl für dasselbe für den Rest der Wahlperiode statt.

Die Wiederwahl derselben Personen nach Ablauf der Wahlperiode ist zulässig.

Die Vorstandsmitglieder müssen Genossen sein.

b) Legitimation.

§ 4.

Die Legitimation der Vorstandsmitglieder wird durch das über die Wahlhandlung aufzunehmende Protokoll der Generalversammlung (§ 38)[3]) geführt.

Die Wahlen sind beim Gericht (§ 10 des Ges.), unter Einreichung einer Abschrift des Wahlprotokolls, durch den Vorstand in Person oder in beglaubigter Form anzumelden, und schriftliche Erklärung der Gewählten über Annahme der Wahl beizufügen, wonächst dieselben ihre Unterschrift vor dem Gericht zu zeichnen oder die Zeichnung in beglaubigter Form einzureichen haben.

---

[1]) Vergl. S. 100 ff. Die Mitglieder des Vorstands müssen Genossen sein, brauchen aber nicht aus der Mitte der Genossen gewählt zu werden, sondern es genügt, wenn sie bei der Anmeldung zum Genossenschaftsregister Genossen sind. §§ 9, 24 d. Ges. Form. 34.

[2]) Ueber die Wahl durch die Generalversammlung s. S. 100 ff. Dem Aufsichtsrath wird man das Recht nicht versagen können, einen ihm besonders geeignet erscheinenden Kandidaten, der vielleicht wegen des schlechten Besuchs der Generalversammlung abgelehnt worden ist, wenigstens noch einmal vorzuschlagen.

[3]) Wiederwahlen von Vorstandsmitgliedern sind vom 1. Januar 1900 ab nicht mehr bei Gericht anzumelden. §§ 10, 11, 28 des Ges.

c) Befugnisse und Geschäftsführung des Vorstandes im Allgemeinen.

§ 5.

Der Vorstand vertritt die Genossenschaft gerichtlich und außergerichtlich mit allen im Genossenschafts-Gesetz vom 1. Mai 1889 §§ 24 ff. ihm ertheilten Befugnissen und zeichnet für dieselbe.

§ 6.

Die Zeichnung geschieht dadurch, daß die Zeichnenden zu der Firma der Genossenschaft ihre Namensunterschrift hinzufügen. Rechtsverbindlichkeit für die Genossenschaft dritten gegenüber hat die Zeichnung aber nur, wenn sie mindestens von zwei Vorstandsmitgliedern geschehen ist.[1])

§ 7.

Der Vorstand führt die Geschäfte selbständig, soweit er nicht durch das Statut oder besondere Geschäftsanweisungen oder Gesellschaftsbeschlüsse darin beschränkt und an die Genehmigung des Aufsichtsraths oder der Generalversammlung[2]) gewiesen ist.

§ 8.

Der Vorstand hält die Geschäfte in ordnungsmäßigem Gange. Er ist insbesondere verpflichtet, für vollständige und übersichtliche Buchführung, für Aufstellung der Bilanz am Jahresschlusse, sowie für die sichere Aufbewahrung der Kassenbestände, Werthpapiere, Schriften und Bücher Sorge zu tragen.[3])

§ 9.

Die Vorstandsmitglieder erledigen die vorkommenden Geschäfte der Genossenschaft in Sitzungen unter Leitung des Geschäftsführers, so daß mindestens zwei Vorstandsmitglieder über jede Maßregel einig sein müssen, welche in Vereinsangelegenheiten vorgenommen werden soll. Mitglieder des Vorstands, welche bei einem zu berathenden Gegenstand betheiligt sind, dürfen während der Berathung und Beschlußfassung über diesen Gegenstand der Sitzung nicht beiwohnen.

Die Beschlüsse der Sitzungen sind in ein dazu bestimmtes Protokollbuch einzutragen und von den Betheiligten zu unterzeichnen. Ein einer Maßregel des Vorstandes widersprechendes Vorstandsmitglied kann seinen Widerspruch in dieses Protokollbuch eintragen.[4])

d) Obliegenheiten der einzelnen Vorstandsmitglieder.

§ 10.

Die besonderen Obliegenheiten der einzelnen Vorstandsmitglieder werden durch eine vom Aufsichtsrath zu entwerfende und von der Generalversammlung zu genehmigende Geschäftsanweisung[5]) geregelt. Die Geschäftsanweisung ist vom Vorstande zu unterzeichnen.

§ 11.

Der Kassirer hat die Uebernahme und Vertretung der Kasseneingänge auf sich, deren sichere Aufbewahrung ihm nebst seinen Kollegen obliegt. Er muß über alle Kassengeschäfte laut Geschäftsanweisung die erforderlichen

[1]) § 25 des Ges. — [2]) § 27 des Ges. — [3]) § 31 [33] des Ges. Ueber gewisse gesetzliche Verpflichtungen des Vorstandes S. 113 f. — [4]) Vergl. Form. 5. — [5]) Vgl. Form. 9.

Bücher führen, unter Mitwirkung des Bauverwalters vierteljährlich eine genaue Geschäftsübersicht, sowie möglichst bald nach Jahresschluß die vollständige Jahresrechnung aufstellen.

Ausgaben aus der Vereinskasse darf er nur bei Zustimmung zweier Vorstandsmitglieder (worunter er sich selbst befinden kann) leisten. Ebenso bedürfen Quittungen über Einnahmen außer der Unterschrift des Kassirers noch die eines zweiten Vorstandsmitgliedes.

§ 12.

Der Bauverwalter hat die Aufsicht über den ganzen Grundbesitz des Vereins, überwacht insbesondere den Bau der Vereinshäuser und deren sorgfältige Instandhaltung, führt die hierzu erforderlichen Bücher nach Maßgabe der Geschäftsanweisung, wirkt bei den regelmäßigen Geschäfts- und Kassenabschlüssen mit und überzeugt sich insbesondere bei den letztern vom Vorhandensein der rechnungsmäßig festgestellten Kassenbestände.

§ 13.

Der Geschäftsführer nimmt stetig Einsicht von der Thätigkeit seiner Kollegen, besorgt die Korrespondenz, leitet die Vorstandssitzungen und führt das Protokoll in denselben, sowie das § 30 des Ges. vorgeschriebene Verzeichniß der Genossen.[1]) Derselbe hat mindestens vierteljährlich die Kassen- und Dokumenten-Bestände und mindestens halbjährlich die fertigen Vereinshäuser zu revidiren und bei allen sich zeigenden Defekten und Unregelmäßigkeiten in der Kassen- oder Häuser-Verwaltung sofort dem Aufsichtsrath Anzeige zu machen, damit dieser die zur Abhilfe erforderlichen Maßregeln ergreift.

§ 14.

Für den Fall der dauernden Verhinderung, des Ausscheidens oder des Todes eines der Vorstandsmitglieder vor Ablauf der Wahlperiode hat der Aufsichtsrath für die nöthige Stellvertretung sofort Fürsorge zu treffen und in den letzteren beiden Fällen die Ersatzwahl für den Rest der Wahlperiode zu veranlassen.[2])

e) Enthebung der Vorstandsmitglieder von ihrem Amte.

§ 15.

Der Vorstand im Ganzen, sowie jedes einzelne Mitglied desselben, kann jederzeit durch Beschluß der Generalversammlung seines Amtes enthoben werden, und steht den Enthobenen nur nach Maßgabe der mit ihnen vom Verein abgeschlossenen Verträge ein Entschädigungsanspruch zu.[3])

---

[1]) Form. 15.

[2]) Die Stellvertreter sind zur Eintragung in das Genossenschaftsregister anzumelden, als Legitimation dient Abschrift des Protokolls mit dem betreffenden Beschlusse des Aufsichtsraths. Der Stellvertreter hat seine Unterschrift bei dem Gericht zu zeichnen. Sobald eine solche vom Aufsichtsrath angeordnete Stellvertretung durch Wiedereintritt des verhinderten Vorstandsmitgliedes oder durch Neuwahl erloschen ist, ist die Anmeldung zum Genossenschaftsregister durch die sämmtlichen Vorstandsmitglieder in gleicher Weise zu erstatten. Ebenso ist bei Amtsenthebung zu verfahren, die sofort zur Eintragung in das Genossenschaftsregister anzumelden ist.

[3]) Vergl. S. 198 § 16; ferner § 24 Abs. 3, § 38 [40] des Ges.

Auch der vorläufigen Suspension durch den Aufsichtsrath haben sich die Mitglieder des Vorstandes zu fügen, vorbehaltlich der endgültigen Entscheidung durch die alsdann ohne Verzug zu berufende Generalversammlung.

f) Besoldung der Vorstandsmitglieder.

§ 16.

Die Vorstandsmitglieder erhalten Besoldung, welche für das erste Jahr am Schlusse desselben durch die Generalversammlung, für die Folgezeit durch einen mit ihnen abzuschließenden Vertrag bestimmt wird.[1]

II. Vom Aufsichtsrathe.[2]

a) Zusammensetzung und Wahl.

§ 17.

Der Aufsichtsrath besteht aus . . . Mitgliedern, welche in der Generalversammlung nach absoluter Stimmenmehrheit mittels Stimmzettel in einem einzigen Wahlgange auf drei Jahre gewählt werden.[3]

Wird diese Mehrheit beim ersten Wahlgange nicht erreicht, so kommt von denen, welche die meisten Stimmen hatten, die doppelte Zahl der noch zu wählenden auf die engere Wahl und wird mit den engeren Wahlen in derselben Art so lange fortgefahren, bis für alle zu wählende eine absolute Mehrheit erzielt ist. Bei Stimmengleichheit entscheidet das Loos.

Wenn mehr Personen, als zu wählen sind, die absolute Stimmenmehrheit erhalten, so gelten diejenigen als gewählt, welche die meisten Stimmen erhalten haben.

Von den Mitgliedern des Aufsichtsraths scheidet alljährlich ein Drittel aus und wird durch Neuwahl ersetzt. In den ersten beiden Jahren entscheidet hierüber das Loos, später die Zeit des Eintritts der Einzelnen, wonach sich die dreijährige Dauer ihrer Thätigkeit regelt. Die Wiederwahl der Ausgeschiedenen ist zulässig.

Die Aufsichtsrathsmitglieder müssen Genossen sein.

§ 18.

Im Falle des durch Tod oder durch andere Gründe herbeigeführten Ausscheidens eines Aufsichtsrathsmitgliedes vor Ablauf seiner Wahlperiode hat die nächste Generalversammlung eine Neuwahl für den Rest der Wahlperiode vorzunehmen.

b) Geschäftsführung.

§ 19.

Der Aufsichtsrath überträgt einem seiner Mitglieder den Vorsitz, einem andern das Schriftführeramt und ernennt zugleich für beide in Fällen der Abhaltung Stellvertreter. Er ist beschlußfähig, wenn mindestens die Mehrheit seiner Mitglieder (§ 17 Abs. 1) anwesend ist,[4] und faßt seine Beschlüsse

---

[1]) Den Vertrag mit den Vorstandsmitgliedern schließt Namens der Genossenschaft der Aufsichtsrath ab. (Vergl. Form. 8.)

[2]) Vergl. S. 115 ff.

[3]) Nur über die Bestellung des **ersten** Aufsichtsraths (nach Konstituirung der Genossenschaft) ist die Abschrift der Urkunde der Anmeldung des Statuts beizufügen.

[4]) § 34 [36] Abs. 1 des Ges.

nach Stimmenmehrheit der Anwesenden. Bei Stimmengleichheit gilt der Antrag als abgelehnt. Bei Wahlen entscheidet in diesem Falle das Loos.

Aufsichtsrathsmitglieder, welche bei zu berathenden Gegenständen betheiligt sind, dürfen während der Berathung und Beschlußfassung über dieselben der Sitzung nicht beiwohnen.

§ 20.

Zur Erledigung seiner Geschäfte hält der Aufsichtsrath in der Regel . . . zu einer bestimmten Zeit eine ordentliche Sitzung.

§ 21.

Außerordentliche Sitzungen hat der Vorsitzende des Aufsichtsraths zu berufen, wenn er dieses für erforderlich hält, oder wenn der Vorstand oder der dritte Theil der Mitglieder des Aufsichtsraths solche unter schriftlicher Angabe der Berathungsgegenstände verlangen.

Mit der Einladung zu einer außerordentlichen Aufsichtsrathssitzung sind die Gegenstände der Verhandlung den Mitgliedern des Aufsichtsraths bekannt zu machen.

§ 22.

Der Aufsichtsrath ist berechtigt, die Theilnahme der Vorstandsmitglieder an seinen Sitzungen mit berathender Stimme zu verlangen, um von dem Vorstande alle Aufschlüsse zu erhalten, welche der Aufsichtsrath für nöthig hält.

§ 23.

Die Protokolle[1]) der Aufsichtsrathssitzungen müssen die gefaßten Beschlüsse enthalten und werden von den anwesenden Mitgliedern des Aufsichtsraths und des Vorstands unterzeichnet. Aufsichtsrathsmitglieder, welche mit den gefaßten Beschlüssen nicht einverstanden sind, sind berechtigt, dabei ihren Protest zu vermerken.

Die Aufbewahrung der Protokolle liegt dem Vorsitzenden ob.

c) Enthebung der Aufsichtsrathsmitglieder von ihrem Amte.

§ 24.

Aufsichtsrathsmitglieder können von der Generalversammlung jederzeit ihres Amtes enthoben werden.[2]) Der Beschluß bedarf einer Mehrheit von drei Viertheilen der erschienenen Genossen.

Der Antrag darauf steht dem Vorstand, wie dem Aufsichtsrath zu und kann auch aus der Mitte der Mitglieder selbst hervorgehen. In letzterem Falle kann er aber nur berücksichtigt werden, wenn er schriftlich mit Angabe der Gründe eingereicht und von dem zehnten Theile der Genossen unterstützt ist.

d) Obliegenheiten und Befugnisse des Aufsichtsraths.

§ 25.

Der Aufsichtsrath hat die Geschäftsführung in allen Zweigen der Verwaltung zu überwachen und muß sich deshalb über den Gang der Verwaltung stets unterrichtet halten.[3])

---

[1]) Vergl. Form. 6 und S. 117.

[2]) § 34 [36] Abs. 3 des Ges. S. 117.

[3]) Die Mitglieder des Aufsichtsraths haben die Sorgfalt eines ordentlichen Geschäftsmannes anzuwenden.

Der Aufsichtsrath kann zu diesem Behufe jederzeit von dem Vorstande über alle Angelegenheiten der Genossenschaft Bericht und Aufklärung verlangen, alle darauf bezüglichen Bücher und Schriften selbst oder durch Beauftragte aus seiner Mitte einsehen, die Kasse, sowie die Materialbestände und Immobilien revidiren und bei sich zeigenden Unregelmäßigkeiten alle zur Sicherung des Vereins nöthigen Maßregeln ergreifen. Er kann die Vorstandsmitglieder vorläufig bis zur Entscheidung der demnächst zu berufenden Generalversammlung von der Leitung der Geschäfte entfernen, und hat alsdann wegen der einstweiligen Fortführung durch Ernennung von Stellvertretern, sowie wegen Uebernahme der Kassenbestände, Bücher, Papiere und der Materialienbestände, Mobilien und Immobilien des Vereins die nöthigen Anordnungen zu treffen.

Der Aufsichtsrath hat ferner die Vierteljahrsabschlüsse des Vorstandes zu prüfen und sich dabei die nöthigen Uebersichten über die Geschäfte zu verschaffen.

Insbesondere muß er die am Schlusse des Geschäftsjahres zu legende Rechnung nebst Bilanz genau revidiren, mit den Büchern, Urkunden, Mobilien und Kassenbeständen vergleichen, die Taxe der Vereinshäuser sorgfältig prüfen, darüber der Generalversammlung berichten und die Vorschläge zur Gewinnvertheilung derselben machen.

Der Aufsichtsrath hat bei den Revisionen durch den Verbandsrevisor mitzuwirken und in der nächsten Generalversammlung über das Ergebniß der Revision zu berichten.

§ 26.

Das vom Aufsichtsrath bei seiner Geschäftsthätigkeit einzuhaltende Verfahren wird in einer besondern, vom Vorstande und Aufsichtsrathe aufzustellenden und von der Generalversammlung zu genehmigenden Geschäftsanweisung bestimmt.

Die Geschäftsanweisung ist von den Mitgliedern des Aufsichtsraths zu unterschreiben.[1])

§ 27.

Zu folgenden Angelegenheiten hat der Vorstand nach Berathung in gemeinschaftlicher Sitzung mit dem Aufsichtsrath die Genehmigung[2]) des Aufsichtsraths einzuholen:

a) zu den Verträgen über den Erwerb von Grundeigenthum;
b) zu den Bauplänen für die Vereinshäuser und zu den Verträgen über den Bau von Vereinshäusern, sowie über bauliche Veränderungen, welche Miether an Vereinshäusern vorzunehmen wünschen;
c) zu den Verträgen über die Vermiethung und den Verkauf von Vereinshäusern;
d) zu den Verträgen, welche wiederkehrende Verpflichtungen für den Verein begründen, und deren Werth mehr als . . . Mk. beträgt;
e) zur Unterbringung zeitweilig müßiger Kassenbestände;
f) zur Einrichtung der Buchführung;

---

[1]) Vergl. Form. 10.
[2]) Vergl. S. 97 ff., Form. 5 Ziff. 3, 4, 5, Form. 7 Ziff. 1, 2, 3.

g) zur Anstellung[1]) von Beamten und Bevollmächtigten, Regelung ihrer Thätigkeit und ihrer Besoldung, sowie Verfolgung von Rechtsansprüchen gegen dieselben, soweit dies alles nicht der Generalversammlung zusteht;
h) zu den Geschäfts-Anweisungen für den Vorstand und Aufsichtsrath und zur Geschäftsordnung für die Generalversammlungen, welche der Genehmigung der Generalversammlung bedürfen;
i) zur Festsetzung und Abänderung der Bedingungen für die Aufnahme von Anlehen, Spareinlagen und anderer fremden Gelder, soweit nicht nach § 39 Ziff. 13 hierüber die Generalversammlung entscheidet;
k) zur Wahl des vom Gericht vorzuschlagenden Revisors, insofern der Verein keinem Revisionsverbande angehört;
l) zur Genehmigung des Ausscheidens durch Uebertragung des Geschäftsguthabens (§ 45).

Zur Beschlußfähigkeit einer gemeinschaftlichen Sitzung gehört die Anwesenheit der Mehrheit sowohl der Vorstands-, wie der Aufsichtsraths-mitglieder. Den Vorsitz führt der Vorsitzende des Aufsichtsraths, das Protokoll der Schriftführer des Aufsichtsraths. Zu einem giltigen Beschlusse wird die Mehrheit der anwesenden Mitglieder des Vorstands und die Mehrheit der anwesenden Mitglieder des Aufsichtsraths erfordert.

III. Von der Generalversammlung.[2])

a) Theilnahmerecht.

§ 28.

Die Rechte, welche den Mitgliedern der Genossenschaft in den Angelegenheiten derselben zustehen, werden von ihnen in der Generalversammlung ausgeübt.

Jedes Mitglied hat eine Stimme, welche nicht übertragbar ist. Nur Korporationen, Handelsgesellschaften, eingetragene Genossenschaften und Personenvereine können sich als Mitglieder durch einen mit schriftlicher Vollmacht versehenen Bevollmächtigten vertreten lassen, ebenso die Erben eines verstorbenen Mitglieds bis zur Beendigung der Mitgliedschaft des Erblassers. Ein Bevollmächtigter kann nicht mehr als einen Genossen vertreten.

b) Berufung und Einladung.

§ 29.

Die Berufung der Generalversammlung geht in der Regel vom Aufsichtsrathe aus; doch kann, wenn der Aufsichtsrath dieselbe verzögert, auch der Vorstand dazu schreiten.

Die Einladung zur Generalversammlung erfolgt durch . . . . Bekanntmachung in dem in § 75 bestimmten Blatte und wird, wenn sie vom Aufsichtsrathe ausgeht, von dessen Vorsitzenden, andernfalls vom Vorstand in der für die Willenserklärungen des Vorstands vorgeschriebenen Form unterzeichnet. Die betreffende Nummer des Blattes muß mindestens eine Woche vor der Versammlung ausgegeben werden.

---

[1]) Nur zur „Anstellung“ von Beamten ist die Genehmigung des Aufsichtsraths zu verlangen, nicht auch zur Entlassung. Zu dieser ist der Vorstand vermöge seiner Verantwortlichkeit für die Geschäftsführung auch für sich allein berechtigt.

[2]) Vergl. Form. 11, S. 91 ff.

§ 30.

Mit der Einladung sollen die Gegenstände der Tagesordnung kurz bekannt gemacht werden.

Ueber Gegenstände, welche nicht 3 Tage vor der Generalversammlung in dem für die Veröffentlichungen der Bekanntmachung der Generalversammlung bestimmten Blatte angekündigt sind, können Beschlüsse nicht gefaßt werden.

Beschlüsse über die Leitung der Generalversammlung, sowie über Anträge auf Berufung einer außerordentlichen Generalversammlung sind nach § 44 [46] des Genossenschaftsgesetzes hiervon ausgenommen.

Gegenstände für die Tagesordnung der Generalversammlung, welche nach der Bekanntmachung der Einladung zur Generalversammlung rechtzeitig und nach Vorschrift des § 33 dieses Statuts eingebracht werden, sind durch einmalige Einrückung in das in § 75 bestimmte Blatt bekannt zu machen.

c) Ordentliche Generalversammlungen.

§ 31.

Die Generalversammlungen finden regelmäßig[1]) statt:

a) nach dem Schlusse des Rechnungsjahres behufs Mittheilung der Jahresrechnung und Jahresbilanz, Erledigung etwaiger Beanstandungen der Rechnung, Beschlußfassung über die Gewinnvertheilung und die dem Vorstande zu ertheilende Entlastung;

b) nach dem Schlusse des ersten, zweiten und dritten Vierteljahrs zur Darlegung der Geschäftsverhältnisse, Erledigung von Beschwerden und sonstigen Vereinsangelegenheiten; die Versammlung nach Schluß des dritten Vierteljahrs auch zur Vornahme der nöthigen Ergänzungswahlen in den Vorstand und Aufsichtsrath.

Die Bilanz, sowie eine den Gewinn und Verlust des Jahres zusammenstellende Berechnung (Jahresrechnung) müssen mindestens eine Woche vor der Generalversammlung, welche über die Genehmigung der Bilanz und die Gewinnvertheilung zu beschließen hat, in dem Geschäftslokal der Genossenschaft zur Einsicht der Genossen ausgelegt werden.

d) Außerordentliche Generalversammlungen.

§ 32.

Außerordentliche Generalversammlungen können jederzeit nach Bedürfniß berufen werden. Der Aufsichtsrath ist ohne Verzug dazu verpflichtet, wenn der Vorstand oder der zehnte[2]) Theil der Vereinsmitglieder schriftlich unter Angabe der Gegenstände der Verhandlung darauf antragen.

Wird dem Verlangen der Mitglieder weder vom Aufsichtsrath noch vom Vorstande entsprochen, so können sich dieselben an das Gericht wenden, welches die Genossen zur Berufung der Generalversammlung ermächtigt. Die Berufung erfolgt in dem im § 75 bezeichneten Blatte und wird von den Mitgliedern, welchen die Ermächtigung ertheilt ist, unterzeichnet; mit der Berufung ist die gerichtliche Ermächtigung bekannt zu machen.

---

1) Vergl. S. 91 f.

2) Nach § 43 [45] d. Ges. kann das Statut schon einem kleineren Bruchtheil als 1/10 der Mitglieder, nicht aber erst einem größeren das Recht einräumen, eine Generalversammlung zu verlangen und Anträge dazu einzubringen.

e) Tagesordnung.

§ 33.

Die Tagesordnung wird vom Aufsichtsrath festgesetzt, sofern derselbe die Versammlung beruft, andernfalls vom Vorstande oder den Mitgliedern, welche die Versammlung berufen haben. In die Tagesordnung müssen alle Anträge aufgenommen werden, welche von dem Vorstande oder von dem Aufsichtsrathe oder dem zehnten Theile der Mitglieder so zeitig gestellt werden, daß sie drei Tage vor der Generalversammlung bekannt gemacht werden können. Wird dem Verlangen der Mitglieder auf Ankündigung ihrer Anträge nicht stattgegeben, so können dieselben sich an das Gericht wenden, und dieses kann die Mitglieder zur Ankündigung ihrer Anträge ermächtigen. Die Mitglieder haben die Anträge dann durch das im § 75 bezeichnete Blatt mindestens drei Tage vor der Generalversammlung anzukündigen und mit der Ankündigung der Anträge die gerichtliche Ermächtigung bekannt zu machen.

f) Leitung.

§ 34.

Die Leitung der Generalversammlung gebührt dem Vorsitzenden des Aufsichtsraths oder Vorstands, je nachdem die Berufung von dem Aufsichtsrathe oder von dem Vorstande ausgeht. Wird die Generalversammlung von den Mitgliedern berufen, so wählen diese den Vorsitzenden. Durch Beschluß der Generalversammlung kann jedoch die Leitung jederzeit einem andern Vereinsmitgliede übertragen werden.

Der Vorsitzende ernennt den Schriftführer.

g) Abstimmung.

§ 35.

Die Abstimmung erfolgt mittels Aufhebens der Hände. Der Vorsitzende kann, sobald ihm das Resultat zweifelhaft erscheint und auch Gegenprobe nicht Klarheit schafft, durch zwei von ihm aus den Anwesenden ernannte Stimmzähler vornehmen lassen; er ist hierzu verpflichtet, sobald 10 Mitglieder in der Versammlung darauf antragen.

Nur bei Ausschluß von Mitgliedern und bei Wahlen erfolgt die Abstimmung durch Stimmzettel.[1])

Für Wahlen sind, soweit nicht dieses Statut ausdrücklich etwas anderes bestimmt, die Vorschriften des § 17 maßgebend.

h) Beschlüsse.

§ 36.

Die von der Mehrheit der in einer Generalversammlung erschienenen Mitglieder gefaßten Beschlüsse haben für die Genossenschaft verbindliche Kraft, wenn die Einladung gehörig erfolgt und die Gegenstände der Verhandlung in der Tagesordnung rechtzeitig bekannt gemacht sind.

§ 37.

Der Beschluß über Auflösung des Vereins und Beschlüsse auf Abänderung und Ergänzung des Statuts bedürfen jedoch zu ihrer Gültigkeit

1) Vergl. Form. 4 unter IV, V, VII, Form. 11 §§ 11, 12, 13.

der Zustimmung zweier mit einem Zwischenraum von 4—6 Wochen stattfindenden Generalversammlungen (2 Lesungen). In beiden Generalversammlungen entscheidet absolute Mehrheit der erschienenen Mitglieder, nur

a) bei Auflösung der Genossenschaft, sowie Umwandlung derselben in eine andere Art der eingetragenen Genossenschaften;
b) bei Abänderung des Gegenstands des Unternehmens;
c) bei Erhöhung oder Herabsetzung des Geschäftsantheils;
d) bei Herabsetzung der auf den Geschäftsantheil zu leistenden Einzahlungen oder Verlängerung der für die letzteren festgesetzten Fristen;
e) bei Erhöhung oder Herabsetzung der Haftsumme

ist in der zweiten Generalversammlung (2. Lesung) eine Mehrheit von drei Viertel der erschienenen Mitglieder erforderlich.[1]) Das Nähere bestimmt die Geschäftsordnung.

Außerdem kann die Enthebung von Aufsichtsrathsmitgliedern nur mit einer Mehrheit von drei Viertel der Anwesenden gültig beschlossen werden (§ 24).

i) Beurkundung der Beschlüsse.[2])

§ 38.

Die über die Verhandlungen der Generalversammlungen aufzunehmenden Protokolle haben die gestellten Anträge, die gefaßten Beschlüsse, soweit nöthig unter Angabe der Zahl der für und gegen abgegebenen Stimmen (§ 37 litt. a—e u. Abs. 2), die Wahlen unter Angabe der Zahl und der Vertheilung der abgegebenen Stimmen zu enthalten und werden unter dem Datum der Generalversammlung in ein besonderes „Protokollbuch" eingetragen, vom Vorsitzenden, den anwesenden Vorstands- und Aufsichtsrathsmitgliedern, von dem Schriftführer und von mindestens drei anderen Vereinsmitgliedern unterzeichnet und vom Aufsichtsrathe mit den zugehörigen Anlagen, insbesondere den Belagsexemplaren der Blätter, welche die Bekanntmachung der Einladung und die Tagesordnung enthalten, aufbewahrt.

k) Angelegenheiten, welche der Beschlußfassung der Generalversammlung unterliegen.

§ 39.

Der Beschlußfassung der Generalversammlung unterliegen außer den sonst ausdrücklich in diesem Statut dahin verwiesenen Gegenständen folgende Angelegenheiten:

1. Abänderung und Ergänzung des Statutes;
2. Auflösung der Genossenschaft, sowie Umwandlung derselben in eine andere Art der „eingetragenen Genossenschaften";
3. Wahl des Vorstandes und Genehmigung der mit Vorstandsmitgliedern zu schließenden Verträge;
4. Wahl und Entschädigung des Aufsichtsraths;
5. Verfolgung von Rechtsansprüchen gegen die vorstehend unter Ziffer 3 und 4 genannten Personen und Enthebung derselben von ihren Aemtern;

---

1) Vergl. S. 94 f.
2) Vergl. § 6 Ziff. 3 des Ges., Form. 4.

6. Wahl der Bevollmächtigten zur Führung von Prozessen gegen die Mitglieder des Aufsichtsraths;
7. die oberste Entscheidung über alle gegen die Geschäftsführung und Beschlüsse des Vorstandes und Aufsichtsraths eingebrachten Beschwerden;
8. Genehmigung der Geschäftsanweisungen für den Vorstand und Aufsichtsrath und der Geschäftsordnung für die General-Versammlungen;
9. Veräußerung von Grundeigenthum an Nichtmitglieder;
10. Feststellung der Verzinsungs- und Tilgungsbedingungen für die allmähliche Bezahlung der den Mitgliedern verkauften Vereinshäuser;[1]
11. Bestimmung des Verkaufspreises, zu welchem die einzelnen Häuser hergestellt werden sollen;[2]
12. Bestimmung des Gesammtbetrages, welchen sämmtliche die Genossenschaft belastende Anlehen und Spareinlagen zusammen nicht überschreiten dürfen;
13. Feststellung der Bedingungen für die Aufnahme unkündbarer Anlehen;
14. Genehmigung der Bilanz, Vertheilung von Gewinn oder Verlust und Entlastung des Vorstands;
15. Ausschluß von Mitgliedern aus dem Verein (§ 42);
16. Anschluß an genossenschaftliche Verbände oder Austritt aus ihnen;
17. Einsetzung der nach § 67 Abs. 3 vorgesehenen Revisionskommission und Wahl der Mitglieder derselben.

C. Entstehung und Endigung der Mitgliedschaft.[3]

§ 40.

Aufnahmefähig sind Personen, Gesellschaften, Genossenschaften, Korporationen, Vereine, welche sich durch Verträge verpflichten können.

Zum Erwerb[4] der Mitgliedschaft ist erforderlich: Aufnahme durch den Vorstand und Ausstellung einer unbedingten schriftlichen Beitrittserklärung.

Die Mitgliedschaft der Beitretenden entsteht durch die Eintragung in die Liste der Genossen seitens des Gerichts.

Jeder beitretende Genosse hat zwei gleichlautende Beitrittserklärungen zu vollziehen, von denen eine die Genossenschaft bei ihren Akten behält.

Dem von dem Vorstande Abgewiesenen steht binnen 4 Wochen die Berufung an die Generalversammlung offen.

§ 41.

Jeder Genosse hat das Recht, mittels Aufkündigung[5] seinen Austritt aus der Genossenschaft zu erklären.

Die Aufkündigung findet nur zum Schlusse eines Geschäftsjahres statt und muß . . . . . . vorher schriftlich erfolgen.

---

[1]) Vergl. Form. 21.

[2]) Durch die Bestimmung der Verkaufspreise ist der Generalversammlung auch eine beschränkte Einwirkung auf die Baupläne gesichert.

[3]) Vergl. S. 38—47.

[4]) Vergl. S. 38 ff., Form. 12, 28.

[5]) Vergl. S. 41 f., Form. 13, 29, 30.

§ 42.

Ein Genosse kann ausgeschlossen[1]) werden:

a) wegen des Verlustes der bürgerlichen Ehrenrechte;

b) wegen der gleichzeitigen Mitgliedschaft in einer andern Baugenossenschaft hier am Orte;

c) wegen Nichterfüllung der statutenmäßigen oder anderer vertragsmäßiger Verpflichtungen gegenüber dem Verein;

d) wegen Eröffnung des Konkurses über das Vermögen des Genossen.

Die Ausschließung erfolgt durch Beschluß der Generalversammlung. Der Ausschließungsbeschluß ist dem Ausgeschlossenen vom Vorstande mittels eingeschriebenen Briefes ohne Verzug mitzutheilen. Von dem Zeitpunkt der Absendung des Briefes verliert der Ausgeschlossene das Recht der Theilnahme an der Generalversammlung und der Mitgliedschaft im Vorstand oder Aufsichtsrath.

§ 43.

Im Falle des Todes[2]) eines Genossen gilt dieser mit dem Schlusse des Geschäftsjahres, in welchem der Tod erfolgt ist, als ausgeschieden.

Bis zu diesem Zeitpunkte wird die Mitgliedschaft des Verstorbenen durch dessen Erben fortgesetzt.

Für mehre Erben kann das Stimmrecht in der Generalversammlung durch einen Bevollmächtigten ausgeübt werden.

Der Vorstand hat, sobald er von dem Tode eines Genossen Kenntniß erhält, ohne Verzug dem Gericht zur Liste der Genossen Anzeige zu erstatten.

§ 44.

Die Auseinandersetzung[3]) mit dem Ausgeschiedenen erfolgt auf Grund der Bilanz. Derselbe erhält sein Geschäftsguthaben einschließlich der Dividende für das letzte Jahr oder, wenn die Genossenschaft in Verlust war, nach Abzug der erforderlichen Abschreibung spätestens im sechsten Monat nach Endigung der Mitgliedschaft ausgezahlt. Reicht das Vermögen der Genossenschaft einschließlich der Reserven und aller Geschäftsguthaben zur Deckung der Schulden nicht aus, so verliert der Ausgeschiedene sein ganzes Geschäftsguthaben und hat außerdem von dem Fehlbetrage den ihn nach Höhe seiner Haftsumme treffenden Antheil an die Genossenschaft zu zahlen.

An den Reservefond und das sonstige Vermögen der Genossenschaft hat der ausgeschiedene Genosse keinen Anspruch.

Die unkündbaren Spareinlagen oder Anlehen (§§ 55, 56) sind in die Auseinandersetzung nicht eingeschlossen.

Wird die Genossenschaft binnen 6 Monaten nach dem Ausscheiden des Genossen aufgelöst, so gilt dasselbe als nicht erfolgt.

§ 45.

Das Ausscheiden[4]) durch Uebertragung des Geschäftsguthabens nach Maßgabe des § 74 [76] des Ges. ist mit Genehmigung des Vorstands und Aufsichtsraths zulässig.

---

[1]) Vergl. S. 40 f., Form. 31.
[2]) Vergl. S. 42.
[3]) Vergl. S. 44.
[4]) Vergl. S. 44, Form. 14, 32, 33.

D. Rechte und Pflichten der Genossen.

§ 46.

Die Mitglieder der Genossenschaft sind berechtigt:

a) mit gleichem Stimmrecht an allen Gesellschaftsbeschlüssen und Wahlen in den Generalversammlungen Theil zu nehmen und Anträge zu stellen, insoweit nicht § 41 [43] Abs. 3 des Ges. entgegensteht;

b) nach Maßgabe der Bestimmungen in § 32 des Statuts Generalversammlungen zu berufen;

c) nach Maßgabe des § 68 eine Dividende vom Geschäftsgewinn zu beanspruchen;

d) bei allen Verkäufen und Vermiethungen von Wohnungen und Grundstücken vor Nichtmitgliedern berücksichtigt zu werden.

§ 47.

Dagegen ist jeder Genosse verpflichtet:

a) zur Bildung eines Geschäftsantheils die § 48 bestimmten Zahlungen zu leisten;

b) ein Eintrittsgeld bei der Aufnahme nach Bestimmung des § 53 zu bezahlen;

c) dem Statut, sowie den Beschlüssen und dem Interesse der Genossenschaft nicht zuwiderhandeln;

d) für Erfüllung der Verbindlichkeiten der Genossenschaft dieser sowie unmittelbar den Gläubigern derselben mit der gemäß dem Genossenschafts-Gesetz in diesem Statut bestimmten Haftsumme solidarisch zu haften.

Außerdem sind diejenigen Genossen, welche sich um Miethe oder Kauf einer Genossenschaftswohnung oder eines Genossenschaftshauses bewerben, verpflichtet, unkündbare Spareinlagen nach den Bestimmungen des § 56 einzuzahlen.

E. Geschäftsantheile, Geschäftsguthaben, Haftsummen der Genossen.

§ 48.

Der Geschäftsantheil [1]) jedes Genossen wird auf . . . Mark festgesetzt. Dieser Antheil kann sogleich beim Eintritt vollgezahlt oder durch Nachzahlungen von monatlich mindestens . . . Mark und durch Zuschreibung der auf das Geschäftsguthaben entfallenden Dividende (§ 68) ergänzt werden.

Eine Betheiligung mit mehr als . . Geschäftsantheilen [2]) ist nicht gestattet. Diese Geschäftsantheile können sogleich beim Eintritt vollgezahlt oder durch Nachzahlungen von monatlich mindestens . . . Mark und durch Zuschreibung der auf das Geschäftsguthaben entfallenden Dividende (§ 68) ergänzt werden.

§ 49.

Die Betheiligung auf einen zweiten oder weitern Geschäftsantheil hängt von der Erfüllung des vorhergehenden Geschäftsantheils oder der vorhergehenden Geschäftsantheile und von der Genehmigung des Vorstands ab.

Ein Genosse, welcher auf einen weitern Geschäftsantheil betheiligt sein will, hat darüber eine von ihm zu unterzeichnende unbedingte Erklärung [3]) abzugeben.

Die Betheiligung auf den weitern Geschäftsantheil tritt mit der erfolgten Eintragung in die Liste der Genossen in Kraft.

---

[1]) Vergl. S. 49 ff. — [2]) Vergl. Form. 12, 35. — [3]) Vergl. S. 52.

§ 50.

Ueber das Geschäftsguthaben erhält der Genosse ein besonderes Buch, in welchem der Zugang und bei nöthigen Abschreibungen der Abgang bemerkt wird. Ueber jeden Geschäftsantheil wird ein Antheilschein ausgefertigt.

Das Geschäftsguthaben eines Genossen darf während der Dauer der Mitgliedschaft von der Genossenschaft weder ganz noch theilweise ausgezahlt und von der Genossenschaft nicht zum Pfande genommen werden. Eine auf den Geschäftsantheil geschuldete Einzahlung kann nicht erlassen werden.

§ 51.

Die Haftsumme[1]) beträgt . . . Mark.

Mit dem Erwerbe eines weitern Geschäftsantheils erhöht sich die Haftung eines Genossen auf das der Zahl der Geschäftsantheile entsprechende Vielfache der Haftsumme.

F. Reserven.[2])

§ 52.

Der Reservefond dient nur zur Deckung eines aus der Bilanz sich ergebenden Verlustes und soll auf 3 % der Gesammtsumme der Immobilien gebracht und nach Abschreibung von Verlusten wieder gebracht werden.

Der Reservefond wird gebildet durch die Eintrittsgelder neuer Mitglieder und die im § 77 bestimmten Antheile am Reingewinn.

§ 53.

Das Eintrittsgeld[3]) der Mitglieder wird von Zeit zu Zeit durch die Generalversammlung festgesetzt und bis auf weiteres mit . . . Mk. erhoben.

Dasselbe ist sofort bei Erlangung der Mitgliedschaft zu zahlen.

Die Wittwe eines verstorbenen Mitglieds bleibt von der Zahlung des Eintrittsgeldes befreit, wenn sie innerhalb sechs Monaten nach dem Todestage des Mitglieds bei dem Vorstande den Antrag auf Aufnahme in die Genossenschaft stellt und als Mitglied aufgenommen wird.

§ 54.

Es bleibt der Generalversammlung vorbehalten, aus dem Reingewinn Spezialreserven[4]) zurückzustellen, deren Zweck dann durch Beschluß der Generalversammlung festgesetzt wird.

G. Unkündbare Anlehen und Spareinlagen.

§ 55.

Der Verein nimmt von Mitgliedern und Nichtmitgliedern unkündbare Anlehen[5]) in Beträgen von je . . . Mark auf, welche nach den darüber von der Generalversammlung festgesetzten Bedingungen in einer Reihe von Jahren getilgt werden.

Unkündbare Anlehen auf Hypothek werden je nach Bedürfniß der Genossenschaft und nach den Verhältnissen des Geldmarkts aufgenommen.

§ 56.

Mitglieder, welche sich um Miethe oder Kauf einer Genossenschaftswohnung oder eines Genossenschaftshauses bewerben, sind verpflichtet, eine

[1]) Vergl. S. 32 f. — [2]) Vergl. S. 53 ff. — [3]) Vergl. S. 54 ff. — [4]) Vergl. S. 55. — [5]) Vergl. Form. 18, 19, S. 88.

unkündbare Spareinlage[1]) von monatlich mindestens . . . Mark einzuzahlen. Mitglieder, welche eine Wohnung von der Genossenschaft überwiesen erhalten haben, haben diese Spareinlagen bis zu dem Betrage, welchen die darüber zu erlassenden „Bestimmungen" festsetzen, anzusammeln und der Genossenschaft zu dem Zinsfuße, den diese „Bestimmungen" festsetzen, zu belassen.

Ein Jahr nach Endigung der Mitgliedschaft werden diese Spareinlagen kündbar mit einer Kündigungsfrist von 6 Monaten.

Mitglieder, welche ein Genossenschaftshaus zum Eigenerwerb von der Genossenschaft überwiesen erhalten haben, können ihre unkündbaren Spareinlagen jederzeit gegen ihre Anzahlung auf das Genossenschaftshaus aufrechnen.

§ 57.

Sonst werden Spareinlagen[2]) unter den besonderen in der „Sparordnung" dafür vorgeschriebenen Bedingungen angenommen, verzinst und zurückgezahlt.

H. Vermiethung und Verkauf der Genossenschaftshäuser.

§ 58.

Für jedes Haus oder für mehre Häuser der Genossenschaft wird ein Miether als Hauskurator bestellt.

Die in dem Hause oder in den Häusern wohnenden Genossen haben zwei Kandidaten für die Stelle des Hauskurators vorzuschlagen, aus welchen Vorstand und Aufsichtsrath in der Regel einen als Hauskurator[3]) ernennen.

In Häusern, welche zum Eigenerwerb durch die Genossen bestimmt sind, sind die Vorschläge zum Hauskurator auf solche Genossen zu beschränken, welche eines dieser Häuser zum Eigenthum erwerben wollen.

§ 59.

An Nichtmitglieder werden Wohnungen nur vermiethet, insoweit unter den Mitgliedern keine Bewerber dafür vorhanden sind.

Genossen werden als Bewerber[4]) um Miethswohnungen nur zugelassen, wenn sie schon 6 Monate lang der Genossenschaft angehören und ihre Mitgliedspflichten erfüllt haben.

Unter mehren berechtigten Bewerbern um eine Miethswohnung erhält sie derjenige, den das Loos trifft. Bei der Verloosung werden die in der Mitgliedschaft älteren Genossen nach Maßgabe der vom Vorstand und Aufsichtsrath zu entwerfenden und von der Generalversammlung zu genehmigenden „Grundsätze für die Vermiethung von Genossenschaftswohnungen" bevorzugt.

Vor dem Bau eines Genossenschaftshauses für Miethswohnungen kann die Generalversammlung auf Antrag des Vorstands und Aufsichtsraths beschließen, daß einzelne Wohnungen und wie viele darin nicht verloost, sondern dem Vorstand zur Vermiethung an Mitglieder überlassen werden sollen.

Kein Genosse kann mehr als eine Miethswohnung von der Genossenschaft erhalten.

---

[1]) Vergl. S. 86 ff., 247 f. Form. 17. — [2]) Vergl. S. 84 f., 245 ff. Form. 16. — [3]) Vergl. weiter unten Form. 26. — [4]) Vergl. Form. 23, 24, 25.

§ 60.

Zur Erwerbung eines Genossenschaftshauses sind nur Genossen berechtigt, welche seit mindestens 6 Monaten Mitglieder sind, eine unkündbare Spareinlage von wenigstens . . . Mark und ein Geschäftsguthaben von wenigstens . . . Mark besitzen und die festgestellten Erwerbsbedingungen erfüllen.

Kein Genosse kann mehr als ein Genossenschaftshaus erwerben.

§ 61.

Eigenthumsrecht an einem Genossenschaftshause kann auf den Erwerber, wenn er den Bedingungen des § 60 entspricht, erst übertragen werden, nachdem derselbe ein Drittel des Kaufpreises abgezahlt hat.[1])

Bis zum Uebergange des Eigenthums wird das Haus an den Erwerber vermiethet.

Unter mehren berechtigten Bewerbern um ein Genossenschaftshaus bestimmt das Loos denjenigen, dem es zugewiesen werden soll. Bei der Verloosung wird ebenso verfahren, wie nach § 59 Abs. 3 dieses Statuts bei der Verloosung von Miethswohnungen.

§ 62.

Die Tilgung[2]) des Kaufpreises für ein Genossenschaftshaus seitens des Erwerbers geschieht nach dem darüber mit ihm zu schließenden Vertrage:

a) solange dem Erwerber das Eigenthum noch nicht übertragen ist, durch regelmäßige Zuschläge zum Miethszins;
b) durch Aufrechnung auf die unkündbaren Spareinlagen;
c) durch anderweite Abzahlungen in Beträgen von mindestens Mk., welche der Erwerber außerdem leisten will.

I. Rechnungswesen.[3])

§ 63.

Das erste Geschäftsjahr läuft vom bis , alle folgenden vom . . . . bis . . . Sofort bei Beendigung jedes Geschäftsjahres muß

a) der Bestand der vorhandenen Kassenvorräthe, Materialien, Schuld-Dokumente und Werthpapiere durch den Aufsichtsrath revidirt und festgestellt,
b) durch den Bauverwalter die Abschätzung der Immobilien eingeleitet und
c) mit dem Abschluß der Bücher vom Vorstande begonnen werden.

§ 64.

Die vollständige Jahresrechnung hat der Vorstand sodann nach spätestens 8 Wochen dem Aufsichtsrathe vorzulegen, widrigenfalls dieser berechtigt ist, dieselbe unter seiner Aufsicht durch andere Personen auf Kosten des Vorstands anfertigen zu lassen.

§ 65.

Die Rechnung muß enthalten:

1. sämmtliche Einnahmen und Ausgaben innerhalb des Jahres nach den bei der Buchführung eingeführten Sach-Konten geordnet;
2. eine besondere Gewinn- und Verlustberechnung;
3. die Bilanz über den Stand des Genossenschaftsvermögens am Jahresschlusse.

---

[1]) Vergl. weiter unten Form. 22. — [2]) Vergl. S. 165 ff. Form. 21. — [3]) Vergl S. 187 ff.

§ 66.

Bei der Bilanz sind außer den Vereinsschulden einschl. der darauf fälligen Zinsen der Reservefond nebst den Geschäftsguthaben der Mitglieder unter den Passiven, die unverkauften Grundstücke und Gebäude zum Herstellungskostenpreise, jedoch nicht höher als zum wahren, jederzeit realisirbaren Werthe, der Werth der Mobilien nach Abzug der gewöhnlichen Abnutzungsprozente, ferner der Kassenbestand in Baar und in Werthpapieren, letztere zum Tageskurse bezw. Einkaufspreise, wenn dieser niedriger ist, endlich die ausstehenden Forderungen nach ihrem wahrscheinlichen Werth unter den Aktiven anzusetzen.

Der hiernach verbleibende Ueberschuß der Aktiva über die Passiva bildet den Reingewinn.

§ 67.

Die Revision der Rechnung erfolgt durch den Aufsichtsrath, der sich die nöthigen Unterlagen dabei durch Einsicht der Bücher und Beläge, wie durch die nach § 63 von ihm vorzunehmende Inventur zu verschaffen hat.

Eine Woche vor der über die Jahresrechnung beschließenden Generalversammlung ist die Jahresrechnung zur Einsicht der Genossen im Geschäftslokal der Genossenschaft auszulegen und jedem Genossen in einem Druckexemplar zu übersenden.

Erheben sich in der Generalversammlung Bedenken gegen die Richtigkeit der Rechnung und die Revision des Aufsichtsraths, so kann durch Beschluß der Versammlung, ohne daß der Antrag vorher auf die Tagesordnung gebracht wäre, eine besondere Kommission von 2—3 Mitgliedern mit der Superrevision betraut werden, zu welchem Behufe diese Kommission alle dem Aufsichtsrathe in § 25 des Statuts zur Ueberwachung der Geschäftsführung übertragenen Befugnisse ausübt.

K. Vertheilung von Gewinn und Verlust.[1]

§ 68.[2]

Von dem nach Deckung aller Geschäftsunkosten und Verluste verbleibenden Reingewinn erhält zunächst der Reservefond, so lange er noch nicht oder nicht wieder die § 51 festgesetzte Höhe erreicht hat, für das erste Geschäftsjahr wenigstens 25 %, nachher wenigstens 10 %; der Rest wird, soweit die Generalversammlung daraus nicht besondere Vergütungen oder Bewilligungen für gemeinnützige oder wohlthätige Zwecke oder Gewinnvorträge oder Ueberweisungen an eine Spezialreserve beschließt, an die Mitglieder nach Höhe ihres Geschäftsguthabens als Dividende gewährt und demselben bis zur Erfüllung des Geschäftsantheils zugeschrieben.

[1]) Vergl. S. 179 ff. — [2]) Genossenschaften, die nur Wohnungen zum Vermiethen bauen, können auch einen Theil des Gewinns als Dividende auf die Miethen vertheilen. Bei diesen Genossenschaften würde § 68 dahin zu fassen sein:

§ 68. Von dem nach Deckung aller Geschäftsunkosten und Verluste verbleibenden Reingewinn erhält zunächst der Reservefond, so lange er noch nicht oder nicht wieder die § 51 festgesetzte Höhe erreicht hat, für das erste Geschäftsjahr wenigstens 25 %, nachher wenigstens 10 %; dann wird, soweit die Generalversammlung daraus nicht besondere Vergütungen oder Bewilligungen für gemeinnützige oder wohlthätige Zwecke oder Gewinnvorträge oder Ueberweisungen an eine Spezialreserve beschließt, an die Mitglieder als Kapital-Dividende auf ihre Geschäftsguthaben bis höchstens 5 % derselben gewährt, und der Rest als Dividende nach Verhältniß der von den Mitgliedern im abgelaufenen Jahre an die Genossenschaft gezahlten Miethen an dieselben vertheilt.

An der Dividende nehmen die Geschäftsguthaben nach Verhältniß der Zeit theil, während deren sie im Geschäft mitgearbeitet haben, und zwar in der Art, daß auf die volle Dividende Anspruch haben die Geschäftsguthaben nach Höhe ihres zum Schlusse des Vorjahres ermittelten Betrages, während die im Laufe des Geschäftsjahres geleisteten Einzahlungen erst mit dem Beginn des auf die Einzahlungen folgenden Vierteljahrs dividendenberechtigt sind.

Tritt der Erbe eines verstorbenen Genossen als Mitglied bei und überläßt dessen Geschäftsguthaben ungeschmälert der Genossenschaft als sein Geschäftsguthaben, so nimmt dasselbe an der vollen Dividende des dem Sterbejahr folgenden Jahres theil.

Für das erste Geschäftsjahr nehmen die bis zum 8. Tage nach Eintragung des Vereins ins Genossenschaftsregister geleisteten Einzahlungen an der vollen Dividende theil.

Bei dieser Berechnung wird das Geschäftsguthaben jedes Mitglieds nur insoweit berücksichtigt, als es volle Mark beträgt.

§ 69.

Die Deckung von Verlusten unterliegt der Beschlußfassung der Generalversammlung. Eine aus der Jahresrechnung etwa sich ergebende Unterbilanz wird in erster Linie aus dem Reservefond gedeckt, und, insofern dieser hierzu nicht ausreicht, fernerhin von den Geschäftsguthaben der Mitglieder im Verhältniß zu ihrer Höhe abgeschrieben. Ein dann noch zu deckender Rest wird auf die Mitglieder nach der Höhe ihrer Haftsumme umgelegt.

L. Auflösung der Genossenschaft und Haftung der Mitglieder.

§ 70.

Die Auflösung der Genossenschaft erfolgt:

1. durch Beschluß der Generalversammlung nach § 37;
2. durch Beschluß des Gerichts, wenn die Mitgliederzahl unter 7 sinkt und sich binnen 6 Monaten nicht wenigstens soweit wieder erhöht;
3. durch Eröffnung des Konkurses über das Vermögen der Genossenschaft;
4. durch Beschluß der in § 79 [81] des Ges. bestimmten Behörde und nach den daselbst gegebenen Vorschriften.

Die Geschäftsguthaben nehmen an der Dividende nach Verhältniß der Zeit theil, während deren sie im Geschäft mitgearbeitet haben, und zwar in der Art, daß auf die volle Dividende Anspruch haben die Geschäftsguthaben nach Höhe ihres zum Schlusse des Vorjahres ermittelten Betrages, während die im Laufe des Jahres geleisteten Einzahlungen erst mit dem Beginn des auf die Einzahlungen folgenden Vierteljahres dividendenberechtigt sind.

Für das erste Geschäftsjahr nehmen die bis zum 8. Tage nach Eintragung des Vereins ins Genossenschaftsregister geleisteten Einzahlungen auf Geschäftsantheil an der vollen Dividende theil.

An der Dividende auf die Miethe nehmen diejenigen Mitglieder nicht theil, deren Mitgliedschaft vor der dieselbe beschließenden Generalversammlung beendigt ist.

Tritt der Erbe eines verstorbenen Genossen als Mitglied bei und überläßt dessen Geschäftsguthaben ungeschmälert der Genossenschaft als sein Geschäftsguthaben, so nimmt dasselbe an der vollen Dividende des dem Sterbejahr folgenden Jahres auf das Kapital und auf die Miethe theil.

Bei Berechnung der Kapital-Dividende wird das Geschäftsguthaben jedes Mitglieds nur insoweit berücksichtigt, als es volle Mark beträgt.

§ 71.

Für den Fall der Auflösung erfolgt die Liquidation unter Beobachtung der Vorschriften der §§ 81 ff. [83 ff.] des Ges. Für die Vertheilung des Genossenschaftsvermögens ist § 89 [91] des Ges. mit der Aenderung maßgebend, daß Ueberschüsse, welche sich über den Gesammtbetrag der Guthaben hinaus ergeben, nach Verhältniß der Haftsummen unter die Mitglieder vertheilt werden.

§ 72.

Das Konkursverfahren findet außer dem Falle der Zahlungsunfähigkeit auch in dem Falle der Ueberschuldung statt, sofern diese ein Viertheil des Betrages der Haftsummen aller Genossen übersteigt, und regelt sich nach den §§ 91–111 [98–118], 134 [140], 135 [141] des Ges. Jedoch sind die Nachschüsse zur Konkursmasse (§ 98 [105] Abs. 2 des Ges.) von den Mitgliedern nach Höhe ihrer Haftsummen zu leisten.

M. Die Bekanntmachungen der Genossenschaft und die dazu bestimmten öffentlichen Blätter.

§ 73.

Alle Bekanntmachungen der Genossenschaft und die dieselbe verpflichtenden Schriftstücke ergehen unter deren Firma und werden mindestens von zwei Vorstandsmitgliedern unterzeichnet.

§ 74.

Die Einladungen zu den Generalversammlungen dagegen, insofern sie vom Aufsichtsrathe ausgehen (§ 29), erläßt der Vorsitzende des Aufsichtsraths mit der Zeichnung:

Der Aufsichtsrath d . (Firma der Genossenschaft).

N. . . . ., Vorsitzender.

§ 75.

Zur Veröffentlichung ihrer Bekanntmachungen bedient sich die Genossenschaft des . . . . . . Blattes.

Für den Fall, daß dieses Blatt eingehen oder aus anderen Gründen die Veröffentlichung in diesem Blatte unmöglich werden sollte, tritt der „Deutsche Reichsanzeiger" so lange an die Stelle desselben, bis für die Veröffentlichung der Bekanntmachungen der Genossenschaft durch Beschluß der Generalversammlung ein anderes Blatt bestimmt ist.[1])

---

[1]) Wenn die Bekanntmachungen der Genossenschaft in zwei oder mehr öffentlichen Blättern erfolgen sollen, würde § 75 folgende Fassung erhalten:

„Die Veröffentlichung der Bekanntmachungen der Genossenschaft erfolgt in . . . . . (Angabe der Blätter). Für den Fall, daß eines dieser Blätter eingehen oder aus andern Gründen die Veröffentlichung in demselben unmöglich werden sollte, erfolgt die Veröffentlichung in dem andern Blatte (in den übrigen vorgenannten Blättern), und für den Fall, daß die beiden (daß alle) genannten Blätter eingehen sollten, oder die Veröffentlichung in denselben aus andern Gründen unmöglich werden sollte, tritt der „Deutsche Reichsanzeiger" so lange an deren Stelle, bis durch Beschluß der Generalversammlung zur Veröffentlichung der Bekanntmachungen der Genossenschaft andere Blätter bestimmt sind."

Formular 2.

Statutenentwurf
für eine
Baugenossenschaft als eingetragene Genossenschaft mit unbeschränkter Haftpflicht.

Das vorstehende Statut enthält folgende Abänderungen:

1. Die Ueberschrift lautet:

Statut
der Baugenossenschaft zu . . . , eingetragene Genossenschaft mit unbeschränkter Haftpflicht.[1])

2. § 1 lautet:

§ 1.

Die Genossenschaft führt die Firma: . . . , eingetragene Genossenschaft mit unbeschränkter Haftpflicht[1]) und hat ihren Sitz zu . . .

Gegenstand des Unternehmens ist Miethe, Ankauf oder Bau von Häusern und deren Ueberlassung an die Mitglieder zu Miethe oder zu Eigenthum.

Auch an Nichtmitglieder können von der Genossenschaft Wohnungen vermiethet und Häuser verkauft werden.

3. In § 37 Absatz 1 fällt fort:

„e. Bei Erhöhung oder Herabsetzung der Haftsumme."

4. In § 44 Absatz 1 am Ende fallen die Worte fort:

„nach Höhe seiner Haftsumme."

5. § 47 litt. d lautet:[2])

für die Verbindlichkeiten der Genossenschaft dieser, sowie unmittelbar den Gläubigern der Genossenschaft nach Maßgabe der Bestimmungen des Gesetzes für Genossenschaften mit unbeschränkter Haftpflicht solidarisch und mit seinem ganzen Vermögen zu haften.

6. § 48 Absatz 2 fällt fort.
7. § 49 fällt fort.
8. § 51 fällt fort.
9. § 69 lautet:

Die Deckung von Verlusten unterliegt der Beschlußfassung der Generalversammlung. Eine aus der Jahresrechnung etwa sich ergebende **Unterbilanz** wird in erster Linie aus dem Reservefond gedeckt, und, insofern dieser hierzu nicht ausreicht, fernerhin von den Geschäftsguthaben der Mitglieder im Verhältniß zu ihrer Höhe abgeschrieben. Ein dann noch zu deckender Rest wird auf die Mitglieder nach Köpfen umgelegt,

---

[1]) Für eine „eingetragene Genossenschaft mit unbeschränkter Nachschußpflicht" würden dieselben Aenderungen des Statuts in Form. 1 Platz greifen, die für eine „eingetragene Genossenschaft mit unbeschränkter Haftpflicht" erforderlich sind, nur daß in der Ueberschrift und in § 1 statt „Haftpflicht" „Nachschußpflicht" zu setzen und § 47 litt. d des Form. 2 abzuändern ist.

[2]) Bei „Genossenschaften mit unbeschränkter Nachschußpflicht" würde § 48 litt. d lauten:

für die Verbindlichkeiten der Genossenschaft **dieser** solidarisch mit seinem ganzen Vermögen zu haften.

und hat der Vorstand in diesem Falle die Generalversammlung zur Beschlußfassung darüber zu berufen, ob die Genossenschaft aufgelöst werden soll.

10. § 71 lautet:

Die Liquidation der Genossenschaft erfolgt nach Maßgabe der §§ 81 ff. des Ges., für die Vertheilung des Genossenschaftsvermögens ist § 89 [91] Abs. 1 und Abs. 2 maßgebend.

11. § 72 lautet:

Die Heranziehung der Genossen im Konkurse der Genossenschaft während des Vorschuß- und Nachschußverfahrens erfolgt nach Maßgabe des § 98 [105] des Ges.

Formular 3.

Protokoll
über die Gründung einer Baugenossenschaft.

Verhandelt (Angabe des Orts) . . . . den . . . .

Die Versammlung wird um 8 Uhr Abends durch Herrn . . . . eröffnet und von demselben Herr . . . . zum Schriftführer ernannt.

Es sind 81 Personen anwesend.

Der Vorsitzende erläutert den Zweck der Versammlung, eine Baugenossenschaft zu gründen und läßt unter den Anwesenden einen Statutenentwurf vertheilen, der von der Kommission beschlossen ist, welche zur Ausarbeitung eines Statutenentwurfs in der am . . . . . zu . . . . abgehaltenen Versammlung eingesetzt ist.

Es schließt sich an die Ausführungen des Vorsitzenden eine längere Debatte, nach deren Schluß derselbe Diejenigen, welche sich an der Gründung der Baugenossenschaft betheiligen wollen, auffordert, zu bleiben und in die Berathung des Statuts einzutreten.

Es wird eine Pause von 10 Minuten gemacht.

Nach Wiedereröffnung der Versammlung sind 76 Personen anwesend. Der Vorsitzende schlägt vor, daß der Entwurf des Statuts zunächst verlesen, dann paragraphenweise durchberathen wird. Nach Verlesung des dem Protokoll als Anlage beigefügten Statuts stellt Herr . . . den Antrag dasselbe en bloc (im ganzen) anzunehmen.

Dieser Antrag wird einstimmig zum Beschluß erhoben, und das anliegende Statut von 76 Personen unterschrieben.

Auf Antrag des Vorsitzenden schreiten die 76 Unterzeichner des Statuts sofort zur Wahl des Aufsichtsraths.

Nach § . .[1]) des Statuts sind 7 Aufsichtsrathsmitglieder in einem Wahlgang zu wählen.

Die Abstimmung ergiebt folgendes Resultat:

Abgegeben sind 76 Stimmzettel, von denen 1 unbeschrieben ist und 2 statt 7 Namen 8 aufführen. Nach Abzug dieser 3 ungültigen Stimmzettel bleiben 73 giltige, die absolute Mehrheit beträgt daher 37.

---

[1]) Im Musterstatut Form. 1 § 17.

Es haben erhalten:

1)	Herr Kaufmann M.	70	Stimmen
2)	„ Fabrikbesitzer P.	66	„
3)	„ Tischler N.	58	„
4)	„ Eisenbahn-Assistent S.	52	„
5)	„ Mechaniker O.	48	„
6)	„ Buchhalter T.	40	„
7)	„ Post-Sekretär B.	37	„
8)	„ Ingenieur A. .	36	„
9)	„ Kanzleirath E. . .	35	„
10)	„ Bauführer L. und Schlosser W. je	20	„

Weitere 29 Stimmen haben sich auf 5 andere Personen zersplittert.

Gewählt sind demnach die Herren . . (1 bis 7); dieselben nehmen die Wahl an.

Der Vorsitzende vertagt die Versammlung auf ½ Stunde zur Konstituirung des Aufsichtsraths, und damit derselbe für die Wahlen des Vorstands die erforderlichen Vorschläge feststellt.

Nach Wiedereröffnung übernimmt Herr Kaufmann M. als Vorsitzender des Aufsichtsraths den Vorsitz und theilt mit, daß der Aufsichtsrath zum Direktor

den Herrn Fabrikbesitzer P.

vorschlage.[1]

Es wird zur Wahl geschritten.

Es werden 70 Stimmzettel abgegeben, die alle giltig und alle mit „Ja" beschrieben sind.

Herr Fabrikbesitzer P. ist demnach zum Direktor gewählt und nimmt die Wahl an.

Der Vorsitzende theilt ferner mit, daß der Aufsichtsrath zum Kassirer

den Herrn Buchhalter T.

vorschlage.

Es wird zur Wahl geschritten.

Es werden 67 Stimmzettel abgegeben, die alle giltig sind. 66 Stimmzettel sind mit „Ja", 1 mit „Nein" beschrieben.

Herr Buchhalter T. ist demnach zum Kassirer gewählt und nimmt die Wahl an.

Der Vorsitzende theilt ferner mit, daß der Aufsichtsrath zum Bauverwalter

den Herrn Architekt G.

vorschlage.

Es wird zur Wahl geschritten.

Es werden 60 Stimmzettel abgegeben, die alle giltig und alle mit „Ja" beschrieben sind.

Herr Architekt G. ist demnach zum Kontroleur gewählt und nimmt die Wahl an.

Um 12½ Uhr schließt der Vorsitzende die Versammlung.

v. g. u.

Unterschriften

(nach den Vorschriften des angenommenen Statuts über die Unterzeichnung des Protokolls der Generalversammlung).[2]

---

[1]) Vergl. Musterstatut Form. 1 § 3. — [2]) Vergl. Musterstatut Form. 1 § 38.

Formular 4.

Protokoll

einer Generalversammlung der Baugenossenschaft zu . . ., eingetragene Genossenschaft mit beschränkter Haftpflicht.

(§ 38 des Musterstatuts.)

Verhandelt den . . . .

Der Vorsitzende des Aufsichtsraths, Herr W. . . ., eröffnet die Versammlung um 7½ Uhr Abends und ernennt den mitunterzeichneten B. . . zum Schriftführer.

Nachdem darauf festgestellt ist, daß die Einladung zur Generalversammlung dem Statut gemäß, unter Bekanntmachung der Tagesordnung erfolgt und die Nr. . . der . . . Zeitung vom . . . . mit dem bezüglichen Inserat beigebracht ist, daß . . Mitglieder erschienen waren, darunter vom Vorstande die Herren . . . ., vom Aufsichtsrathe die Herren . . . ., widmet der Vorsitzende Worte der Anerkennung dem unlängst verstorbenen Kassirer, zu denen die Versammlung durch Erheben von den Plätzen ihre Zustimmung ausdrückt, und geht dann zur Tagesordnung über.

Erster Gegenstand derselben ist: Rechnungsabschluß für das Jahr 18 . ., Genehmigung der Bilanz, Beschlußfassung über die Gewinnvertheilung und Entlastung. Es wird festgestellt, daß der Rechnungsabschluß 8 Tage vor der Versammlung im Geschäftslokal ausgelegen hat und dort auch von den Mitgliedern gedruckt in Empfang genommen werden konnte. Die Versammlung verzichtet daher auf die Verlesung des Abschlusses, der Geschäftsführer Herr . . . . giebt jedoch noch weitere Erläuterungen dazu und der stellvertretende Vorsitzende Herr N. . . . berichtet Namens des Aufsichtsraths über die Revision der Rechnung und den Richtigbefund derselben. Die Bilanz schließt in Aktivis und Passivis ab mit Mk. . . und weist einen Reingewinn nach von Mk. . ., der sich auch aus der Gewinnberechnung ergiebt.

Einwendungen gegen die Bilanz werden nicht erhoben, und wird dieselbe einstimmig genehmigt.

In Betreff der Vertheilung des Reingewinns beantragt der Aufsichtsrath: 12% des Reingewinns mit Mk. . . dem Reservefond zu überweisen, Mk. . . . der hiesigen Baugewerkschule für ihre Bibliothek zu bewilligen und den Rest mit Mk. . . als Dividende zu vertheilen, was auf Mk. . . dividendenberechtigtes Geschäftsguthaben eine Dividende von 4% ergiebt.

Herr H. . . stellt dagegen den Antrag, dem Reservefond nur 10% des Reingewinns mit Mk. . . . zu überweisen und den ganzen verbleibenden Rest mit Mk. . . als Dividende zu vertheilen.

Nach kurzer Verhandlung wird dieser Antrag abgelehnt, und der Antrag des Aufsichtsraths angenommen.

Hierauf ertheilt die Generalversammlung auf Antrag des Aufsichtsraths einstimmig die Entlastung.

Zweiter Gegenstand der Tagesordnung ist der Antrag des Vorstands und Aufsichtsraths: In § . . Absatz 1 des Statuts

statt: „das . . . Tageblatt" zu setzen: „die . . . Morgenzeitung."

Diese Statutenänderung ist in erster Lesung schon in der Generalversammlung vom . .ten . . angenommen worden, nach § . .[1] des Statuts bedarf es aber zu Statutenänderungen einer nochmaligen Beschlußfassung mit einer Mehrheit von drei Viertel der Erschienenen.

Der Geschäftsführer Herr . . . . begründet den Antrag Namens des Vorstands und Aufsichtsraths damit, daß das „ . . . . Tageblatt" mit dem Schluß des laufenden Vierteljahrs sein Erscheinen einstelle, und daß die „ . . . Morgenzeitung" das unter den Mitgliedern gelesenste Blatt sei.

Herr O. . . . stellt dagegen den Antrag: Im § . . Absatz 1 des Statuts statt „das . . . Tageblatt" zu setzen „die . . . Volksstimme."

Es wird zuerst über diesen Antrag, der als ein Abänderungsantrag zu dem Antrage des Vorstands und Aufsichtsraths angesehen wird, abgestimmt und derselbe abgelehnt. Dann kommt der Antrag des Vorstands und Aufsichtsraths bei einer durch die Kontrole am Eingang des Saales festgestellten Anwesenheit von 328 Mitgliedern zur Abstimmung. Der Antrag wird mit 270 gegen 58 Stimmen, also mit mehr als der nach § . .[2] des Statuts zu Statutenänderungen nothwendigen Mehrheit von drei Viertel der erschienenen Genossen angenommen.

Dritter Gegenstand der Tagesordnung ist der Bericht über die Revision der Genossenschaft nach § 61 des Gen.-Ges.

Der Vorsitzende des Aufsichtsraths erstattet, nachdem sein Stellvertreter den Vorsitz übernommen hat, den Bericht über die am . . . . durch den Verbandsrevisor Herrn S. . . . . vorgenommene Revision, indem er insbesondere diejenigen Punkte des Revisionsberichts hervorhebt, welche nur durch Beschlüsse der Generalversammlung nach den Rathschlägen des Revisors erledigt werden können.

Auf Antrag des Mitgliedes Herrn F. . . . beschließt die Generalversammlung mit großer Mehrheit:

„Die Generalversammlung nimmt Kenntniß von dem durch den Vorsitzenden des Aufsichtsraths erstatteten Bericht über die Revision und ersucht den Vorstand und Aufsichtsrath:

1. in Betreff der vom Revisor empfohlenen Statutenänderungen bestimmt formulirte Anträge, sowie
2. zur Ausführung des § 47 Ziff. 1 des Gen.-Ges. bezüglich des zulässigen Gesammtbetrags der aufzunehmenden Anlehen und Spareinlagen einen Antrag

der nächsten Generalversammlung zu unterbreiten."

Vierter Gegenstand der Tagesordnung ist Ersatzwahl des Kassirers. Der verstorbene Kassirer P. . . . würde noch für die Zeit bis zum 31. Dezember 1900 als Kassirer im Vorstand zu amtiren gehabt haben, der an seine Stelle tretende Kassirer ist daher für die Zeit bis zum 31. Dezember 1900 zu wählen. Der Aufsichtsrath schlägt vor, dem zu wählenden Kassirer dasselbe Gehalt wie dem bisherigen von Mk. . . jährlich zu bewilligen und von ihm ebenso wie von dem bisherigen eine Kaution von Mk. . . zu erfordern. Wie der Vorsitzende des Aufsichtsraths erörtert, erwartet der Aufsichtsrath bis zum Ablauf der Wahlperiode die Lage der Genossenschaft

---

[1] § 37 des Musterstatuts Form. 1. — [2] Im Musterstatut Form. 1 § 37.

hinreichend befestigt zu sehen, um dann ein höheres Gehalt und nach Befinden noch eine kleine Tantième vom Reingewinn vorschlagen zu können.

Der Aufsichtsrath schlägt das seitherige Aufsichtsrathsmitglied Herrn T. als Kassirer vor, der bereit ist, unter den vorerwähnten Bedingungen die Wahl anzunehmen. Der Vorsitzende ernennt die Herren J. . . und K. . . zu Stimmzählern.

Es werden zunächst die vom Aufsichtsrath vorgeschlagenen Anstellungsbedingungen von der Versammlung mit Stimmenmehrheit angenommen.

Vor dem Eintritt in die Wahl schlägt das Mitglied Herr K. . . . den Kaufmann L. . . . von hier zum Kassirer vor. Der Vorsitzende des Aufsichtsrath macht aber darauf aufmerksam, daß nach § 3 des Statuts die Wahl nur auf Vorschlag des Aufsichtsraths stattfindet, und daß die Generalversammlung daher nur berechtigt ist, den Vorschlag anzunehmen oder abzulehnen, die Mitglieder seien nicht berechtigt, selbständig Kandidaten aufzustellen.

Es wird zur Wahl geschritten. Abgegeben werden 320 Stimmzettel, übereinstimmend mit der Zahl der Anwesenden, wie sie durch die Kontrole am Eingang des Saales festgestellt ist, davon sind 3 Stimmzettel unbeschrieben, 6 Stimmzettel enthalten einen andern Namen als den des Kandidaten, und sind mithin 9 Stimmzettel ungiltig. Von 311 giltigen Stimmzetteln sind 156 Stimmen die absolute Mehrheit.

302 Stimmzettel lauten auf „ja", 9 Stimmzettel auf „nein". Das Aufsichtsrathsmitglied Herr T. . . . ist somit zum Kassirer gewählt und nimmt die Wahl an.

Fünfter Gegenstand der Tagesordnung ist: Eventuelle Ersatzwahl in den Aufsichtsrath.

Nachdem Herr T. zum Kassirer gewählt ist, scheidet er damit aus dem Aufsichtsrath aus und ist für ihn für die Dauer seiner Wahlperiode, die am 31. Dezember 1901 zu Ende geht, ein Ersatzmann zu wählen. Durch die Kontrole am Eingang des Saales ist die Anwesenheit von 301 Mitgliedern festgestellt. Eben so viel Stimmzettel sind abgegeben. Davon sind 4 Stimmzettel ungiltig, weil sie unbeschrieben sind, oder mehr als 1 Namen enthalten. Von 297 giltigen Stimmzetteln sind 149 die absolute Mehrheit.

Es haben Stimmen erhalten: Herr Z. . . . 125, Herr O. . . . 102, Herr R. . . . 60, Herr K. . . . 7 und 3 andere je 1 Stimme. Es ist also eine absolute Mehrheit nicht erzielt, und kommen nach § . . des Statuts die beiden, welche die meisten Stimmen erhalten haben, das sind die Herren Z. . . . und O. . . . zur engern Wahl.

An der engern Wahl nehmen theil 280 Mitglieder, deren Anwesenheit die Kontrole am Eingang des Saales ergiebt. Von 280 abgegebenen Stimmzetteln sind 4 ungiltig, weil sie auf andere Namen lauten als einen der zur Wahl stehenden Kandidaten. Bei 276 abgegebenen giltigen Stimmen ist die absolute Mehrheit 139. Es haben erhalten Herr O. . . 139 Stimmen, Herr Z. . . 137 Stimmen. Herr O. . . ist somit gewählt und nimmt die Wahl an.

Sechster Gegenstand der Tagesordnung ist Aufnahme einer unkündbaren Anleihe und Bedingungen für dieselbe. Der Geschäftsführer Herr . . . . stellt Namens des Vorstands den Antrag:

1. die Anleihe auf 100000 Mk. zu 4% verzinslich mit halbjährlicher Zinszahlung festzusetzen;

2. die Rückzahlung Ende 1904 beginnen und spätestens Ende 1919 beenden zu lassen;
3. die jährlichen Tilgungsraten nach den Verhältnissen der Genossenschaft und der Lage des Geldmarkts vom Vorstand mit Genehmigung des Aufsichtsraths bestimmen zu lassen;
4. dem Vorstand die weitere Ausführung dieser Beschlüsse mit Genehmigung des Aufsichtsraths zu übertragen.

Die Versammlung genehmigt diesen Antrag.

Siebenter Gegenstand der Tagesordnung ist: Ausschließung von Mitgliedern. Der Vorstand beantragt:

a) das Mitglied Bernhard Mord (Nr. 79 der Liste) wegen Verlustes der bürgerlichen Ehrenrechte (§ . .[1]) litt. a. des Statuts), und
b) das Mitglied Emil Lässig (Nr. 125 der Liste) wegen Nichtzahlung der Monatsbeiträge in den letzten 4 Monaten (§ . .[1]) litt. c. des Statuts)

zum 31. Dezember 1899 aus der Genossenschaft auszuschließen. Nachdem der Geschäftsführer den Antrag näher erläutert hat, werden Stimmzettel, auf welchen die Namen Mord und Lässig vorgedruckt sind, an die anwesenden Genossen vertheilt mit dem Anheimgeben, durch Beifügung von „ja“ oder „nein“ zu den beiden Namen sich für oder gegen den Antrag des Vorstands zu erklären.

Nach der Kontrole am Eingang des Saales nehmen 152 Genossen an der Abstimmung theil. Es werden 152 Stimmzettel abgegeben. Davon lauten

für die Ausschließung von Mord 152 Stimmzettel,
für die Ausschließung von Lässig 147 Stimmzettel.

Die Mitglieder Mord (Nr. 79 der Liste) und Lässig (Nr. 125 der Liste) sind hiernach zum 31. Dezember 1899 aus der Genossenschaft ausgeschlossen.

Nach Verlesung des Protokolls, gegen dessen Richtigkeit kein Einwand erhoben wurde, wird die Versammlung Abends 11¾ Uhr vom Vorsitzenden geschlossen.

(Unterschriften.)

W. . . . . Vorsitzender,
K. . . . . Schriftführer.

M. . Geschäftsführer,
T. Kassirer,
C. . Kontroleur,
} als Vorstandsmitglieder.

N.
S.
B.
D.
E. .
H.
O.
P. .
} als Aufsichtsrathsmitglieder.

J. .
Z.
K. . . .
} als vom Vorsitzenden zugezogene Genossen.

---

[1]) Im Musterstatut § 42 litt. a des Form. 1.

Formular 5.

Protokoll einer Vorstandssitzung.

(§ 9 des Musterstatuts.)

N., den . . . .

Es wurden in der heute stattfindenden ordentlichen Vorstandssitzung folgende Beschlüsse gefaßt:

1. Es haben sich zur Aufnahme in die Genossenschaft gemeldet:
   a) Herr Cigarrenarbeiter P. Jürgens,
   b) „ Kapitän M. Mayer,
   c) Verw. Frau Selma Liesegang.

Die Aufnahme aller drei wird beschlossen.

2. Es wollen sich mit weiteren Geschäftsantheilen betheiligen:
   a) Herr Rentier D. Siegmund mit 2,
   b) „ Arzt Dr. A. Boldt mit 4,
   c) der vorerwähnte Kapitän M. Mayer will mit 5 Antheilen beitreten.

Der Kassirer stellt zu a und b fest, daß die vorhergehenden Geschäftsantheile erfüllt sind, und daß alle 3 die Antheile, auf die sie sich neu betheiligen, sofort baar einzahlen wollen.

Der Vorstand genehmigt diese Betheiligungen.

3. Der Bauverwalter hat mit dem Rentier M. M. wegen Verkaufs seines vor dem Osterthor gelegenen Grundstücks von . . Hektar weiter verhandelt und von demselben mit Rücksicht auf den ungünstigen Baugrund eine Ermäßigung des Verkaufspreises auf Mk. . . . . , sowie ferner das Zugeständniß erhalten, daß das Restkaufgeld mit Mk. . . zu 3¾ % Zins statt zu 4 % auf 10 Jahre unkündbar eingetragen werden soll. Nach dieser Abänderung beschließt der Vorstand, den vom Bauverwalter mit M. M. vereinbarten Vertragsentwurf der nächsten gemeinschaftlichen Sitzung zur Annahme zu empfehlen.

4. Die Baupläne für die Bebauung des Grundbesitzes am Süderthor sind vom Bauverwalter geprüft und für zweckmäßig befunden, mit Ausnahme der Pläne zu Nr. 10 und 11, die der Bauverwalter nach dem vielfach unter den Mitgliedern hervorgetretenen Wunsche, ein Versammlungslokal für die Genossenschaft zu erhalten, umgestaltet sehen möchte. Der Vorstand beschließt jedoch, die Pläne für die Häuser 1—20 unverändert der nächsten gemeinschaftlichen Sitzung zur Annahme zu empfehlen.

5. Nachdem der Anbau an dem Hause Hochstraße 1 vollendet ist, hat der Bauverwalter eine Nachversicherung für denselben in Höhe von Mk. . . bei der . . . . Feuerversicherungsgesellschaft veranlaßt. Der Vorstand stimmt zu.

6. Im Hause Hochstraße 4 hat der Miether P. P. die Tapezirung seiner Wohnung beantragt. Der Bauverwalter hat dagegen kein Bedenken, nachdem die Wohnung nunmehr völlig trocken ist, und die Tapezirung im Plane vorgesehen war. Der Vorstand bewilligt dazu Mk. . .

(Unterschriften.)

Formular 6.

Protokoll einer Aufsichtsrathssitzung.

(§ 23 des Musterstatuts.)

N., den . . . .

In der heutigen Aufsichtsrathssitzung hatten sich eingefunden vom Aufsichtsrath die Herren . . . ., als Vertretung des Vorstandes Herr . . . . . . Herr . . . . . fehlt entschuldigt, Herr . . . . . unentschuldigt. Der Aufsichtsrath ist hiernach beschlußfähig.

1. Es wird das Protokoll über die letzte Bücherrevision verlesen, datirt vom . . . . Nach demselben ist das Mitglied P. P. sowohl mit seiner Einzahlung auf den Geschäftsantheil, als mit seiner Miethe zwei Monate im Rückstand.

Nach einer Mittheilung des betreffenden Hauskurators, die vom Vorstande bestätigt wird, ist dies auf längere Krankheit in der Familie des P. P. zurückzuführen, die baldige Tilgung der Rückstände aber mit Sicherheit zu erwarten. Der Aufsichtsrath geht daher über diese Erinnerung hinweg. Sonst ist nach dem Protokoll bei der Bücherrevision alles in bester Ordnung befunden.

2. Es wird das Protokoll der Baukommission vom . . . . . . verlesen. Nach demselben sind die Glaserarbeiten bei dem Neubau in der . . . Straße so im Rückstand, daß dadurch die Fertigstellung des Hauses voraussichtlich um mehrere Wochen verzögert wird. Der Vertreter des Vorstands berichtet über die Bemühungen des Vorstands, den N. N. zu einer pünktlichen Lieferung der kontraktmäßig von ihm übernommenen Glaserarbeiten anzuhalten, diese Bemühungen waren erfolglos. Nachdem Herr . . . . . erklärt hat, daß der Vorstand wegen des der Genossenschaft hieraus entstehenden Schadens den N. N. zur Zahlung der für die Verzögerung ausbedungenen Konventionalstrafe veranlassen werde, geht der Aufsichtsrath zur Tagesordnung über.

3. Die nächste Generalversammlung wird auf . . . . anberaumt und auf Antrag des Vorstandes

a) .

b) .

c) . . . .

auf die Tagesordnung gesetzt. Weiter beschließt der Aufsichtsrath auf die Tagesordnung zu setzen:

d) . .

e) . . . .

Der Schriftführer Herr . . wird die Bestellung des Versammlungssaales und die Veröffentlichung der Einladung herbeiführen.

(Unterschriften der anwesenden Aufsichtsrathsmitglieder.)

Formular 7.

Protokoll
einer gemeinschaftlichen Sitzung des Vorstandes und Aufsichtsrathes.

(§ 27 des Musterstatuts.)

N., den . . . . .

Im Anschluß an die Aufsichtsrathssitzung wurde die gemeinschaftliche Sitzung des Vorstands und Aufsichtsraths heute Uhr vom Vorsitzenden des Aufsichtsraths eröffnet.

Anwesend waren:

a) die Mitglieder des Vorstandes vollzählig,

b) von den Mitgliedern des Aufsichtsraths die Herren .

. . . .

Herr fehlt durch Krankheit entschuldigt, Herr fehlt unentschuldigt.

Die Beschlußfähigkeit stand hiernach fest.

1. Der Vorstand legt einen Vertragsentwurf für Erwerb eines Grundstücks von Hektar, vor dem Osterthor gelegen, dem Rentier M. M. gehörig, mit Zeichnung vor. Der Preis soll Mk. . betragen, wovon Mk. anzuzahlen sind, und der Rest von Mk. . auf 10 Jahre unkündbar, zu 3¾ % Zins, halbjährlich zahlbar, hypothekarisch eingetragen werden soll.

Nach einer längeren Debatte, die sich namentlich auf den Baugrund und die eventuelle Verwerthung des Grundstücks für die Genossenschaft, die eine Straßenanlage in südöstlicher Richtung vom Osterthor nöthig machen würde, bezieht, wird der Vertragsentwurf von der Mehrheit des Vorstands und der Mehrheit des Aufsichtsraths angenommen.

2. Der Vorstand legt die Baupläne für Bebauung des am Süderthor gelegenen Grundbesitzes vor. Die Pläne sind für 20 Häuser berechnet und finden sonst allgemeine Zustimmung; nur wird mehrfach das Bedürfniß betont, für die in dortiger Gegend angesessenen Mitglieder einen Mittelpunkt zu zwangloser Geselligkeit und ein Versammlungslokal für die Genossenschaft herzustellen. Hierzu werden die auf dem Situationsplan unter Nr. 10 und 11 bezeichneten Grundstücke als geeignet bezeichnet. Die Abstimmung wird daher getheilt. Für die Baupläne zu 1 bis 9 und 12 bis 20 ergiebt sich die einhellige Zustimmung des Vorstands und die einhellige Zustimmung des Aufsichtsraths, dagegen werden die Baupläne zu 10 und 11 von der Mehrheit des Aufsichtsraths abgelehnt und sind daher vom Vorstand neu aufzustellen.

3. Der Hauskurator Müller für das Miethshaus Nr. 3 der Hochstraße ist gestorben. Es sind deshalb die Miether in diesem Hause veranlaßt worden, für einen andern Hauskurator aus ihrer Mitte Vorschläge zu machen. Dieselben haben Herrn Lehrer Berthold und Rentier Malz vorgeschlagen. Der Vorstand und der Aufsichtsrath entscheiden sich einstimmig für Herrn Berthold und wird danach Herr Lehrer Berthold zum Hauskurator für das Haus Hochstraße Nr. 3 bestellt.

4. Von mehren Aufsichtsrathsmitgliedern ist der Antrag eingebracht, ein neues Spareinlagen-Konto für Einlagen auf 8tägige Kündigung und 2½% Zins zu eröffnen.

Bei der Abstimmung erhält der Antrag zwar die Mehrheit des Aufsichtsraths, aber nicht die Mehrheit des Vorstands und ist damit abgelehnt.

5. Der Genosse Maschinenbauer Stolz (Nr. 210 der Liste) verzieht von hier und wünscht deshalb unter Uebertragung seines Geschäftsguthabens von 55 Mk. an den Maschinenbauer Eduard Möller (Nr. 175 der Liste) auszuscheiden. Da das Geschäftsguthaben des Eduard Möller schon 150 Mk. beträgt, so würde unter Zurechnung der 55 Mk. von Stolz dasselbe den Geschäftsantheil von 200 Mk. übersteigen. Vorstand und Aufsichtsrath genehmigen die Uebertragung daher unter der Bedingung, daß Eduard Möller sich noch mit einem zweiten Geschäftsantheil betheiligt und eine bezügliche Erklärung vollzieht.

Vor Unterzeichnung des Protokolls verläßt Herr . . . . die Sitzung.

(Unterschriften der Vorstands- und Aufsichtsrathsmitglieder.)

Formular 8.

Anstellungsvertrag für Vorstandsmitglieder.

Nachdem Herr . . . . . in der Generalversammlung vom . . . . . zum . . . . . (Bezeichnung des Vorstandsamtes) gewählt ist, wird zwischen der Baugenossenschaft zu . . . . ., eingetragene Genossenschaft mit beschränkter Haftpflicht, vertreten durch den Aufsichtsrath und Herrn . . . ., nachstehender Vertrag geschlossen.

§ 1.

Herr . . . . . . übernimmt in der Baugenossenschaft zu . . . ., eingetragene Genossenschaft mit beschränkter Haftpflicht das Amt eines . . . . . (Bezeichnung des Vorstandsamtes) für die Zeit vom . . . . . . bis . . . . . . und verpflichtet sich, die ihm in dieser Eigenschaft nach dem Genossenschaftsgesetz vom 1. Mai 1889, dem Vereinsstatut und der in Gemäßheit des § . .[1]) des Statuts erlassenen, von ihm durch Unterschrift anerkannten Geschäftsanweisung obliegenden Arbeiten und Verbindlichkeiten mit der Sorgfalt eines ordentlichen Geschäftsmannes zu erfüllen.

§ 2.

Als Vergütung erhält Herr . . . . Mk. festes Gehalt, das postnumerando in . . . . Raten gezahlt wird, und außerdem vom Reingewinn . . .% Tantième, die nach der durch die Generalversammlung erfolgten Genehmigung der Bilanz zur Auszahlung kommt.

§ 3.

Die Vertretungskosten in Fällen der Behinderung werden für die Dauer von . . Wochen von der Genossenschaft als Geschäftsunkosten bezahlt. Bei längerer Behinderung hat Herr . . . . . die Stellvertretungskosten von der . . . Woche ab im vollen Betrage zu decken.

---

[1]) Im Musterstatut Form. 1 § 10.

Im Falle Herr ..... während der Vertragsperiode stirbt, wird den Erben desselben das Gehalt für den Sterbemonat und einen darauf folgenden Monat gezahlt, jedoch nicht über die Vertragsdauer hinaus.

§ 4.

Herr ...... hat einen Anspruch auf einen Urlaub von ...... in jedem Jahre. Zu dem Antritt des Urlaubs ist rechtzeitig die Genehmigung des Aufsichtsraths einzuholen.

§ 5.[1]

Herr .... ist verpflichtet, durch Einzahlung von monatlich mindestens .... Mk. .... Geschäftsantheile zu erwerben und die darüber lautenden Guthabenbücher und Antheilscheine bei der Genossenschaft zu hinterlegen.

Die Herausgabe der Guthabenbücher und Antheilscheine erfolgt erst, wenn Herr .... über die ganze Zeit der Geschäftsführung Rechnung gelegt hat und ihm durch die Generalversammlung Entlastung ertheilt ist.

§ 6.

Für den Fall, daß Herr ...... vor Ablauf der Wahlperiode wegen Nichterfüllung der ihm nach dem Gen.-Ges. vom 1. Mai 1889 und dem gegenwärtigen Vertrage obliegenden Verpflichtungen aus seinem Amte entlassen wird, verzichtet derselbe auf alle Entschädigungsansprüche an die Genossenschaft wegen der ihm in diesem Vertrage zugesicherten Vergütung von dem Zeitpunkte der von der Generalversammlung ausgesprochenen Entlassung an. Geht dieser endgültigen Entlassung eine vorläufige Enthebung von dem Amte durch den Aufsichtsrath voraus, so tritt der Verzicht schon mit dem Tage der letzteren in Kraft.

Das Vorstehende gilt auch, wenn die Entlassung wegen Unfähigkeit zur ordnungsmäßigen Verrichtung der übertragenen Funktionen, wegen Verlustes der Dispositionsfähigkeit oder der bürgerlichen Ehrenrechte erfolgt.

......., den ....

.... P. P.

(Unterschrift des Vorstandsmitglieds). Vorsitzender des Aufsichtsraths.[2]

---

[1] Von allen 3 Vorstandsmitgliedern eine Kaution zu verlangen, wird nur bei geschäftlich schon sehr entwickelten Baugenossenschaften thunlich sein. Am meisten begründet ist dieses Verlangen bei dem Kassirer, der für die Gelder der Genossenschaft verantwortlich ist. Aber auch bei dem Kassirer einer kleinen Baugenossenschaft wird man nicht immer auf einer Kaution bestehen können; dagegen ist es ein durchaus gerechtfertigter Anspruch gegenüber allen Vorstandsmitgliedern, daß sie sich mit mehr als einem Geschäftsantheil betheiligen und, wenn sie diese Antheile nicht auf einmal einzahlen können, zu entsprechend erhöhten Monatsbeiträgen sich verpflichten. Die Entschädigung, die sie von der Genossenschaft für ihre Geschäftsführung erhalten, wird sie zur Zahlung dieser höheren Beiträge befähigen. Selbstverständlich können bei dem Rücktritt vom Amt diese Geschäftsantheile und Geschäftsguthaben nicht herausgezahlt werden, da sie während der Dauer der Mitgliedschaft zum Genossenschaftsvermögen gehören, wohl aber die darüber ausgestellten Antheilscheine und das Guthabenbuch über die Theilzahlungen auf einen Geschäftsantheil. Nur bei Genossenschaften mit beschränkter Haftpflicht ist dieser § 5 anwendbar, weil bei andern der Erwerb mehr als eines Geschäftsantheiles unzulässig ist.

[2] Nach § 18 der Muster-Geschäftsanweisung für den Aufsichtsrath vertritt der Vorsitzende den Aufsichtsrath bei Verträgen mit den Vorstandsmitgliedern.

Formular 9.

Geschäftsanweisung für den Vorstand.

I. Allgemeine Bestimmungen.

§ 1.

Der Vorstand hat die Geschäfte der Genossenschaft nach den Vorschriften des Genossenschaftsgesetzes und den Statuten zu führen und dabei nach den Bestimmungen dieser Anweisung zu verfahren.

Die Mitglieder des Vorstands sind der Genossenschaft für Erfüllung dieser Verpflichtungen nach § 32 des Genossenschaftsgesetzes verantwortlich.

§ 2.

Die Vorstandsmitglieder haben sich bei Erledigung der Geschäfte gegenseitig nach Bedürfniß zu unterstützen und zu kontroliren.

Bei vorübergehender Behinderung des Kassirers oder Bauverwalters hat der Geschäftsführer deren Geschäfte zu versehen, und im Falle der Verhinderung des Geschäftsführers hat der Bauverwalter Letzteren zu vertreten.

§ 3.

Beurlaubungen bis zu 4 Tagen ist der Geschäftsführer zu ertheilen berechtigt. Zu jeder längern Abwesenheit eines Vorstandsmitglieds aus dem Geschäft hat dasselbe die Genehmigung des Aufsichtsraths einzuholen.

Bei einer nach § . .[1]) des Statuts erforderlich werdenden Stellvertretung für ein Vorstandsmitglied haben die andern Vorstandsmitglieder dem Aufsichtsrathe von dem die Stellvertretung erfordernden Umstande sofort Anzeige zu machen.

§ 4.

Der Vorstand hält in jeder Woche am . . . eine ordentliche Sitzung ab, außerdem kann der Geschäftsführer außerordentliche Vorstandssitzungen berufen, sobald er es für erforderlich hält, und er muß solche berufen, sobald ein Mitglied des Vorstandes es verlangt.

Mit der Einladung zu der außerordentlichen Vorstandssitzung sind die Gegenstände der Berathung bekannt zu geben.

Die gefaßten Beschlüsse sind durch den Geschäftsführer in ein Protokollbuch einzutragen und von den betheiligten Vorstandsmitgliedern zu unterzeichnen.

Wenn ein Mitglied des Vorstandes mit einem gefaßten Beschlusse nicht einverstanden ist, so hat es das Recht zu verlangen, daß seine abweichende Meinung in dem Protokolle vermerkt wird.

§ 5.

Der Vorstand hat in seinen Sitzungen insbesondere folgende Angelegenheiten zu erledigen:

1. die Zutheilung der Arbeiten an die einzelnen Vorstandsmitglieder im Rahmen des Statuts und dieser Geschäftsanweisung;
2. die Aufnahme von Mitgliedern in die Genossenschaft und die Zulassung von Mitgliedern zum Erwerb weiterer Geschäftsantheile;

---

[1]) Im Musterstatut Form. 1 § 14.

3. Abschluß von Verträgen, welche wiederkehrende Verpflichtungen für die Genossenschaft begründen und deren Werth nicht mehr als . . . . Mk. beträgt;
4. die Entlassung von Beamten, Gehilfen und Arbeitern aus dem Dienste der Genossenschaft;
5. die Feuerversicherung der fertigen und der im Bau begriffenen Gebäude der Genossenschaft;
6. die Versicherung der Beamten und Arbeiter der Genossenschaft, welche nach den bezüglichen Gesetzen dem Zwange der Alters- und Invaliditätsversicherung, der Krankenversicherung und der Unfallversicherung unterworfen sind;
7. die Vorbereitung der nach § . .[1] des Statuts der gemeinschaftlichen Beschlußfassung des Vorstands und Aufsichtsraths unterliegenden Angelegenheiten;
8. die Ausführung der nach § . .[1] des Statuts vom Vorstand und Aufsichtsrath in gemeinschaftlicher Sitzung gefaßten Beschlüsse.

Als Regel gilt für die Vergebung der Arbeiten die beschränkte Submission, ohne daß jedoch der Vorstand an den Mindestfordernden gebunden ist.

§ 6.

Der Vorstand hat für die Einrichtung einer vollständigen und übersichtlichen Buchführung zu sorgen und sich dabei der doppelten kaufmännischen Buchführung zu bedienen.

§ 7.

Der baare Kassenbestand, insoweit er die Summe von Mk. . . . übersteigt, die Werthpapiere und Urkunden der Genossenschaft sind von dem Kassirer und dem Geschäftsführer unter doppeltem Verschlusse zu halten, so daß nur den beiden Vorstandsmitgliedern gemeinschaftlich der Zugang dazu möglich ist.

Die Geschäftsbücher sind im Geschäftslokale der Genossenschaft von demjenigen Vorstandsmitgliede aufzubewahren, welches dieselben zu führen hat.

§ 8.

Die Vorstandsmitglieder haben während der Geschäftsstunden, die auf . . . . festgesetzt werden, im Geschäftslokale der Genossenschaft anwesend zu sein, um die vorkommenden Kassengeschäfte gemeinschaftlich zu erledigen.

Nur in Anwesenheit zweier Vorstandsmitglieder dürfen Gelder angenommen oder ausgezahlt werden.

§ 9.

Die Vorstandsmitglieder müssen auf Erfordern den Sitzungen des Aufsichtsraths, jedoch nur mit berathender Stimme beiwohnen und alle Aufschlüsse ertheilen, welche der Aufsichtsrath für nöthig hält.

§ 10.

Der Vorstand hat dem Aufsichtsrathe die im § . .[2] des Statuts vorgeschriebenen Berichte zu erstatten.

---

[1] Im Musterstatut Form. 1 § 27. — [2] Im Musterstatut Form. 1 § 25.

§ 11.

Am Schlusse des Geschäftsjahres hat der Vorstand mit dem Aufsichtsrath behufs Aufstellung der Jahresrechnung und Bilanz eine vollständige Inventur aufzunehmen.

Zu diesem Zwecke sind am letzten Tage des Geschäftsjahres

a) **das Kassenbuch abzuschließen und der Sollbestand der Kasse festzustellen, sodann der wirkliche Kassenbestand nach den vorhandenen Geldsorten u. s. w. aufzunehmen;**

b) **die vorhandenen Bestände an Werthpapieren, geldwerthe Urkunden (Hypotheken) einzeln zu verzeichnen und mit den geführten Listen und Kontrolen zu vergleichen;**

c) **die unbebauten verwerthbaren Grundstücke der Genossenschaft festzustellen und die fertigen und im Bau begriffenen Gebäude derselben auf ihren baulichen Zustand sorgfältig zu prüfen.**

Soweit die unter litt. c. bezeichnete Arbeit an demselben Tage nicht zu beenden ist, ist sie an dem nächstfolgenden Tage u. s. w. fortzusetzen, bis für alle Immobilien der für das Ende des Geschäftsjahres anzunehmende Werth festgestellt ist.

Die unbebauten Grundstücke und fertigen Häuser dürfen nicht höher als zum wahren, jederzeit realisirbaren Werthe, halbfertige Gebäude nicht höher als zu den Herstellungskosten, Werthpapiere nicht höher als zum Börsenkurse am Tage des Abschlusses aufgenommen werden.

§ 12.

Zur genauen Feststellung der bei Jahresschluß auf Schuldscheine oder Sparbücher angeliehenen Gelder (Anleihen und Spareinlagen) sind für die Abhebung der Zinsen bestimmte Tage festzusetzen und die Gläubiger aufzufordern, ihre Zinsscheine und Sparbücher behufs Abhebung der Zinsen oder behufs Buchung derselben als neue Einlagen vorzulegen.

II. Besondere Bestimmungen.

a) Für den Geschäftsführer.

§ 13.

Dem Geschäftsführer steht die Leitung der Geschäfte zu. Er ist berechtigt, von sämmtlichen Büchern, Listen, Urkunden und Akten der Genossenschaft stets Einsicht zu nehmen und Kassen- und Geschäftsrevisionen zu jeder Zeit vorzunehmen.

Der Geschäftsführer ist verpflichtet, in jedem Vierteljahr mindestens einmal unvermuthet eine Revision der Kasse und der Geschäftsbücher und in jedem Halbjahr mindestens einmal eine Revision der Genossenschaftshäuser vorzunehmen.

Ueber die Revision und das Ergebniß derselben hat der Geschäftsführer in der nächsten Vorstandssitzung zu berichten und diesen Bericht in das Protokoll des Vorstands einzutragen.

§ 14.

Der Geschäftsführer hat die gerichtlichen Geschäfte wahrzunehmen, die für die Genossenschaft bestimmten Briefe zu empfangen, zu eröffnen und für deren Erledigung und Beantwortung, sowie für geordnete Aufbewahrung der eingegangenen und der Abschriften oder Kopien der ausgehenden Schriftstücke zu sorgen.

§ 15.

Der Geschäftsführer hat für die vorschriftsmäßige Ausstellung der Beitrittserklärungen eintretender Genossen, die monatliche Einreichung dieser Beitrittserklärungen, für die richtige Abfassung und Unterzeichnung der Betheiligungserklärungen auf weitere Geschäftsantheile und die alsbaldige Einreichung dieser Betheiligungserklärungen, für die rechtzeitige Einreichung der Aufkündigungen austretender Genossen und der übrigen auf den Eintritt und das Ausscheiden von Genossen sich beziehenden Urkunden, für die Erstattung aller durch das Genossenschaftsgesetz vorgeschriebenen Anmeldungen, Anzeigen und Erklärungen zum Genossenschaftsregister, sowie endlich für die nach dem Gesetz und dem Statut erforderlichen Bekanntmachungen Sorge zu tragen.

§ 16.

Der Geschäftsführer hat das nach § 30 des Gen.-Ges. vorgeschriebene Verzeichniß der Genossen zu führen und dasselbe mit der Liste der Genossen in Uebereinstimmung zu halten.

Der Geschäftsführer hat zu den das Verzeichniß der Genossen betreffenden Urkunden und den darauf bezüglichen Benachrichtigungen des Gerichts besondere Akten anzulegen.

§ 17.

Alle nach den §§ . . . des Statuts der Beschlußfassung des Vorstands und Aufsichtsraths oder der Generalversammlung vorbehaltenen Angelegenheiten hat der Geschäftsführer genügend vorzubereiten, zur Berathung und Beschlußfassung vorzulegen und in den gemeinschaftlichen Sitzungen und in der Generalversammlung zu begründen und die Ausführung der gefaßten Beschlüsse zu bewirken.

§ 18.

Der Geschäftsführer hat dafür zu sorgen, daß die Jahresrechnung bis spätestens Ende des Monats . . . . dem Aufsichtsrathe vorgelegt wird. Er hat nach Schluß des Geschäftsjahres einen umfassenden Bericht über das abgelaufene Geschäftsjahr, welcher eine nach Sach-Conten geordnete Geschäftsübersicht, die Gewinn- und Verlustberechnung und Geschäftsbilanz (§§ . des Statuts), sowie geeignete Erläuterungen und Mittheilungen über das Geschäft zu enthalten hat, zu verfassen, zur Vertheilung an die Genossen vervielfältigen zu lassen und in der ersten ordentlichen Generalversammlung des neuen Geschäftsjahres mündlich zu erläutern.

Der Geschäftsführer hat ferner dafür zu sorgen, daß der Geschäftsbericht mindestens eine Woche vor der Generalversammlung, welche über die Genehmigung der Bilanz und die Gewinnvertheilung zu beschließen hat, in dem Geschäftslokale der Genossenschaft zur Einsicht der Genossen ausgelegt wird, und daß den Genossen hiervon durch Bekanntmachung in dem für die Bekanntmachungen der Genossenschaft bestimmten Blatte Kenntniß gegeben wird.

§ 19.

Der Geschäftsführer hat die Verpflichtung zu veranlassen, daß gemäß § 51 des Genossenschaftsgesetzes mindestens in jedem zweiten Jahre die

Einrichtungen und die Geschäftsführung der Genossenschaft der Prüfung durch einen unparteiischen Revisor unterworfen werden.

§ 20.

Der Geschäftsführer hat die folgenden Bücher zu führen:

a) . . . .

b) . . . .

und darüber zu wachen,

daß die Kassenbestände, welche die Summe von Mk. . . . . übersteigen, die Werthpapiere, Urkunden, insbesondere Hypotheken unter doppelten Verschluß genommen werden, wovon er selbst den einen und der Kassirer den andern Schlüssel hat, und

daß ferner die sonstigen Schriftstücke, Akten und Geschäftsbücher, sowie Drucksachen aller Art in gehöriger Ordnung aufbewahrt und für die Anschaffung und Unterhaltung der zum Geschäftsbetriebe erforderlichen anderweitigen Gegenstände in geeigneter Weise Fürsorge getroffen wird.

b) Für den Kassirer.

§ 21.

Der Kassirer ist für das Kassengeschäft in erster Reihe verantwortlich, ihm liegt die Aufbewahrung und Vertretung der Kassenbestände ob, er hat die Kasseneingänge in Empfang zu nehmen und die Ausgaben zu leisten.

§ 22.

Sämmtliche Einnahmen und Ausgaben hat der Kassirer sofort in das Kassenbuch einzutragen und die den Eintragungen entsprechenden Beläge aufzubewahren.

Von den Einnahmen und Ausgaben ist der Geschäftsführer durch Vorlegung der Kassennoten und Zahlungsanweisungen nebst Quittungen zum Zwecke der Eintragung in seinen Büchern und der Mitunterschrift sofort in Kenntniß zu setzen.

§ 23.

Ueber die Einnahmen hat der Kassirer in Gemeinschaft mit dem Geschäftsführer zu quittiren.

Ausgaben dürfen nur auf schriftliche Anweisung des Vorstands gemacht werden. Zu Zahlungen, welche sich auf die Herstellung oder Erhaltung der Genossenschaftshäuser beziehen, soll die Anweisung vom Bauverwalter mitunterschrieben werden, der dadurch die verlangten Preise als gerechtfertigt anerkennt.

Zur Erleichterung der Kassengeschäfte werden die regelmäßigen Beiträge auf den Geschäftsantheil durch Vertrauensmänner eingezogen, die darüber durch Marken quittiren, die in das Guthabenbuch des Genossen eingeklebt werden.

Die Marken befinden sich unter gemeinschaftlichem Verschluß des Kassirers und Geschäftsführers und werden vom Geschäftsführer, der darüber mit dem Kassirer abrechnet, demselben nach Bedarf herausgegeben.

Die Miethezahlungen erfolgen durch Vermittelung der Hauskuratoren an den Kassirer. Der Kassirer hat darüber zu wachen, daß die Miethen pünktlich entrichtet und pünktlich an die Genossenschaftskasse abgeführt werden. Verzögerungen hat er dem Geschäftsführer anzuzeigen.

§ 24.

Der Kassirer hat folgende Bücher zu führen:

a) . . . .

b) . . . .

c) . .

§ 25.

Der Kassirer ist verpflichtet, in Gegenwart des Geschäftsführers jedesmal nach Schluß der Geschäftsstunden den Kassenbestand aufzunehmen und in ein besonderes Kassenabschlußbuch einzutragen; ebenso ist der festgestellte Sollbestand der Kasse einzutragen und die Uebereinstimmung des Istbestandes mit dem Sollbestande durch den Kassirer und den Geschäftsführer zu bescheinigen. Nichtübereinstimmung zwischen dem Istbestande und dem Sollbestande ist, wenn sie nicht inzwischen aufgeklärt wird, dem Aufsichtsrathe zur Anzeige zu bringen.

§ 26.

Der Kassirer hat die nach § . . .[1]) des Statuts dem Aufsichtsrath vorzulegenden Berichte aufzustellen und die Jahresrechnung unter Mitwirkung des Geschäftsführers anzufertigen und innerhalb . . Wochen nach dem Jahresschlusse dem Vorstande vorzulegen.

§ 27.

Der Kassirer hat die nach § . . .[2]) des Statuts am Ende des Geschäftsjahres durch den Vorstand und Aufsichtsrath vorzunehmende Inventur durch Aufstellung der hierzu erforderlichen Verzeichnisse der vorhandenen Werthpapiere, Hypotheken und anderen Forderungen vorzubereiten und Kasse, Werthpapiere, Hypotheken und andere Forderungen, sowie die betreffenden Geschäftsbücher vorzulegen.

§ 28.

Der Kassirer ist verpflichtet, dem Geschäftsführer, dem Bauverwalter, dem Aufsichtsrathe und dessen Revisoren jederzeit die Einsicht der von ihm geführten Bücher und aller in seiner Verwahrung und Verwaltung befindlichen Urkunden und Akten zu gestatten und die Baarbestände und Marken vorzulegen.

c) Für den Bauverwalter.

§ 29.

Der Bauverwalter hat die ständige Aufsicht über die Häuser, Grundstücke und etwaige Baumaterialien der Genossenschaft zu führen und vierteljährlich über den Zustand der Wohnhäuser und Wohnungen dem Vorstand Bericht zu erstatten und diesen Bericht zu Protokoll zu geben.

Der Bauverwalter hat Grundstücke, deren Erwerb in Frage steht, vorher zu begutachten, auf ihren Baugrund zu prüfen und über ihre bestmögliche Verwerthung für die Genossenschaft Vorschläge zu machen.

Er hat die Einnahmen und Lasten von Häusern, deren Erwerb in Frage steht, zu ermitteln und danach über die Rentabilität derselben dem Vorstand sein Gutachten abzugeben.

---

[1]) Im Musterstatut Form. 1 § 25. — [2]) Im Musterstatut Form. 1 § 63.

Der Bauverwalter hat die Kostenanschläge und Zeichnungen für Neubauten zu prüfen, die Verträge mit Bauhandwerkern und Unternehmern zusammen mit dem Geschäftsführer zu entwerfen, die Ausführung der angeordneten Bauten und Ausbesserungen fortwährend zu überwachen, das zur Verwendung kommende Material zu prüfen und den Verkehr mit den Unternehmern, Handwerkern und Lieferanten zu vermitteln, sowie alle darauf bezüglichen schriftlichen Arbeiten vorzubereiten. Die Baurechnungen für die Genossenschaft hat der Bauverwalter zunächst zu prüfen und mit Zahlungsanweisung zu versehen oder bei obwaltenden Bedenken letztere der nächsten Vorstandssitzung zu unterbreiten.

Der Bauverwalter hat für die angemessene Feuerversicherung aller Baulichkeiten u. s. w. der Genossenschaft Sorge zu tragen.

Unaufschiebbare Instandsetzungen kann der Bauverwalter auf eigene Verantwortung herbeiführen.

§ 30.

Der Bauverwalter hat die nach § . . . des Statuts am Ende des Geschäftsjahres durch den Vorstand und Aufsichtsrath vorzunehmende Inventur durch Aufstellung der die Immobilien der Genossenschaft umfassenden Verzeichnisse vorzubereiten, darüber seine Geschäftsbücher vorzulegen und an der Besichtigung und Prüfung der Immobilien und Baumaterialien mit theilzunehmen.

§ 31.

Der Bauverwalter hat die folgenden Bücher zu führen:

a) .

b) .

§ 32.

Die Einsicht der von dem Bauverwalter geführten Bücher und Listen, sowie der in seinen Händen befindlichen Urkunden, Schriftstücke und Akten steht dem Geschäftsführer sowie dem Kassirer auf Verlangen jederzeit zu.

Formular 10.

Geschäftsanweisung für den Aufsichtsrath.

§ 1.

Nach den Bestimmungen des Gesetzes und den Vorschriften des Statuts ist die Ueberwachung der Geschäftsführung der Genossenschaft in allen Theilen der Verwaltung das Recht und die wichtigste Pflicht des Aufsichtsraths.

Um dieser Pflicht zu genügen, muß der Aufsichtsrath sich fortwährend über die Verwaltung der Angelegenheiten der Genossenschaft unterrichten und zu diesem Zwecke monatlich Bericht von dem Vorstande fordern, von den Büchern und Schriften der Genossenschaft und von ihrer Bauthätigkeit Einsicht nehmen, den Bestand der Kasse und die Bestände an Werthpapieren, Hypothekenforderungen u. dergl. untersuchen, die von dem Vorstande erstatteten Berichte, Geschäftsabschlüsse und namentlich die Jahresrechnung nebst Bilanz und die Gewinnberechnung sorgfältig prüfen und darüber der Generalversammlung vor Genehmigung der Bilanz Bericht erstatten.

Der Aufsichtsrath hat eine Generalversammlung zu berufen, wenn es das Interesse der Genossenschaft fordert.

§ 2.

Der Aufsichtsrath überträgt in jedem Jahre nach erfolgter Neuwahl einem seiner Mitglieder den Vorsitz, einem andern das Schriftführeramt und ernennt für beide Stellvertreter.

Die Beschlüsse des Aufsichtsraths werden durch einfache Stimmenmehrheit der in der Sitzung anwesenden Mitglieder gefaßt.

Bei Stimmengleichheit gilt der Antrag als abgelehnt, nur bei Wahlen entscheidet in diesem Falle das Loos.

§ 3.

Der Aufsichtsrath hält zur Erledigung der ihm obliegenden Geschäfte an jedem . . . . . in dem Geschäftslokale der Genossenschaft eine Sitzung ab.

§ 4.

Zu außerordentlicher Sitzung hat der Vorsitzende des Aufsichtsrathes einzuladen, so oft er es für erforderlich hält, oder wenn der Vorstand oder der dritte Theil der Aufsichtsrathsmitglieder unter schriftlicher Angabe der Berathungsgegenstände die Berufung einer außerordentlichen Sitzung verlangen.

Mit der Einladung zu einer außerordentlichen Sitzung sind die Gegenstände der Verhandlung mitzutheilen.

§ 5.

In die Protokolle sind die gefaßten Beschlüsse aufzunehmen.

Die Protokolle sind von den anwesenden Mitgliedern des Aufsichtsraths zu unterzeichnen.

In den Protokollen ist festzustellen, ob die abwesenden Mitglieder des Aufsichtsraths entschuldigt oder unentschuldigt fehlen.

§ 6.

Die Monats- und Vierteljahrsabschlüsse, sowie die Jahresrechnung und Bilanz sind von dem Aufsichtsrathe sorgfältig zu prüfen.

Der Aufsichtsrath hat zu diesem Zwecke regelmäßig am Schlusse jeden Monats eine Kassen- und Bücherrevision und am Schlusse jeden Vierteljahres auch eine auf die Bauthätigkeit sich erstreckende Geschäftsrevision vorzunehmen und außerdem nach Bedürfniß unvermuthete Revisionen, mindestens jedoch zweimal im Jahre, eintreten zu lassen.

Bei den Revisionen ist stets die Kasse zu stürzen und mit dem nach den Büchern festgestellten Sollbestande zu vergleichen.

Bei den Bücherrevisionen hat der Aufsichtsrath sich zu überzeugen, daß die sämmtlichen Geschäftsbücher ordnungsmäßig geführt sind. Er hat festzustellen, ob die Einzahlungen auf Geschäftsantheil regelmäßig erfolgen und die fälligen Miethen pünktlich eingehen.

Er hat von dem Briefwechsel der Genossenschaft Kenntniß zu nehmen, um sich von der statutenmäßigen Erledigung der laufenden Geschäfte durch den Vorstand zu überzeugen.

§ 7.

Bei den Geschäftsrevisionen hat der Aufsichtsrath zu prüfen, ob die über den Erwerb von Grundeigenthum oder den Bau von Häusern mit der Genossenschaft abgeschlossenen Verträge mit den vom Aufsichtsrath gefaßten Beschlüssen übereinstimmen, ob die Baupläne, so wie er sie genehmigt hat, ausgeführt worden, und ob die Bezahlung für die Bauausführung so erfolgt, wie sie den Beschlüssen des Aufsichtsraths entspricht und vertragsmäßig vorgesehen ist.

Der Aufsichtsrath hat ferner zu prüfen, ob die Vergebung der Wohnungen und Häuser den Statuten gemäß geschehen ist, und ob die darüber abgeschlossenen Verträge die Genehmigung des Aufsichtsraths erhalten haben.

§ 8.

Der Aufsichtsrath hat zeitweise die Häuser der Genossenschaft zu besichtigen, um sich von ihrer guten Erhaltung zu unterrichten und gegen Miether, welche ihre Wohnungen vernachlässigen und nicht rechtzeitig die erforderlichen Ausbesserungen herbeiführen, die geeigneten Maßnahmen zunächst durch Mittheilung an den Vorstand zu veranlassen.

§ 9.

Bei den Vierteljahrsrevisionen des Aufsichtsraths sind auch die für Hypothekenschulden von Genossen seitens der Genossenschaft übernommenen Garantien genau zu prüfen, um gegenüber einem die Genossenschaft bedrohenden Verlust aus solchen Garantien rechtzeitig die geeigneten Vorsichtsmaßregeln treffen zu können.

§ 10.

Am Schlusse des Geschäftsjahres hat der Aufsichtsrath mit dem Vorstande behufs Aufstellung der Jahresrechnung und Bilanz eine vollständige Inventur aufzunehmen.

Zu diesem Zwecke sind am letzten Tage des Geschäftsjahres

a) das Kassenbuch abzuschließen und der Sollbestand der Kasse festzustellen, sodann der wirkliche Kassenbestand nach den vorhandenen Geldsorten u. s. w. aufzunehmen;
b) die vorhandenen Bestände an Werthpapieren, geldwerthen Urkunden (Hypotheken) einzeln zu verzeichnen und mit den geführten Listen und Kontrolen zu vergleichen;
c) die unbebauten verwerthbaren Grundstücke der Genossenschaft festzustellen und die fertigen und im Bau begriffenen Gebäude derselben auf ihren baulichen Zustand sorgfältig zu prüfen.

Soweit die unter litt. c. bezeichnete Arbeit an demselben Tage nicht zu beenden ist, ist sie an dem nächstfolgenden Tage u. s. w. fortzusetzen, bis für alle Immobilien der für das Ende des Geschäftsjahres anzunehmende Werth festgestellt ist.

Die unbebauten Grundstücke und fertigen Häuser dürfen nicht höher als zum wahren, jederzeit realisirbaren Werthe, im Bau begriffene Gebäude nicht höher als zu den Herstellungskosten, Werthpapiere nicht höher als zum Börsenkurse am Tage des Abschlusses aufgenommen werden.

Zweifelhafte Forderungen sind nach ihrem wahrscheinlichen Werthe anzusetzen, uneinbringliche Forderungen abzuschreiben.

§ 11.

Zur genauen Feststellung der bei Jahresschluß auf Schuldscheine oder Sparbücher angeliehenen Gelder (Anleihen oder Spareinlagen) erfolgt die Abhebung von Zinsen für dieselben an vorher bekannt zu machenden Tagen unter Aufforderung an die Spareinleger ihre Sparbücher bei Abhebung der Zinsen oder behufs Buchung derselben als neue Einlagen vorzulegen.

Die in Folge dieser Aufforderung vorgelegten Sparbücher und Zinsscheine für Anlehen sind von einzelnen von dem Aufsichtsrathe hierzu bestellten Mitgliedern des Aufsichtsraths zu prüfen und mit den Büchern zu vergleichen.

§ 12.

Die Revision am Jahresschluß ist seitens des Aufsichtsraths auch auf die Beobachtung der gesetzlichen Vorschriften im Verkehr mit dem Gericht durch den Vorstand auszudehnen, namentlich

a) daß die Beitrittserklärungen den gesetzlichen Anforderungen entsprechen, in je einem Exemplar von jedem Mitgliede bei den Vereinsakten zurückbehalten werden und das andere Exemplar rechtzeitig dem Gericht eingereicht ist;
b) daß die Kündigungen der Mitgliedschaft nach den gesetzlichen Vorschriften rechtzeitig zur Eintragung ins Genossenschaftsregister eingereicht werden;
c) daß bei der Uebertragung der Mitgliedschaft (§ 74 [76] des Ges.), bei dem Erwerb weiterer Geschäftsantheile (§ 131 [137] daselbst), bei der Ausschließung von Mitgliedern (§ 66 [68] daselbst) die gesetzlichen Vorschriften genau befolgt sind;
d) daß der Tod von Genossen (§ 75 [77] des Ges.) ohne Verzug dem Gericht angezeigt ist;
e) daß die Benachrichtigungen des Gerichts über die Eintragung neuer und die Löschung bisheriger Mitglieder sich in guter Ordnung befinden und auf Grund derselben das Verzeichniß der Genossen mit der gerichtlichen Liste sich in Uebereinstimmung befindet;
f) daß die § 31 [33] und § 133 [139[1]] des Ges. vorgeschriebenen Veröffentlichungen rechtzeitig erfolgt sind;
g) daß rechtsgiltig von der Generalversammlung beschlossene Statutenänderungen dem Gericht angemeldet und die Eintragung derselben dem Verein seitens des Gerichts angezeigt ist.

§ 13.

Sobald die Jahresrechnung und die Bilanz von dem Vorstande aufgestellt ist, sind die in dieselben eingestellten Abschlußsummen der einzelnen Conten mit den Inventurlisten und den Büchern zu vergleichen und danach die Richtigkeit der Bilanz festzustellen und zu bescheinigen.

§ 14.

An der Inventur am Jahresschluß nehmen sämmtliche Aufsichtsrathsmitglieder theil, indem für die verschiedenen Geschäftszweige Kommissionen von je 2 oder 3 Mitgliedern gebildet werden, die für die sorgfältige Erledigung der ihnen überwiesenen Arbeiten verantwortlich sind.

Für die sonstigen ordentlichen und außerordentlichen Revisionen ernennt der Aufsichtsrath aus sich Revisionskommissionen von 2 oder 3 Mitgliedern in der Weise, daß möglichst alle Mitglieder des Aufsichtsraths im Laufe des Jahres zu den Revisionen herangezogen werden.

[1]) Findet nur Anwendung bei Genossenschaften mit beschränkter Haftpflicht.

Zur fortlaufenden Ueberwachung der Bauthätigkeit und der fertigen Bauten der Genossenschaft kann der Aufsichtsrath aus sich eine Baukommission von 3 Mitgliedern bilden.

Die Revisionskommission und die Baukommission fungiren als Organ des Aufsichtsraths und sind verantwortlich für die sorgfältige Ausführung der Revisionen.

Der Aufsichtsrath ist befugt, einen Rechnungsverständigen, welcher nicht Mitglied der Genossenschaft zu sein braucht, zur Besorgung der kalkulatorischen Revisionsarbeiten bei Revision der Jahresrechnung, sowie bei den sonstigen im Laufe des Jahres erfolgenden Revisionen hinzuzuziehen und dessen Honorar festzusetzen.

§ 15.

Ueber alle vorgenommenen Revisionen sind Protokolle aufzunehmen, aus welchen der Umfang der vorgenommenen Revisionshandlungen, die dabei betheiligten Personen und die Arbeiten, welche dieselben im einzelnen ausgeführt haben, sowie das Ergebniß der Revision genau ersichtlich sind.

Das Protokoll ist der nächsten Aufsichtsrathssitzung vorzulegen und, sobald es Erinnerungen enthält, dem Vorstande zur baldigen Erledigung derselben zu überweisen. Bleiben einzelne Erinnerungen unerledigt, so hat der Aufsichtsrath der Generalversammlung darüber Bericht zu erstatten.

§ 16.

Gemäß § 61 des Genossenschaftsgesetzes hat der Aufsichtsrath in jedem Falle einer Revision durch den Verbandsrevisor oder durch den gerichtlich bestellten Revisor darüber zu beschließen, wie viele und welche Mitglieder des Aufsichtsraths bei der Revision mitzuwirken haben.

Der Vorsitzende des Aufsichtsraths oder dessen Stellvertreter müssen dieser Revision stets beiwohnen.

§ 17.

Die gemeinschaftlichen Sitzungen des Vorstands und Aufsichtsraths finden in der Regel unmittelbar nach den ordentlichen Sitzungen des Aufsichtsraths statt; der Vorsitzende des Aufsichtsraths aber kann außerdem gemeinschaftliche Sitzungen von Vorstand und Aufsichtsrath berufen, wenn er es für erforderlich hält, und er muß solche berufen, wenn der Vorstand oder drei Mitglieder des Aufsichtsraths unter schriftlicher Angabe der Berathungsgegenstände es verlangen.

Mit der Einladung zu einer außerordentlichen gemeinschaftlichen Sitzung sind die Gegenstände der Verhandlung mitzutheilen.

In die Protokolle sind die gefaßten Beschlüsse aufzunehmen.

Die Protokolle sind von den anwesenden Mitgliedern des Vorstandes und des Aufsichtsrathes zu unterzeichnen.

In den Protokollen ist festzustellen, ob die abwesenden Mitglieder des Vorstands und Aufsichtsraths entschuldigt oder unentschuldigt fehlen.

§ 18.

Die Verträge mit den Mitgliedern des Vorstandes hat der Vorsitzende des Aufsichtsraths nach den Beschlüssen des Aufsichtsraths und in dessen Namen abzuschließen.

§ 19.

Ueber die Haftbarkeit der Mitglieder des Aufsichtsraths der Genossenschaft gegenüber wegen entstandenen Schadens bestimmt § 39 des Genossenschaftsgesetzes folgendes:

Die Mitglieder des Aufsichtsraths haben die Sorgfalt eines ordentlichen Geschäftsmannes anzuwenden.

Mitglieder, welche ihre Obliegenheiten verletzen, haften der Genossenschaft persönlich und solidarisch für den dadurch entstandenen Schaden. Insbesondere sind sie in den Fällen des § 32 [34] Abs. 3 zum Ersatze der Zahlung verpflichtet, wenn diese mit ihrem Wissen und ohne ihr Einschreiten erfolgt ist.

Die Ansprüche auf Grund der vorstehenden Bestimmungen verjähren in fünf Jahren.

§ 20.

Die Mitglieder des Aufsichtsraths können nach § 36 [38] des Genossenschaftsgesetzes die Ausübung ihrer Befugnisse und Obliegenheiten nicht anderen Personen übertragen.

Formular 11.

Geschäftsordnung für die Generalversammlungen.

§ 1.

Wer nach dem Statut mit der Leitung der Generalversammlung betraut ist, hat durch eine geeignete Kontrole am Eingang des Versammlungslokals dafür Sorge zu tragen, daß nur Mitglieder zu dem für dieselben bestimmten Raume Zutritt haben, und daß jederzeit die Zahl der anwesenden Mitglieder ohne besondere Auszählung festgestellt werden kann.

Insofern auch Nichtmitgliedern der Besuch der Generalversammlungen gestattet wird, sind dieselben in einem von den Mitgliedern gesonderten Raume unterzubringen.

§ 2.

Der Vorsitzende konstituirt die Versammlung, indem er den Schriftführer ernennt, und hat danach zu Protokoll festzustellen, daß die Generalversammlung gemäß den Vorschriften des Statuts einberufen ist.

Hierauf stellt er die Gegenstände der Tagesordnung in der Reihenfolge, wie sie in der Einladung zur Generalversammlung bekannt gemacht sind, zur Verhandlung.

Eine Beschlußfassung über Gegenstände, welche nicht auf der Tagesordnung stehen, darf der Vorsitzende nicht gestatten.

§ 3.

Für die Anträge des Vorstands oder Aufsichtsraths wird vom Vorstand oder Aufsichtsrath in der Regel ein Berichterstatter (Referent) bestellt, welcher die Verhandlung einleitet und auch das Schlußwort in derselben erhält.

§ 4.

Kein Mitglied darf in der Versammlung sprechen, ohne vorher das Wort verlangt und vom Vorsitzenden erhalten zu haben.

Der Vorsitzende ruft die Redner in der Reihenfolge auf, in welcher sie sich zum Wort gemeldet haben.

Sofortige Zulassung zum Wort können nur diejenigen Mitglieder verlangen, welche zur Geschäftsordnung reden wollen.

Zur persönlichen Bemerkung wird erst nach dem Schluß der Verhandlung unmittelbar vor der Abstimmung das Wort ertheilt.

Die Redner sprechen stehend von ihrem Platze aus. Nur die Berichterstatter nehmen den Platz neben dem Vorsitzenden ein.

§ 5.

Der Vorsitzende ist berechtigt, den Redner, welcher nicht zur Sache spricht, auf den Gegenstand der Verhandlung zurückzuweisen, und, wenn er sich beleidigende oder andere unparlamentarische Aeußerungen erlaubt, zur Ordnung zu rufen.

Ist das eine oder das andere in derselben Rede zweimal ohne Erfolg geschehen, und fährt der Redner fort, sich von dem Gegenstande oder von der Ordnung zu entfernen, so kann die Generalversammlung auf die Anfrage des Vorsitzenden ohne Verhandlung beschließen, daß ihm das Wort über den vorliegenden Gegenstand genommen werden solle, wenn er vorher auf diese Folge vom Vorsitzenden aufmerksam gemacht ist.

§ 6.

Die Berathung wird geschlossen, wenn alle Mitglieder, welche sich zum Wort gemeldet, gesprochen haben.

Wird vorher von einem Mitgliede Schluß der Verhandlung beantragt, so muß der Vorsitzende darüber sofort abstimmen lassen, nur darf ein im Sprechen begriffener Redner durch einen solchen Antrag nicht unterbrochen werden, und sind, ehe zur Abstimmung geschritten wird, der Generalversammlung diejenigen Mitglieder namhaft zu machen, welche sich noch zum Wort gemeldet haben.

§ 7.

Jedes Mitglied kann zu dem zur Berathung stehenden Antrage Abänderungs- und Unter-Abänderungsanträge stellen. Dieselben sind jedoch vor Schluß der Versammlung schriftlich einzureichen oder so langsam vorzutragen, daß sie der Schriftführer leicht nachschreiben kann, und bedürfen, um zur Berathung und Abstimmung zu kommen, der Unterstützung von mindestens . . . Mitgliedern.

Zieht ein Antragsteller seinen Antrag zurück, so kann derselbe von jedem andern Mitgliede wieder aufgenommen werden.

§ 8.

Nach Schluß der Berathung kündigt der Vorsitzende die Fragen, welche er zur Abstimmung zu stellen beabsichtigt, sowie die Reihenfolge, in welcher er dieselben zur Abstimmung stellen will, an.

Der Antrag auf Vertagung und Ueberweisung der Angelegenheit an eine spätere Generalversammlung geht den sachlichen Anträgen vor und kommt zunächst zur Abstimmung.

Uebrigens kommen Abänderungsanträge vor dem Hauptantrage zur Abstimmung, auf den sie sich beziehen. Je nach dem Ergebniß der ersten Abstimmung kommt dann der Hauptantrag mit oder ohne den Abänderungsantrag zur Abstimmung.

Unter-Abänderungsanträge kommen zur Abstimmung vor dem Abänderungsantrage, zu dem sie gestellt sind. Je nach dem Ergebniß der ersten Abstimmung kommt dann der Abänderungsantrag mit oder ohne den Unter-Abänderungsantrag zur Abstimmung.

Anträge, welche nur für den Fall gestellt sind, daß der Hauptantrag abgelehnt wird, kommen erst nach Ablehnung des letzteren zur Abstimmung.

Jedem Mitgliede steht es frei, eine andere Fassung oder Reihenfolge der Frage in Vorschlag zu bringen, worüber die Generalversammlung entscheidet.

Auch kann jedes Mitglied die Theilung eines Antrags verlangen, wenn nicht der Antragsteller dieselbe zurückweist.

§ 9.

Zu jeder Zeit kann während der Berathung mit einer Unterstützung von mindestens . . Mitgliedern der Antrag eingebracht werden, die Leitung der Generalversammlung dem derzeitigen Vorsitzenden abzunehmen, und wird dann über diesen Antrag sofort ohne Verhandlung abgestimmt. Im Falle der Annahme desselben erfolgt sofort eine Neuwahl mittelst Stimmzettel. Die Wahl kann auch durch Zuruf stattfinden, sofern niemand Widerspruch erhebt.

§ 10.

Die Abstimmung erfolgt mittelst Handaufheben, und läßt der Vorsitzende, sobald ihm das Ergebniß zweifelhaft erscheint, zunächst die Gegenprobe machen. Wenn auch das Ergebniß der Gegenprobe nach Ansicht des Vorsitzenden unsicher ist, oder sobald 10 Mitglieder in der Versammlung darauf antragen, hat derselbe durch zwei von ihm aus den Anwesenden ernannte Stimmzähler die Zählung der Stimmen vorzunehmen. Um die Zählung zu erleichtern, kann der Vorsitzende auch die für oder gegen den Antrag Stimmenden je auf eine Seite des Versammlungssaals treten lassen.

Die Stimmenmehrheit wird ohne Mitzählung derjenigen festgestellt, die sich der Abstimmung enthalten haben.

Bei Stimmengleichheit ist der Antrag abgelehnt.

§ 11.

Ueber Ausschließung von Mitgliedern und über die Wahl der Vorstandsmitglieder wird schriftlich mittelst verdeckter Stimmzettel abgestimmt.

Ungültig sind Stimmzettel, welche nicht oder nicht ausschließlich mit „Ja" oder „Nein" beschrieben sind.

Ungültige Stimmzettel werden als nicht abgegeben betrachtet.

Bei Stimmengleichheit ist der Antrag abgelehnt.

§ 12.

Auch die andern Wahlen erfolgen durch verdeckte Stimmzettel und sind dabei so viel Namen auf jeden Stimmzettel zu schreiben, als Personen zu wählen sind.

Wird im ersten Wahlgang nicht die absolute Stimmenmehrheit (mehr als die Hälfte der Stimmen) erreicht, so kommt von denen, welche die meisten Stimmen erhalten haben, die doppelte Zahl der noch zu wählenden auf die engere Wahl, und wird mit den engern Wahlen in derselben Art so lange fortgefahren, bis für alle zu Wählende eine absolute Mehrheit erzielt ist.

Bei Stimmengleichheit entscheidet das von dem Vorsitzenden aus der Hand des Schriftführers zu ziehende Loos darüber, wer auf die engere Wahl zu bringen oder wer als schließlich gewählt zu betrachten ist.

Ungiltig sind:

1. Stimmzettel, welche keinen oder keinen lesbaren Namen enthalten;
2. Stimmzettel, aus welchen die Person des Gewählten nicht unzweifelhaft zu erkennen ist;
3. Stimmzettel, auf welchen mehr Namen als zu wählende Personen oder der Name einer nicht wählbaren Person verzeichnet ist;
4. Stimmzettel, welche einen Protest oder Vorbehalt enthalten.

Alle ungiltigen Stimmzettel werden als nicht abgegeben betrachtet.

§ 13.

Bei den nach den §§ 11, 12 stattfindenden Abstimmungen ernennt der Vorsitzende zunächst aus der Zahl der anwesenden Mitglieder zwei Stimmzähler, welche die Stimmzettel an die anwesenden Mitglieder vertheilen und dabei zählen. Dann sammeln die Stimmzähler auf Anweisung des Vorsitzenden die inzwischen beschriebenen Stimmzettel wieder ein.

Sind auf Befragen des Vorsitzenden keine Stimmen mehr abzugeben, so erklärt derselbe die Wahl für geschlossen und zählt die Stimmzettel zunächst uneröffnet, um festzustellen, daß die Zahl derselben nicht größer ist, als die Zahl der nach der Kontrole (§ 1) anwesenden Mitglieder. Hierauf eröffnet der Vorsitzende jeden Stimmzettel und verliest dessen Inhalt, den Stimmzettel dem einen Stimmzähler übergebend, während der andere Stimmzähler die abgegebenen Stimmen einzeln protokollirt und laut zählt.

Ueber die Giltigkeit der Stimmzettel entscheidet unter Beobachtung der Vorschriften der §§ 11, 12 der Vorsitzende mit den Stimmzählern; auf erhobenen Widerspruch die Generalversammlung.

Nach der Wahl fragt der Vorsitzende den oder die Gewählten, wenn sie in der Generalversammlung anwesend sind, ob sie die Wahl annehmen, läßt ihre Erklärung darüber protokolliren und sie zur Anerkennung derselben das Protokoll mit unterzeichnen.

§ 14.

Der Schriftführer hat bei Abfassung des Protokolls genau den § . des Statuts und diese Geschäftsordnung zu beobachten, insbesondere den Hergang bei geheimen Abstimmungen genau wiederzugeben und die für ungiltig erklärten Stimmzettel, wenn dieselben für das Ergebniß der Abstimmung entscheidend sind, im Original dem Protokoll beizufügen, von dem Inhalt der Verhandlungen aber nichts niederzuschreiben.

§ 15.

Wenn die Tagesordnung erledigt ist, bezeichnet der Vorsitzende diejenigen drei[1] Mitglieder, welche das Protokoll mit unterzeichnen sollen, läßt dasselbe vom Schriftführer verlesen, von der Generalversammlung genehmigen und von den anwesenden Vorstands- und Aufsichtsrathsmitgliedern, dem Schriftführer und den vorbezeichneten drei Mitgliedern, sowie den in der Generalversammlung etwa gewählten Personen vollziehen und schließt dann die Versammlung.

---

[1]) Wenn geheime Abstimmungen stattgefunden haben oder sonst Stimmzähler in Thätigkeit getreten sind, werden diese natürlich zunächst vom Vorsitzenden zur Vollziehung des Protokolls herangezogen werden, wenn sie es nicht schon als Vorstands- oder Aufsichtsrathsmitglieder unterschreiben.

Formular 12.

Beitrittserklärung.

Die Beitrittserklärung für eine Genossenschaft mit beschränkter Haftpflicht hätte zu lauten:

Ich erkläre hierdurch meinen Beitritt zu der unter der Firma Baugenossenschaft zu . . . . ., eingetragene Genossenschaft mit beschränkter Haftpflicht, hier bestehenden Baugenossenschaft.

. . . ., den . . . .

N. N. (Vor- und Zuname.)
. . . . . . (Stand.)
. . . . . . (Wohnort.)

Erklärung über Betheiligung mit einem weitern Geschäftsantheil.

Ich erkläre, daß ich mich auf einen . . . (zweiten oder dritten u. s. w.) Geschäftsantheil bei der Baugenossenschaft zu . . . ., eingetragene Genossenschaft mit beschränkter Haftpflicht, betheiligen will.

. . . ., den . . . .

(Unterschrift des Mitglieds.)

Die Beitrittserklärung zu einer Genossenschaft mit unbeschränkter Haftpflicht hätte nach § 113 [120] des Ges. zu lauten:

Ich erkläre hierdurch meinen Beitritt zu der unter der Firma Baugenossenschaft zu . . . ., eingetragene Genossenschaft mit unbeschränkter Haftpflicht, hier bestehenden Baugenossenschaft, deren einzelne Genossen für die Verbindlichkeiten der Genossenschaft dieser, sowie unmittelbar den Gläubigern derselben nach Maßgabe des Gesetzes mit ihrem ganzen Vermögen haften.

. . . ., den . . . .

N. N. (Vor- und Zuname.)
. . . . . . (Stand.)
. . . . . . (Wohnort.)

Die Beitrittserklärung zu einer Genossenschaft mit unbeschränkter Nachschußpflicht hätte nach § 121 des Ges. zu lauten:

Ich erkläre hierdurch meinen Beitritt zu der unter der Firma Baugenossenschaft zu . . . ., eingetragene Genossenschaft mit unbeschränkter Nachschußpflicht, bestehenden Baugenossenschaft, deren einzelne Genossen mit ihrem ganzen Vermögen verpflichtet sind, der Genossenschaft die zur Befriedigung der Gläubiger derselben erforderlichen Nachschüsse nach Maßgabe des Gesetzes zu leisten.

. . . ., den . . . .

N. N. (Vor- und Zuname.)
. . . . . . (Stand.)
. . . . . . (Wohnort.)

Formular 15.[1]) Verzeichniß

Laufende Nummer	Genossen			Weitere Geschäftsantheile	
	Tag der Eintragung	Name und Beruf	Wohnort	Tag der Eintragung	Zahl der weiteren Geschäftsantheile
1	2	3	4	5	6
1	4. Febr. 1896	Meier, Wilhelm, Schlosser	Hannover		
2	4. Febr. 1896	Böttcher, Hermann, Tischler	Hannover		
3	15. März 1896	Kraus, Philipp, Fabrikbesitzer	Hannover	15. Dez. 1896 1. Juni 1897 8. Jan. 1898	1 3 4
4	15. März 1896	Himmelreich, Anton, Kaufmann	Linden b. Hannover	15. März 1896 1. April 1897	2 2
5	15. März 1896	Kannegießer, Adolf, Auslaufer	Hannover		
6	15. März 1896	Müller, Hans, Eisenbahnbaumeister	Lehrte b. Hannover	1. Mai 1897	5
7	2. April 1896	Schulz, Eduard, Bureaudiener	Hannover		
8	2. April 1896	Becker, Friedrich, Maurermeister	Hannover	2. April 1896	6
u. s. w. 9—424					
425	5. Juni 1898	Bosshardt, Christian, Rentier	Hannover	5. Juni 1898	4

[1]) Die Formulare 13 und 14 folgen auf Seite 244.

der Genossen.

Ausscheiden			
Tag der Eintragung	Grund des Ausscheidens	Tag des Ausscheidens	Bemerkungen.
7	8	9	10
18. Novbr. 1898	Aufkündigung zum 31. Dezember 1898	31. Dezbr. 1898	
			Die Eintragung des Beitritts ist durch rechtskräftiges Urtheil für ungültig erklärt. Eingetragen am 5. Juli 1897.
7. August 1898	Verstorben am 29. Juli 1898	31. Dezbr. 1898	
5. Juni 1898	Uebertragung des Guthabens an Boshardt Christian (Nr. 425)	5. Juni 1898	
25. Oktober 1898	Ausschließung zum 31. Dezember 1898	31. Dezbr. 1898	
20. Dezbr. 1898 4. März 1899	Vorgemerkt Kündigung zum 31. Dezember 1898 Anerkannt	31. Dezbr. 1898	
18. Novbr. 1898	Aufkündigung zum 31. Dezember 1898	31. Dezbr. 1898	
			Uebertragung des Guthabens von Himmelreich Anton (Nr. 4).

Formular 13.

Kündigung der Mitgliedschaft.

Ich kündige hiermit meine Mitgliedschaft bei der ...... (Firma der Genossenschaft) zum ..... (Ende des Geschäftsjahres).

......., den ....

N. N. (Vor- und Zuname.)
...... (Stand, unter Angabe des Standes bei Erwerb der Mitgliedschaft, falls Aenderung eingetreten ist.)
...... (Wohnort, unter Angabe des Wohnorts bei Erwerb der Mitgliedschaft, falls Aenderung eingetreten ist.)

Formular 14.

Formular für die Uebertragung des Geschäftsguthabens.

Der Schlosser M. zu ..... überträgt hiermit sein Geschäftsguthaben bei .... (Firma der Genossenschaft) unter Anwendung des § 74[1]) des Gen.-Ges. vom 1. Mai 1889 an das Mitglied derselben Genossenschaft N. zu ....., welcher die Uebertragung annimmt.

......., den ....

(Unterschrift beider Mitglieder.)

Wenn der Erwerber nicht schon Mitglied ist, fallen die Worte „das Mitglied derselben Genossenschaft" fort und der Erwerber hat die Beitrittserklärung auszustellen, die von der Genossenschaft zusammen mit vorstehender „Uebereinkunft" dem Gericht einzureichen ist.

Wenn der Erwerber schon Mitglied ist, hat der Vorstand bei Einreichung der „Uebereinkunft" an das Gericht noch zu erklären:

Wir versichern, daß das Geschäftsguthaben des Herrn N. zu ...... mit dem ihm nach der Uebereinkunft mit Herrn M. zu .. zuzuschreibenden Betrage den Geschäftsantheil — oder bei Zulassung des Erwerbs mehrer Geschäftsantheile: „die der höchsten Zahl der Geschäftsantheile entsprechende Gesammtsumme" — nicht übersteigt.

......., den ....

Firma der Genossenschaft.
(Unterschriften.)

---

1) Vom 1. Januar 1900 ab würde auf „§ 76" statt auf „§ 74" hinzuweisen sein.

Formular 16.

Sparordnung [1])

der Baugenossenschaft zu . . . , eingetragene Genossenschaft mit . . . . Haftpflicht.

Nach Maßgabe der nachstehenden Bedingungen werden Spareinlagen von Mitgliedern und Nichtmitgliedern bei der Baugenossenschaft zu . . eingetragene Genossenschaft mit . . . . Haftpflicht, angenommen, verzinst und zurückbezahlt.

§ 1.

Für die Spareinlagen und Zinsen haftet die Genossenschaft mit ihrem ganzen Vermögen und ihre Mitglieder nach den Bestimmungen des Genossenschaftsgesetzes.

§ 2.

Jede Spareinlage muß mindestens 1 Mark betragen.

Einzahlungen in einem Posten werden nur bis zum Höchstbetrage von 150 Mark angenommen. Das durch Einzahlungen und Zuschrift von Zinsen angesammelte Guthaben eines Sparers darf die Summe von . . . Mark nicht übersteigen.

Sobald diese Summe erreicht ist, werden weitere Einzahlungen nicht mehr angenommen.

Eine Verzinsung des diese Summe übersteigenden Guthabens findet nicht statt.

§ 3.

Die Spareinlagen werden, soweit sie volle Mark betragen, mit $3^1/_2$ vom Hundert jährlich verzinst.

Die Verzinsung beginnt mit dem der Einzahlung folgenden Tage und endet mit dem der Rückzahlung vorhergehenden Tage.

Die Zinsen werden — abgesehen von dem Falle der gänzlichen Rückzahlung der Spareinlagen — alljährlich berechnet, auf Anweisung des Sparers dem Kapital zugeschlagen und mit diesem vom Beginn des neuen Geschäftsjahres an verzinst, andernfalls dem Sparer baar ausgezahlt.

Aenderungen des Zinsfußes, sowie anderer Bestimmungen dieser Sparordnung sind für jeden Sparer verbindlich, sobald sie mindestens einen Monat vor dem Zeitpunkte, von welchem an sie eintreten sollen, in den statutenmäßig für die Veröffentlichungen der Genossenschaft bestimmten Blättern bekannt gemacht sind, und der Sparer nicht innerhalb dieser Frist gegen die Aenderung Einspruch erhoben hat.

§ 4.

Spareinlagen werden auf Verlangen der Sparer in der Regel nach Ablauf einer Kündigungsfrist von sechs Monaten zurückbezahlt.

Die erfolgte Kündigung ist im Sparbuche zu vermerken.

Der Vorstand ist befugt, nach Lage der Verhältnisse auf Wunsch des Sparers Rückzahlungen ohne Kündigung oder mit abgekürzter Kündigung

---

[1]) Wenn die Spareinlagen für eine Reihe von Jahren unkündbar sein sollen, wird vor die Sparordnung oder an die Seite derselben folgender Vermerk gesetzt:
„Einlagen und Zinsen, welche alljährlich dem Kapital zugeschrieben werden, sind bis zum . . . . . unkündbar; Zinsfuß . . vom Hundert."

zu leisten gegen einen Abzug an den Zinsen, der für die Zeit, welche von der 6monatlichen Kündigungsfrist fehlt, 1/2% p. a. nicht übersteigen soll.

§ 5.

Die Genossenschaft hat das Recht, ihrerseits Spareinlagen mit Frist von einem Monate zur Rückzahlung zu kündigen.

Diese Kündigung kann durch zweimalige Bekanntmachung in den statutenmäßig für die Veröffentlichungen der Genossenschaft bestimmten Blättern erfolgen.

Mit Ablauf der Kündigungsfrist hört die Verzinsung des gekündigten Kapitals auf.

§ 6.

Einzahlungen für die Sparkasse und Auszahlungen aus der Sparkasse erfolgen im Geschäftslokale der Genossenschaft an jedem . . . . Abend von . . bis . . Uhr.

§ 7.

Jeder Sparer erhält ein mit dem Vereinsstempel versehenes, auf seinen Namen ausgefertigtes Sparbuch, sowie diese Sparordnung, deren Bestimmungen er dadurch als für sich verbindlich anerkennt.

In dieses Sparbuch ist jede Einzahlung und jede Auszahlung von dem Vorstande unter Angabe des Datums einzutragen.

§ 8.

Auszahlungen von Sparguthaben werden nur gegen Vorlage des Sparbuches und gegen Quittung geleistet; sie können an jeden Vorzeiger des Sparbuches geleistet werden, so lange nicht von dem Sparer, dessen Vertreter oder Rechtsnachfolger gegen diese Auszahlung bei dem Vorstande der Genossenschaft schriftlich Einsprache erhoben ist. Solche Einsprache ist in den Büchern der Genossenschaft zu vermerken.

Die Genossenschaft hat jedoch in jedem Falle das Recht, die Legitimation des Vorzeigers des Sparbuches zu prüfen, und ist dazu verpflichtet, wenn gegen die Auszahlung Einsprache erhoben ist.

Jeder Sparer hat deshalb in seinem eigenen Interesse sein Sparbuch sorgfältig zu verwahren und einen vorkommenden Verlust des Buches dem Vorstande der Genossenschaft sofort anzuzeigen.

§ 9.

Die Uebertragung der durch das Buch bekundeten Forderung an einen Dritten muß der Genossenschaft angezeigt und von dieser auf dem Sparbuche und in den Büchern der Genossenschaft vermerkt werden, widrigenfalls sie für die Genossenschaft nicht rechtsverbindlich ist.

Sparbücher, die vollständig ausgezahlt sind, bleiben in Verwahrung der Genossenschaft.

§ 10.

Wird dem Vorstande der Verlust oder die gänzliche Vernichtung eines Sparbuchs in glaubhafter Weise nachgewiesen, so kann er ein neues Sparbuch an Stelle des verloren gegangenen ausfertigen. Um diesen Nachweis zu erbringen, kann auf Antrag und Kosten des Sparers ein freiwilliges Aufgebotverfahren herbeigeführt werden.

§ 11.

Wenn auf ein Sparbuch während 25 Jahren weder Einzahlungen noch Auszahlungen geleistet sind, hört die Verzinsung auf und wird das Guthaben gekündigt. Erfolgt die Abhebung nicht, so kann nach Ablauf der gesetzlichen Verjährungsfrist das Guthaben für den Reservefond der Genossenschaft eingezogen werden.

§ 12.

Nach Schluß eines jeden Geschäftsjahres wird eine tabellarische Zusammenstellung aller Spareinlagen mit Angabe der Nummer und des Guthabens jedes einzelnen Sparkontos im Geschäftslokale zur Einsicht ausgelegt und dies in den statutenmäßig vorgeschriebenen Blättern angezeigt.

Formular 17.

Bestimmungen über Annahme, Verzinsung und Rückzahlung unkündbarer Spareinlagen der Mitglieder.

(§ 56 des Musterstatuts.)

§ 1.

Die Verpflichtung zur Einzahlung monatlicher unkündbarer Spareinlagen beginnt für das Mitglied mit der auf seinen Antrag erfolgten Eintragung in die Bewerberliste um eine Genossenschaftswohnung oder um ein Genossenschaftshaus.

§ 2.

Diese monatlichen Spareinlagen können auch für einen längern Zeitraum zusammen im voraus entrichtet werden.

Die Verpflichtung zu Spareinlagen hört auf, sobald das bezügliche Konto des Genossen, so lange derselbe noch keine Genossenschaftswohnung oder kein Genossenschaftshaus überwiesen erhalten hat, einschließlich der zugeschriebenen Zinsen auf Mk. . . . . . angewachsen ist.

§ 3.

Ein Genosse, welcher eine Genossenschaftswohnung zur Miethe überwiesen erhalten hat, hat diese Spareinlagen zusammen mit der Miethe so lange zu entrichten, bis dieselben einschließlich der zugeschriebenen Zinsen auf den . . . . . fachen Betrag der von ihm gezahlten Miethe angewachsen sind.

§ 4.

Es bleibt dem Vorstand vorbehalten, von Genossen, welche eine Genossenschaftswohnung für mehr als . . . . . Mk. jährlich Miethe erhalten, die Einzahlung einer bis auf . . . Prozent der Miethe erhöhten monatlichen Spareinlage zu verlangen.

§ 5.

Ein Genosse, welcher ein Genossenschaftshaus zum Eigenerwerb überwiesen erhalten hat, kann seine unkündbaren Spareinlagen zur Anzahlung auf dieses Haus verwenden.

Sonst sind diese Spareinlagen bis Ablauf eines Jahres nach Endigung der Mitgliedschaft unkündbar und nachher einer Kündigungsfrist von 6 Monaten unterworfen.

§ 6.

Diese Spareinlagen werden, soweit sie volle Mark betragen, mit 4 vom Hundert jährlich verzinst und die Zinsen jährlich dem Kapital zugeschrieben.

Die Verzinsung beginnt mit dem der Einzahlung folgenden Tage und endet mit dem der Rückzahlung vorhergehenden Tage.

Mit Ablauf eines Jahres nach Endigung der Mitgliedschaft wird dieses Sparguthaben auf das allgemeine Spareinlagen-Conto übertragen und unterliegt dann den Bestimmungen der „Sparordnung".

§ 7.

Der Genosse erhält über die unkündbaren Spareinlagen ein besonderes, mit dem Genossenschaftsstempel versehenes, auf seinen Namen ausgefertigtes Sparbuch, sowie diese „Bestimmungen".

In dieses Sparbuch ist jede Einzahlung und die Auszahlung von dem Vorstande unter Angabe des Datums einzutragen.

§ 8.

Die Auszahlung des Sparguthabens erfolgt nur gegen Vorlage des Sparbuchs und gegen Quittung nach Maßgabe des § 8 der „Sparordnung". Das Sparbuch ist dann an die Genossenschaft zurückzugeben.

§ 9.

Die Uebertragung der durch dieses Sparbuch bekundeten Forderung an einen Dritten ist nur bei gleichzeitiger Uebertragung der Mitgliedschaft an denselben und mit Genehmigung des Vorstands, der sie in dem Sparbuche vermerkt, zulässig.

Formular 18.

Schuldverschreibung[1])

der Baugenossenschaft zu ...., eingetragene Genossenschaft
mit ..... Haftpflicht

Litt. ... über Serie ...

100 Mark. Nr. ....

Einhundert Mark hat .... der unterzeichneten Genossenschaft baar dargeliehen, deren Rückzahlung und Verzinsung nach den hier beigedruckten Bedingungen erfolgt, zu deren pünktlicher Innehaltung sich die Genossenschaft verpflichtet, widrigenfalls der Gläubiger berechtigt sein soll, Kapital nebst Zinsen sofort von ihr einzufordern.

......., den ....

Firma.

(Unterschriften.)

---

[1]) Dieses Formular schließt sich an die Beschlüsse an, die der Allgemeine Genossenschaftstag von 1879 bezüglich der Aufnahme unkündbarer Darlehne gefaßt hat.

Bedingungen
über Rückzahlung und Verzinsung der . . . prozentigen Anleihe von . . . . . Mark.

1. Die . . . . (Firma der Genossenschaft) nimmt zu der vorstehend verzeichneten Anleihe in ihrer Kasse nur Beträge in Summen von 50 Mark oder 100 Mark unter folgenden für beide Theile verbindlichen Bedingungen an.

2. Die Tilgung der Anleihe beginnt am . . . . . . 19 . . durch jährliche Amortisation von 10 Prozent, so daß die ganze Anleihe spätestens am . . . . 19 . . zurückgezahlt sein wird. Die Tilgung erfolgt durch Auslosung nach dem diesen Bedingungen angehängten Tilgungsplan, indem in gemeinschaftlicher Sitzung des Vorstands und Aufsichtsraths der Vorsitzende des Aufsichtsraths die zu tilgenden Nummern aus der Gesammtzahl der noch nicht getilgten Nummern der Schuldverschreibungen zieht.

Die Genossenschaft ist berechtigt, auch über die zehnprozentige Amortisation hinaus Rückzahlungen mittelst Auslosung von Schuldverschreibungen in höheren Beträgen oder mittelst Rückkaufs von Schuldverschreibungen zu bewirken.

Dagegen steht den Gläubigern, solange die Genossenschaft ihre für die Rückzahlung und Verzinsung hier festgesetzten Verpflichtungen erfüllt, ein Recht auf Kündigung nicht zu.

3. Die Zinsen werden mit . . . Prozent auf das Jahr in halbjährigen Terminen an der Kasse der Genossenschaft ausbezahlt, zu welchem Zwecke besondere Zinscouponsbogen den Schuldverschreibungen für die Zeit bis zum . . . beigegeben werden. Die Zinszahlung erfolgt gegen Aushändigung des fälligen Zinscoupons.

4. Die Abtretung der durch die Schuldverschreibungen verbrieften Forderungen an dritte Personen ist auf der Verschreibung selbst im Geschäftslokale der Genossenschaft unter Kenntnißnahme des Vorstands zu bewirken und von diesem in den betreffenden Büchern zu vermerken.

Die Anweisung zur Zahlung der halbjährlichen Zinsbeträge an andere Personen kann vom Inhaber durch einen von ihm unterzeichneten Vermerk auf der Rückseite des betreffenden Zinscoupons vollzogen werden.

5. Die Rückzahlung der geliehenen Kapitalien erfolgt nur gegen Aushändigung der darüber ausgestellten Schuldverschreibungen und der dazu gehörigen noch nicht fälligen Zinscoupons an diejenigen, auf welche die Schuldverschreibungen lauten oder ordnungsmäßig abgetreten sind.

Die Inhaber haben daher vom Verluste der Urkunden der Genossenschaft sofort Anzeige zu machen, damit dieselben bei etwaiger Präsentation angehalten, nach Befinden die Amortisation eingeleitet werden kann, indem die Genossenschaft nicht verpflichtet ist, einen bei der Legitimationsprüfung vom Vorstande begangenen Irrthum zu vertreten.

Die Amortisation der verlorenen Urkunden erfolgt in der für derartige Privaturkunden gesetzlich vorgeschriebenen Weise unter Bekanntmachung in den zu Bekanntmachungen der Genossenschaft statutenmäßig bestimmten Blättern.

. . . ., den . . . .

(Firma der Genossenschaft.)

Tilgungsplan[1])
für eine Anleihe von 50000 Mark, von denen 450 Stück auf 100 Mark, 100 Stück auf 50 Mark lauten.

Die Tilgung beginnt am 2. Januar 1904.
Es werden ausgeloost

am 2.	Januar	1904:	45	Stück	zu	100	Mk.,	10	Stück	zu 50	Mk.
„ 2.	„	1905:	45	„	„	100	„	10	„	„ 50	„
„ 2.	„	1906:	45	„	„	100	„	10	„	„ 50	„
„ 2.	„	1907:	45	„	„	100	„	10	„	„ 50	„
„ 2.	„	1908:	45	„	„	100	„	10	„	„ 50	„
„ 2.	„	1909:	45	„	„	100	„	10	„	„ 50	„
„ 2.	„	1910:	45	„	„	100	„	10	„	„ 50	„
„ 2.	„	1911:	45	„	„	100	„	10	„	„ 50	„
„ 2.	„	1912:	45	„	„	100	„	10	„	„ 50	„
„ 2.	„	1913:	45	„	„	100	„	10	„	„ 50	„
		Zusammen:	450	Stück	zu	100	Mk.,	100	Stück	zu 50	Mk.

Formular 19.

(Firma der Genossenschaft.)

Schuldverschreibung[2])

Nr. . .

über

Einhundert Mark.

Wir bekunden hiermit von . . . . den Betrag für gegenwärtige Schuldverschreibung mit Einhundert Mark deutscher Reichswährung als Darlehn erhalten zu haben und verpflichten uns, diese Summe mit Drei Mark 50 Pfennig für das Jahr, zahlbar im December jeden Jahres, zu verzinsen.

Die Rückzahlung erfolgt in der Zeit vom 1. Januar . . . bis zum 1. Januar . . . nach vorausgegangener vierteljähriger Kündigung von Seiten der Genossenschaft. Mit dem Ablaufe der Kündigungsfrist hört die Verzinsung auf. Dem Gläubiger steht ein Kündigungsrecht nicht zu, doch kann diese Schuldverschreibung jederzeit auf andere Personen übertragen werden. Die erforderliche Umschreibung muß durch den Vorstand geschehen.

Dieser Schuldverschreibung sind Zinsscheine für die nächsten 18 Jahre beigegeben, nach deren Ablauf weitere Zinsscheine gegen Vorzeigung der

---

[1]) Dieser Tilgungsplan dient nur als Beispiel; er ist weniger einfach, wenn sich die Gesammtsumme der Anleihe und die Vertheilung auf die Stücke zu 100 Mk. und zu 50 Mk. nicht in dieser Weise abrundet.

[2]) Dieses Formular entspricht im wesentlichen den Schuldverschreibungen, die der Beamten-Wohnungsverein in Cassel, e. G. m. b. H., mit bestem Erfolge ausgegeben hat. Die Tilgung muß hier jährlich mindestens 5% des so angeliehenen Gesammtkapitals umfassen und geschieht namentlich durch Rückzahlung der zur Einlösung angebotenen Schuldverschreibungen, sonst durch Ausloosung. Zur Zeit hat der Verein so 170000 Mk. zu 3½% und 200000 Mk. zu 4% in Betrieb.

Schuldverschreibung verabfolgt werden. Die Zinsscheine sind ungültig, wenn ihr Geldbetrag nicht binnen 4 Jahren, vom Ablauf des Fälligkeitsmonats ab gerechnet, erhoben worden ist.

Die Auszahlung der Zinsen gegen Rückgabe der fälligen Zinsscheine, die Ausgabe weiterer Zinsscheine, sowie die Rückzahlung des Schuldkapitals gegen Einlieferung dieser Schuldverschreibung erfolgt bei unserer Kasse.

Für Kapital und Zinsen haftet die Genossenschaft mit ihrem ganzen Vermögen, und die Genossen mit ihren Haftsummen.

. . . . ., den . . . . . .

(Firma der Genossenschaft und Unterschriften.)

Ausgefertigt am . . . . . .

Für Umschreibungen ist die Rückseite bestimmt.

Formular 20 a.

Allgemeine Bedingungen
betreffend die
Ausführung von Arbeiten und Lieferungen bei den Bauten der . . . .

§ 1.

Umfang der Leistungen, Art der Rechnungslegung und Preis-Vereinbarung.

Für die Art und den Umfang der Leistungen sind die dem Bauplane zu Grunde gelegten Zeichnungen nebst dem Kostenanschlage bestimmend, mit der Maßgabe, daß Aenderungen der darin enthaltenen Vordersätze oder sonstige Abweichungen vom Bauplane nach den Bedürfnissen, wenn solche bei der Bauausführung hervortreten sollten, der . . . . . vorbehalten bleiben. Für das Mehr oder Minder, welches vom Unternehmer geleistet wird, ist die Vergütung resp. der Abzug nach den im Kostenanschlag eingesetzten Einheitspreisen zu berechnen, so daß die endgültige Feststellung des von dem Unternehmer zu fordernden Gesammtwerthes erst durch die Abrechnung nach Fertigstellung der sämmtlichen Arbeiten bewirkt wird.

Neu hinzutretende Arbeiten, für welche im Kostenanschlage keine Preise ausgesetzt sind, sind vor Inangriffnahme derselben schriftlich mit dem Vorstand der . . . . . zu vereinbaren.

Unterläßt es der Unternehmer, eine solche Vereinbarung herbeizuführen, so ist die . . . . . berechtigt, die Preise für solche Arbeiten nach eigenem Ermessen in der Rechnung festzusetzen.

§ 2.

Aenderung des Bauplanes.

Ohne besondere schriftliche Erlaubniß der . . . . . darf der Unternehmer von den ursprünglichen Zeichnungen nicht abweichen. Widrigenfalls ist er verpflichtet, auf seine Kosten unverzüglich den seitens der . . . . . nach den Zeichnungen beabsichtigten Zustand herzustellen.

§ 3.

Lieferung der Materialien und Ausführung der Arbeiten.

Zur Verwendung dürfen nur tadellose Materialien gelangen. Sämmtliche Arbeiten müssen nach den besten Regeln der Technik sauber, sachgemäß und den Forderungen der Baupolizei entsprechend, ausgeführt werden; über die Güte der Materialien und Arbeiten steht ausschließlich Entscheidung dem leitenden Beamten oder dessen Stellvertreter oder dem Vorstand der . . . . zu. Alle nicht als ordnungsmäßig von der . . . . . bezeichneten Arbeiten und Lieferungen müssen sofort von der Baustelle entfernt und durch solche ersetzt werden, welche den Anordnungen des mit der Kontrole der Ausführung beauftragten Beamten der . . . . . vollständig entsprechen. Der Unternehmer ist verpflichtet, mit der Ausführung nur tüchtige Handwerker zu beauftragen, solche, welche nicht als zuverlässig erscheinen, sind auf Wunsch des leitenden Beamten der . . . . . sofort von der Baustelle zu entfernen und durch tüchtige zu ersetzen.

Für die Ausführung sind der Kostenanschlag und die speziellen Bedingungen, sowie die besonderen Anweisungen der . . . . ., welche der Unternehmer rechtzeitig einzuholen verpflichtet ist, maßgebend.

§ 4.

Fertigstellung der Arbeiten.

Sollte der Unternehmer die im § 4 des Vertrages[1]) vereinbarten Termine nicht einhalten, so tritt für jeden Tag Verspätung des betreffenden Termins eine Kürzung seines Guthabens um: „Fünfzig" Mark ein, und hat derselbe außerdem die . . . . . schadlos zu halten gegen Entschädigungsansprüche, welche durch die späteren Bewohner, falls sie die Häuser nicht rechtzeitig haben beziehen können, gegen die . . . . . erhoben werden sollten.

Wenn allgemeine Strikes die Bauten nachweislich länger als 8 Tage aufhalten, so sollen die jedesmaligen Termine um die ganze Dauer des Strikes verlängert werden.

Sofern bei den Arbeiten nicht soviel Leute beschäftigt sind, daß mit Sicherheit die Innehaltung der im § 4 des Vertrages festgesetzten Fristen vorausgesetzt werden kann, so ist die . . . . . berechtigt, das Urtheil des hier im § 13 genannten Schiedsrichters anzurufen. Tritt dieser der Ansicht der . . . . . bei, so hat, falls eine schriftliche Aufforderung an den Unternehmer, die Arbeiten nach Ansicht des Schiedsrichters mehr zu fördern, binnen 3 Tagen resultatlos geblieben ist, die . . . . . das Recht, die Arbeiten anderweitig auf Kosten des Unternehmers zu vergeben, und sind die seitens des Schiedsrichters zu liquidirenden Kosten von dem Guthaben des Unternehmers abzuziehen.

Der Umfang des ausgeführten Theils der Leistungen oder Lieferungen muß stets im richtigen Verhältniß zu den vorgenannten Vollendungsfristen stehen (§ 4 des Vertrages). Die Zahl der zu verwendenden Arbeitskräfte, Rüstungen und Geräthe, sowie die Vorräthe an Materialien sollen daher allezeit den übernommenen Leistungen entsprechen.

---

[1]) Vergl. § 4 des Form. 20e.

§ 5.

Garantie.

Der Unternehmer haftet für die Güte seiner ausgeführten Arbeiten . . Jahre vom Tage der Uebergabe an gerechnet derart, daß er alle während der Zeitdauer vorkommenden Mängel, welche in mangelhafter Arbeit oder Nichtbeachtung anerkannter Regeln der Technik ihren Grund haben, auf seine Kosten unverzüglich beseitigt. Er haftet nach den Bestimmungen des Bürgerlichen Gesetzbuches auch für solche Fehler, welche in der schlechten Beschaffenheit der Materialien ihren Grund haben und, welche dadurch hervorgerufen sind, daß er seine Arbeiten und Materialien, — obschon zum festgesetzten Termin — doch früher mit dem ganzen Bau oder den übrigen Arbeiten in Verbindung brachte, ehe die Art der Arbeit oder der Materialien eine solche Verbindung, ohne späteren Schaden für den Bau, zuließ.

§ 6.

Besondere Verpflichtungen des Unternehmers.

Der Unternehmer ist verpflichtet, so oft er von der . . . . . dazu aufgefordert wird, auf der Baustelle zu erscheinen, oder einen autorisirten Stellvertreter zur Entgegennahme von Anweisungen zu entsenden. Er muß alle für die Bauausführungen erforderlichen Messungen, Absteckungen ꝛc. auf seine Kosten bewirken lassen und hat allein die Verantwortung für die Richtigkeit der Maße.

Der Unternehmer haftet für etwaige Uebertretungen der baupolizeilichen Vorschriften, sowie für alle Handlungen seiner Bevollmächtigten, Gehülfen und Arbeiter persönlich. Die bau- und straßenpolizeilichen Anordnungen hat derselbe genau zu befolgen. Insbesondere hat er jeden Schaden an Personen oder Eigenthum zu vertreten, welcher durch ihn oder seine Leute Dritten oder der . . . . . zugefügt wird.

Der Unternehmer hat, wenn nicht ein Anderes ausdrücklich vereinbart worden ist, soweit dies von dem bauleitenden Beamten für erforderlich erachtet wird, für das Unterkommen seiner Leute auf der Baustelle selbst zu sorgen und auf seine Kosten an den ihm angewiesenen Orten die nöthigen Abtritte herzustellen, sowie für deren regelmäßige Reinigung, Desinfizirung und demnächstige Beseitigung Sorge zu tragen.

Die sämmtlichen auf den Bauten beschäftigten Leute des Unternehmers sind bezüglich der Bauausführung und der Aufrechterhaltung der Ordnung auf dem Bauplatze den Anordnungen des leitenden Beamten Folge zu leisten schuldig, widrigenfalls sie sofort von der Baustelle entfernt werden können.

§ 7.

Unterbrechung im Bau.

Sollte im Fortgange eines Baues aus irgend einem Grunde eine Unterbrechung eintreten, oder derselbe ganz eingestellt werden, so kann der Unternehmer nur auf Bezahlung der Arbeiten und Lieferungen, welche bis zu dieser Unterbrechung und nach Wiederaufnahme oder bis zur Einstellung des Baues geleistet sind, Anspruch machen.

Anderweitige Forderungen oder Entschädigungsansprüche können von dem Unternehmer nicht geltend gemacht werden.

§ 8.

Konkurs oder Tod des Unternehmers.

Verfällt der Unternehmer vor Erfüllung des Vertrages in Konkurs, oder stellt derselbe seine Zahlungen ein, so ist die . . . . . berechtigt, den Vertrag mit dem Tage der Konkurseröffnung oder der Zahlungseinstellung aufzuheben.

Für den Fall, daß der Unternehmer mit dem Tode abgehen sollte, ehe der Vertrag vollständig erfüllt ist, hat die . . . . . die Wahl, ob sie das Vertragsverhältniß mit den Erben desselben fortsetzen oder dasselbe auflösen will. Im letzten Falle erfolgt die Vergütung des Geleisteten lediglich nach den Preisen des Kostenanschlages.

§ 9.

Tagelöhne.

Werden im Auftrage der . . . . . Arbeiten im Tagelohn ausgeführt, so ist die Liste der dabei beschäftigten Arbeiter dem bauleitenden Beamten der . . . . . behufs Prüfung und Unterschrift wöchentlich vorzulegen. Nur beglaubigte Tagelohnzettel werden bei der Abrechnung honorirt werden.

§ 10.

Abnahme der Arbeiten und Lieferungen.

Die . . . . . ist berechtigt, zu verlangen, daß über alle später nicht mehr nachzumessenden Arbeiten von den beiderseitigen Aufsichtsbeamten während der Ausführung gegenseitig anzuerkennende Aufzeichnungen geführt werden, welche demnächst der Berechnung zu Grunde zu legen sind.

Nach erfolgter Vollendung der Arbeiten oder Lieferungen hat der Unternehmer durch schriftliche Anzeige die . . . . . hiervon in Kenntniß zu setzen, worauf diese den Zeitpunkt für die Abnahme festsetzt. Bis zur Abnahme der von dem Unternehmer ausgeführten Arbeiten oder Lieferungen haftet dieser für jede an denselben vorkommende Beschädigung oder Entwendung und hat die zu ihrem Schutze erforderlichen Vorkehrungen auf eigene Kosten zu treffen.

§ 11.

Rechnungslegung.

Der Unternehmer hat nach Abnahme und Fertigstellung der Arbeiten innerhalb 14 Tagen die Schlußrechnung einzureichen; widrigenfalls ist die . . . . . berechtigt, die Rechnungen auf Kosten und Gefahr des Unternehmers anfertigen zu lassen.

§ 12.

Bezahlung der Leistungen.

Die Bezahlung des im Vertrage festgesetzten Preises erfolgt derart, daß nach Fertigstellung der Hälfte des übernommenen Werkes — nach dem Werthe berechnet — eine erste Abschlagszahlung von . . Procent des Werthes, sodann je nach vorgeschrittener Arbeit weitere Abschlagszahlungen in der Art erfolgen, daß immer . . Procent mehr gefertigt sein müssen, als bezahlt werden. Die Restzahlung erfolgt . . Monate nach geschehener Fertigstellung der Arbeiten und Zustellung der Rechnungen.

§ 13.

Streitigkeiten.

Streitigkeiten über die Auslegung und die Ausführung dieses Vertrages und die durch denselben begründeten Rechte und Pflichten, mit Ausnahme derjenigen, in welchem nach den vorliegenden Bedingungen die . . . . . endgültig zu entscheiden hat, sollen mit Ausschluß des Rechtsweges durch den Raths . . . . meister Herrn . . . . zu . . . . und wenn dieser behindert oder ablehnen sollte, von dessen amtlichen Vertreter als Schiedsrichter entschieden werden. Die Kosten dieses Verfahrens trägt die unterliegende Partei.

. . . ., den . . . .

. . . .

Formular 20 b.

Ergänzung
zu § 1 und § 11 der allgemeinen Bedingungen,
betreffend die
Berechnung von Arbeiten und Lieferungen
bei den
Bauten der

1. Erdarbeiten.

Die Ausschachtung der Baugrube wird berechnet nach den thatsächlich vorhandenen äußersten Maßen im Fundament, multiplizirt mit der Höhe des ausgehobenen Terrains, welche bei der Ausschachtung gemeinschaftlich durch den Unternehmer und Bauleiter festzustellen ist. Hierzu ist für Dossirung und Arbeitsraum, bei einer Tiefe der Baugrube bis zu 1 m $^1/_{12}$ und bei größerer Tiefe bis zu $^1/_6$ der ganzen Ausschachtung zu rechnen.

Die Ausschachtung der Fundamentgräben wird berechnet nach der wirklich ausgeführten Breite, Länge und Höhe der Fundamente zuzüglich $^1/_3$ dieser Ausschachtung für Dossirung und Arbeitsraum.

Für Hinterfüllung sind eventuell die vorgenannten, für Dossirung und Arbeitsraum berechneten Massen zu rechnen.

2. Maurerarbeiten.

Alles Mauerwerk wird nach den Maßen der Bauzeichnung resp. nach den wirklich vorhandenen Längen- und Höhenmaßen dieses Mauerwerks multiplizirt mit den Wandstärken, welche mit 0,13, 0,25, 0,38, 0,51, 0,64, 0,77 u. s. w. anzunehmen sind, berechnet. Gesimse, Pilaster, sonstige Vorlagen und Vorkragungen an den Fronten bleiben bei der Berechnung der Massen zum Arbeitslohn, ebenso wie Aussparungen der Rinnenschlitze, Fenster und Hausthüröffnungen unberücksichtigt. Nur große, mindestens 4 qm haltende Oeffnungen, welche nicht überwölbt sind, werden bei Berechnung des Mauerwerks abgezogen.

Aeußerer Façadenputz, Fugenverstrich oder Verblendung wird berechnet aus der Hauslänge multiplizirt mit der Höhe der Façade vom Terrain bis Oberkante des Hauptgesims.

Pilastervorsprünge und sonstige Vorlagen, sowie Rinnenschlitz-Vertiefungen werden hierbei nicht berücksichtigt. Risalitvorsprünge werden berechnet, sobald deren Hervortreten vor die eigentliche Front 13 cm übersteigt. Oeffnungen werden nicht abgezogen. Freistehende Frontaufsätze über dem Hauptgesims werden in der Vorderansichtsfläche, je nach ihrer Form berechnet; die Stirnseiten derselben nur insoweit, als sie nicht mit Zink abgedeckt sind.

Bei Berechnung der inneren Wandputzflächen werden gewöhnliche Fenster- und Thüröffnungen nicht in Abzug gebracht, doch sollen Oeffnungen von 4,0 und mehr qm Größe von beiden Seiten in Abzug gebracht werden, wenn deren Laibungen nicht geputzt und von einer Seite, wenn die Laibungen geputzt sind. Die Berechnung geschieht nach Zeichnung und speziellem Aufmaß.

Bei Deckenputzflächen werden Oeffnungen und Vorlagen abgezogen.

Das Schlemmen, Filzen, Berazzen und Ausbessern von Wand- und Deckenflächen wird wie vor berechnet.

Gewölbe werden nur in plano gemessen, in denselben hineingreifende Vorlagen sind in Abzug zu bringen.

3. Zimmerarbeiten.

Die Feststellung der Massen zu allen Zimmerarbeiten nebst den dazu gehörigen Lieferungen geschieht nach Zeichnung und speziellem Aufmaß.

Bei Balkenanlagen und Dachverbänden werden Zapfen, Kämme, Ueberblattungen, Schmiegen und Schrägen pp. in äußerster Länge mitgemessen, ein Prozentsatz für Verschnitt aber nicht gewährt.

Bei Berechnung der gehobelten Fußböden werden die Oefen und Kochmaschinen in Abzug gebracht; Fensternischen und Rohrvorlagen bis 13 cm Tiefe oder Vorsprung bleiben hierbei jedoch und auch bei Berechnung von Deckenschalungen und Stakung unberücksichtigt.

Bei rauhem Dachfußboden werden Wandvorlagen und große Schornsteine in Abzug gebracht, Aussparungen für Stiele, Streben und kleine freistehende Schornsteine werden indessen nicht berücksichtigt.

Bei Berechnung der Dachschalung werden gleich oder nachträglich ausgeschnittene Fenster- und Luftöffnungen, sowie Schornsteindurchführungen bis zu 1 qm Größe nicht in Abzug gebracht.

Podestfußböden werden bis zur Hinterkante der Austrittstufe gemessen; bei nicht in einer Linie liegenden Aus- und Antritten wird das Mittel gemessen.

Scheuerleisten in nicht gedielten Räumen, und wenn sie nicht als zum Fußboden gehörig berechnet sind, werden nur in der thatsächlich vorhandenen Länge berechnet, also Thüren, Oefen, Kochmaschinen 2c. von den Umfassungen der einzelnen Räume abgerechnet.

Bei Berechnung der Stakung der Balkenlagen werden immer die Lichtmaße der untenliegenden Räume in Ansatz gebracht. Ueber Brett-, Rabitz- und Gypsdielen-Wänden wird die Stakung durchgerechnet.

4. Dachdecker- und Klempner-Arbeiten.

Bei Berechnung der Dacheindeckungen werden Abzüge für eiserne Dachfenster, Schornsteine, Aussteigeluken nicht gemacht, dagegen werden Dachluken-Aufbauten, welche selbst Dacheindeckung haben, in voller Größe in Abzug gebracht.

Bei Dacheinschnitten, durch welche Kehlen entstehen, werden die einzelnen Flächenlängen immer von Mitte zu Mitte Kehle oder von Mitte Kehle bis Wand gerechnet.

Bei allen Dacheindeckungen, ob Schiefer, Falzziegel, Pappe oder Holzcement, wird nur die thatsächliche Breite resp. Höhe der mit diesem Material belegten oder behängten Fläche in Ansatz gebracht.

Klempnerarbeiten werden nur nach speziellem Aufmaß der wirklich vorhandenen Flächen berechnet.

Bei den Gesimsabdeckungen wird event. der Dreikant in der Abwickelung und die Auskantung gegen die Wand der Länge und Breite hinzugerechnet. Bei den Kehlen der Dacheinschnitte werden ebenso die Abwickelungen der Umkantungen hinzugerechnet.

5. Glaserarbeiten.

Die Berechnung geschieht nach Aufmaß an Ort und Stelle. Sämmtliche Scheiben werden im Falz gemessen. Bei nicht rechteckigen Scheiben wird die größte Höhe und größte Breite gemessen. Runde Scheiben werden mit dem Durchmesser als Quadrat berechnet.

6. Malerarbeiten.

Die Berechnung geschieht nach Zeichnung und speziellem Aufmaß.

Bei den Fußbödenanstrichen werden, wenn der Anstrich der Scheuerleisten nicht extra berechnet wird, die einzelnen Raumflächen voll berechnet, d. h. es werden Aussparungen für Oefen, Kochmaschinen und Schornsteinvorlagen und Erweiterungen durch Nischen und Thürschwellen nicht berücksichtigt.

Bei gewöhnlichen glatten Leimfarbenanstrichen auf Wänden werden Thüröffnungen nicht abgezogen, bei besseren Leimfarbenanstrichen und Oelanstrichen auf Wänden werden dagegen Thüren, Kochmaschinen und sonstige Aussparungen 2c. abgezogen.

Decken werden in plano gemessen, d. h. die Höhe der Hohlkehle wird nicht mitgemessen; Rohrvorlagen werden nicht berücksichtigt.

In Räumen, welche an Wänden oben Leimfarbenanstrich, unten herum aber Oelpaneel erhalten, wird der Leimfarbenanstrich nur von Oberkante Paneel bis Decke berechnet.

7. Verschiedene Arbeiten.

Cementfußböden, Cementdecken, Fliesen, Linoleum, Asphaltbeläge und Rohrgewebedecken werden nach Zeichnung und speziellem Aufmaß berechnet und zwar so, daß Aussparungen in den einzelnen Raumflächen durch Oefen, Vorlagen u. s. w. und Erweiterungen durch Nischen, Thüröffnungen 2c. berücksichtigt werden.

Formular 20c.

Kostenanschlag
zum Bau eines Wohnhauses in .
für die . . . .
Baujahr . . .

Pos.	Anzahl	Gegenstand	Einzel-Preis ℳ	Gesammt-Preis ℳ
		Tit. I. Erd- und Maurerarbeiten.		
		Vorbemerkung.		
		Die angesetzten Massen sind für ein Haus von . . m Frontlänge berechnet. Gebaut werden im Ganzen Häuser, und zwar . . Häuser mit . . m Front, Haus mit . . m Front und . . Häuser mit . . m Front.		
		In den Einheitspreisen der nachstehend aufgeführten Positionen soll enthalten sein und wird deshalb nicht besonders berechnet:		
		Das Aufstellen, Vorhalten und Wiederbeseitigen der Baubude, der Kalk- und Cementschuppen und der Bauabtritte, sowie das Herstellen und Verfüllen der Kalkgruben; ferner das Vorhalten der Rüstungen und Geräthe, das Einlöschen des Kalkes, die Mörtelbereitung und etwa erforderliches Sandsieben; das Reinigen des Hauses von Schutt während der Bauzeit bis zur Herstellung des Fußbodenanstrichs.		
		Außerdem soll nicht besonders berechnet werden: Das Aufbringen, Verlegen und Vermauern der eisernen Träger und der Balken, Bogen, Kopf- und Zuganker, das Einmauern der Mauer- und Schließhaken zu den glatten Bretthüren, das Eingipsen der Gardinen- und Rosetteneisen, das Verputzen der vorhandenen Gas- und Wasserleitungsrohre, der etwa vorhandenen Klingelleitungsdrähte, der Thürbekleidungen und Fußleisten pp., das Verlegen und Vermauern der Thür-, Dübel- und Ueberlagsbohlen, die Isolirung der Schornsteine, das Einsetzen und Verputzen der Rauchrohrschieber, Wrasenklappen, Ventilationsrosetten und Luftsiebe.		

Pos.	Anzahl	Gegenstand	Einzel-Preis ℳ	Gesammt-Preis ℳ	₰
		Für die mit Buchstaben a, b, c u. s. w. bezeichneten Positionen sind nur Einheitspreise auszuwerfen.			
		Erdarbeiten.			
1		cbm Boden der Baugrube und der Fundamentgräben auszuheben und bis auf 50 m nach Erforderniß und Angabe zu verkarren; den Mutterboden besonders bei Seite zu setzen und den übrigen Boden um das Haus herum zu planiren. Etwa vorkommender Sand ist besonders auszuheben und zur Verwendung nach der Kalkbank zu schaffen. Incl. Vorhalten der Karr-Geräthschaften . . . . à			
2		cbm Boden zur Anschüttung anzufahren resp. anzukarren und zu planiren . . . . à			
		Maurerarbeiten.			
3		cbm Bankettmauerwerk von Kalksteinen in Kalkmörtel, sachgemäß, gut lagernd herzustellen und zu verzwicken und mit einer Mauersteinschicht abzugleichen. Das Mauerwerk nach Fertigstellung mit Erde sorgfältig lagenweise zu hinterfüllen, einschl. Materialtransport . à			
4		qm obere Fläche des Bankettmauerwerks mit guter 5 mm starker Asphaltpappe, welche an den Stößen 10 cm übereinander zu legen und gut zu streichen ist, abzudecken incl. aller Materialien . . . . à			
5		cbm Mauerwerk des Kellergeschosses bis zur Plinthenhöhe von Ziegelsteinen in Kalkmörtel, in gutem Verbande, nach Zeichnung und Angabe aufzuführen, die Thür- und Fensteröffnungen darin anzulegen und zu überwölben, die Rauch- und Wrasenrohre, die Kappenwiderlager, sowie die Luftisolirungen in den Frontwänden auszusparen; sämmtliche Rohre innen zu berappen und glatt zu filzen. Die Haken für die Kellerthüren sind zu vermauern, die			
		Zu übertragen:			

Pos.	Anzahl	Gegenstand	Einzel-Preis ℳ	Gesammt-Preis ℳ	₰
		Uebertrag:			
		Träger zu verlegen und die Balkenanker anzuschlagen. Die Balkenköpfe sind trocken zu ummauern. Nach Fertigstellung des Mauerwerks ist dasselbe sorgfältig lagenweise mit Erde zu hinterfüllen. Einschließlich Transport des Materials und Herstellen der Rüstungen . à			
6		cbm Mauerwerk des Erdgeschosses nach Zeichnung und Angabe aufzuführen, einschließlich Vormauern aller Gesimse, Thür- und Fensterumrahmungen und Verdachungen, sowie Anlage der Ventilationsrohre und wie vor Pos. 5 . . . à			
7		cbm Mauerwerk des I. Stockwerkes nach Zeichnung und Angabe, sonst ganz wie Pos. 5 und 6 à			
8		cbm Mauerwerk des Dachgeschosses und des Giebelaufbaues nach Zeichnung und Angabe, sonst wie vor aufzuführen; die Giebel als Brandmauern über Dach bis zur vorschriftsmäßigen Höhe hinauszuführen und durch Rollschicht aus hartgebrannten Steinen in verlängertem Cementmörtel abzugleichen, die Brandgiebel vorn und hinten vorzukragen und die Auskragungen und Rollschichten sauber zu fugen . . . . à			
9		cbm Mauerwerk der Schornsteinkästen im Dach und über Dach theils freistehend aufzuführen und die einzelnen Kasten über Dach nach Angabe zu bekrönen, die Bekrönung aus hartgebrannten Steinen in verlängertem Cementmörtel herzustellen, mit Cement abzuwässern und zu fugen; die Kästen im Dach zu berappen, die Rohre glatt zu filzen, incl. Rüstung- und Materialtransport . . . . à			
10		qm ½ Stein starke Wände im Keller und Dachboden in verlängertem Cementmörtel aufzumauern, als Zulage zum Mauerwerk à			
		Zu übertragen:			

Pos.	Anzahl	Gegenstand	Einzel-Preis ℳ	Gesammt-Preis ℳ	₰
		Uebertrag:			
11		qm Flächen der Hinterfront bei Aufführung des Mauerwerks mit Schiffmühler Verblendern zu verblenden und einzelne farbige Schichten und Einfassungen nach Angabe darin anzulegen und die Fugen auszukratzen, incl. Herstellung der Rüstungen . . . à			
12		qm Plinthe resp. Flächen der Vorderfront während der Aufführung des Mauerwerks mit besseren 1/4 Verblendern oder Köpfen und Riemchen zu verblenden, die Gesimse, Thürbogen u. s. w. nach Zeichnung 3, 4, 5 in Verblendern, vorzumauern, sonst wie vor, als Zulage . à			
13		qm Fläche der Vorderfront zu berüsten und nach Zeichnung Nr. 1 die Flächen glatt in Kalkmörtel, die Gesimse, Faschen, Verdachungen, Thürvorbauten und Giebel in verlängertem Cementmörtel zu putzen; die Gesimse, Giebel, Fensterwasserschläge und andere vortretende Theile, soweit dieselben nicht mit Zink abgedeckt werden, mit Cement abzuwässern; den Verblendsockel sauber mit verdünnter Salzsäure abzuwaschen und mit Mörtel nach Angabe zu fugen, incl. Farbe, Salzsäure pp., sowie Ausbesserung des Putzes und Säuberung der Verblendflächen während der Bauzeit . . . . à			
a	1	qm Fläche der Vorderfront wie vor Pos. 13 und nach Zeichnung Nr. 2 zu putzen . . . . à			
b	1	qm Fläche der Vorderfront zu berüsten, die Gesimse, Fenster- und Thürumrahmungen, Verdachungen, Einfassungen der Giebel pp. nach Zeichnung Nr. 3 zu ziehen und zu putzen in verlängertem Cementmörtel, die glatten Verblendflächen sauber mit verdünnter Salzsäure abzuwaschen, die Fugen auszukratzen und die Flächen nach Angabe mit gefärbtem Mörtel zu fugen, die Gesimse, Fensterwasser-			
		Zu übertragen:			

Pos.	Anzahl	Gegenstand	Einzel-Preis ℳ	Gesammt-Preis ℳ	₰
		Uebertrag:			
		schläge und Verdachungen, soweit dieselben nicht mit Zink abgedeckt werden, in Cement abzuwässern, incl. Farbe und Salzsäure, sowie Ausbesserung des Putzes und Säuberung der Verblendflächen während der Bauzeit . à			
c	1	qm Fläche der Vorderfront wie vor Pos. 13b und nach Zeichnung Nr. 4 zu putzen und zu fugen . . . . à			
d	1	qm Fläche der Vorderfront wie vor Pos. 13b und nach Zeichnung Nr. 5 zu putzen und zu fugen . . . . à			
e	1	qm Fläche der Vorderfront zu berüsten, die Gesimse, Fenster- und Thürumrahmungen, Verdachungen und Giebeleinfassungen, Sockel pp. aus Verblendsteinen sauber nach Zeichnung Nr. 6 während der Aufmauerung des übrigen Mauerwerks vorzumauern, später abzuwaschen und nach Angabe zu fugen, die glatten Mauerflächen in Kalkmörtel zu putzen, die Gesimse, Verdachungen, Fensterwasserschläge pp., soweit dieselben nicht mit Zink abgedeckt werden, sauber mit Cement abzuwässern, incl. Salzsäure und Farbe und Ausbesserung des Putzes und Säuberung der Verblendflächen während der Bauzeit . . . . à			
f	1	qm Fläche der Vorderfront wie vor Pos. 13c und nach Zeichnung Nr. 7 zu verblenden, zu putzen und zu fugen . . . . . à			
g	1	qm Fläche der Vorderfront wie vor Pos. 13b und Zeichnung Nr. 8 zu verblenden, zu fugen und zu putzen . . . . à			
14		lfd. m Treppenstufen zum Vordereingang, bestehend aus Roll- und Flachschicht, aus Verblendklinkern in Cementmörtel, mit seitlichen Köpfen herzustellen, abzuwaschen und sauber mit Cement zu fugen incl. Untermauerung und Salzsäure . . . . à			
		Zu übertragen:			

Pos.	Anzahl	Gegenstand	Einzel-Preis ℳ	Gesammt-Preis ℳ	₰
		Uebertrag:			
15		lfd. m 25 cm breite Rollschicht im Hintereingang aus Verblendklinkern in Cementmörtel herzustellen, abzuwaschen und zu fugen incl. Salzsäure . . . . à			
16		qm ½ Stein starkes Kappengewölbe im Vordereingang zwischen eisernen Trägern mit Mauersteinen in verlängertem Cementmörtel einzuwölben und zu hintermauern incl. Aufstellen und Beseitigen der Lehrbögen pp. à			
17		qm ½ Stein starkes Kappengewölbe für die Küchen aus porösen Steinen in verlängertem Cementmörtel zwischen eisernen Trägern einzuwölben und zu hintermauern incl. Herstellen und Beseitigen der Lehrgerüste pp. . . à (Fällt event. in allen Häusern fort.)			
18		lfd. m Steigerohr im Mauerwerk vom Keller bis Dachboden auszusparen und glatt zu putzen à			
19		qm Kellerfußboden aus Cementbeton, 6 cm stark mit 1 cm starker Deckschicht, sauber geglättet herzustellen und die Unebenheiten im Planum zu reguliren incl. aller Materialien . . . à (Fällt event. in allen Häusern fort.)			
a	1	qm flachseitiges Pflaster von Mauersteinen und Mauersteinstücken in Kalkmörtel herzustellen und gut zu vergießen, das Planum zu reguliren . à			
20		lfd. m Stufen der Kellertreppe am Hintereingang aus Klinkersteinen in Cementmörtel auszuführen und zu fugen incl. Untermauerung à			
21		Die Wange zum ersten Podest an der Kellertreppe aufzumauern, den Zwischenraum zwischen Wange und Hinterfront mit Sand auszufüllen und mit Mauersteinen in Kalkmörtel abzupflastern . . à			
22		qm Rappputz im Keller und Dachboden in Kalkmörtel herzustellen . . . . à			
		Zu übertragen:			

Pos.	Anzahl	Gegenstand	Einzel-Preis ℳ	Gesammt-Preis ℳ ₰
		Uebertrag:		
23		qm glatten Putz auf massiven und Gipsdielenwänden in allen Etagen in Kalkmörtel zu fertigen und sauber abzureiben, während der Bauzeit, wo erforderlich, auszubessern und in den Räumen, die Anstrich erhalten, zu schlemmen incl. Herstellen der Rüstungen à		
24		qm Putz auf massiven Gewölben zu fertigen wie vor, incl. Rüstung à		
25		qm Deckenputz auf doppeltem Rohrgewebe in Gipskalkmörtel herzustellen und sauber abzureiben, während der Bauzeit auszubessern und zu schlemmen, auch die etwa anzubringenden Stücktheile sauber zu verputzen, incl. Rüstung, aber ohne Materiallieferung und Anbringung des Rohrgewebes . à		
26		qm doppeltes Rohrgewebe nebst den zur Befestigung erforderlichen Latten zu liefern und zu befestigen, incl. aller Materialien und Rüstung à (Fällt event. bei allen Häusern fort.)		
a	1	qm Schaldecken der Räume zu rohren und mit Gipskalkmörtel zu putzen und sauber aufzureiben, sonst wie Pos. 25, incl. Rüstung und Lieferung von Rohr, Draht und Nägeln à		
27		Stück Doppelfenster nebst Latteibrett mit Hilfe des Tischlers einzusetzen, sorgfältig mit Werg oder andern Material zu hinterstopfen, zu verputzen und zu verfugen, incl. Einstemmen und Eingipsen der etwa erforderlichen Latteibrettstützen pp. à		
a	1	Doppelfenster wie vor, aber mit Rolljalousie und Kasten à		
28		Stück Hauseingangsthüren, die Steinschrauben zu den Futterrahmen einzugipsen und die Rahmen sauber zu verputzen à		
		Zu übertragen		

Pos.	Anzahl	Gegenstand	Einzel-Preis ℳ	Gesammt-Preis ℳ	₰
		Uebertrag:			
29		Stück einfache Etagen- und Treppenhausfenster nebst Latteibrettern mit Hilfe des Tischlers einzusetzen, sorgfältig zu verputzen und zu verfugen, auch die Löcher für die Fensterkästen anzulegen und auszuputzen à			
30		Stück kleine Keller- und Dachbodenfenster einzusetzen und zu verputzen, auch die Abwässerungen der inneren Brüstungen herzustellen . à			
31		Stück Kellerlichtkränze von Klinkern oder Verblendsteinen in verlängertem Cementmörtel ½ Stein stark, oberhalb mit Rollschicht versehen und mit Gefälle abgepflastert herzustellen, incl. Abwässerung der Kellerfenster und Fugen der Lichtschachtwandflächen . à			
32		qm Gipsdielenwände in den Etagen aufzustellen incl. aller Materialien . . . à (Fällt event. in allen Häusern fort.)			
33		qm Fliesenpflaster aus geriffelten Thonfliesen in dem vorderen Hauseingang auf Unterpflaster in verlängertem Cement herzustellen incl. Lieferung der Fliesen und Herstellung des Unterpflasters . à			
34		Wetterfahnenaufsatz aus Eisen über dem Giebelaufbau anzubringen und einzumauern à			
35		Kochmaschinenfundamente ca. 2—3 Schichten hoch aus Mauersteinen in Kalkmörtel zu fertigen à			
a	1	cbm Grubenmauerwerk der Senkgruben von Klinkersteinen in Cementmörtel auszuführen incl. Erdarbeiten. Die Gruben werden kreisrund angelegt und wird das Mauerwerk bis zur Größe der Einsteigeöffnung in den einzelnen Schichten nach Angabe übergekragt; die inneren Wandflächen sind mit verlängertem Cementmörtel zu berappen; die Einsteigeöffnung mit einer Rollschicht einzufassen à			
		Zu übertragen:			

Pos.	Anzahl	Gegenstand	Einzel-Preis ℳ	Gesammt-Preis ℳ	₰
		Uebertrag:			
b	1	qm Cementestrich 2 cm stark herzustellen und sauber zu glätten einschließlich Bereiten des Mörtels . . . . . . à			
c	1	lfd. m Sockel zum Vorgartengitter ca. 1 m tief, 0,25 m stark bis Terrain aus Mauersteinen in Kalkmörtel, über Terrain aus Verblendsteinen in verlängertem Cementmörtel aufzumauern und mit einer Rollschicht abzugleichen, die sichtbaren Flächen über Terrain zu fugen und abzuwaschen, incl. Erdarbeiten und Vermauern der eisernen Gitter . . . . à			
d		Für die Arbeiten an den Abort- und Stallgebäuden werden die vorstehenden entsprechenden Preise berechnet.			
e		Bei etwa vorkommenden Tagelöhnen wird berechnet: Eine Polierstunde mit „ Gesellenstunde „ „ Burschenstunde „ „ Arbeiterstunde „			
		Summa Tit. I. Erd- und Maurerarbeiten:			
		Tit. II. Zimmerarbeiten und Material. Vorbemerkung. Die angesetzten Massen sind für ein Haus mit . m Front berechnet. Gebaut werden im Ganzen . . Häuser, und zwar: Häuser mit . m, . . Haus mit . . m und . . Häuser mit . m Front. In den Einheitspreisen der nachstehend aufgeführten Positionen soll enthalten sein und wird deshalb nicht besonders berechnet:			
		Zu übertragen:			

Pos.	Anzahl	Gegenstand	Einzel-Preis ℳ	Gesammt-Preis ℳ	₰
		Uebertrag:			
		Das Aufbringen der Balken und Dachverbandhölzer, sowie die Hergabe der dazu erforderlichen Winden und Taue pp., die Lieferung und Anbringung aller zum Dachverband erforderlichen Eisentheile, das Einlassen der Giebelanker, die Herstellung der zu den Zimmerarbeiten etwa erforderlichen Rüstungen. Für die mit Buchstaben bezeichneten Positionen sind nur Einheitspreise auszuwerfen.			
1		lfd. m Balkenhölzer zuzurichten, aufzubringen und wagerecht zu verlegen, auch die Falze für die Stakung einzuhauen und die Zug- und Balkenanker einzulassen, einschl. Anstreichen der Balkenköpfe mit Carbolineum und Lieferung von Pappstücken zur Unterlage für die Balkenköpfe . . . . . à			
2		cbm vollkantig geschnittenes, gesundes, kiefernes Balkenholz in den erforderlichen Längen und Stärken von 21/26 resp. 13/24, 13/26 und 18/24 cm frei Baustelle zu liefern à			
3		lfd. m Dachverband und Zangenhölzer zuzurichten, abzubinden, aufzubringen und aufzustellen, incl. Lieferung und Anbringung der erforderlichen eisernen Sparrennägel, Klammern, Zangenbolzen, Stoßschienen pp. . . . . à			
4		cbm Hölzer zum Dachverband und Zangenhölzer in den erforderlichen Längen und Stärken von voll vollkantig geschnittenem, gesundem Kiefernholz frei Baustelle zu liefern . . . à			
5		qm Fläche des Pappdaches mit 2,5 cm starken, rauhen, besäumten Brettern zu schalen incl. aller Materialien . . . . . à			
6		qm Mansardendachfläche wie vor mit 2,5 cm starken Brettern zu schalen, incl. Einschalung der Kehlen, Ausschneiden der Dachfenster, Schornsteine, Aussteigeluken pp. incl. Material à			
		Zu übertragen:			

Pos.	Anzahl	Gegenstand	Einzel-Preis ℳ	Gesammt-Preis ℳ	₰
		Uebertrag:			
7		lfd. m Stirnbrett überm Hauptgesims ca. 20 cm hoch von 2,5 cm starken Brettern anzubringen incl. Material à			
8		lfd. m Stirnbrett für das Mansardengesims von 2,5 cm starken, kiefernen Brettern zu fertigen und an kleinen Knaggen von 4 cm starken Brettern zu fertigen incl. aller Materialien à			
9		lfd. m Unteransicht des Dachüberstandes an der Hinterfront ca. 60 cm breit zu hobeln, zu falzen und in den Fugen zu staben, als Zulage zur Schalung . . . à			
10		Stück Sparrenköpfe zu hobeln und nach Zeichnung zu profiliren à			
11		Aussteigeluke 80 × 80 cm groß mit Zarge aus 3 cm starken zusammengezinkten Brettern und mit Deckel aus 2,5 cm starken Brettern zu fertigen und anzubringen . . à			
12		qm gehobelten und gespundeten 26 mm starken, möglichst astfreien Fußboden von kiefernen nicht über 20 cm breiten Stammbrettern zu fertigen, wagerecht zu verlegen und gut zusammenzutreiben, incl. Lieferung und Anbringung der 6 cm hohen profilirten Scheuerleisten, sowie Aussparung von Luftcirculationsschlitzen zwischen den einzelnen Balkenfedern und an den Scheuerleisten . . . . à			
12a		lfd. m Lagerholz 13/16 cm stark anzuliefern und zu verlegen . . à			
12b	1	lfd. m desgl. 10/10 cm stark wie vor à			
13		qm rauhen Dachfußboden aus besäumten 2 cm starken kiefernen Brettern herzustellen incl. aller Materialien . . . . . à			
13a	1	qm Schalung der Zimmerdecken, Mansarden und Treppenläufe von 2 cm starken, rauhen besäumten, schmalen, kiefernen Brettern herzustellen incl. aller Materialien à			
		Zu übertragen:			

Pos.	Anzahl	Gegenstand	Einzel-Preis ℳ	Gesammt-Preis ℳ	₰
		Uebertrag:			
14		Stück Füllhölzer für die Kronenhaken zu liefern und zwischen den Balken einzulassen à			
15		Stück Ofenausbohlungen von 6 cm starken kiefernen Bohlen zwischen den Balken einzulassen incl. Material . à			
16		Stück Thüröffnungen 0,38 und 0,25 m tief, die Dübel- und 6 cm starken Ueberlagsbohlen zu liefern . à			
17		Stück Thürrahmen für die Gipsdielenwände ca. 1,00 × 2,20 m im L. groß, aus 7/7 cm starken Hölzern zu liefern und aufzustellen, incl. Material à			
18		Stück Füllhölzer für die Gipsdielen, resp. Rabitzwände zu liefern und zwischen den Balken einzulassen à			
19		qm gehobelten, gespundeten und einseitig gestäbten Verschlag der Kellertreppe aus 2,5 cm starken kiefernen Brettern zu fertigen und aufzustellen incl. aller Materialien, als Bretter, Nägel, Befestigungsleisten und Eisen, sowie Anlage einer Thür mit Quer- und Strebeleisten in diesem Verschlag à			
20		Stück glatte, gehobelte und gespundete Kellerthüren ca. 1,00 m breit, 1,80 m hoch aus 2,5 cm starken Brettern mit aufgeschraubten Quer- und Strebeleisten zu fertigen und vorzupassen, incl. Material . . . . à			
21		qm Kellerverschläge aus 2 cm starken besäumten Schalbrettern nach Angabe mit etwa 3 cm breiten Fugen, Versteifungs- und Befestigungsleisten herzustellen incl. aller Materialien und Anfertigung von . . Stück Thüren mit Quer- und Strebeleisten, sowie Beschlag ohne Schloß à			
		Zu übertragen:			

Pos.	Anzahl	Gegenstand	Einzel-Preis ℳ	Gesammt-Preis ℳ	₰
		Uebertrag:			
22		Steigungen der aufgesattelten Etagentreppe 1,15 m breit mit 5 cm starken, sauber gehobelten, profilirten und gekröpften Trittstufen, 2 cm starken gehobelten Sitzstufen und 5 cm starken gehobelten und profilirten Wangen und Podestbohlen, aus gutem trockenen und möglichst astreinem Kiefernholz herzustellen, aufzustellen und zu befestigen, incl. aller Materialien, Lieferung und Anbringung der Wand- und Spiegelleisten, Verlegen und Einstemmen der Podestbalken und Belegen der Stufen während des Baues mit Brettern, sowie aller sonst zur Fertigstellung erforderlichen Arbeiten und Lieferungen . . . . à			
23		Stück Steigungen der aufgesattelten Kellertreppe wie vor, jedoch die Wangen und Podestbohlen nicht profilirt und die Stufen nicht gekröpft à			
24		Steigungen der Treppe im Vordereingang wie vor Pos. 23, aber in 1,65 m Breite auszuführen . . . . à			
25		lfd. m einfach profilirtes Handgeländer aus Elsenholz, polirt, ca. 8 cm stark, mit gedrehten, polirten, 6 cm starken Traillen mit Antrittspfosten, Doppeltraillen, Kropfstücken und Endigungsschnecken nach Angabe und Probe zu fertigen und aufzustellen incl. Befestigungseisen à			
26		lfd. m ca. 0,25 m breite, 2,5 cm starke einseitig gehobelte Deckbretter für die Wasserleitungsschlitze zu liefern und zu befestigen incl. Befestigungseisen . . . . à			
27		Stück Dachfensterfutter aus 26 mm starken Brettern 0,20 cm tief gehobelt, 0,50 × 0,50 m groß zu fertigen und anzubringen . . . . . à			
28		qm Balkenfelder mit starken, gesunden Schwarten in den vorhandenen Falzen auszustaken, die Fugen der Stakung nach vorheriger Reinigung			
		Zu übertragen:			

Pos.	Anzahl.	Gegenstand	Einzel-Preis ℳ	Gesammt-Preis ℳ	₰
		Uebertrag:			
		mit Strohlehm zu dichten und die einzelnen Felder mit trockener Coaksasche bis ca. 2 cm unter Balkenoberkante auszufüllen, incl. aller Materialien, auch Lieferung und Anbringung der zum Auflager der Staken dienenden Latten an den Halbholz- und Bohlenbalken . . . . à			
a	1	Steigung der Treppe Pos. 22 aber 1/4 gewunden à			
b	1	Steigung der Treppe Pos. 22 aber 2 × 1/4 gewunden . . . . . à			
c	1	Kellerthür Pos. 20 aber nur einseitig gehobelt à			
29		Stück Einlegeböden für die Wandschränke in den Küchen gehobelt, ca. 1,00 m lang, 0,40—0,50 m breit mit den erforderlichen Zahnleisten zu liefern und anzubringen . . . . à			
a	1	kleiner Dachfensteraufbau complett nach Zeichnung Nr. 2 u. 5 herzustellen incl. Material . . . à			
30		lfd. 2 m hohen Bretterzaun von 2,5 cm starken rauhen, besäumten Brettern und 13/16 cm starken Stielen von Kiefernholz zu fertigen und aufzustellen incl. Anstrich mit Carbolineum à			
31		Stück rauhe Holzstiele zu Drahtzäunen 13/13 cm stark, ca. 2,00 m lang zu liefern und aufzustellen incl. Carbolineum-Anstrich . . . . à			
32		Stück Streben hierzu 11/13 cm stark, ca. 2,50 m lang zu liefern, zu versetzen und mit den Stielen zu verbinden . . . . . . à			
a		Für die Arbeiten an den Abort- und Stallgebäuden werden die vorstehenden entsprechenden Preise berechnet . . . . à			
b		Bei etwa vorkommenden Tagelöhnen wird berechnet:			
		Eine Polierstunde mit			
		„ Gesellenstunde mit			
		„ Burschenstunde mit . . .			
		„ Arbeiterstunde mit			
		Summa Tit. II. Zimmerarbeit und Material:			

Pos.	Anzahl	Gegenstand	Einzel-Preis ℳ	Gesammt-Preis ℳ ₰
		Uebertrag:		
		Tit. III. Dachdeckerarbeit.		
		Vorbemerkung. Die angesetzten Massen sind für ein Haus mit m Front berechnet. Gebaut werden im Ganzen . Häuser, und zwar: Häuser mit m, Haus mit m und . Häuser mit m Front.		
		Für die mit Buchstaben bezeichneten Positionen sind nur Einheitspreise auszuwerfen.		
1		qm Mansardendachfläche mit bestem deutschen Schiefer, gemustert nach Angabe, auf Schalung mit Pappunterlage einzudecken, einschließlich Eindecken der Kehlen, Grate, Firste und Dachfensteraufbauten und Lieferung aller Materialien, ohne Pappe . à		
a	1	qm Mansardendachfläche mit 4/6 cm starken, vollkantig geschnittenen Latten zu benageln und mit glasirten Falzziegeln sorgfältig einzudecken, incl. Eindecken der Kehlen, Dachfenster, Schornsteine, Firste, Rinnen, Laufbrettknaggen pp. mit Lieferung aller Materialien . . à		
2		qm übrige Dachfläche als Doppeldach (Klebedach) auf Schalung einzudecken und an der Traufe eine Leistenrinne herzustellen; das ganze Dach zu theeren und zu sanden, die Schornsteine und die Aussteigeluken einzudecken und die Kalkleisten an Giebeln und Schornsteinen zu fertigen incl. aller Materialien; auch der Rinnenleisten . . . . à		
3		Stück eiserne Dachfenster 40×50 cm groß mit Zarge und Stellstange complett, mit Doppelglas verglast und gestrichen, zu liefern und einzudecken . . . . à		
		Zu übertragen:		

Pos.	Anzahl	Gegenstand	Einzel-Preis ℳ	Gesammt-Preis ℳ	₰
		Uebertrag:			
b		Stück desgl. wie vor zu Falzziegeldach passend à			
c	1	qm Mansardendachfläche wie vor Pos. a statt mit glasirten, mit unglasirten Falzziegeln einzudecken . . . à			
d	1	qm einfaches Pappdach zu den Nebengebäuden, als Leistendach einzudecken, zu theeren und zu sanden incl. Material à			
e	1	qm Asphaltbelag 2 cm stark für Keller, Küchen pp., auf Unterpflaster herzustellen inclusive aller Materialien . . . . à			
		Summa Tit. III. Dachdeckerarbeiten:			
		Tit. IV. Klempnerarbeiten.			
		Vorbemerkung.			
		Die angesetzten Massen sind für ein Haus mit m Frontlänge berechnet. Gebaut werden im Ganzen Häuser und zwar: Häuser mit . m, desgl. mit . . m, desgl. mit m Frontlänge.			
		Für die mit Buchstaben bezeichneten Positionen sind nur Einheitspreise auszuwerfen.			
1		lfd. m einfach profilirtes Zinkmansardengesims von Zink Nr. 12 mit ca. 35—30 cm Zuschnitt zu fertigen und anzubringen, inclusive aller Materialien . . . à			
2		lfd. m Vordeckung über dem Mansardengesims ca. 25 cm breit zu fertigen und anzubringen, incl. Material . . . . à			
		Zu übertragen:			

Pos.	Anzahl	Gegenstand	Einzel-Preis ℳ	Gesammt-Preis ℳ	₰
		Uebertrag:			
3		qm Einfassungen der Brandmauern, Giebel, Kehlen, Schornsteine, Aussteigeluken, sowie Vordeckung zum Schieferdach an der Traufe und Unterlagsstreifen für Dachfenster in dem üblichen und erforderlichen Zuschnitt von Zink Nr. 12 zu fertigen und anzubringen, incl. Material . . . . à			
4		qm Abdeckung des Hauptgesimses der Sohlbankgesimse, der Verdachungen und Portalvorbauten, sowie der Fensterwasserschläge aus Zink Nr. 11 zu fertigen und zu befestigen, incl. Material à			
5		lfd. m Kastenrinne der Vorderfront von Zink Nr. 12 ca. 50 cm im Zuschnitt mit den erforderlichen verzinkten Rinneisen und Spreizen, sowie den Rohrstutzen zu fertigen und anzubringen . . . . à			
6		lfd. m halbrunde vorgehängte Dachrinne von Zink Nr. 11 zu fertigen und mit Gefälle anzubringen, sonst wie vor . . . . à			
7		lfd. m 10 cm weite Abfallrohre, in 3 Rohren aus Zink Nr. 11 incl. der erforderlichen Bogen und Ausgußkniee zu fertigen und mit verzinkten Schelleisen zu befestigen, mit allem Material à			
8		lfd. m Kappleisten zu den Wandkehlen, Giebel- und Schornsteineinfassungen zu fertigen und anzubringen, incl. Putzhaken und Verstreichen der Fugen mit Cement . . . . à			
9		Stück Luftsiebe für die Fensterspinden 15×15 cm groß mit Zarge zu fertigen . . . . à			
10		Stück Ofenbleche 0,50×0,80 m groß zu liefern und anzubringen . . . . à			
11		Stück Fensterwasserkasten nebst Tülle zu liefern à			
		Summa Tit. IV. Klempnerarbeiten:			

Pos.	Anzahl	Gegenstand	Einzel-Preis ℳ	Gesammt-Preis ℳ	₰
		Uebertrag:			
		Tit. V. Töpferarbeiten.			
		Vorbemerkung. Die angesetzten Massen sind für ein Haus mit m Frontlänge berechnet. Gebaut werden im Ganzen . . Häuser, und zwar: . . Häuser mit . . m, . . desgl. mit . . m und . . desgl. mit . . m Frontlänge. Für die mit Buchstaben bezeichneten Positionen sind nur Einheitspreise auszuwerfen.			
1		Stück Fußöfen aus halbweißen Kacheln mit Eisenecken, oberen Ring- und Heizröhren, 7 Schichten hoch, 2×3 Kacheln groß mit luftdichter Heizthür, mit Schlüssel und mess. Vorthür, complett mit Wärmeröhre nebst Messingthür zu liefern und zu setzen, incl. Lehm und Steine . . . à			
2		Stück Oefen von halbweißen Kacheln, $2^1/_2 \times 3^1/_2$ Kacheln groß, 9 Schichten hoch mit Medaillon, Fries, Sims und Aufsatz, sowie Wärmeröhre mit Messingthür, mit luftdichter Schlüssel-Heizthür und mess. Vorthür ohne Roste complett zu liefern und zu setzen, incl. Lehm und Steine à			
3		Oefen $2^1/_2 \times 3$ Kacheln groß, 9 Schichten hoch, nur mit Fries und Sims, sonst wie Pos. 2 . . . à			
a	1	Ofen $2^1/_2 \times 3^1/_2$ Kacheln groß, 9 Schichten hoch, sonst wie Pos. 2, aber mit eisernen mit Chamottplatten ausgefüllten Heizkasten, luftdichter Feuer- und Aschenthür (Oberbalkenthür) mit Stirnplatte, Rostfeuerung und gußeisernen durchbrochenen Vorthüren complett zu liefern und zu setzen, incl. Lehm und Steine . . . . . . à			
4		fünfeckigen Ofen mit Einfassung, Fries, Sims, Aufsatz und Medaillon, 9 Schichten hoch wie Pos. 2, aber ohne Wärmeröhre complett zu setzen, incl. Lehm und Steine . . . . . . à			
		Zu übertragen:			

Pos.	Anzahl	Gegenstand	Einzel-Preis ℳ	Gesammt-Preis ℳ	₰
		Uebertrag:			
b	1	fünfeckigen Ofen wie Pos. 4, aber mit Heizkasten nach Pos. a complett, incl. Lehm und Steine à			
c	1	Postamentofen mit Wärmeröhre und Messingring, 2½×3 Kacheln groß, 6 Schichten hoch mit luftdichter Schlüssel-Heizthür und mess. Vorthür complett zu liefern und zu setzen, incl. Lehm und Steine à			
5		Kochmaschine mit erhöhtem Bratofen, Wärmeröhre, emaill. Wasserkasten, 3 Lochplatte, 3 Schicht hoher Wandbekleidung und Messinggarnitur, sowie mit 2 Holzlöchern complett zu liefern und zu setzen, incl. Lehm und Steine à			
6		Kochmaschine 3½×5 Kacheln groß, mit Bratofen, Wasserkasten, 3 Lochplatte, Wandbekleidung, Messinggarnitur und Holzloch complett zu liefern und zu setzen, incl. Lehm und Steine à			
e	1	Kochmaschine wie vor, ohne Wandbekleidung und mit Eisenring . . . . à			
7		transportablen Waschheerd mit kupfernem Kessel complett zu liefern und aufzustellen . . à			
		Summa Tit. V. Töpferarbeiten:			

Ebenso sind für die andern Tit. 7 bis 16, wie sie in der nachfolgenden Kostenrechnung zusammengefaßt sind, besondere Kostenanschläge aufzustellen, soweit solche nach den örtlichen Verhältnissen in Betracht kommen.

Formular 20 d.

Kosten=Rechnung
über den Erwerb und die Bebauung des Grundstückes
. . . . Straße Nr. . . in . . . .
für Herrn . . . . daselbst.

Laufende Nr.	Titel und Bezeichnung der Arbeiten.	Einzel-Betrag der Titel ℳ	₰	Gesammt-selbstkosten ℳ	₰	Gesammt-Bau- und Erwerbs-Kosten ℳ	₰
1	Titel I. Maurerarbeit						
2	„ II. Zimmerarbeit						
3	„ III. Maurermaterial						
4	„ IV. Dachdeckerarbeit						
5	„ V. Klempnerarbeit						
6	„ VI. Töpferarbeit						
7	„ VII. Tischlerarbeit						
8	„ VIII. Schlosserarbeit und Eisenlieferung						
9	„ IX. Malerarbeit						
10	„ X. Glaserarbeit						
11	„ XI. Gas- und Wasserleitung . .						
12	„ XII. Brunnenanlagen						
13	„ XIII. Tapeten und Tapezierarbeit						
14	„ XIV. Fecht'sche Entwässerung . .						
15	„ XV. Verschiedene Arbeiten . . .						
16	„ XVI. Terrain						
	Selbstkosten Summa						
	Hierzu . . % Aufschlag						
	Gesammt-Bau- u. Erwerbskosten						

. . . . den . . . .

Irrthum vorbehalten!

Formular 20e.

Der Preis der zu liefernden beweglichen Gegenstände in dem Zustande, in welchem sie mit dem Grund und Boden in dauernde Verbindung gebracht werden, beträgt Mk. . . . und die Vergütung für die alsdann noch mit denselben auszuführenden Arbeiten Mk. . . .

Vertrag.

Zwischen der . . . . einerseits und dem . . . . Herrn . . . . zu . . . . wohnhaft andererseits ist heute nachstehender Vertrag geschlossen worden.

§ 1.

Herr . . . . übernimmt die Ausführung der . . . . inclusive (exclusive) Lieferung der nothwendigen Materialien für die in . . . . . . zu erbauenden . . . . Wohnhäuser, der . . . . . gehörig, für die Summe von . . . Mk., geschrieben . . . .

§ 2.

Diesem Vertrage liegen zu Grunde und sind integrirende Theile desselben: „Die polizeilich genehmigten Bauzeichnungen, sowie der Kostenanschlag und die allgemeinen Bedingungen."

§ 3.

Dieser Vertrag ist in zwei Exemplaren ausgefertigt und von beiden Theilen eigenhändig unterschrieben.

Die Stempelkosten tragen beide Kontrahenten zu gleichen Theilen.

§ 4.

Herr . . . . verpflichtet sich, die übernommenen Arbeiten innerhalb drei Tagen nach Aufforderung zu beginnen und mit thunlichster Beschleunigung derart fortzuführen, daß ꝛc. . . .
. . . .

(Unterschriften.)

Formular 21.

Vertrag für die zur Verloosung kommenden Grundstücke.

Zwischen der (Firma der Genossenschaft), und dem Herrn . . . . . ist heute nachstehender Vertrag geschlossen.

Herr . . . . . verpflichtet sich, das der (Firma der Genossenschaft) gehörige, im Grundbuch . . . . verzeichnete Grundstück unter nachstehenden Bedingungen zunächst miethsweise zu benutzen, demnächst eigenthümlich zu dem unten näher bestimmten Preis zu erwerben; die (Firma der Genossenschaft) verpflichtet sich ihrerseits, das Grundstück unter den nämlichen Bedingungen dem Herrn . . . . . miethsweise und eigenthümlich zu überlassen.

§ 1.

Der Werth des Grundstücks steht zur Zeit noch nicht genau fest. Derselbe wird nach den von der (Firma der Genossenschaft) bisher beobachteten Grundsätzen aus den um . . Prozent erhöhten Selbstkosten von deren Vorstand rechnerisch festgestellt. Der Werth des Grundstücks wird sich voraussichtlich auf Mark . . . bis Mark . . . stellen.

§ 2.

Herr . . . . . erhält das Grundstück zunächst zum miethsweisen Besitz übertragen.

Herr . . . . . ist verpflichtet, als Miethe vier Prozent des nach § 1 ermittelten Preises des Grundstücks in vierteljährlichen — monatlichen — Raten postnumerando zu zahlen; der Miethsvertrag erreicht seine Endschaft durch den Uebergang des Hauses in das Eigenthum des Herrn . . . . .

Herr . . . . . . ist ferner verpflichtet, jährlich zwei Prozent des Grundstückswerthes in vierteljährlichen — monatlichen — postnumerando fälligen Raten auf den Kaufpreis abzuzahlen. Es steht ihm jederzeit frei, höhere Abzahlungen zu leisten. — Die geleisteten Abzahlungen werden, auf volle 10 Mark nach unten abgerundet, mit drei Prozent jährlich verzinst.

Herr . . . . . ist auch während der Miehszeit verpflichtet, Haus und Grundstück in gutem baulichen Zustand zu erhalten und alle erforderlich werdenden Reparaturen mit aller Beschleunigung auf seine Kosten zu bewirken, sowie alle Grund- und Gebäudesteuern, Abgaben und Lasten selbst zu entrichten.

Er hat Haus und Grundstück schonend zu behandeln und ist der Genossenschaft ersatzpflichtig für jeden Schaden, welcher an denselben durch seine, der Seinigen oder dritter Personen Schuld oder Vernachlässigung oder durch Zufall entsteht. Der Vorstand ist berechtigt und verpflichtet, die Aufsicht über die Erhaltung der Häuser zu führen und zur Vornahme der erforderlichen Reparaturen anzuhalten. Den Mitgliedern des Vorstandes und den von ihm Beauftragten ist die Vornahme einer Revision jederzeit zu gestatten. In der Regel sollen solche Revisionen halbjährlich an bestimmten, vorher anzusetzenden und den Hausbesitzern mitzutheilenden Tagen stattfinden.

Die Brandversicherung der Gebäude wird der Vorstand bei einer soliden Gesellschaft bewirken, die Kosten der Versicherung werden von Herrn . . . . getragen und sind von demselben . . . . . . zu zahlen.

Herr . . . . ist ferner verpflichtet, sein Mobiliar zu angemessenem Werthe bei einer soliden Versicherungs-Gesellschaft zu versichern.

§ 3.

Eine Auflösung des Miethsvertrages ist nur in den nachstehend festgesetzten Fällen und nur seitens der (Firma der Genossenschaft) zulässig.

1. Sobald Herr . . . . aus der (Firma der Genossenschaft) als Mitglied ausscheidet, darf die Genossenschaft das Miethsverhältniß sofort oder später nach vierwöchentlicher Kündigung zum Quartalsersten auflösen.

2. Erfüllt Herr . . . . . . während seiner Miethszeit die ihm nach §§ 2, 6, 7 obliegenden Verpflichtungen nicht, so ist die Vermietherin berechtigt, ihn ohne weitere Kündigung zu exmittiren; Miether haftet jedoch für Ersatz alles desjenigen Schadens, der durch die ordnungsmäßige und nicht ordnungsmäßige Abnutzung des Gebäudes erwachsen ist. Dieser gesammte Schaden wird Mangels Einigung der Parteien unter Ausschluß des Rechtsweges durch ein Schiedsgericht festgestellt. Für dasselbe gelten folgende Bestimmungen: Jede Partei ernennt einen Schiedsrichter aus der Zahl der gerichtlichen Sachverständigen; erfolgt die Ernennung seitens der einen Partei nicht binnen fünf Tagen nach geschehener Aufforderung, so geht das Recht auf die andere Partei über; diese Bestimmung findet auch Anwendung, wenn der ernannte Schiedsrichter fortfällt. Beide Schiedsrichter wählen einen Obmann. — Ferner hat Miether eine Konventionalstrafe in Höhe der Miethe eines halben Jahres zu zahlen, wenn und soweit es nicht gelingt, das Grundstück anderweitig früher zu verwerthen.

Der Herr . . . . räumt der (Firma der Genossenschaft) ausdrücklich das Recht ein, sich nach seinem Ausscheiden aus seinem Guthaben ohne weiteres gerichtliche Verfahren zu befriedigen.

§ 4.

Sobald auf den Kaufpreis ein Drittel des Werthes des Grundstücks abgezahlt ist, wird dem Herrn . . . . das Eigenthum an dem Grundstück durch Auflassung übertragen.

§ 5.

Das Restkaufgeld in Höhe von zwei Dritteln des Kaufpreises wird dem Erwerber gestundet. Dasselbe wird in quartaliter — monatlich — postnumerando zahlbaren Raten vom Tage der Auflassung ab verzinst und ist 6 Monate nach Kündigung zurückzahlbar. Der Zinsfuß soll der zur Zeit der Auflassung unter Berücksichtigung aller Verhältnisse übliche sein. Mangels Einigung der Parteien wird derselbe mit Ausschluß jedes Rechtsweges durch einen vom Aufsichtsrath der Genossenschaft aus der Zahl der gerichtlichen Sachverständigen zu ernennenden Schiedsrichter bestimmt.

Die Kündigung ist jedoch bei pünktlicher, d. h. innerhalb der ersten 3 Tage eines jeden . . . . erfolgender Zinszahlung nicht vor 9½ Jahren nach der Auflassung seitens der Gläubigerin zulässig. Herr . . . . . ist verpflichtet, das Grundstück zur Sicherheit für dieses Restkaufgeld zu verpfänden.

Herr . . . . bewilligt und beantragt schon jetzt die Eintragung der Restkaufgeld-Hypothek mit den obigen Zins- und Rückzahlungsbedingungen im Grundbuch.

§ 6.

Bis zur Eigenthumsübertragung dürfen bauliche Veränderungen an dem Grundstück ohne Genehmigung der Genossenschaft nicht vorgenommen werden; widrigenfalls kann die Vermietherin die sofortige Wiederherstellung des früheren Zustandes verlangen. Desgleichen muß Miether in dem Hause seine dauernde Wohnung nehmen und darf Wohnungen in dem Grundstücke nur ungetheilt und mit der Bedingung, daß die Aufnahme von Chambregarnisten und Schlafburschen in dieselben der Genehmigung der (Firma der Genossenschaft) bedarf, weitervermiethen.

Herrn . . . . ist die Aufnahme von Chambregarnisten und Schlafburschen gleichfalls nur mit Genehmigung des Vorstandes der (Firma der Genossenschaft) gestattet.

§ 7.

Sowohl bis zur Uebertragung des Eigenthums an Herrn . . . . . als auch für die spätere Zeit gelten folgende Bestimmungen:

An- oder Neubauten dürfen nicht vor die Fluchtlinie der zurückliegenden Häuser vorspringen, der vorliegende Raum darf nur als Garten benutzt werden, die Umzäunung dieses Raumes nur aus durchbrochenen, todten oder lebenden Hecken oder Gittern, oder aus einer nicht über 1 Meter hohen Mauer bestehen. Die gesammte Umzäunung der Liegenschaft ist stets in gutem Zustande zu erhalten.

Das gegenwärtig als Straße abgesteckte Land muß stets als öffentliche Straße erhalten bleiben.

Das Grundstück darf nicht in größerem Umfang als ein Drittel mit Baulichkeiten besetzt werden; die Baulichkeiten dürfen nicht mehr als drei Geschosse enthalten und müssen 3 Meter von der offenen Nachbargrenze entfernt bleiben.

Wäscherei oder sonstige mit starkem Rauche, Geruch, Geräusch verbundene, oder gegen die guten Sitten verstoßende Gewerbe dürfen überhaupt nicht, die Schankwirthschaft darf nicht vor dem . . . . . 18 . . in dem Grundstück betrieben werden.

Der Vorstand der (Firma der Genossenschaft) ist berechtigt, die Entfernung von Personen, welche wegen entehrender Vergehen oder Verbrechen bestraft sind, oder durch welche den guten Sitten Gefahr droht, wenn solche in dem Grundstücke als Miether, Aftermiether oder sonstwie sich aufhalten, zu verlangen und herbeizuführen.

Herr . . . . . bewilligt und beantragt schon jetzt die Eintragung dieser Bedingungen in Abtheilung II des Grundbuchblattes zu Gunsten der (Firma der Genossenschaft).

§ 8.

Herr . . . . ist, nach Uebergang des Eigenthums des Grundstücks auf ihn, verpflichtet, der (Firma der Genossenschaft) und dem zeitigen Hypotheken-Gläubiger gegenüber, das Grundstück in guter baulicher Beschaffenheit zu erhalten; ferner sowohl das Grundstück wie sein Mobiliar zum vollen Werth in Feuerversicherung zu halten und sämmtliche Steuern und Abgaben pünktlich zu entrichten; sobald der Eigenthümer auch nur gegen eine dieser Bestimmungen verstößt, kann das Restkaufgeld mit dreimonatlicher Frist zur Rückzahlung gekündigt werden.

Der Herr . . . . bewilligt die Eintragung dieser Bestimmungen in das Grundbuch.

§ 9.

Die Abtretung dieses Vertrages seitens des Herrn . . . . ist nur mit Genehmigung der (Firma der Genossenschaft) zulässig.

§ 10.[1])

Zur Veräußerung des Grundstücks vor dem ersten April . . . bedarf der Erwerber der Zustimmung der (Firma der Genossenschaft) und des Hypotheken-Gläubigers. Die (Firma der Genossenschaft) ist berechtigt, ihre Zustimmung an die Zahlung einer Vergütung bis zu fünf Prozent des ersten Erwerbspreises zu knüpfen.

Bei einer beabsichtigten Veräußerung des Grundstücks ist der verabredete Kaufvertrag der (Firma der Genossenschaft) zur Ausübung des Vorkaufsrechtes vorzulegen. Die (Firma der Genossenschaft) ist verpflichtet, binnen vierzehn Tagen ihre Erklärung abzugeben, ob sie in den Kaufvertrag eintreten will oder nicht.

Der Erwerber bewilligt die Eintragung dieser Bestimmungen in das Grundbuch.

§ 11.

Sämmtliche Kosten und Stempel des Vertrages und der erforderlichen Eintragungen fallen dem Herrn . . . . zur Last.

. . . ., den . . . .

---

[1]) In Anwendung der Vorschriften des Bürgerl. Ges.-Buchs und der Grundbuchordnung kann dem § 10 folgende Fassung gegeben werden:

§ 10.

Innerhalb der nächsten . . Jahre vom Tage der Auflassung an behält sich die Genossenschaft für den Fall der Veräußerung des Hausgrundstücks durch den gegenwärtigen Erwerber oder seine Erben das Recht vor:

1. das Hausgrundstück innerhalb 14 Tage nach der schriftlichen Anzeige des Veräußerers oder Erwerbers von der Veräußerung zurückzukaufen;
2. als Kaufpreis bei dem Wiederkauf diejenige Summe zu zahlen, die der Käufer nach dem gegenwärtigen Vertrag zu bezahlen gehabt hat,
   zuzüglich
   a) des für etwaige Verbesserungen nach der Schätzung anzunehmenden Mehrwerths und
   b) . . . Prozent des in Folge des Steigens der Bodenpreise herbeigeführten Mehrwerths und
   abzüglich
   der durch Vernachlässigung des Grundstücks oder durch die nicht auf ordnungsmäßiger Abnutzung beruhenden Verschlechterungen herbeigeführten Entwerthung;
3. der Wiederkauf erfolgt frei von den Lasten, die der Käufer oder dessen Erben auf das Grundstück etwa gelegt haben, jedoch vorbehaltlich der Verpflichtung der Genossenschaft, die gegen den Käufer eingetragenen Hypotheken und Grundschulden zu übernehmen, soweit sie nicht 90 % des Kaufpreises übersteigen;
4. im Falle die Genossenschaft von ihrem Wiederkaufsrecht keinen Gebrauch macht, kann sie ihre Genehmigung zur Veräußerung an die Zahlung einer Vergütung bis zu . . Prozent des Kaufpreises knüpfen;
5. ob die Veräußerung durch lästiges oder durch unentgeltliches Rechtsgeschäft geschieht, berührt die Rechtsverbindlichkeit des vorstehend unter Nr. 1 bis 4 bezeichneten Vorbehalts nicht; als Veräußerung gilt auch die Zwangsversteigerung und die Veräußerung durch den Konkursverwalter;
6. die Schätzung des Mehrwerths und andererseits einer etwaigen Entwerthung des Grundstücks bei dem Wiederkauf erfolgt durch ein Schiedsgericht, welches nach § 3 Nr. 2 dieses Vertrages zusammengesetzt wird.

Der Erwerber bewilligt die Eintragung einer Vormerkung über diesen Vorbehalt im Grundbuch zur Sicherung des vereinbarten Wiederkaufsrechts der Genossenschaft.

Vergl. S. 170.

Formular 22.

Vertrag
für die Bebauung von Grundstücken bei Eindrittel-Anzahlung.

Zwischen der (Firma der Genossenschaft) und dem Herrn . . . . . ist heute nachstehender Vertrag geschlossen:

§ 1.

Die (Firma der Genossenschaft) verpflichtet sich, bezüglich des zu . . . belegenen, im Grundbuch von . . . . verzeichneten Grundstückes . . . ., welches Herr . . . . durch Vertrag mit . . . . . . erwirbt, nach Maßgabe des . . . . Planes zu bebauen und mit dem Bau im Monat . . . zu beginnen.

Das Eigenthum an dem entstehenden Gebäude hat als Erwerber Herr . . . . .

§ 2.

Für die Erbauung des Hauses hat Erwerber die nach den von der (Firma der Genossenschaft) beobachteten Grundsätzen rechnungsmäßig zu ermittelnden Selbstkosten der (Firma der Genossenschaft), einschließlich aller Gehalte und Löhne, welche mit Rücksicht auf die Bauausführung nothwendig werden, insbesondere auch für Bauführer und Bauwächter zu entrichten.

Die Vertheilung der einzelnen vorbezeichneten Kosten auf die einzelnen der gleichzeitig zur Bebauung gelangenden Grundstücke bleibt der (Firma der Genossenschaft) überlassen, wobei der Grundsatz obwalten soll, daß der Gesammtkostenbetrag den Selbstkosten der (Firma der Genossenschaft) entsprechen soll.

Ferner ist Erwerber verpflichtet, der (Firma der Genossenschaft) einen Zuschlag von . . Prozent zu dem Gesammtpreise des bebauten Grundstücks, einschließlich des Grund und Bodens zu entrichten, für welch' letzteren der Erwerber etwa . . . . für den Quadratmeter gezahlt hat.

Im steuerlichen Interesse wird der Preis der zu liefernden beweglichen Gegenstände, in dem Zustande, in welchem sie mit dem Grund und Boden in dauernde Verbindung gebracht werden sollen, auf Mark . . . und die Vergütung für die alsdann mit denselben auszuführende Arbeit auf Mark . . . angegeben.

§ 3.

Auf die Baukosten sind bei Abschluß dieses Vertrages Mark . . . . in Worten: . . . . gezahlt.

Für Bauausführungen, die in der zu Grunde gelegten Baubeschreibung nicht Aufnahme gefunden haben, oder erst während der fortschreitenden Bebauung von dem Erwerber gewünscht werden sollten, ist der gesammte Kostenbetrag, nach der Schätzung der (Firma der Genossenschaft) auf deren Verlangen vor Beginn der Ausführung baar zu bezahlen.

Nach Abschluß der Baurechnungen wird mit Berücksichtigung des im § 2 Absatz 3 erwähnten Zuschlages der genaue Gesammtpreis des Grundstückes und der Betrag festgestellt, welchen der Erwerber in baar zu zahlen hat:

1. für das Drittel derjenigen Bauausführungen, welche auf Grund der Baubeschreibung gemacht sind;
2. für diejenigen Bauausführungen, welche auf Grund späterer Vereinbarungen gemacht sind.

Der Erwerber ist berechtigt, von den Belägen im Bureau der (Firma der Genossenschaft) Einsicht zu nehmen.

Binnen 2 Wochen nach Empfang der Abrechnung hat der Ausgleich je nach dem Ergebniß der Abrechnung durch Zuzahlung der Differenz seitens des Erwerbers, oder durch Rückzahlung seitens der (Firma der Genossenschaft) zu erfolgen, zuzüglich 4 Prozent p. a. Zinsen vom . . . .

§ 4.

Dem Erwerber wird der Rest des Gesammtpreises des Grundstücks gestundet.

Erwerber ist verpflichtet, diese Restforderung mit . . Prozent, oder falls die erste Hypothek von der (Firma der Genossenschaft) nur zu einem höheren Zinsfuß beschafft wird, zu diesem jährlich in dreimonatlichen, postnumerando zahlbaren Raten vom . . . . . ab zu verzinsen und sechs Monate nach Kündigung zurückzuzahlen, während bei nicht pünktlicher Zinszahlung das Kapital sofort und ohne Kündigung fällig ist. Bei pünktlicher, d. h. innerhalb der ersten drei Tage eines jeden Quartals erfolgender Zinszahlung soll das Kapital dem Erwerber nicht vor Ablauf von 9½ Jahren vom . . . . . gekündigt werden.

Der Erwerber bewilligt die Eintragung dieser Restforderung als erststellige Hypothek, und zwar zunächst in Höhe von Mark . . . .

Sobald die Abrechnung erfolgt ist, hat die (Firma der Genossenschaft) die Löschung desjenigen Betrages mit Vorbehalt des Vorzugsrechtes für ihren Ueberrest zu bewilligen, welcher den Erwerbspreis abzüglich der in baar geleisteten Zahlungen übersteigt.

§ 5.

Während der Bebauung steht der (Firma der Genossenschaft) die ausschließliche thatsächliche Verfügung über das Grundstück zu.

§ 6.

Der Eigenthümer ist der (Firma der Genossenschaft) und dem zeitigen Hypotheken-Gläubiger gegenüber verpflichtet, das Grundstück in guter baulicher Beschaffenheit zu erhalten; ferner sowohl das Grundstück, wie sein Mobiliar zum vollen Werth in Feuerversicherung zu halten; sobald der Eigenthümer gegen eine dieser Bestimmungen verstößt, kann das Restkaufgeld mit dreimonatlicher Frist zur Rückzahlung gekündigt werden.

Erwerber bewilligt die Eintragung dieser Bestimmungen in das Grundbuch.

§ 7.

Erwerber bewilligt die Eintragung nachstehender Beschränkungen zu Gunsten der (Firma der Genossenschaft) in das Grundbuch:

An- oder Neubauten dürfen nicht vor die Fluchtlinie der zurückliegenden Häuser vorspringen, der vorliegende Raum darf nur als Garten benutzt werden, die Umzäunung dieses Raumes nur aus durchbrochenen, todten oder lebenden Hecken oder Gittern, oder aus einer nicht über 1 Meter hohen Mauer bestehen. Die gesammte Umzäunung der Liegenschaft ist stets in gutem Zustande zu erhalten.

Das gegenwärtig als Straße abgesteckte Land muß stets als öffentliche Straße erhalten bleiben und ist dasselbe frei von den in diesem Vertrage stipulirten Lasten.

Das Grundstück darf nicht in größerem Umfange als ein Drittel mit Baulichkeiten besetzt werden; die Baulichkeiten dürfen nicht mehr als drei Geschosse enthalten und müssen 3 Meter von der offenen Nachbargrenze entfernt bleiben.

Wäscherei oder sonstige mit starkem Rauche, Geruch, Geräusch verbundene oder gegen die guten Sitten verstoßende Gewerbe dürfen überhaupt nicht, die Schankwirthschaft darf nicht vor dem . . . . . 18 . . in dem Grundstück betrieben werden

Der Vorstand der (Firma der Genossenschaft) ist berechtigt, die Entfernung von Personen, welche wegen entehrender Vergehen oder Verbrechen bestraft sind, oder durch welche den guten Sitten Gefahr droht, wenn solche in dem Grundstücke als Miether, Aftermiether oder sonstwie sich aufhalten, zu verlangen und herbeizuführen.

§ 8.[1])

Zur Veräußerung des Grundstücks vor dem . . . . 18 . . bedarf der Erwerber der Zustimmung der (Firma der Genossenschaft). Die (Firma der Genossenschaft) ist berechtigt, ihre Zustimmung an die Zahlung einer Vergütung bis zu 5 Prozent des ersten Erwerbspreises zu knüpfen oder auch an Stelle des Käufers in den Kaufvertrag einzutreten. Der Erwerber bewilligt die Eintragung dieser Eigenthumsbeschränkung, sowie die Eintragung einer Kautions-Hypothek im Betrage der Vergütung und die Eintragung des Vorkaufsrechtes in das Grundbuch.

§ 9.

Alle Streitigkeiten, welche zwischen den Parteien über die Bauausführung oder über die Bezahlung des Baues einschließlich des Grundstücks, sowie der Nebenkosten entstehen, werden mit Ausschluß des Rechtsweges durch ein Schiedsgericht erledigt, welches aus 3 Personen besteht. Jede Partei ernennt einen Schiedsrichter. Ein Obmann wird vom Vorsitzenden des Aufsichtsraths der (Firma der Genossenschaft) aus der Zahl der beim . . . . . . zugelassenen Rechtsanwälte bestellt.

§ 10.

Die aus Anlaß dieses Vertrages entstehenden Kosten, insbesondere Gerichtskosten, Stempel, Vertragsspesen, Provisionen, Feuerversicherungs-Prämien ꝛc. übernimmt Herr . . . . . .

Formular 23.

Grundsätze für die Vermiethung von Vereinswohnungen (in Miethshäusern).

§ 1.

Ueber alle zur Vermiethung gelangenden Wohnungen wird eine vom Vorstande jederzeit auf dem Laufenden zu haltende Liste geführt. Diese Liste liegt zur jederzeitigen Einsicht durch die Mitglieder im Geschäftszimmer der Genossenschaft aus.

---

[1]) Vergl. hierzu die Anmerkung zu § 10 des Form. 21. Nur wird bei der Anwendung dieses Paragraphen auf den Vertrag nach Form. 22 unter Nr. 6 die Zusammensetzung des Schiedsgerichts nach § 9 dieses Vertrages vorzuschreiben sein. Uebrigens ist S. 173 nachzulesen.

Aus der Liste muß die Lage, der Umfang und der Miethspreis, sowie der Zeitpunkt des Freiwerdens der Wohnungen ersichtlich sein.

§ 2.

Die Genossen, welche mindestens 6 Monate lang der Genossenschaft angehören und ihre Mitgliedspflichten erfüllt haben, sind berechtigt, sich um alle frei werdenden Wohnungen in Genossenschaftshäusern zu bewerben. Dieselben haben sich zu dem Behuf unter Angabe der von ihnen gewünschten Wohnung oder des Miethspreises oder der Größe der Wohnung in die vom Vorstand geführte Bewerberliste eintragen zu lassen. Mit der Eintragung in die Bewerberliste wird der Genosse zur regelmäßigen Zahlung der im § 36 des Statuts vorgeschriebenen unkündbaren Spareinlagen verpflichtet.

Falls der Bewerber nicht schon in einem Genossenschaftshause wohnt, hat derselbe bei der Bewerbung auch die für ihn gültige Kündigungsfrist in seinem alten Miethsverhältniß anzugeben.

§ 3.

Werden Häuser von der Genossenschaft angekauft, so haben diejenigen Genossen, welche Wohnungen in denselben inne haben, auf diese Wohnungen ein Vorrecht, wenn sie mindestens 6 Monate lang der Genossenschaft angehören und ihre Mitgliedspflichten erfüllt haben.

§ 4.

Sind mehre Bewerber zu einer Wohnung vorhanden, so wird dieselbe unter den Bewerbern verloost. Hierbei erhält jeder Bewerber mindestens ein Loos, Bewerber, welche schon längere Zeit Genossen sind, soviel Loose, als sie Jahre der Genossenschaft angehört haben, jedoch nicht mehr als 5.

Zeit und Ort der Vergebung oder Verloosung der Wohnungen wird den Bewerbern durch den Vorstand mit dem Bemerken rechtzeitig vorher mitgetheilt, daß es ihnen frei steht, hierbei anwesend zu sein.

§ 5.

Die Wohnungen sind, soweit hierüber in den Miethsverträgen nicht Ausnahmen vorgesehen sind, seitens der Genossenschaft unkündbar.

Der Miether kann am . . . . . zum . . und am . . . . . zum . . kündigen. Für kleine Wohnungen bis zu . . Mark einschließlich Miethe gelten 6wöchige Kündigungsfristen.

§ 6.

Bei Vermiethungen an Nichtmitglieder, welche nur in dem Falle zulässig sind, daß keine Genossen als Bewerber auftreten, ist die Unkündbarkeit der Wohnungen grundsätzlich auszuschließen.

§ 7.

Bei der Erwerbung von Häusern sind alle in denselben befindlichen Wohnungen, soweit sie nicht schon von zur Bewerbung berechtigten Genossen bewohnt werden, spätestens 2 Monate vor dem Termin, zu welchem sie gekündigt werden können, in die nach § 1 zu führende Liste aufzunehmen.

Wohnungen in Neubauten sind sofort nach Fertigstellung des Bauplanes oder sobald der Zeitpunkt feststeht, von welchem ab sie bezogen werden können, in die Liste einzutragen.

Formular 24.

Miethsvertrag und Hausordnung bei dem Spar- und Bauverein eingetragene Genossenschaft mit beschränkter Haftpflicht in Hannover.

Hannover, den . . . .

Herrn . . . .

hier.

Auf Grund der vorgenommenen Verloosung offeriren wir Ihnen zur miethweisen Benutzung für die Zeit vom . . . . 18 . . ab das in der . . . . Straße Nr. . . hierselbst in der . . . Etage belegene Miethsobjekt, bestehend aus:

1 Stube, 2 Kammern, Küche, Keller, Mitbenutzung der Waschküche und des Trockenbodens zum Preise von Mark . . . ., wörtlich: . . . . Mark pro Jahr incl. Wassergeld, unter nachstehenden Bedingungen:

1. Die Einräumung und die demnächstige Wiederräumung des Miethobjekts erfolgen zur ortsüblichen Ziehzeit und muß die Wohnung beim Auszuge in ordnungsmäßigem Zustande sein.
2. Die Kündigung muß schriftlich erfolgen, hat jedoch spätestens am 1. Juni und 1. Dezember eines jeden Jahres stattzufinden, und darf nur Ostern und Michaelis gezogen werden.
3. Die Miethe ist in vierteljährlichen Raten, und zwar am Letzten eines jeden Quartals, zu zahlen. Abzüge sind unter keinen Umständen gestattet.
4. Bei unpünktlicher oder unvollständiger Miethzahlung ist der Vorstand berechtigt, den Vertrag zu lösen, und ist die Wohnung nach Ermessen des Vorstandes sofort zu räumen, sowie der Rest der Miethe voll zu zahlen. Für Zahlung der Miethe haften beide Eheleute solidarisch und steht der Genossenschaft das Recht zu, die eingebrachten Sachen so lange zurückzuhalten, bis die Miethe vollständig bezahlt ist.
5. Die etwa erforderliche Besichtigung der Wohnräume muß Miether sich zur üblichen Tageszeit gefallen lassen.
6. Die Hausordnung, die zugleich als Ergänzung dieses dient, hat Miether gleichfalls zu beachten.

Reparaturen bis zu 3 Mark hat Miether selbst zu tragen.

Zur Bestätigung dieser Abmachung wollen Sie dieselbe unterzeichnet uns wieder zusenden.

Spar- und Bauverein
eingetragene Genossenschaft mit beschränkter Haftpflicht.

Der Vorstand.

. . . .

(Unterschrift des Miethers.)

Haus-Ordnung

für die Miether in den Häusern des Spar- und Bauvereins.

Von den Bewohnern der Häuser des Spar- und Bauvereins wird vorausgesetzt, daß sie als Miether der Genossenschaft vor allen Dingen bestrebt sind, die ihnen zur Benutzung vermietheten Räume im Interesse der Genossenschaft in stets gutem Zustande zu erhalten, für gehörige Reinigung und Lüftung zu sorgen. Aus dem Umstande, daß die Wohnungen nur an Mitglieder der Genossenschaft vermiethet werden, darf kein Miether irgend welches Recht herleiten, nach eigenem Ermessen irgend welche Aenderung in seiner Wohnung vorzunehmen, sei es an Wänden, Thüren, Fenstern, Oefen und dergleichen; für jede muthwillige oder fahrlässige Beschädigung ist jeder Miether verantwortlich. Außerdem hat kein Miether irgend welches Recht, andere als die ihm kontraktlich vermietheten Räume für seine Benutzung in Anspruch zu nehmen, es sei ihm denn durch die spezielle Genehmigung des Vorstandes gewährt.

Zur Aufrechterhaltung der Ordnung im Hause ist ein Vicewirth bestellt, dessen Weisungen sämmtliche Miether des betreffenden Hauses Folge zu leisten haben.

Jeder Miether hat insbesondere folgende Vorschriften streng zu beachten:

1. Die Beleuchtung des Hausflurs und der Treppen hat von den in der betreffenden Etage wohnenden Miethern gemeinschaftlich zu geschehen und ist mit eintretender Dunkelheit zu beginnen und bis 10 Uhr Abends fortzusetzen. In welcher Weise die betreffenden Miether dafür sorgen, bleibt deren Verständigung unter einander überlassen, doch muß die Beleuchtung eine ausreichende sein.
2. Die Parterre wohnenden Miether haben gemeinschaftlich für Reinigung des Hausflurs incl. Hausthüren und Trottoir zu sorgen. Der Hausflur und die von der Straße in das Haus und vom Hofe in das Haus führenden Treppenstufen sind stets besenrein zu halten und mindestens einmal wöchentlich gut zu scheuern. Jede besondere Verunreinigung dieser Theile durch Kohleneintragen u. s. w. hat der Betreffende, für den es geschieht, nach beendeter Arbeit sofort selbst beseitigen zu lassen.
3. Die in den Etagen wohnenden Miether haben für Reinigung der zu der Etage führenden Treppe und der Treppenfenster zu sorgen und zwar derart, daß die Treppe täglich gründlich gefegt und mindestens einmal wöchentlich gescheuert wird. Eine Reinigung durch Kinder, welche der Arbeit nicht gewachsen sind, ist nicht gestattet.
4. Die Hofräume und die Zugänge zu den Kellern sind von sämmtlichen Miethern im Hause abwechselnd zu reinigen und zwar wöchentlich; welche Reihenfolge dabei eingehalten werden soll, wird von dem Vicewirth bestimmt. Jede Verunreinigung dieser Zugänge durch Kohleneintragen oder dergl. hat Jeder selbst zu beseitigen.
5. Die Zugänge zu den Kellern, die Treppenaufgänge, überhaupt alle diejenigen Räume, welche zum gemeinschaftlichen Verkehr dienen, dürfen in keiner Weise durch Hinstellen von Waschgeschirr, Schränken u. s. w. beengt werden, ebenso darf keiner der Miether durch Reinigung von Kleidern, Schuhzeug und anderen Sachen, diese Zugänge verunreinigen, andernfalls derselbe für sofortige Wiederreinigung zu sorgen hat.

6. Die Reinigung der Closets muß von denjenigen Miethern, welche sie gemeinschaftlich benutzen, auch gemeinschaftlich geschehen und sind die Closets namentlich gut zu lüften.
7. In den Küchen dürfen Küchenabfälle u. s. w. nur für längstens einen Tag aufbewahrt und unter keinen Umständen länger dort gelagert werden.
8. Die Benutzung der Waschküche und des Trockenbodens wird derart geregelt, daß diejenigen Miether, welche diese Räume zu benutzen wünschen, solches bei dem Vicewirth in ein zu diesem Zwecke bereit zu haltendes Buch eintragen, doch darf kein Miether die Benutzung für länger als drei aufeinander folgende Tage beanspruchen, und zwar derart, daß, wer drei oder weniger Tage die Waschküche benutzt hat, für die gleiche Zahl darauf folgender Tage den Anspruch auf den Trockenboden hat. Sollte ein Miether mehr als einmal im Monat die Waschküche ꝛc. zu benutzen wünschen, so kann dieses nur geschehen, wenn keiner der anderen Miether die Benutzung beansprucht. Ein Wechsel der von den Miethern angemeldeten Zeiten für die Benutzung der Waschküche ꝛc. kann nur nach vorheriger Anmeldung beim Vicewirth geschehen. Nach beendigter Benutzung der Waschküche hat derjenige, der die Waschküche benutzt hat, für gründliche Reinigung des Waschkessels, der Feuerstelle, des Fußbodens, der Thüre, sowie der Eingangstreppe zu sorgen. Ebenso ist der Trockenboden und die zu demselben führende Treppe nach beendigtem Gebrauch zu reinigen.

   In den Wohnräumen darf unter keinen Umständen gewaschen werden, in der Küche in dringenden Fällen jedoch nur etwaige kleine Kinderwäsche.
9. Nach 10 Uhr Abends darf Niemand durch Gesang, Musik und sonstigen Lärm die Ruhe der Mitbewohner und Nachbarn stören. Für das Betragen der bei einem Miether wohnenden Logisleute ist derselbe verantwortlich. Das Abvermiethen ist, auf vorherige Anzeige beim Vorstande, nur an eine ledige Person gestattet. Die Wohnung soll der Hauptsache nach jedoch nur für die Familie des Miethers sein.
10. Im Uebrigen wird von jedem Miether ein anständiges, ruhiges Betragen vorausgesetzt. Für seine Familienmitglieder ist jeder Miether auch nach dieser Richtung hin verantwortlich. Jedenfalls hat jeder Miether strengstens dafür zu sorgen, daß durch seine Kinder ꝛc. keine grobe Verunreinigung oder Zerstören von Genossenschaftseigenthum, oder dem Eigenthum der übrigen Miether im Hause, und Nachbarn geschieht, andernfalls ist derselbe für den entstandenen Schaden haftbar resp. zur Reinigung verpflichtet.
11. Die Hausthür wird 10 Uhr Abends durch den Vicewirth geschlossen und muß bis 5 Uhr Morgens geschlossen gehalten werden, wofür Jeder, der später als 10 Uhr Abends in das Haus eintritt, verantwortlich bleibt.

Da das Amt des Vicewirths ausschließlich Ehrenamt ist, so wird erwartet, daß die Bewohner des Hauses durch ihr Entgegenkommen demselben die Verwaltung seines Amtes erleichtern, und seine Anordnungen von jeder im Hause wohnenden Person befolgt werden. Zuwiderhandlungen gegen diese Hausordnung haben sofortige Kündigung zur Folge.

Der Vorstand des Spar- und Bauvereins e. G. m. b. H.

Formular 25.

Wohn-Ordnung [1])
für die
in den Häusern des Bau- und Sparvereins wohnenden Mitglieder.

§ 1.

Charakter der Vereinswohnungen.

Wer eine Wohnung des Vereins inne hat, soll sie als eine dauernde Heimstätte für sich und die Seinen betrachten, und sie wie sein Eigenthum in sauberem Zustande erhalten und vor jeder Beschädigung nach Kräften schützen.

§ 2.

Dauerndes Wohnrecht des Mitgliedes.

Niemandem kann seine Wohnung gegen seinen Willen genommen werden, solange er Vereinsmitglied ist und seine Pflichten gegen den Verein erfüllt.

§ 3.

Uebergabe der Wohnung in tadelloser Beschaffenheit.

Die Wohnung wird dem Inhaber in ordnungsmäßigem Zustande übergeben. Mängel, die sich in Folge von Baufeuchtigkeit erst nach dem Beziehen herausstellen, sind auf Kosten des Vereins zu beseitigen, solange noch nicht zwei Jahre seit dem Einzuge verstrichen sind.

§ 4.

Instandhaltung der Wohnung.

Die dauernde Instandhaltung der Wohnung in tadellosem Zustande macht der Verein seinen Mitgliedern sowohl in deren eigenem Interesse als im Interesse des Vereins zur unbedingten Pflicht, deren Erfüllung durch eine Kommission überwacht wird. Diese Kommission besteht aus 6 Mitgliedern, von denen 2 dem Aufsichtsrath, 2 dem Vorstande angehören. Diese 4 Mitglieder haben sich bei den Revisionen durch 2 Miether zu ergänzen, welche aus den von den Miethern vorgeschlagenen 4 Vertretern für jedes Grundstück auszuwählen sind und dem zu revidirenden Grundstück nicht angehören dürfen. Die ersten 4 Mitglieder werden je zur Hälfte vom Aufsichtsrath und vom Vorstande jedesmal auf die Dauer eines Jahres gewählt. Die Kommission hat nach näherer Anweisung des Vorstandes und Aufsichtsrathes die Wohnungen periodisch zu revidiren und die Beseitigung eingetretener Schäden zu veranlassen. Die Wohnungsinhaber haben sich den Anordnungen der Kommission zu fügen.

§ 5.

Tragung der Reparaturkosten.

Jeder hat die durch seine oder seiner Angehörigen offenbares Verschulden entstandenen Schäden auf eigene Kosten zu bessern oder bessern zu

---

[1]) Diese „Wohn-Ordnung" ist jedem Mieths-Quittungsbuch im Bau- und Sparverein zu Hamburg, e. G. m. b. H., vorgeklebt. Im Mieths-Quittungsbuch ist vorn ein Vermerk des Vorstands gemacht, wer als Hausverwalter zum Empfang der Miethe beauftragt ist.

lassen, kleinere Reparaturen, mit Ausnahme der in Abs. 3 dieses Paragraphen aufgeführten, deren Kosten Mk. 2.— nicht übersteigen, hat der Wohnungsinhaber für eigene Rechnung ausführen zu lassen.

Die nach Ansicht der Wohnungs-Kommission in Folge normaler Abnutzung nöthig werdenden Ausbesserungs- und Erneuerungsarbeiten läßt der Verein ausführen und trägt $^4/_5$ der Kosten, während das letzte Fünftel vom Wohnungsinhaber zu tragen ist und als Aufschlag auf die nächstfällige Miethe erhoben wird. Wenn nach Ansicht der Wohnungs-Kommission innerhalb 5 Jahre keine Reparaturen an Maler- und Tapezierarbeiten erforderlich waren, so ist dem Wohnungsinhaber das Fünftel der Reparaturkosten zu erlassen.

Reparaturen an Wasserleitung, Oefen, Herd und Closet werden auf Vereinskosten ausgeführt, sofern den Wohnungsinhaber oder seine Angehörigen an der Entstehung des Schadens keine Schuld trifft, und dem Hausverwalter sofort Anzeige gemacht ist.

§ 6.

Pflichten des Wohnungsinhabers in der Wohnung.

Dem Wohnungsinhaber liegt ferner insbesondere ob:

1. die Fußböden der Schlaf- und Wohnräume zweimal, den der Küche viermal jährlich ordnungsmäßig zu ölen. Das Oel liefert der Hausverwalter unentgeltlich;
2. die Wohnung täglich gehörig zu lüften, und sie bei Frostwetter frostfrei zu halten;
3. sich baulicher Veränderungen in der Wohnung zu enthalten, sofern er nicht dazu die Genehmigung des Vorstandes erhalten hat.

§ 7.

Veraftermiethung unzulässig.[1])

Veraftermiethungen sind grundsätzlich ausgeschlossen. Die Aufnahme von Eltern und Geschwistern ist, soweit ausreichender Platz vorhanden, zulässig.

§ 8.

Miethezahlung.

Die Miethezahlung hat monatlich postnumerando am 1. jeden Monats an den Hausverwalter zu erfolgen.

§ 9.

Kündigung.

Wer seine Wohnung aufzugeben wünscht, hat spätestens $3^1/_2$ Monate vor dem gesetzlichen Umzugstermin zu kündigen. Er hat bei der Räumung die Wohnung in gutem Zustande und unter Zurücklassung der im Mauer- und Holzwerk eingefügten Befestigungsmittel abzuliefern.

§ 10.

Die von dem Miether eingebrachten Sachen haften dem Bau- und Sparverein für die fällige und laufende Miethe.

---

[1]) Es wird nicht überall in dieser Allgemeinheit die Veraftermiethung ausgeschlossen werden können, will man anders das Schlafstellenunwesen mit Erfolg bekämpfen.

§ 11.

Die sorgfältige Beobachtung dieser im Interesse aller Mitglieder erlassenen Bestimmungen wird jedem Wohnungsinhaber dringend ans Herz gelegt.

Formular 26.

Geschäftsordnung für die Hauskuratoren einer Arbeiterkolonie.

§ 1.

Die sämmtlichen Mitglieder einer Kolonie, Hausbesitzer und Miether, soweit sie Genossen sind, treten zusammen, um aus der Mitte der Hausbesitzer mit einfacher Mehrheit zwei Genossen auf ein Jahr zu wählen zur Präsentation als Hauskuratoren für die Kolonie.

Diese Wahl leitet ein vom Aufsichtsrathe bezeichnetes Mitglied desselben in sinngemäßer Anwendung der Geschäftsordnung für die Generalversammlung. Der Vorstand und Aufsichtsrath stellt von den beiden Präsentirten einen als Kurator für die Kolonie an. — Das erste Mal erfolgt die Wahl für die Jahre .... Im Uebrigen wird vor Beginn des Geschäftsjahres die Wahl vorgenommen.

Sollte eine Kolonie nach zweimaliger Aufforderung Hauskuratoren nicht vorschlagen, so wird der Kurator vom Vorstand und Aufsichtsrath in gemeinschaftlicher Sitzung ohne Vorschlag ernannt.

§ 2.

Der Hauskurator soll die Wünsche der Genossenschafter in Bezug auf die Grundstücke entgegennehmen, Uebelstände, die sich an Gebäuden in seinem Bezirke bemerklich machen, zur Kenntniß des Vorstandes bringen, auch sonst Alles thun, um das Interesse der Genossenschaft und der Genossen in seinem Bezirke zu wahren. Von allen bei dringender Gefahr etwa getroffenen Maßregeln hat er dem Vorstande binnen 24 Stunden Kenntniß zu geben.

§ 3.

Der Hauskurator hat als Bevollmächtigter des Vorstandes die Miethen aus den ihm überwiesenen Häusern entgegenzunehmen, darüber zu quittiren und die erforderlichen Listen zu führen und die vereinnahmten Beträge bis zum ... jeden Monats an die Kasse der Genossenschaft abzuführen.[1])

§ 4.

Halbjährlich erstattet der Kurator außerdem nach beifolgendem vom Vorstande aufzustellenden Formulare Bericht über alle Vorkommnisse in seinem Bezirke, die für die Genossenschaft von Interesse sind. Zur Berathung der eingegangenen Berichte der Hauskuratoren ist thunlichst schnell eine Sitzung des Aufsichtsraths und des Vorstands einzuberufen, zu welcher die Hauskuratoren einzuladen sind.

---

[1]) Nach Befinden kann man den Hauskuratoren auch noch die Annahme von Monats- oder Wochenbeiträgen aus den ihnen überwiesenen Häusern gegen Quittungsmarken, die über bestimmte kleinere Beträge, z. B. 50 Pfennig oder 1 Mark lauten, übertragen.

Bericht

des Hauskurators der Kolonie . . . .
pro . . Semester 18 . .

Lfd. Nr.	Fragestellung	Kurze Beantwortung	Bemerkungen.
1.	Wie lange ist der Kurator im Amt?		
2.	Wie viel und welche Anträge und Wünsche gelangten im abgelaufenen Semester zur Kenntniß des Kurators? a. Von einem einzelnen Besitzer b. Von einem einzelnen Miether c. Von einer kleinen oder größeren Anzahl Besitzer und Miether		
3.	Mußten sämmtliche Anträge zur Kenntniß des Vorstandes der . . . Baugenossenschaft gebracht werden, geschah dies schriftlich und wieweit sind diese durch den Vorstand erledigt?		
4.	Sind Anträge und welche aus dem vorigen Semester noch zu erledigen?		
5.	Sind einzelne Grundstücke und Gebäude der Kolonie oder diese ganz durch Naturgewalten, Wasser, Feuer, Sturm u. s. w. beschädigt worden? Welchen Umfang hatten diese Beschädigungen und wieweit und mit welchen Mitteln sind dieselben wieder beseitigt?		
6.	Haben Orts- oder andere Behörden Verfügungen oder Einrichtungen ꝛc. getroffen, welche für die Kolonie besonderes Interesse haben? Worauf beziehen sich dieselben?		
7.	Wie sind die Miethsverhältnisse in der Kolonie, werden die Wohnungen durchschnittlich zu angemessenen Preisen vermiethet?		
8.	Wie viel Wohnungen stehen am Schluß des Semesters leer und wie viel Wohnungen werden außerdem zum nächsten Quartal vermiethbar?		

Im Interesse der Besitzer und Miether ist die Ausfüllung des nachstehenden Formulars geboten.

Haus-Nr.	Größe der Wohnung	Etage	Leer und wann zu vermiethen	Frei zum	Miethspreis	Bemerkungen.

Datum . . . .

Unterschrift . . . .

Einige Formulare für den Verkehr mit dem Gericht.[1])

Formular 27.

Schriftliche Anmeldung des Statuts.

An das Königliche Amtsgericht Schönburg. Schönburg, den 2. April 1899.

Wir melden die hierselbst durch Statut vom 15. März 1899 begründete Baugenossenschaft zu Schönburg, eingetragene Genossenschaft mit beschränkter Haftpflicht, behufs Eintragung in das Genossenschaftsregister an. Gemäß § 11 des Genossenschaftsgesetzes vom 1. Mai 1889 fügen wir bei:

1. das Statut der Genossenschaft im Original und in Abschrift;
2. die Liste der Genossen;
3. Abschrift der Urkunden über die Bestellung des Vorstands und des Aufsichtsraths.

Wir, die gewählten Vorstandsmitglieder, werden unsere Unterschrift zeichnen wie hierunter geschieht.

H. Zabel. Ernst Vorder. G. Görner.

Die vorstehenden, vor mir vollzogenen Unterschriften beglaubige ich.

(L. S.) Menzel,

Schönburg, den 2. April 1899. Gemeindevorsteher von Schönburg.

---

[1]) Wegen der sonst im Verkehr mit dem Gericht zu verwendenden Formulare vergl. Lud. Parisius und Dr. Crüger: Formularbuch zum Reichsgesetz betr. die Erwerbs- und Wirthschaftsgenossenschaften vom 1. Mai 1889. (Berlin, J. Guttentag.)

Formular 28.

Einreichung der Beitrittserklärungen.

An das Königliche Amtsgericht Schönburg, den 2. Mai 1899.
Schönburg.

Anliegend überreichen wir die Beitrittserklärungen der

1. Albert Bauer, Kaufmann,
2. Siegfried Brendel, Gürtler,
3. Balduin Hauser, Posamentirer,
4. Karl Schild, Fabrikbesitzer,

alle zu Schönburg

behufs Eintragung in die Liste der Genossen.

Baugenossenschaft zu Schönburg,
eingetragene Genossenschaft mit beschränkter Haftpflicht.
H. Zabel. Ernst Border.

Formular 29.

Einreichung der Kündigungen von Genossen.

An das Königliche Amtsgericht Schönburg, den 14. November 1899.
Schönburg.

Wir überreichen die Kündigungserklärungen der unter den beigefügten Nummern in die Liste der Genossen eingetragenen Mitglieder:

Nr. 25. Tischler Eduard Reimann in Schönburg,
Nr. 72. Fabrikarbeiter Christian Schulze in Lenzen bei Schönburg,

behufs Eintragung in die Liste der Genossen.

Wir geben die Versicherung ab, daß die Aufkündigung in beiden Fällen rechtzeitig erfolgt ist.

(Unterschrift wie bei Formular 28.)

Formular 30.

Einreichung der Kündigung von Gläubigern der Genossen.

An das Königliche Amtsgericht Schönburg, den 15. November 1899.
Schönburg.

Wir überreichen die durch den Hans Meier in Schönburg erfolgte Aufkündigung der Mitgliedschaft des unter Nr. 102 der Liste der Genossen eingetragenen Kaufmann Albrecht Krause in Schönburg und fügen bei

a) beglaubigte Abschrift des rechtskräftigen Urtheils vom 20. März 1899,
b) beglaubigte Abschrift des Beschlusses des Königlichen Amtsgerichts zu Schönburg vom 27. März 1899 betreffend Pfändung und Ueberweisung des Geschäftsguthabens des Genossen Albrecht Krause an den Gläubiger Hans Meier;
c) beglaubigte Abschrift des Gerichtsvollzieher-Protokolls vom 10. Jan. 1899 über die fruchtlose Zwangsvollstreckung bei dem Albrecht Krause.

Wir geben zugleich die Versicherung ab, daß die Aufkündigung rechtzeitig erfolgt ist.

(Unterschrift wie bei Formular 28.)

Formular 31.

Einreichung des Ausschließungsbeschlusses.

An das Königliche Amtsgericht Schönburg, den 17. November 1899.
Schönburg.

Wir überreichen in Abschrift den Beschluß der Generalversammlung vom 15. November 1899, durch welchen der Maurermeister Philipp Faul aus Schönburg, eingetragen unter Nr. 58 der Liste, ausgeschlossen wird, behufs Eintragung des Ausscheidens auf den 31. Dezember 1899 in die Liste der Genossen.

(Unterschrift wie bei Formular 28.)

Formular 32.

Einreichung der Uebereinkunft wegen Uebertragung des Geschäftsguthabens an einen Nichtgenossen.

An das Königliche Amtsgericht Hannover, den 4. Juni 1898.
Hannover.

Wir überreichen

1. die zwischen dem unter Nr. 4 der Liste der Genossen eingetragenen Kaufmann Anton Himmelreich zu Linden bei Hannover und dem Rentier Christian Boshardt zu Hannover wegen der Uebertragung des Geschäftsguthabens an letzteren geschlossene Uebereinkunft;
2. die Beitrittserklärung des Rentiers Christian Boshardt zu Hannover behufs Eintragung des Ausscheidens des Anton Himmelreich und des Erwerbs der Mitgliedschaft des Christian Boshardt (Nr. 425 der Liste);
3. die Betheiligungserklärung des Rentiers Christian Boshardt zu Hannover mit einem zweiten, dritten, vierten und fünften Geschäftsantheil behufs Eintragung dieser Betheiligung in das Genossenschaftsregister.

(Firma der Genossenschaft
und Unterschriften zweier Vorstandsmitglieder.)

Formular 33.

Einreichung der Uebereinkunft wegen Uebertragung des Geschäftsguthabens an einen Genossen bei Zulassung mehrer Geschäftsantheile.

An das Königliche Amtsgericht Schönburg, den 5. Mai 1899.
Schönburg.

Wir überreichen

1. die zwischen dem unter Nr. 25 der Liste der Genossen eingetragenen Polizei-Sekretär Joseph Nante aus Schönburg und dem unter Nr. 67 daselbst eingetragenen Kaufmann Adolph Lesser aus Schönburg wegen Uebertragung des Geschäftsguthabens an letzteren geschlossene Uebereinkunft;

2. die Betheiligungserklärung des Kaufmanns Adolph Lesser auf einen zweiten, dritten und vierten Geschäftsantheil behufs Eintragung des Ausscheidens des Polizei-Sekretärs Joseph Nante und der Betheiligung des Kaufmanns Adolph Lesser mit einem zweiten, dritten und vierten Geschäftsantheil.

Wir geben die Versicherung ab, daß der erste, zweite und dritte Geschäftsantheil des Kaufmanns Adolph Lesser erreicht ist, und daß das bisherige Geschäftsguthaben desselben mit dem ihm zuzuschreibenden Betrage die der höchsten Zahl der Geschäftsantheile entsprechende Gesamntsumme nicht übersteigt.

(Unterschrift wie bei Formular 28.)

Formular 34.

Anmeldungen von Neuwahlen von Vorstandsmitgliedern.

An das Königliche Amtsgericht Schönburg, den 2. Januar 1899.
Schönburg.

Wir melden die in der ordnungsmäßig berufenen Generalversammlung vom 5. Dezember 1898 nach den Vorschriften des Statuts vollzogene Neuwahl des

Rechnungs-Rath a. D. Heinrich Zabel

zum Vorstandsmitgliede unter Beifügung einer Abschrift des Wahlprotokolls behufs Eintragung in das Genossenschaftsregister an.

Ausgeschieden aus dem Vorstande ist Leopold Mende.

Der Gewählte wird, wie hierunter geschehen, zeichnen.

Baugenossenschaft zu Schönburg
eingetragene Genossenschaft mit beschränkter Haftpflicht.
H. Zabel. Ernst Vorder. G. Görner.

Die vorstehenden, vor mir vollzogenen Unterschriften beglaubige ich.

Den 2. Januar 1899. Menzel,
(L. S.) Gemeindevorsteher von Schönburg.

Formular 35.

Einreichung der Betheiligungserklärung eines Genossen auf weitere Geschäftsantheile.

An das Königliche Amtsgericht Schönburg, den 7. Juni 1899.
Schönburg.

Wir überreichen die Betheiligungserklärung des Fabrikbesitzers Wilhelm Linke zu Schönburg, eingetragen unter Nr. 227 der Liste, auf den zweiten (dritten) Geschäftsantheil behufs Eintragung in die Liste der Genossen. Wir geben die Versicherung ab, daß der erste (zweite) Geschäftsantheil erreicht ist.

(Unterschrift wie bei Formular 28.)

Achtzehntes Kapitel.

Anleitung zur Buchführung
von Syring.

Für Baugenossenschaften ist die kaufmännische doppelte Buchführung die geeignetste, weil sie an Klarheit und Uebersichtlichkeit jede andere übertrifft, sich jeder Geschäfts-Gebahrung ohne Mühe anpassen läßt und außerdem den Vorzug hat, auch ohne Vergleichung und Nachprüfung jeden Schreib- und Uebertragungs-Fehler selbstthätig nachzuweisen.

Es soll hier versucht werden, das Wesen der doppelten Buchführung, wie dieselbe für Baugenossenschaften sich am besten verwenden läßt, näher zu erläutern. Wir schließen daran an die Darstellung einer vereinfachten Buchführung für kleinere Baugenossenschaften, denen für die doppelte Buchführung etwa die geeigneten Kräfte fehlen.

Das grundlegende Prinzip der doppelten Buchführung ist, daß jeder Geschäftsvorfall zwei einander kontrolirende Buchungen nöthig macht, die eine, insofern er eine Belastung, die andere, insofern er eine Entlastung darstellt, oder mit anderen Worten jeder Geschäftsvorfall ist auf dem Konto des Debitors und auf dem Konto des Kreditors zu buchen.

Aus den so gestalteten Grundbuchungen entfaltet sich die gesammte Buchführung, welche alle Geschäftsvorgänge umfaßt und in dem später behandelten Hauptbuch, unter Benutzung der Inventur die Grundlage für die Bilanz bildet.

Das Hauptbuch der doppelten Buchführung besteht aus den sogenannten „todten Konten“ oder „Sach-Konten“, die selbst da, wo es sich um Personen handelt, diese Bezeichnung führen, indem für jeden Zweig des Vermögens oder der Verbindlichkeiten gegenüber Personen eine Rechnung oder Konto geführt wird.

Außerdem werden Konti geführt für die verschiedenen Einnahmen und Ausgaben oder Gewinne und Verluste, die ihrer Natur nach zusammen gehören, und so eine selbstthätige Kontrole hergestellt.

Die selbstthätige Kontrole erklärt sich daraus, daß, wie vorher gesagt, bei jeder Buchung ein Konto belastet, ein anderes Konto entlastet wird, und daß deshalb bei einer Zusammenstellung sämmtlicher Konti die Gesammtsumme der Debet-Seiten gleichkommt der Gesammtsumme der Kredit-Seiten; und ebenso auch die Zusammenstellung der Ueberschüsse auf den einzelnen Konti im Debet wie im Kredit die gleichen Zahlen ergeben müssen.

Ist diese Uebereinstimmung nicht vorhanden, so ist irgendwo ein Fehler vorhanden, der festgestellt werden muß.

Voraussetzung für jede Buchführung, so auch für die doppelte Buchführung ist, daß die grundlegende Buchung, also die erste buchmäßige Niederschrift dem Geschäftsvorgange genau entspricht.

Für die grundlegenden Buchungen ist das Kassabuch und das Memorial oder Journal bestimmt, und zwar das Kassabuch in zweifacher Form.

1. Das Kassa-Brouillon oder „Rohe Kasse", welches mit Debet- oder Eingangs- und Credit- oder Ausgangs-Seiten eingerichtet, der Zeitfolge nach alle Zahlungsgeschäfte, die den Kassenbestand vermehren oder vermindern, aufnimmt, und zwar unter Bezeichnung desjenigen Hauptbuch-Kontos, unter welches der zu buchende Geschäftsvorgang fällt, und welches als Kreditor erscheint, wenn die Kasse Debitor ist, und als Debitor, wenn die Kasse Kreditor ist.

2. Die „Reine Kasse" nimmt sämmtliche Eintragungen der „Rohen Kasse" geordnet nach den Hauptbuch-Konti auf. Siehe Seite 307.

Beide Kassenbücher werden, sofern die Geschäfte nicht gar zu umfangreiche sind, monatlich abgeschlossen und die gesammten Eintragungen im Auszuge in das Memorial verbucht unter der für das Kassabuch vorausgesetzten Ueberschrift (Kopf)

für die Debet-Seite	Kassa-Konto An folgende Kreditoren	für die Kredit-Seite	Folgende Debitoren An Kassa-Konto.

Für Baugenossenschaften ist die vorbehandelte Theilung der Kasse in „rohe Kasse" und „reine Kasse" der vielfach bei Kredit-Genossenschaften gebräuchlichen amerikanischen Kasse, die nach Sach-Konten in Rubriken getheilt ist, vorzuziehen, weil, wenigstens bei den größeren Baugenossenschaften, im Laufe der Zeit die Geschäfte ihrem Charakter nach verzweigter und somit auch die in der Buchführung auseinander zu haltenden Konto-Bezeichnungen derart vermehrt werden, daß die amerikanische Kasse sich von selbst verbieten dürfte.

Diese Kasse hat zwar den großen Vorzug, daß sie weniger Schreibwerk verursacht, aber auch den schwerwiegenden Nachtheil, daß sie bei den Buchungen eine größere Aufmerksamkeit erfordert und keinen Schutz dagegen bietet, daß der zur Einnahme bezw. Ausgabe gekommene Betrag nicht etwa versehentlich in eine falsche Rubrik eingetragen ist.

Bei dem in Vorschlag gebrachten Verfahren hat der Kassenführer in jedem Falle die Bezeichnung der Sammel-Konti (Hauptbuch-Konti) aufzuführen, womit die beabsichtigte Buchung zweifellos festgelegt ist.

3. Das Memorial nimmt außer diesen Monats-Abschlüssen des Kassa-Buches alle Geschäftsvorgänge, die nicht mit Ein- bezw. Auszahlungen verbunden sind, nach der Zeitfolge auf, namentlich auch diejenigen Buchungen, welche dazu dienen sollen, Uebertragungen von einem Sach-Konto auf ein oder mehre andere Sach-Konti zu bewirken, wie solche bei den Jahres-Abschlüssen, die später behandelt werden sollen, vorzunehmen sein werden.

Die Eintragungen in das Memorial erfolgen nur nach dem Eingangs erwähnten Prinzip der Belastung und Entlastung, wie schon bei der Uebertragung des Monats-Kassen-Abschlusses gezeigt, indem man vorweg (Kopf der Buchung) die Bezeichnung der in Frage kommenden Sach-Konti setzt, hierbei gilt als Regel, daß der Debitor dem Kreditor vorangestellt wird.

Sind gleichzeitig mehrere Buchungen vorzunehmen, so sucht man dieselben möglichst zu vereinigen, wie beispielsweise bei der Buchung der monatlichen Kassen-Abschlüsse.

Die so entstehenden Buchungen bilden, wie schon früher gesagt, die Grundlage der gesammten Buchführung, weil aus beiden Büchern, dem Kassa-Buch wie dem Memorial, die weiteren Uebertragungen in die noch anzulegenden Bücher zu geschehen haben.

4. Hierher gehört zunächst als das wichtigste Buch, wie schon sein Name ausdrückt, das „Hauptbuch". Dieses, eingerichtet mit Debet- und Kredit-Seiten für die zu eröffnenden Konti, ergiebt, wie schon sein Name andeutet, ein Spiegelbild jedes einzelnen Zweiges, wie auch der gesammten Geschäftslage, indem es in den Additions-Summen der Debet- und Kredit-Seiten den Umsatz und in den Ueberschüssen der einen oder der anderen Seiten den Soll-Bestand, den Gewinn oder den Verlust in dem betreffenden Zweige des Geschäftes und in der Zusammenstellung die Lage des Geschäftes nachweist.

Das Hauptbuch wird gebildet, indem nur aus dem Memorial, welches die Kassengeschäfte im Auszuge bereits aufgenommen hat, der Reihenfolge nach die für die todten Konti errichteten Buchungs-Posten übertragen werden.

Die Genossenschaft hat nun aber ein dringendes Interesse, durch die Buchführung nicht nur über die Lage des Geschäftes im Allgemeinen, wie der einzelnen Geschäftszweige unterrichtet zu werden, sondern muß auch aus derselben ersehen können, in welchem Schuldverhältniß sie zu ihren einzelnen Mitgliedern, sowie zu allen denjenigen Personen steht, mit welchen sie Geschäftsverbindungen eingegangen ist. Diesem Zwecke dienen die zum Theil unentbehrlichen sogenannten „Spezial- oder Kontrol-Bücher". Bei der Einrichtung dieser Bücher kann nun der Zweckmäßigkeit oder individuellen Auffassung der weiteste Spielraum gegeben werden. Immerhin aber wird die Bezeichnung des einzelnen Spezial-Buches sich mit der für das diesbezügliche Konto im Hauptbuch gewählten Bezeichnung decken müssen.

5. Die Spezial-Bücher werden, um den vorgedachten Zwecken zu dienen, die Personen- oder lebenden Konti aufzunehmen haben, und es werden in diese wiederum aus dem Kassa-Buch und Memorial der Reihe nach alle die auf das eine oder andere Spezial-Konto sich beziehenden Posten übertragen.

Die Addition aller in das Spezial-Buch übertragenen Posten muß die gleichen Zahlen ergeben, welche die Addition des gleichnamigen Kontos im Hauptbuche aufweist.

Die Einrichtung der einzelnen meist gebräuchlichen Spezial-Bücher zeigt der Buchungsabschnitt Seite 318 ff.

In einzelnen Geschäftszweigen, z. B. bei dem Zinsen-Konto, wird die Führung einfacher Kontrol-Listen genügen.

Die gesammte Buchführung im Bilde zu veranschaulichen, mögen die in Nachstehendem fingirten Geschäfte eines Monats nebst Eröffnungs- und Schlußbilanz dienen.

Die Buchführung zeigt in jeder Rechnungs-Periode, die für Baugenossenschaften das Geschäftsjahr ist, als erste Buchung, und zwar im Memorial, die „Eröffnungs-Bilanz". Es ist dies nicht eine „Eröffnungs-

Bilanz" im Sinne des § 39 des Hand.-Ges.-B., sondern sie verdient diesen Namen nur insofern, als mit ihr das Geschäft des neuen Jahres „eröffnet" wird. Sie giebt buchmäßig die Schluß-Bilanz des vorhergehenden Geschäftsjahres wieder (Seite 318). Von einer Eröffnungs-Bilanz nach § 39 des Hand.-Ges.-B., die bei Neugründung einer Genossenschaft aufzustellen ist, kann nur dann die Rede sein, wenn bereits vorhandene Bestände und Verbindlichkeiten übernommen werden. In diesem letzteren Falle genügt allerdings nicht die summarische Wiedergabe nach den Titeln des Hauptbuches, sondern es muß die Bezugnahme auf die gleichlautende Inventur (Seite 302) oder bei der Buchung selbst zu jedem einzelnen Titel die Einzel-Aufführung desselben hinzugefügt werden. Die Uebertragung dieser Eröffnungs-Bilanz erfolgt, wie bei jeder Buchung, auf die entsprechenden Konti des Hauptbuches und der Spezial-Bücher.

Nunmehr folgen — was auch bei Errichtung einer Genossenschaft, bei welcher schon vorhandene Bestände oder Verbindlichkeiten nicht zu übernehmen sind, zutrifft — die laufenden Buchungen der einzelnen Geschäftsvorfälle, wie bei dem Kassa-Buch und Memorial zu 1 und 3 (Seite 299) des Näheren besprochen ist.

Um während des Geschäftsjahres eine Uebersicht über die Gestaltung des Geschäftes zu erhalten, empfiehlt es sich, nachdem die Uebertragungen geschehen sind, in einer diesem Zwecke dienenden besonderen Liste monatlich einen Auszug aus dem Hauptbuche anzufertigen (Seite 310). Die Zusammenstellung der Saldi der Aktiv- und Passiv-Posten einerseits, sowie der Gewinn- und Verlust-Posten andererseits läßt unter Vorbehalt der Feststellung der Bestände (Inventur), den Vermögensstand und die geschäftlichen Erfolge während der Buchungs-Periode erkennen.

Nach Ablauf des Geschäftsjahres wird, nachdem sämmtliche dieses Jahr betreffende Geschäfte zur Buchung und die Buchungen zur Uebertragung gelangt sind, der Auszug aus dem Hauptbuche (Roh-Bilanz) für den Umfang des Geschäftsjahres gefertigt und durch Auszüge oder Zusammenstellung der Saldi aus den einzelnen geführten Spezialbüchern festgestellt, ob die Gesammtsumme der einzelnen Spezial-Konten gleich ist dem Saldo des entsprechenden Konto im Hauptbuche. Ist dies nicht der Fall, so liegt ein Fehler vor, welcher durch Nachprüfung gefunden und durch entsprechende Umbuchung beseitigt werden muß.

Sodann werden die in der Inventur ermittelten Werthe in das betreffende Konto des Hauptbuchs eingesetzt, bei Aktivis in die Kreditseite, bei Passivis in die Debetseite.

Dies geschieht durch eine Buchung, bei welcher das Bilanz-Konto (Ausgleichungs-Konto) als Debitor für alle Aktiva und als Kreditor für alle Passiva erscheint. Ist diese Buchung auch in das Hauptbuch übertragen, so wird alsdann die Addition im Debet und Kredit sämmtlicher Konti vorgenommen. Die sich nunmehr ergebenden zur Ausgleichung fehlenden Beträge stellen den Gewinn oder andererseits den Verlust dar.

Dann werden diese festgestellten Differenzen auf das Gewinn- und Verlust-Konto durch eine Buchung übertragen, bei welcher dieses Konto den Verlust im Debet, den Gewinn im Kredit aufnimmt. Der auf diesem Konto durch Addition und Subtraktion sich ergebende Ueberschuß wird nunmehr die Ausgleichung des Bilanz-Konto herbeiführen. Dieser Ueberschuß wird nach den Bestimmungen der Generalversammlung zur Vertheilung, die selbstverständlich durch eine Buchung zum Ausdruck kommen muß, gebracht. Es empfiehlt sich, bei Baugenossenschaften diese Vertheilungsbuchung erst in dem neuen Geschäftsjahr, und zwar bei der Eröffnungs-Bilanz, vorzunehmen, wie das aus dem beigefügten Schema zu ersehen ist.

Nachdem auch diese Memorial-Buchungen übertragen sind, werden alle Konten des Hauptbuches mit Ausnahme des Gewinn- und Verlust-Kontos und des Bilanz-Kontos sowohl auf den Debet-, wie auf den Kredit-Seiten gleiche Beträge zeigen und es kann ein Abschluß der Konten vorgenommen werden.

Die sich noch nicht ausgleichenden Konten, das Gewinn- und Verlust-Konto und das Bilanz-Konto, müssen wechselseitig einen Saldo in gleicher Höhe aufweisen. Zeigt das Gewinn- und Verlust-Konto den größeren Betrag auf der Kredit-Seite, so muß das Bilanz-Konto den größeren Betrag auf der Debet-Seite enthalten und es bedeutet die Differenz zwischen Debet- und Kredit-Seite den Gewinn oder Ueberschuß des Geschäftsjahres, im entgegengesetzten Falle den Verlust des gleichen Zeitraumes.

Die Inventur.

Sogleich am Jahresschluß müssen in einem besonderen Verzeichniß die vorhandenen Bestände, als Baargeld, Werthpapiere, Hypotheken-Dokumente und anderweitigen Forderungen der Genossenschaft, sowie die Liegenschaften, Baustellen, Gebäude ꝛc. festgestellt, für dieselben die thatsächlichen zeitigen Werthe und die Schulden der Genossenschaft ermittelt werden.

Bei der buchmäßigen Aufstellung der Bilanz dürfen die in der Inventur ermittelten Werthe nur in der Höhe bewerthet werden, welche die Bücher nachweisen; erreichen die in der Inventur ermittelten Werthe dagegen die in den Büchern nachgewiesene Höhe nicht, so muß die Differenz über Gewinn- und Verlust-Konto, also als Verlust verbucht werden. Bei den Forderungen der Genossenschaft sind diejenigen Posten, welche voraussichtlich nicht oder nur theilweise eingehen werden, ihrem ganzen Betrage nach oder zu einem entsprechenden Theil in Abgang zu stellen und der Verlust über Gewinn- und Verlust-Konto zu verbuchen, oder bei zweifelhaften Forderungen der möglicherweise zu erwartende Verlust in einem diesbezüglich zu bildenden Rücklage-Konto oder Delcondere-Konto unter Belastung des Gewinn- und Verlust-Kontos in die Passiva einzustellen.

Die Bilanz dürfte gewöhnlich nach folgenden Titeln einzurichten sein:

Aktiva:

Kassa-Konto, für den Baarbestand.

Grund- und Boden- oder Terrain- oder Bauland-Konto, für gekauften, noch unbebauten Grund und Boden. Auf diesem Konto ist das Kaufgeld und die Kosten der Uebereignung zu verbuchen, dagegen nicht die Zinsen, die vom Tage des Kaufes bis zum Tage der Verwerthung entstehen; diese Zinsen sind für die Zeit der Nichtbenützung über Gewinn- und Verlust-Konto als Verlust zu verbuchen. Sobald das Terrain zur Bebauung gelangt, wird der Veräußerungswerth, also wahrscheinlich der erstmalige Kaufpreis zuzüglich Kosten und Zinsen, dem vorbezeichneten Grund- und Boden- 2c. Konto gutgeschrieben und erscheinen dann die in den Vorjahren als Verlust gebuchten Zinsen als Differenz auf diesem Konto, welche bei Aufstellung der Bilanz nunmehr über Gewinn- und Verlust-Konto als Gewinn eingestellt wird.

Grundstück-Konto. Die der Genossenschaft grundbuchlich gehörigen bebauten Grundstücke, spezifizirt unter Angabe der Werthe.

Hier ist eine Unterscheidung nöthig zwischen denjenigen Grundstücken, welche in dauerndem Besitz der Genossenschaft verbleiben sollen und denjenigen, welche einzelnen Genossen zwecks Erwerbung übergeben sind.

Bei der ersteren Kategorie ist ein angemessener Prozentsatz jährlich vom Werthe abzusetzen oder auf ein Erneuerungsfond-Konto in die Passiva aufzunehmen. Die Bildung eines Erneuerungsfond-Kontos verdient m. E. den Vorzug.

Bei der letzteren Kategorie erübrigt sich die Abschreibung oder die Ansammlung eines Erneuerungs- oder Ergänzungs-Fonds, weil ja der zur Buchung gelangte vereinbarte Werth ungekürzt eingehen wird.

Bau-Konto, unter näherer Bezeichnung des in Frage kommenden Baues oder der Bau-Serie.

Für die Ueberbuchung des Werthes des entfallenden Baulandes, für die gezahlten Material- und Baurechnungen.

Inventar- oder Mobiliar-Konto für die hierunter fallenden Bureau-Einrichtungen 2c.

Hier ist jährlich eine entsprechende größere Abschreibung, etwa 10% geboten.

Zinsen-Rückstand-Konto für die am Jahresschluß fälligen, noch nicht gezahlten Zinsen, deren Eingang mit Bestimmtheit zu erwarten steht. Wenn voraussichtlich an diesen Zinsenforderungen ein Ausfall entsteht, so ist ein demselben entsprechender Betrag entweder abzusetzen oder unter den Passiven eine Zinsen-Reserve in dieser Höhe einzustellen.

Miethen-Rückstand-Konto. Hier gilt dasselbe, was vorher bei dem Zinsen-Rückstand-Konto gesagt war.

Debitoren- oder Konto-kurrent-Konto für alle diejenigen Forderungen an Personen, welche bei anderen Konten nicht eingesetzt werden konnten. Hier kann eine Spezifikation nach dem Charakter der Forderungen eintreten, als: Guthaben bei Banken, Verschiedene 2c.

Effekten-Konto für etwa beschaffte Werthpapiere, um müssige Kassen-Bestände vorübergehend oder dauernd zinsbar anzulegen.

Hypotheken-Konto für Genossenschaften, die zum Eigenerwerb bauen zur Buchung der Restkaufgelder, die nach Auflassung des Hauses an den Genossen für die Genossenschaft stehen bleiben.

Kautionen-Konto für etwa von den Vorstands-Mitgliedern oder den Baulieferanten bestellte Kautionen, insoweit sie nicht im Betriebe der Genossenschaft verwendet werden, sondern in Werthpapieren oder Hypotheken oder dergl. angelegt sind.

Passiva.

Reservefonds-Konto für die Ansammlung des gesetzlichen Reservefonds.

Extra- oder Spezial-Reservefond-Konto für die Bereitstellung derjenigen Mittel, welche man glaubt haben zu müssen für mögliche, im Voraus nicht zu erkennende Verluste, auch zur Gewährung von Unterstützungen an Mitglieder, die aus Noth ihren Verpflichtungen gegen die Genossenschaft nicht nachkommen können.

Erneuerungsfond-Konto mit Zusatz-Bezeichnung nach dem Zwecke desselben.

Der Zweck dieses Kontos im allgemeinen ist unter Grundstück-Konto bei den **Aktiven** schon besprochen.

Geschäfts-Guthaben- oder Geschäfts-Antheil-Konto für die von Mitgliedern auf ihre Geschäfts-Antheile erfolgten Einzahlungen zuzüglich der denselben zuzuschreibenden Dividenden.

Hier könnte eine Spezifikation eintreten, etwa

a) Guthaben der verbleibenden Mitglieder;

b) „ „ am Jahresschluß Ausscheidenden.

Diese beiden Arten Geschäftsguthaben gehören am Jahresschluß noch zu den Geschäftsguthaben der Mitglieder; dagegen dürfen die jederzeit zur Auszahlung fälligen Geschäftsguthaben in früheren Jahren schon ausgeschiedener Mitglieder nicht auf Geschäftsguthaben-Konto verbleiben, sondern müssen als täglich fällige Verbindlichkeiten auf Kreditoren-Konto übertragen werden. Andernfalls würde sich der Vorstand einer falschen Bilanzaufstellung schuldig machen.

Anlehen- (Spardarlehen-) und Spareinlagen-Konto für die bei Einrichtung einer Sparkasse auf diese geleisteten Einzahlungen zuzüglich der auf dieselben entfallenden Zinsen.

Dividenden-Konto für die Aufnahme der aus dem Reingewinn zu vertheilenden Dividende und Abschreibung der dem Geschäftsguthaben zuzuschreibenden, sowie der ausgezahlten Dividenden.

Kreditoren- oder Konto-kurrent-Konto für alle diejenigen Forderungen von Personen, also Verbindlichkeiten der Genossenschaft, welche bei anderen Konten nicht eingesetzt werden konnten. Hier ist eine Spezifikation nach dem Charakter der Verbindlichkeiten durchaus am Platze:

a) Bankguthaben;

b) Abzahlungen auf Grundstücke zum allmählichen Erwerb durch einzelne Genossen;

c) Zahlungen auf Häuser im Bau seitens der erwerbenden Genossen;

d) Zahlungen auf noch zu bestellende Hypotheken;

e) Verschiedene 2c., von denen noch die Geschäftsguthaben früher ausgeschiedener Mitglieder abgezweigt werden können, bis sie nach Eintritt der Verjährung (§ 72 des Gesetzes) dem Reservefond zugeschrieben werden.

Hypotheken-Konto für Hypothek-Darlehen auf

a) Grundstücke im dauernden Besitz der Genossenschaft; hier empfiehlt sich spezifizirte Aufführung;

b) Grundstücke zum Eigenerwerb der Genossen.

Hypotheken-Restkaufgeld-Konto für hypothekarisch sichergestellte Kauf- resp. Restkaufgelder.

Auch hier empfiehlt sich eine Spezifikation, wenn es nicht vorgezogen wird, dieses Konto dem Hypotheken-Konto einzuverleiben.

Kautionen-Konto für etwa von den Vorstandsmitgliedern oder den Baulieferanten bestellte Kautionen.

Gewinn- und Verlust-Konto für den auf diesem Konto sich ergebenden Gewinn-Saldo oder Ueberschuß. Wenn das betreffende Geschäftsjahr mit einem Verlust abschließt, so würde derselbe auf der Aktiva-Seite der Bilanz zu buchen sein.

Für das **Gewinn- und Verlust-Konto** ergiebt sich die Aufstellung aus den Saldi, welche aus dem Hauptbuch auf dieses Konto übertragen sind. Bei der Wiedergabe dieses Kontos für die Generalversammlung dürfte es sich empfehlen, sowohl bei den Gewinnen als bei den Verlusten den Betrag der einzelnen Sach-Konten nach ihrem Ursprunge zu spezifiziren; z. B. **bei den Verlusten im Debet:**

Zinsen-Konto.

Restkaufgeld-Zinsen, | soweit solche bei den Spezial-Konten Berücksichtigung nicht gefunden haben.
Baugeld- „
Hypotheken- „
Darlehns- „
Spareinlagen- „
u. s. w.

Unkosten-Konto.

Bureau-Kosten,
Drucksachen und Inserate,
Gerichts- und Stempel-Kosten,
Gehälter
u. s. w.

Bei den Gewinnen im Kredit:

Zinsen-Konto.

Mieths-Zinsen, | soweit solche bei Spezial-Ertrags-Konten Berücksichtigung nicht gefunden haben.
Bankguthaben-Zinsen, |
Bau-Konto für etwaigen Verwaltungszuschlag.
Spezial-Ertrags-Konti, sofern solche für einzelne Grundstücke geführt werden.

Rohe Kasse.

Debet.

1896							
Dezb.	1.	Bestand				350	—
	3.	Reservefd.-Konto	Schmidt	3	—	2	—
		Antheil- „	dto.		—	30	—
	5.	„ „	Gutzeit	4	—	10	—
	7.	Konto-Kurrent-„	Neumärk. Bk.		2	1000	—
	9.	Spareinlagen-„	Lehmann	1	—	300	—
	15.	Zinsen- „ 4% a. 7500 1896	Schmidt, Str. à	1	—	300	—
	„	Amortisat.-Konto	dto. 2% Abtrag		—	150	—
	16.	Zinsen-Konto	Miethen a. Haus b.2 p. 1896		—	1350	—
	17.	Konto-Current-Kto.	Neumärk. Bk.		2	2000	—
	19.	Spareinlagen- „	Schmidt	3	—	350	—
	22.	Reservefond - „	Auer	5	—	2	—
	„	Antheil- „	dto.		—	22	—
						5866	—
1897							
Jan.	1.	Bestand				220	—

Credit.

1896							
Dezb.	7.	Bau-Konto A.	Hofnagel, Zimmermeister	1	—	800	—
	9.	Unkosten-Konto	div. Porti		—	6	—
	12.	Bau-Konto B.	Lindner, Maurermeister	2	—	1090	—
	13.	Antheil-Konto	Loose 2	3	—	200	—
	17.	Zinsen-Konto	Goldschmidt, 3% a. 25000 p. 1896	4	—	750	—
	19.	Unkosten-Konto	Bür.-Miethe	5	—	120	—
	20.	Bau-Konto A.	Lindner, Maurermeister	6	—	700	—
	22.	„ „ A.	Schreiner, Töpfer	7	—	600	—
	„	„ „ B.	Hofnagel, Zimmermeister	8	—	1200	—
	25.	Unkosten-Konto	Steuern	9	—	60	—
	27.	Dividenden-Konto	Lehmann 1	10	—	10	—
	28.	„ „	Loose 2	11	—	10	—
	30.	Spareinlagen-„	Meyer 5	12	—	100	—
		Saldo			—	220	—
						5866	—

Reine Kasse.

Debet.

1896 Dezbr.	1.	Bestand				350	—
		Reservefond-Konto.					
	3.	Schmidt	3	2	—		
	22.	Auer	5	2	—	4	—
		Antheil-Konto.					
	3.	Schmidt	3	30	—		
	5.	Gutzeit	4	10	—		
	22.	Auer	5	22	—	62	—
		Konto-Kurrent-Konto.					
	7.	Neumärk. Bk.		1000			
	17.	dto.		2000	—	3000	—
		Spareinlagen-Konto.					
	9.	Lehmann	1	300	—		
	19.	Schmidt	3	350	-	650	-
		Zinsen-Konto.					
	15.	Schmidt à 1		300	-		
		Miethen a. Haus b 2		1350	—	1650	—
		Amortisat.-Konto.					
	15.	Schmidt à 1				150	—
						5866	—
1897 Jan.	1.	Bestand				220	—

Credit.

1896 Dezbr.		Bau-Konto A.					
	7.	Hofnagel	1	800	—		
	21.	Lindner	6	700	—		
	22.	Schreiner	7	600	-	2100	—
		Bau-Konto B.					
	12.	Lindner	2	1090	·		
	22.	Hofnagel	8	1200	—	2290	—
		Unkosten-Konto.					
	9.	div. Porti		6	—		
	19.	Bür.-Miethe	5	120	—		
	25.	Steuer	9	60	—	186	—
		Antheil-Konto.					
	13.	Loose 2	3			200	—
		Zinsen-Konto.					
	17.	Goldschmidt	4			750	—
		Dividenden-Konto.					
	27.	Lehmann 1	10	10	—		
	28.	Loose 2	11	10	—	20	—
		Spareinlagen-Konto.					
	30.	Meyer 5	12			100	—
		Saldo				220	—
						5866	-

Memorial.

1896.

		Folgende Debitoren An Bilanz-Konto:					
Dezbr.	1.	per Kassa-Konto	1	350	—		
		„ Grundstück-Konto I	2	30 000	—		
		„ „ „ II	3	7 500	—		
		„ Bau-Konto A.	4	27 900	—		
		„ „ „ B.	5	4 650	—		
		„ Mobilien-Konto	6	45	—		
		„ Konto-Kurr.-Konto (Debitoren)	7	14	—	70 459	—
		Bilanz-Konto An folgende Creditoren:					
„	1.	an Reservefond-Konto	8	135	—		
		„ Erneuerungsfond-Konto . . .	9	300	—		
		„ Antheil-Konto	10	21 020	—		
		„ Spareinlagen-Konto	11	5 900	—		
		„ Konto-Kurr.-Konto (Creditoren)	7	12 500	—		
		„ Amortisations-Konto	12	450	—		
		„ Dividenden-Konto	13	36	—		
		„ Hypotheken-Konto	14	30 000	—		
		„ Gewinn- und Verlust-Konto (Vertrag v. Neumann) . .	15	118	—	70 459	—
„	2.	Grundstück-Konto I					
„	4.	An Bau-Konto A.: belasten ersteres für den Werth des fertiggestellten Hauses b. 2 . .				30 000	—
„	7.	Konto-Kurrent-Konto					
„	14.	An Hypotheken-Konto: Aug. Knop gewährt Hypotheken-Darlehen a. Haus b. 2 und zahlt den Gegenwerth an die Neumärk. Bank	2			20 000	—
„	7.	Konto-Kurrent-Konto					
„	5.	An Bau-Konto B.:					
„	12.	C. Michel für grundb. Uebernahme des Hauses a. 2	3			7 500	—

Memorial.

1896.

Dezbr.	14.	Hypotheken-Konto					
"	7.	An Konto-Kurrent-Konto:					
"	12.	C. Michel für Uebernahme der auf Haus a. 2 bestehenden Hypothek .	3			5 000	—
"	1.	Kassa-Konto					
		An folgende Creditoren:					
"	31.	an Reservefond-Konto	8	4	—		
		" Antheil-Konto	10	62	—		
		" Konto-Kurrent-Konto	7	3 000	—		
		" Spareinlagen-Konto	11	650	—		
		" Zinsen-Konto	16	1 650	—		
		" Amortisations-Konto	12	150	—	5 516	—
		Folgende Debitoren					
"	1.	An Kassa-Konto:					
		per Bau-Konto A.	4	2 100	—		
		" " " B.	5	2 290	—		
"	31.	" Unkosten-Konto	17	186	—		
		" Antheil-Konto	10	200	—		
		" Zinsen-Konto	16	750	—		
		" Dividenden-Konto	13	20	—		
		" Spareinlagen-Konto	11	100	—	5 646	—
		Folgende Debitoren					
"	7.	An Konto-Kurrent-Konto:					
		an Neumärk. Bank	2				
		per Zinsen-Konto:					
		für laufende Kontozinsen . . .	16	72	50		
		per Unkosten-Konto:					
		für verauslagte Porti	17		70	73	20
"	16.	Zinsen-Konto					
		An folgende Creditoren:					
		an Amortisations-Konto					
		3% Zinsen p. 1896	12	13	50		
		an Spareinlagen-Konto					
		3½% Zinsen p. 1896	11	75	—	88	50

(Memorial.)

Auszug.

		Debet		Credit		Debet Saldi		Credit Saldi	
1	Kassa-Konto	5 866	—	5 646	—	220	—	—	—
2	Grundstück-Konto I	60 000	—	—	—	60 000	—	—	—
3	„ „ II	7 500	—	—	—	7 500	—	—	—
4	Bau-Konto A.	30 000	—	30 000	—	—	—	—	—
5	„ „ B.	6 940	—	7 500	—	—	—	560	
6	Mobiliar-Konto	45		-	—	45	—	—	..
7	Konto-Kurrent-Konto	27 514	–	20 573	20	6 940	80	—	–
8	Reservefond-Konto	—	—	139	—	—	—	139	—
9	Erneuerungsfond-Konto	—	—	300	—	—	—	300	—
10	Antheil-Konto	200	—	21 082	—	—	–	20 882	—
11	Spareinlagen-Konto	100	—	6 625	—	—	—	6 525	—
12	Amortisations-Konto		—	613	50	—	—	613	50
13	Dividenden-Konto	20	—	36	·	—	—	16	—
14	Hypotheken-Konto	5 000	—	50 000	—	—	—	45 000	—
15	Gewinn- und Verlust-Konto	–	—	118	—	—	—	118	—
16	Zinsen-Konto	911	—	1 650	—	—	—	739	—
17	Unkosten-Konto	186	70	—	–	186	70	—	—
		144 282	70	144 282	70	74 892	50	74 892	50

Memorial.

1896.

	Folgende Debitoren					
15.	An Gewinn- und Verlust-Konto:					
	per Bau-Konto B.	5	560	—		
	„ Zinsen-Konto	16	739	—	1 299	—
15.	Gewinn- und Verlust-Konto					
	An folgende Creditoren:					
	an Unkosten-Konto	17			186	70
	Zwecks Vertheilung des Reingewinnes					
	an Reservefond-Konto	8	123	—		
	„ Erneuerungsfond-Konto . . .	9	300	—		
	„ Dividenden-Konto	13	800	—	1 223	—
					1 409	70
13.	Dividenden-Konto					
10.	An Antheil-Konto					
	für letzterem zugeschriebene Dividende p. 1896				650	—
	Bilanz-Konto					
18.	An folgende Creditoren:					
	an Kassa-Konto	1	220	—		
	„ Grundstück-Konto I	2	60 000	—		
	„ „ „ II	3	7 500	—		
	„ Mobiliar-Konto	6	45	—		
	„ Konto-Kurrent-Konto	7	6 940	80	74 705	80
	Folgende Debitoren					
18.	An Bilanz-Konto					
	per Reservefond-Konto	8	262	—		
	„ Erneuerungsfond-Konto . . .	9	600	—		
	„ Antheil-Konto	10	21 532	—		
	„ Spareinlagen-Konto	11	6 525	—		
	„ Amortisations-Konto	12	613	50		
	„ Dividenden-Konto	13	166	—		
	„ Hypotheken-Konto	14	45 000	—		
	„ Gewinn- und Verlust-Konto (Vortrag auf Neue Rechnung)		7	30	74 705	80

Fol. 1. **Haupt**
Debet. **Kassa-**

1896				
Dezbr.	1.	An Bilanz-Konto (Bestand)	1	350 —
"	31.	" 6 Creditoren	2	5 516 —
				5 866 —

Fol. 2. **Grundstück-**
Debet.

1896				
Dezbr.	1.	An Bilanz-Konto (Miethshaus Str. a. 1)	1	30 000 —
"	10.	" Bau-Konto A. (Miethshaus Str. b. 2)	2	30 000 —
				60 000 —

Fol 3. **Grundstück-**
Debet.

1896				
Dezbr.	1.	An Bilanz-Konto (Amortisat. Haus Str. a. 2)	1	7 500 —
				7 500 —

Fol. 4. **Bau-**
Debet.

1896				
Dezbr.	1.	An Bilanz-Konto	1	27 900 —
"	31.	" Kassa-Konto	4	2 100 —
				30 000 —

Fol. 5. **Bau-**
Debet.

1896				
Dezbr.	1.	An Bilanz-Konto	1	4 650 —
"	31.	" Kassa-Konto	4	2 290 —
"	"	" Gewinn- und Verlust-Konto	6	560 —
				7 500 —

Fol. 6. **Mobiliar-**
Debet.

1897				
Dezbr.	1.	An Bilanz-Konto	1	45 —
				45 —

buch.

Konto.

Fol. 1.
Credit.

1896 Dezbr.	31.	Per 7 Debitoren	2	5 646	—
"	"	" Bilanz-Konto	6	220	—
				5 866	—

Konto I.

Fol. 2.
Credit.

1896 Dezbr.	31.	Per Bilanz-Konto	6	60 000	—
				60 000	—

Konto II.

Fol. 3.
Credit.

1896 Dezbr.	31.	Per Bilanz-Konto	6	7 500	—
				7 500	—

Konto A.

Fol. 4.
Credit.

1896 Dezbr.	10.	Per Grundstück-Konto I	2	30 000	—
				30 000	—

Konto B.

Fol. 5.
Credit.

1896 Dezbr.	12.	Per Konto-Kurrent-Konto	2	7 500	—
				7 500	—

Konto.

Fol. 6.
Credit.

1896 Dezbr.	31.	Per Bilanz-Konto	6	45	—
				45	—

Fol. 7.

Debet.

Konto-Kurrent-

1897					
Dezbr.	1.	An Bilanz-Konto	1	14	—
"	10.	" Hypotheken-Konto	2	20 000	—
"	12.	" Bau-Konto B.	2	7 500	—
				27 314	—

Fol. 8.

Debet.

Reservefond-

1896					
Dezbr.	31.	An Bilanz-Konto	6	262	—
				262	—

Fol. 9.

Debet.

Erneuerungsfond-

1896					
Dezbr.	31.	An Bilanz-Konto	6	600	—
				600	—

Fol. 10.

Debet.

Antheil-

1896					
Dezbr.	31.	An Kassa-Konto .	4	200	—
"	"	" Bilanz-Konto	6	21 532	—
				21 732	—

Fol. 11.

Debet.

Spareinlagen-

1896					
Dezbr.	31.	An Kassa-Konto	4	100	—
"	"	" Bilanz-Konto	6	6 525	—
				6 625	—

Konto. Fol. 7.

Credit.

1897					
Dezbr.	1.	Per Bilanz-Konto	1	12 500	—
„	12.	„ Hypotheken-Konto	3	5 000	—
„	31.	„ Kassa-Konto . .	3	3 000	—
„	„	„ 2 Debitoren . .	4	73	20
„	„	„ Bilanz-Konto	6	6 940	80
				27 514	—

Konto. Fol. 8.

Credit.

1896					
Dezbr.	1.	Per Bilanz-Konto	1	135	—
„	31.	„ Kassa-Konto . . .	3	4	—
„	„	„ Gewinn- und Verlust-Konto	6	123	—
				262	—

Konto. Fol. 9.

Credit.

1897					
Dezbr.	1.	Per Bilanz-Konto . . .	1	300	—
„	31.	„ Gewinn- und Verlust-Konto . .	6	300	—
				600	—

Konto. Fol. 10.

Credit.

1896					
Dezbr.	1.	Per Bilanz-Konto	1	21 020	—
„	31.	„ Kassa-Konto	3	62	—
„	„	„ Dividenden-Konto . . .	6	650	—
				21 732	—

Konto. Fol. 11.

Credit

1896					
Dezbr.	1.	Per Bilanz-Konto	1	5 900	—
„	31.	„ Kassa-Konto	3	650	—
„	„	„ Zinsen-Konto	4	75	—
				6 625	—

Fol. 12. Debet. **Amortisations-**

1896 Dezbr.	31.	An Bilanz-Konto	6	613	50
				613	50

Fol. 13. Debet. **Dividenden-**

1896 Dezbr.	31.	An Kassa-Konto	4	20	—
"	"	" Antheil-Konto	6	650	—
"	"	" Bilanz-Konto	6	166	—
				836	—

Fol. 14. Debet. **Hypotheken-**

1896 Dezbr.	12.	An Konto-Kurrent-Konto	3	5 000	—
"	31.	" Bilanz-Konto	6	45 000	—
				50 000	—

Fol. 15. Debet. **Gewinn- und**

1896 Dezbr.	31.	An 4 Creditoren	6	1 409	70
"	"	" Bilanz-Konto		7	30
				1 417	—

Fol. 16. Debet. **Zinsen-**

1896 Dezbr.	31.	An Kassa-Konto	4	750	—
"	"	" Konto-Kurrent-Konto	4	72	50
"	"	" 2 Creditoren	4	88	50
"	"	" Gewinn- und Verlust-Konto	6	739	—
				1 650	—

Fol. 17. Debet. **Unkosten-**

1896 Dezbr.	31.	An Kassa-Konto	4	186	—
"	"	" Konto-Kurrent-Konto	4	—	70
				186	70

Konto. Fol. 12.

Credit.

1896					
Dezbr.	1.	Per Bilanz-Konto	1	450	—
"	31.	" Kassa-Konto	3	150	—
"	"	" Zinsen-Konto	4	13	50
				613	50

Konto. Credit. Fol. 13.

1896					
Dezbr.	1.	Per Bilanz-Konto	1	36	—
"	31.	" Gewinn- und Verlust-Konto	6	800	—
				836	—

Konto. Credit. Fol. 14.

1896					
Dezbr.	1.	Per Bilanz-Konto	1	30 000	—
"	10.	" Konto-Kurrent-Konto	2	20 000	—
				50 000	—

Verlust-Konto. Credit. Fol. 15.

1896					
Dezbr.	1.	Per Bilanz-Konto	1	118	—
"	31.	" 2 Debitoren	6	1 299	—
				1 417	—

Konto. Credit. Fol. 16.

1896					
Dezbr.	31.	Per Kassa-Konto	3	1 650	—
				1 650	—

Konto. Credit. Fol. 17.

1896					
Dezbr.	31.	Per Gewinn- und Verlust-Konto	6	186	70
				186	70

Fol. 18.
Debet

Bilanz-

1896					
Dezbr.	31.	An Kassa-Konto	6	220	—
"	"	" Grundstück-Konto I	"	60 000	—
"	"	" " " II	"	7 500	—
"	"	" Mobiliar-Konto	"	45	—
"	"	" Konto-Kurrent-Konto	"	6 940	80
				74 705	80

Spezialbuch des Konto-

Fol. 1.
Debet

P. Schmidt,

1896					
Dezbr.	1.	An Saldo (f. Auslagen)		14	—
1897					
Januar	1.	" Saldo-Vortrag		14	—

Fol. 2.
Debet.

Neumärkische

1896					
Dezbr.	10.	An Hypotheken-Konto p. Aug. Knop	2	20 000	—
				20 000	-
Januar	1.	An Saldo-Vortrag		6 926	80

Fol. 3.
Debet.

C. Michel,

1896					
Dezbr.	12.	An Bau-Konto B. für Haus a. 2		7 500	—
				7 500	—

Konto. Fol. 18.
Credit.

1896					
Dezbr.	31.	Per Reservefond-Konto	6	262	—
"	"	" Erneuerungsfond-Konto	"	600	—
"	"	" Antheil-Konto	"	21 532	—
"	"	" Spareinlagen-Konto	"	6 525	—
"	"	" Amortisations-Konto	"	613	50
"	"	" Dividenden-Konto	"	166	—
"	"	" Hypotheken-Konto	"	45 000	—
"	"	" Gewinn- und Verlust-Konto	"	7	30
				74 705	80

Kurrent-Konto.

Str. a. 1. Fol. 1.
Credit.

1896					
Dezbr.	31.	Per Saldo		14	—

Bank. Fol. 2.
Credit.

1896					
Dezbr.	1.	Per Saldo		10 000	—
"	7.	" Kassa-Konto	1	1 000	—
"	17.	" " "	1	2 000	—
"	31.	" 2 Debitores f. Zinsen und Prov.	4	73	20
"	31.	" Saldo		6 926	80
				20 000	—

Str. a. 2. Fol. 3.
Credit.

1896					
Dezbr.	1.	Per Saldo (Anzahlung)		2 500	—
"	12.	" Hypotheken-Konto	3	5 000	—
				7 500	—

Spezialbuch des Antheil-Konto.

1. Lehmann				2. Loose				3. Schmidt				4. Gutzeit				5. Auer			
Datum	Fol.	ℳ	₰	Datum	Fol.	ℳ	₰	Datum	Fol.	ℳ	₰	Datum	Fol.	ℳ	₰	Datum	Fol.	ℳ	₰
1./12. 96		200	—	1./12. 96		200	—	1./12. 96		340	—	1./12. 96		470	—	22./12. 96		22	—
1./1. 97		200	—	13./12. 96	1	200	—	5./12. 96		30	—	5./12. 96		10	—	1./1. 97		22	—
								Div. 96		13	60	Div. 96		18	80				
								1./1. 97		383	60	1./1. 97		498	80				

2c.

Spezialbuch für Spareinlagen-Konto.

(Methode für Zinszahlen-Berechnung vom Zahlungstage bis Jahresschluß.)

Datum		Fol.	Text	Tage	Zinszahlen	Eingang (Credit) ℳ	₰	Zinszahlen	Ausgang (Debet) ℳ	₰
1896										
Januar	1.		Bestand	360	3 060	850	—	—	—	—
März	17.	156	Einlage	283	1 910	675	—	—	—	—
August	22.	167	Rückzahlung	128	—	—	—	716	560	—
Dezbr.	31.		Zinsen p. 1896 a. 4254 Zz.	—	--	47	25	4 254	—	—
"	"		Saldo	—	—	—	—	—	1 012	25
				—	4 970	1 572	25	4 970	1 572	25
1897										
Januar	1.		Saldo-Vortrag (Bestand)	360	3 643	1 012	25			

(Methode für Zinszahlen-Berechnung von Beginn des Rechnungs-Zeitabschnittes bis zu den Zahlungstagen.)

Datum		Fol.	Text	Tage	Zinszahlen	Eingang (Credit) M	Eingang (Credit) Pf.	Zinszahlen	Ausgang (Debet) M	Ausgang (Debet) Pf.
1896										
Januar	1.		Bestand	Ep.	—	850	—	—	—	—
März	17.	156	Einlage	77	519	675	—	—	—	—
August	22.	167	Rückzahlung	232	—	—	—	1 290	560	—
Dezbr.	31.		Kapital-Saldo	360	—	—	—	3 474	—	—
"	"		Zinsen a.	—	4 254	47	25	—	—	—
					4 773	1 572	25	4 773	560	—
1897										
Januar	1.		Saldo-Vortrag (Bestand)	Ep.	—	1 012	25	—	—	—

(Methode für Zinsen-Berechnung laut Tabelle mit Angabe des jedesmaligen Bestandes p. 31. Dezember.)

Datum		Fol.	Text	Tage	Eingang (Credit) M	Eingang (Credit) Pf.	Zinsen lt. Tabelle M	Zinsen lt. Tabelle Pf.	Ausgang (Debet) M	Ausgang (Debet) Pf.	Zinsen lt. Tabelle M	Zinsen lt. Tabelle Pf.	Bestand p. 31. Dezbr. M	Bestand p. 31. Dezbr. Pf.
1896														
Januar	1.		Bestand	360	850	—	34	—	—	—	—	—	884	—
März	17.	156	Einlage	283	675	—	21	20	—	—	—	—	1 580	20
August	22.	167	Rückzahlung	128	—	—	—	—	560	—	7	95	1 012	25
					1 525	—	55	20	560	—	7	95	1 012	75
1897														
Januar	1.		Bestand	360	1 012	25	40	50	—	—	—	—	1 052	25

Eine Vereinfachung der Buchführung ergiebt sich, wenn man die „rohe Kasse" und die „reine Kasse" der doppelten Buchführung in ein Kassen-Journal zusammenfaßt, welches die Einnahmen sowie die Ausgaben spezifizirt nach den Sach-Konten aufführt, aus deren Abschluß sich die Bilanz ergiebt. Für diese Sach-Konten sind, wie die folgenden Formulare ergeben, besondere Spalten angelegt. Indem man nun alle Geschäfte, auch diejenigen, welche streng genommen keine Kassengeschäfte sind, durch die Kasse gehen läßt, enthält das Kassen-Journal alle Grundbuchungen und bietet in seinen einzelnen Spalten zugleich die Grundlage für die Bilanz.

Allerdings muß, wie schon früher angedeutet wurde, bei Führung des Kassen-Journals darauf geachtet werden, daß die einzelnen Einnahmen oder Ausgaben stets in die richtige Spalte eingetragen werden und nicht etwa durch eine Verwechselung auf ein falsches Konto kommen; denn das Kassen-Journal kontrolirt nur, wenn irrthümlich auf das einzelne Konto eine andere Summe gebucht würde, als die Hauptspalte nachweist, welche alle Einnahmen und Ausgaben aufführt; es kontrolirt aber nicht, ob die Eintragung in die richtige Spalte für das Sach-Konto erfolgt ist. Ein derartiger Fehler würde zwar auch nicht unentdeckt bleiben, weil sich dann irgendwo eine Differenz mit den persönlichen Konten der Schuldner oder der Gläubiger ergeben würde, aber die Aufklärung einer solchen Differenz könnte große Unbequemlichkeiten verursachen. Uebrigens geben die nachfolgenden Formulare I. und II. den nöthigen Anhalt.

Je größer nun die Zahl der Spalten im Kassen-Journal ist, um so leichter können bei der Benutzung derselben Irrthümer vorkommen und um so bedenklicher wird es, dieses Kassen-Journal als Grundlage für die gesammte Buchführung zu verwenden. Daraus erhellt, daß größere, geschäftlich weiter entwickelte Baugenossenschaften der doppelten kaufmännischen Buchführung den Vorzug geben werden, weil solche Genossenschaften, um im Kassen-Journal alle Sach-Konten einzeln zu berücksichtigen, einer sehr großen Zahl von Spalten bedürfen würden, die die Uebersicht sehr erschweren.

Das schließt übrigens nicht aus, daß auch Genossenschaften, die sich der doppelten Buchführung bedienen, ein solches Kassen-Journal anwenden, indem sie einander verwandte Sach-Konten zunächst in einer Spalte zusammenbuchen und erst am Monatsschluß trennen.

Bei der vereinfachten Buchführung, um die es sich hier handelt, empfiehlt es sich nun, ebenso wie das Kassen-Journal auch die anderen Geschäftsbücher für die persönlichen Konten kameralistisch einzurichten, d. h. nicht mit Debet (Soll) und Kredit (Haben) auf gegenüberstehenden Seiten, sondern tabellarisch.

Bei Beginn des Jahres werden im Kassen-Journal die Zahlen der Bilanz des Vorjahres auf den einzelnen Konten vorgetragen und die neuen Einnahmen und Ausgaben dann darunter gebucht.

Das Konto der Geschäftsantheile, das sind die persönlichen Konten der Genossen mit ihren Geschäftsguthaben. Für jedes Mitglied genügt eine Seite, zumal dort, wo viele Mitglieder in Monats- oder Wochenbeiträgen ihre Geschäftsguthaben ansammeln, für diese Mitglieder zweckmäßig noch ein Hilfs-Journal für Mitgliederbeiträge geführt werden wird, aus welchem die im Laufe des Jahres gezahlten Beiträge am Jahresschluß zusammengerechnet und in einem Posten auf das „Konto der Geschäftsantheile" des betreffenden Mitgliedes übertragen werden. Insoweit enthält das „Hilfs-Journal" die Grundbuchungen für das Konto der Geschäftsantheile; im Kassen-Journal werden diese Beiträge summarisch, soviel wie an einem Tage eingegangen sind, gebucht, ohne den einzelnen Einzahler namhaft zu machen. Diese kleinen Beiträge werden in manchen Genossenschaften durch besondere Boten oder Bezirksvertrauensmänner gegen Quittungsmarken eingezogen und zur Vereinskasse abgeführt. Unmittelbar bei dieser werden oft nur größere Einzahlungen auf Geschäftsguthaben geleistet und dann auch einzeln im Kassen-Journal gebucht und von da auf Geschäftsantheil-Konto übertragen.

Wenn die Beiträge zum Geschäftsantheil wöchentlich von den Mitgliedern erhoben werden, so werden in Formular IV. die Mitglieder so weitläufig einzutragen sein, daß in jeder Monatsspalte bei dem einzelnen Mitgliede 4 oder 5 Wochenbeiträge bequem unter einander eingetragen werden können. Sonst erklären sich die Formulare III. und IV. selbst. In Formular III. wird bei Rückzahlung des Geschäftsguthabens nach dem Ausscheiden der Betrag am Ende des Kontos in rother Tinte vermerkt und das Konto beglichen.

Für das Konto des Reservefond ist das Formular V. bestimmt, das unverändert auch für das Konto des Erneuerungsfond und anderer Spezial-Reserven verwendet werden kann.

Für das Konto der Spareinlagen kann auch das vorher bei Erläuterung der doppelten Buchführung empfohlene Spezialbuch für Spareinlagen mit Zinszahlen für Einnahme und Ausgabe verwendet werden und bedarf es eines andern Formulars nicht.

Das Konto der Anleihen würde nach Formular VI. zu führen sein, entweder so, daß jedem Kunden eine halbe Seite aufgemacht wird, um es für mehre Jahre nacheinander benutzen zu können, oder so, daß Ende jedes Jahres das Konto für alle Darleiher neu angelegt wird. Insofern es sich um Anleihen handelt, welche für eine Reihe von Jahren fest aufgenommen sind, würde das erstere Verfahren den Vorzug verdienen, weil es weniger Schreibwerk erfordert.

Für das Konto des Grundeigenthums ist das Formular V. verwendbar, indem unter Einnahme der im Kassen-Journal unter Ausgabe gebuchte Kaufpreis einschl. der Kosten des Vertrages u. s. w. gebucht werden, während unter Ausgabe die etwa davon verkauften Parzellen, sowie die von der Genossenschaft mit Häusern bebauten Parzellen zu buchen sind. Letztere erscheinen dann auf dem Häuser-Konto in Einnahme.

Auch für das Häuser-Konto empfiehlt sich das Formular V. Für jedes Haus ist ein besonderes Konto anzulegen, in dessen Einnahme-Spalte die Kosten der Baustelle und die gesammten Herstellungskosten gebucht werden. In die Ausgabe kommt die Abnutzung und der ganze Kaufpreis beim Verkauf des Hauses, der im Kassen-Journal in Einnahme gebucht wird, während dort das nicht bezahlte Restkaufgeld als Ausgabe auf Hypotheken-Konto kommt.

Das Konto der Hypotheken und anderen Forderungen der Genossenschaft, welche aber beide auseinanderzuhalten sind, kann leicht nach Formular VI. umgestaltet werden, indem dort statt „Tag der Einnahme" gesetzt wird „Tag der Zahlung", statt „Name des Darleihers" „Name des Empfängers", statt „Es bleibt Darlehn am Jahresschluß" „Es bleibt Forderung am Jahresschluß".

Das Konto der Miethen ist nach Formular V. einzurichten und, insofern die Miethen von den Hauskuratoren in Monatsraten eingezogen werden, zur Buchung dieser Beträge ein Hilfs-Journal zu benutzen, welches mit Formular IV. übereinstimmt, nur daß die Spalte für das „Eintrittsgeld" wegfällt und die Ueberschrift „Beiträge zum Geschäftsantheil" ersetzt wird durch die Ueberschrift „Hat Miethe gezahlt für:"

Kassen-Journal. Ein-

Die Einnahme wird

Lfde. Nr.	Tag der Einnahme	Name, Stand und Wohnort des Einzahlers.	Gegenstand der Einnahme	Seite des Kontos	Betrag der Einnahme ℳ	₰	Geschäftsantheile ℳ	₰	Reserven ℳ	₰

Kassen-Journal. Aus-

Die Ausgabe wird

Lfde. Nr.	Tag der Ausgabe	Name, Stand und Wohnort des Empfängers	Gegenstand der Ausgabe	Seite des Kontos	Betrag der Ausgabe ℳ	₰	Geschäftsantheile ℳ	₰	Reserven ℳ	₰

Auch für das Konto der Geschäftsunkosten und Abgaben genügt das Formular V. Um einen genaueren Ueberblick zu gewinnen, kann man auch, unbeschadet der Zusammenfassung im Kassen-Journal, für die Geschäftsunkosten und die Abgaben je ein besonderes Konto einrichten Da die „sonstigen Einnahmen" und „sonstigen Ausgaben" nur durchlaufende Posten nachweisen, bedarf es für sie keiner besonderen Konten.

nahme. **Formular I.**

nachgewiesen im Konto:

Spar-einlagen		Anleihen		Hypotheken (Rückzahlungen)		Zinsen für Hypotheken		Grund-eigenthum		Häuser		Geschäfts-unkosten und Abgaben		Miethen		Sonstige Ein-nahmen		Bemerkungen
M	₰	M	₰	M	₰	M	₰	M	₰	M	₰	M	₰	M	₰	M	₰	

gabe. **Formular II.**

nachgewiesen im Konto:

Spar-einlagen		Zinsen für Spar-einlagen		Anleihen		Zinsen für Anleihen		Hypo-theken		Grund-eigenthum		Häuser		Geschäfts-unkosten und Abgaben		Sonstige Aus-gaben		Bemerkungen
M	₰	M	₰	M	₰	M	₰	M	₰	M	₰	M	₰	M	₰	M	₰	

Formular III.

Konto der Geschäftsantheile.

Nr. . . (Name des Mitglieds.)

Tag	Nr. des Kassen-Journals	Nr. des Hülfs-Journals	Bezeichnung des Zugangs	Betrag ℳ	Betrag ₰	Baar gezahlt an Dividende für das Jahr	laut Kassen-Journal Nr.	Betrag ℳ	Betrag ₰	Bemerkungen.

Formular IV.

Hilfs-Journal für
für das

Laufende Nr.	Namen und Wohnung der Mitglieder	Eintrittsgeld ℳ	Eintrittsgeld ₰	Beiträge zum Januar ₰	Februar ₰	März ₰	April ₰	Mai ₰	Juni ₰

Formular V.

Konto des Reservefonds.

Tag der Einnahme oder Ausgabe	Nr. des Kassen-Journals	Gegenstand der Einnahme oder Ausgabe	Betrag der Einnahme ℳ	₰	Betrag der Ausgabe ℳ	₰	Bemerkungen.

Mitgliederbeiträge
Jahr . .

Geschäftsantheil						Summa		Rest am Jahresschluß		Bemerkungen.
Juli ₰	August ₰	Septbr. ₰	Oktober ₰	Novbr. ₰	Dezbr. ₰	ℳ	₰	ℳ	₰	

Konto der

Tag der Einnahme	Nr. des Kassen-Journals	Betrag des empfangenen Darlehns ℳ	₰	Name des Darleihers und Angabe der Bedingungen	Auf das Darlehn ist zurückgezahlt ℳ	₰	Tag der Rückzahlung	Nr. des Kassen-Journals

Anleihen. Formular VI.

Es bleibt Darlehn am Jahresschluß		An Zinsen												Bemerkungen.
		sollen gezahlt werden							sind gezahlt			Rest am Jahresschluß		
		%	für		auf die Zeit		Betrag		laut Kassen-Journal	Betrag				
					vom	bis								
ℳ	₰		ℳ	₰			ℳ	₰		ℳ	₰	ℳ	₰	

Sachregister.

(Die Zahlen beziehen sich auf die Seiten, wenn nicht ausdrücklich §§ angezogen sind.)

Druck von L. Schirmer in Glatz.

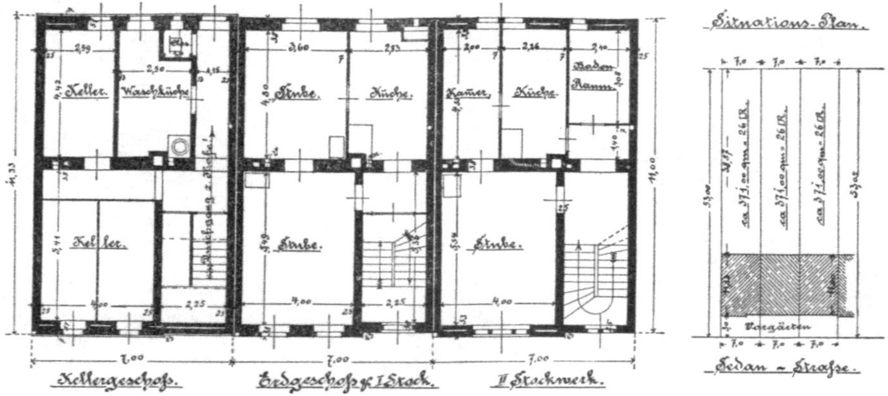

Façaden und Grundrisse kleinerer Häuser für Adlershof, Sedanstraße, 1898/99.

Berliner Baugenossenschaft

Berlin W., Steglitzer Straße 19.

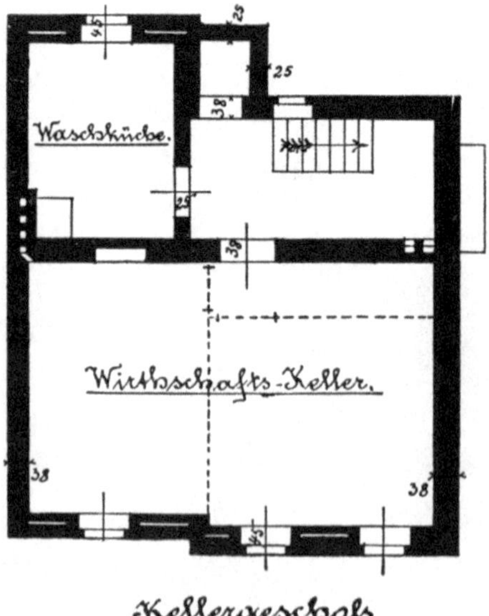

Kellergeschoß.

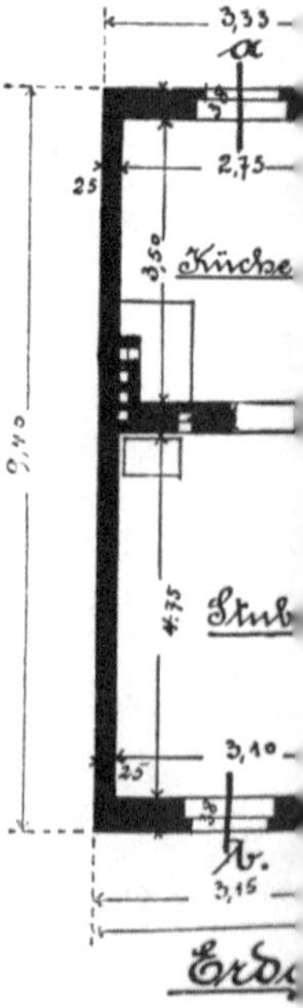

iner
senschaft

t m. b. Haftpflicht

W.,

Straße 19.

ngebäude

Familien

n der

Ausstellung 1896.

che 70 qm.

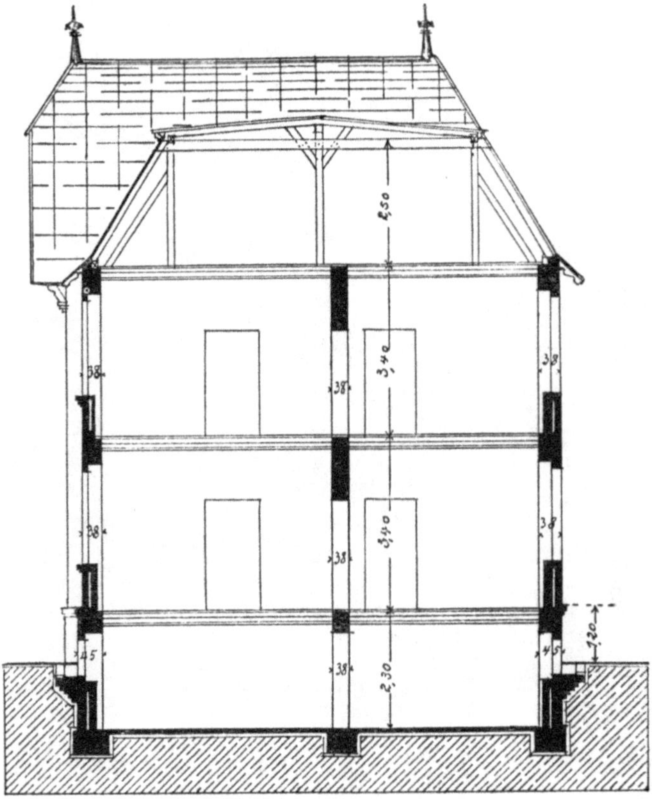

Schnitt a-b.

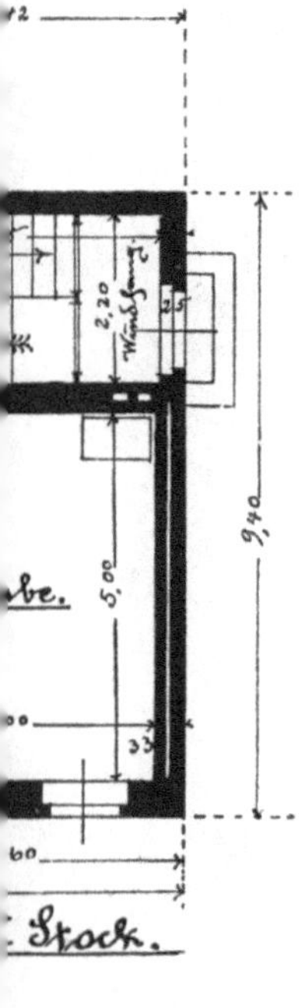

Stock.

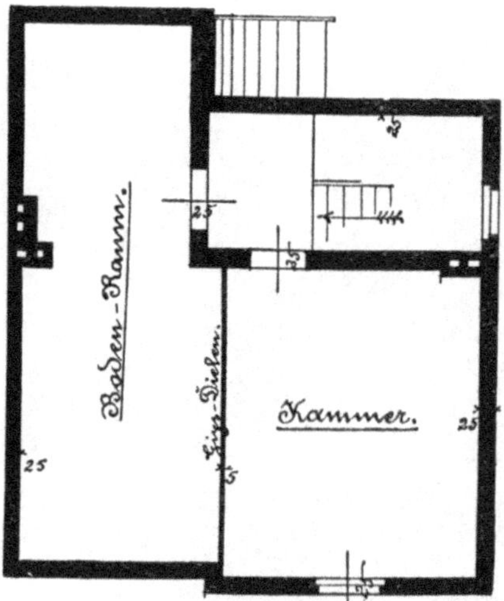

Dachgeschoß.

Berliner

Ber

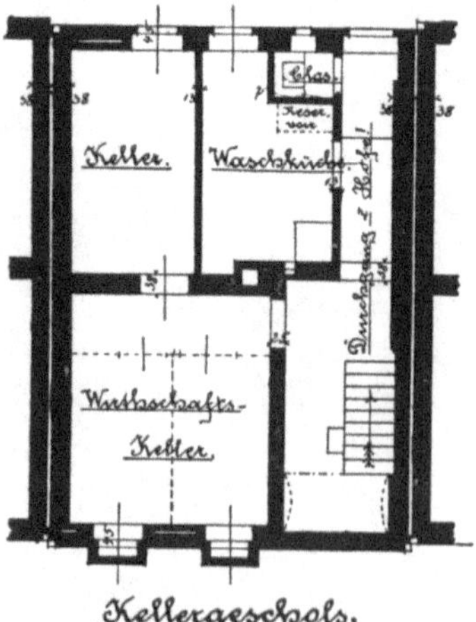

Kellergeschoß.

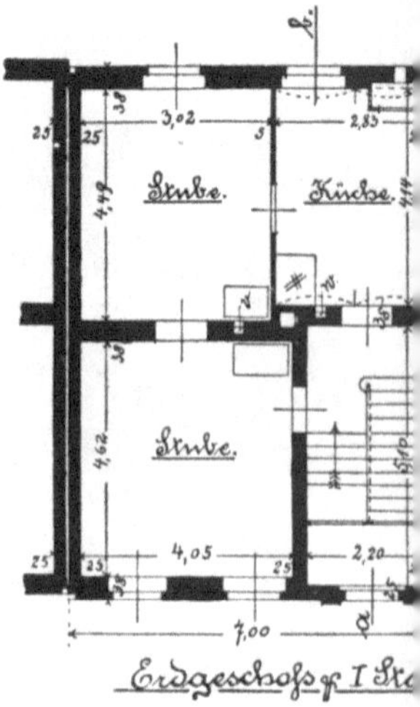

Erdgeschoß u. I St

genossenschaft

tzer Straße 19.

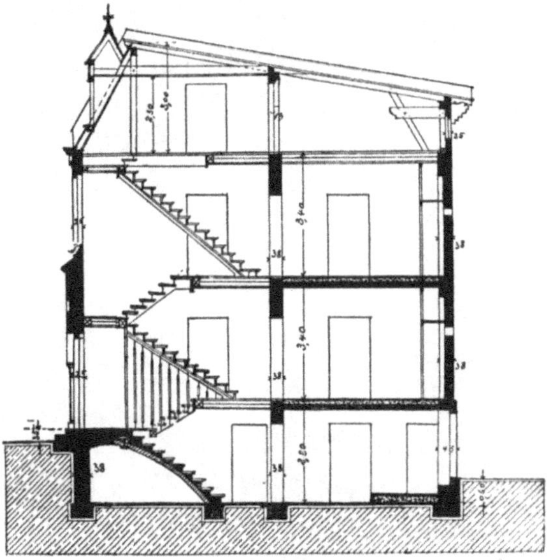

Schnitt a.b.

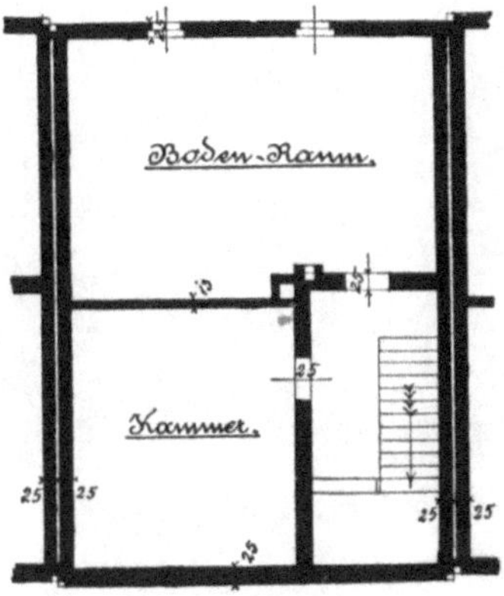

Dachgeschoß.

Berliner

Berl

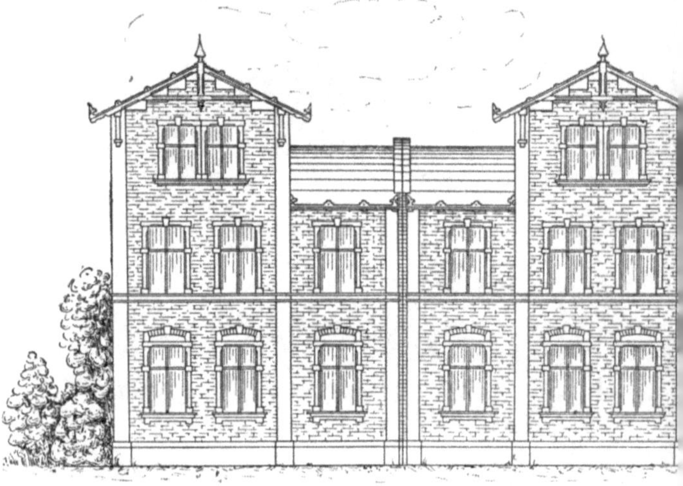

Grundriß wie bei Blatt 1.

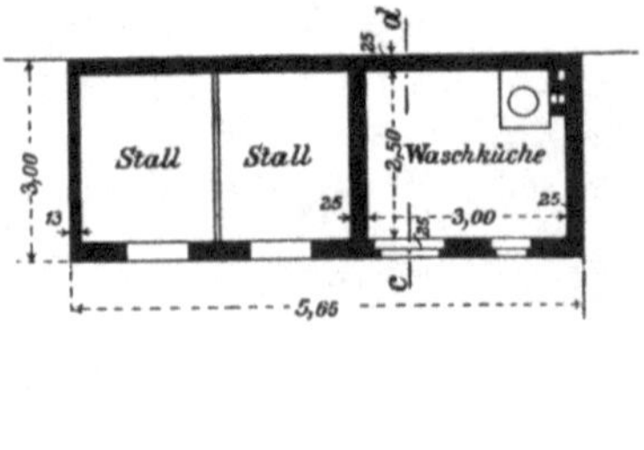

Doppelwoh

genossenschaft

ßer Straße 19.

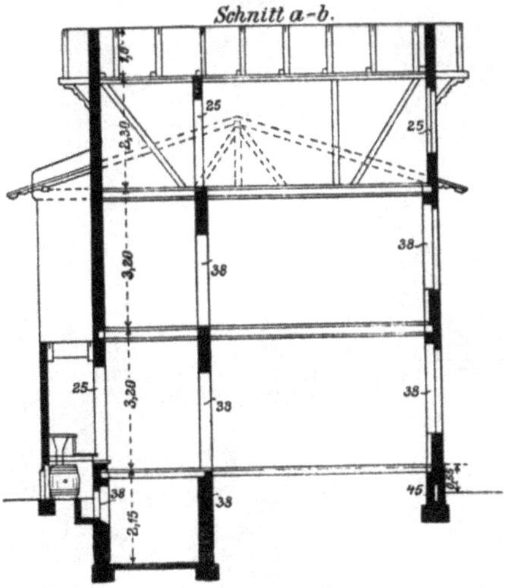

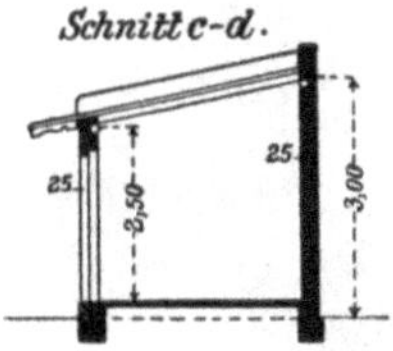

je 2 Familien.

Kolibri 360 GmbH
Ferdinand-Jühlke-Straße 7
99095 Erfurt, Deutschland
produktsicherheit@kolibri360.de